典型国家和地区政府预算制度研究丛书

中国财政发展协同创新中心、中央财经大学政府预算管理研究所资助项目

丛书主编/李 燕

澳大利亚政府预算制度

卢真 陈莹/编著

AODALIYA ZHENGFU YUSUAN ZHIDU

经济科学出版社
Economic Science Press

图书在版编目（CIP）数据

澳大利亚政府预算制度／卢真，陈莹编著．—北京：经济科学出版社，2015.11

（典型国家和地区政府预算制度研究丛书）

ISBN 978-7-5141-6247-9

Ⅰ．①澳⋯ Ⅱ．①卢⋯②陈⋯ Ⅲ．①国家预算－预算制度－研究－澳大利亚 Ⅳ．①F816.112

中国版本图书馆 CIP 数据核字（2015）第 268498 号

责任编辑：高进水　刘　颖
责任校对：曹　力
责任印制：潘泽新

澳大利亚政府预算制度

卢　真　陈　莹　编著

经济科学出版社出版、发行　新华书店经销
社址：北京市海淀区阜成路甲 28 号　邮编：100142
总编部电话：010-88191217　发行部电话：010-88191522
网址：www.esp.com.cn
电子邮件：esp@esp.com.cn
天猫网店：经济科学出版社旗舰店
网址：http://jjkxcbs.tmall.com
北京财经印刷厂印装
787×1092　16 开　18 印张　400000 字
2015 年 11 月第 1 版　2015 年 11 月第 1 次印刷
ISBN 978-7-5141-6247-9　定价：37.00 元
（图书出现印装问题，本社负责调换。电话：010-88191502）
（版权所有　侵权必究　举报电话：010-88191586
电子邮箱：dbts@esp.com.cn）

《典型国家和地区政府预算制度研究丛书》

编委会成员

顾　　问：姜维壮　李保仁　李俊生
主　　任：马海涛
副 主 任：李　燕
委　　员：刘玉平　杨　琼　姜爱华　白彦锋　曾康华
　　　　　马金华　肖　鹏　任　强　乔志敏　王小荣
丛书主编：李　燕

丛书总序

从世界范围来看，现代预算制度的产生发展历程与现代法治国家的建设如影随形，预算是控制和制约政府权力扩张的重要手段。从形式上看，政府预算是经过法定程序批准的、具有法律效力的政府年度财政收支计划，但从其实质而言，是社会公众对政府权力进行"非暴力的制度控制"的有效途径。同时，由于预算还决定着对有限的公共资源在不同利益主体之间如何分配的问题，因而，预算过程中也充满了各种利益集团为争夺有限预算资源的政治博弈。预算过程为各利益集团及公众提供了一个相对开放的平台和渠道，使它们可以通过法定的程序提出自己的预算诉求，了解预算配置的信息，监督预算资源的使用及政府承诺的兑现。因此，预算是实现政府自我约束和立法机构外部控制的重要制度安排与机制。

随着中国公共财政框架体系的逐步建立和完善，预算在保证政府对有限公共资源的配置及使用上的合规有效，强化人大对各部门、各单位使用财政资金的控制功能方面，正在发挥着越来越重要的作用。我国自2000年以来将财政改革及公共财政框架体系的建设聚焦于支出管理后，围绕预算制度的改革与创新就从未间断过：如部门综合预算改革旨在细化预算编制，实现部门预算的完整性；政府采购制度改革旨在将政府的支出管理纳入到"公开、公平、公正"的轨道，杜绝黑箱操作；国库集中收付制度改革旨在提升财政部门对预算资金收支流的控制功能，防止财政资金被截流挪用和提高其使用效率；预算外资金管理改革旨在将完整的政府收支纳入财政管理和社会监督视野；政府收支分类改革旨在使政府每一项支出通过功能和经济分类得到"多维定位"，以清晰地反映支出最终去向，等等。党的十八大以来，党和国家的重要会议、重要文件中均密集涉及政府预算问题，特别是从十八大报告中提出的"加强对政府全口径预算决算的审查和监督"到党的十八届三中全会《中共中央关于全面深化改革若干重大问题的决定》中提出的"实施全面规范、公共透明的预算制度"，再经历十年修订历程于2015年1月1日起，正式实施的新修订的预算法等，可以说，预算改革已经成为中国当前行政体制改革、财政体制改革的关键突破口，受到决策层的高度关注。

从理论研究而言，近十年来中国的政府预算研究也呈现出"百花齐放"的繁荣景象。政府预算突破了传统财政学的研究范畴，政治学、社会学、法学、行政管理学等学科纷纷从各自的研究视角加大对政府预算的研究，跨学科的研究视角和国际化的研究视野也有力地推动了政府预算研究的广度和深度。

西方国家现代预算制度作为政府治理的重要手段，其建立与完善走过了几百年的历史，经历了新兴资产阶段力量与落后王权力量的斗争过程，经历了暴力式的革命路径和非暴力式的改良路径。一个国家预算制度的选择与该国的政治体制、政党政治、经济体制、经济发展阶段、历史文化等环境因素密切相关，各国预算制度的优化也始终与政府改革、政府效率的提高紧密联系在一起，但在发展与改革过程中越来越清晰的是预算已逐渐成为社会公众和立法机构控制约束政府权力扩张的有效工具，是给权力戴上"紧箍咒"的重要载体。

他山之石，可以攻玉。编纂《典型国家和地区政府预算制度比较研究丛书》的根本目的，在于全面、完整、系统地提供典型国家及地区预算管理的做法，归纳典型国家与地区在建立现代预算制度过程中的成功经验与教训，为预算理论及实际工作者了解他国及地区现代预算制度的建立历程、管理模式、关键改革等提供文献资料及经验借鉴，同时也可以为我国建立起现代预算制度及至预算国家提供参考依据。因此，本丛书定位于具有决策参考价值和研究文献价值的专辑，目的不在于说教，而在于为决策者和理论与实际工作者提供一种选择和借鉴的可能。我们也希望本丛书的出版与问世能引起各界和决策层对政府预算的广泛关注，为我国现代预算管理制度的建设与完善，为建设法治中国添砖加瓦。

《典型国家和地区政府预算制度比较研究丛书》选择了俄罗斯、美国、英国（俄罗斯、美国、英国已出版）、法国、德国、日本、澳大利亚、加拿大、印度、港澳台等国家和地区，内容根据各国和地区的特点，侧重梳理介绍其政府预算管理制度，主要包括组织体系、管理流程、管理制度、监督机制、法律法规以及预算改革的趋势等相关内容，重在诠释有关国家和地区预算管理的基本事实和最新改革动态，力图总结出可供我国借鉴之处。

本丛书是依托中央财经大学中国财政发展协同创新中心和政府预算管理研究所的力量组织编著的。中央财经大学政府预算研究团队集合了国内外高校、研究机构、实务部门构成的专兼职研究人员，主要从事政府预算管理理论与政策的研究，研究范围涉及政府预算理论、财政信息公开与透明度、预算监督与预算法治化、政府会计与政府财务报告等。研究团队还紧跟国际预算理论发展与我国政府预算管理改革动态，借鉴国际经验，加强对政府预算理论、预算政策、预算制度和预算程序以及中外预算的比较研究。研究团队的特色定位于倡导问题导向型的研究模式，强调研究成果的决策实用价值；随着学科交叉与融合，提倡对政府预算进行跨学科研究；推动研究方法的创新，提倡对政府预算问题开展实证研究。研究团队在运作模式上，提倡"学研一体"的运作模式，以期将科学研究与人才培养工作结合起来。

丛书编写主要基于有关国家和地区政府相关部门网站、政府预算报告、最新立法及政策方案、各种统计年报等所载大量一手资料和有关文献编纂而成，力图尽可能客观地反映有关国家和地区的政府预算制度体系及改革近况。但是，由于受各种因素及语言局限在资料收集上存在一定的难度，本丛书还存在一些缺憾与疏漏，希望广大读者理解，也欢迎批评指正，以利于我们不断总结，逐渐扩大丛书所涉国家及地区的范围，为广大读者提供更多更好的开展预算研究与指导实践的书籍。

丛书编委会

二〇一五年十一月

前　言

21世纪以来，澳大利亚财政收支状况一直良好，这一方面归功于稳定的政治环境及连续多年的经济增长，另一方面也归功于其相对完善的政府预算管理制度。澳大利亚完善的政府预算管理制度并非与生俱来，自20世纪90年代初至今已经历了将近三十年持续不断的改革，比如权责发生制预算改革、绩效预算改革及中期滚动预算改革等。总结澳大利亚政府预算改革的经验，发现其每一次改革都离不开改善政府财政状况或提高预算管理透明度这两个目标。随着政府预算改革的不断深化，澳大利亚政府财务状况进入良性循环，预算管理也更加公开透明，财政稳定性得到提高，政府预算管理制度也日益完善。

目前，我国政府预算管理正处于改革的攻坚阶段，有关绩效预算、中期滚动规划及债务预算管理等方面还处于探索阶段，基于权责发生制的政府资产负债表及政府财务报告制度的编制也已提上日程，政府预算信息的公开透明也正在逐步提高。而澳大利亚比较完善的政府预算制度及其政府预算改革经验对我国当前深化政府预算改革具有诸多可资学习借鉴之处。

本书以预算管理周期的流程为主线，梳理介绍了澳大利亚的政府预算管理制度，并对其重要的预算改革过程及经验进行了详细介绍。具体来说，本书包括十一章内容。第一章介绍了澳大利亚的政治体制及经济发展状况，分析了联邦政府及州政府的财政收支情况，总结了联邦、州和地方政府事权和财权的划分及政府间的转移支付制度，藉以对澳大利亚的政治经济环境和财政状况有个初步了解。第二章从纵向角度，对澳大利亚联邦宪法、联邦政府预算管理相关法律和州政府预算管理相关法律进行了梳理，勾勒了澳大利亚政府预算管理法律体系的整体框架。第三章总结了澳大利亚政府预算管理的目标、原则、部门及职责分工。第四章、第五章、第六章分别介绍了澳大利亚政府预算的编制、执行、决算与监督工作。第七章从历史的角度详述了澳大利亚政府会计模式及其演变过程，对其政府会计准则、会计基础及政府财务报告制度进行了系统介绍。第八章介绍了澳大利亚政府的审计体系，使读者能够从细节上了解政府审计的全过程。第九章在系统回顾了澳大利亚预算改革历程及其对财政状况改善的基础上，重点介绍了权责发生制政府会计改革、绩效预算改革及中期滚动预算改革。第十章介绍了澳大利亚联邦政府及州政府债务管理的情况，并在总结其政府债务管理特色和经验的基础上，提出优化我国政府债务管理的建议。第十一章梳理介绍了澳大利亚政府信息管理办法，并针对预算信息的公开经验进行了总结和分析。

本书的两名作者卢真、陈莹均在澳大利亚攻读过学位，对澳大利亚财政体制状况比较了解。在本书的具体分工上：卢真负责第一章、第二章、第三章、第九章、第十章和第十一章共六章的撰写，陈莹负责第四章、第五章、第六章、第七章和第八章共五章的撰写。

本书在写作过程中得到中央财经大学副校长李俊生教授、财政学院院长马海涛教授的关心和支持，中央财经大学政府预算管理研究所所长及本丛书的主编李燕教授为本书的框架结构安排提了很多建设性的意见，并在书稿的完成及出版过程中做了很多工作。本书编辑刘颖也在本书出版过程中做了大量细致具体的工作，在此一并表示深深的感谢！

此外，感谢中央财经大学财政学院陈嘉育、方圣滢、冯贤乐、胡富捷、祝辉煌和朱翔宇同学在本项目开展中为搜集澳大利亚一手资料所作出的努力。

本书在写作过程中除参考了国内介绍澳大利亚政府预算制度的相关著作及论文外，还利用了大量的外文一手文献资料。这些资料来源于澳大利亚联邦政府、国会、财政部、国库部、债务管理办公室、州政府及州国库公司的官方网站、澳大利亚年度政府预算报告、澳大利亚法律法规及介绍澳大利亚政府预算制度的外文专著和期刊文献等。此外，作者所在的政府预算研究团队前期的研究成果，包括课题和研究报告等，也为本书的研究提供了良好的研究基础。本书是国家社会科学基金重点项目"建设现代预算制度研究——基于制约和监督权力运行的研究视角"（14AZD022）和中央财经大学重大科研培育项目"国家治理能力提升下的政府施政行为规范研究"的阶段性成果。

尽管如此，受研究能力和水平所限，本书一定还存在不少不尽如人意之处，还恳请各位专家和读者不吝赐教，提出宝贵意见，以供我们进一步修改、完善与提高。

卢真　陈莹
二〇一五年十一月

目　　录

第一章　澳大利亚政治经济环境与财政概况 / 1

　　第一节　澳大利亚政治经济环境 / 2
　　第二节　澳大利亚财政概况 / 16
　　第三节　澳大利亚政府间财政关系 / 26

第二章　澳大利亚政府预算管理法律体系 / 39

　　第一节　澳大利亚联邦宪法 / 40
　　第二节　联邦政府预算管理相关法律 / 46
　　第三节　州政府预算管理相关法律 / 55

第三章　澳大利亚政府预算管理的目标原则与组织体系 / 63

　　第一节　澳大利亚政府预算管理的目标原则 / 64
　　第二节　澳大利亚政府预算管理的组织体系 / 67

第四章　澳大利亚政府预算编制管理 / 72

　　第一节　澳大利亚预算编制体系的特点 / 73
　　第二节　澳大利亚政府预算编制和审批流程 / 87

第五章　澳大利亚政府预算的执行 / 91

　　第一节　澳大利亚政府预算执行的部门组织结构 / 92
　　第二节　澳大利亚预算拨款的执行与管理 / 95
　　第三节　财务管理与财务报告 / 107

第六章 澳大利亚政府决算与预算监督 / 112

    第一节   澳大利亚政府决算 / 113

    第二节   澳大利亚政府预算监督 / 125

第七章 澳大利亚政府会计与财务报告制度 / 135

    第一节   澳大利亚政府会计模式及其演变 / 136

    第二节   澳大利亚政府会计准则 / 143

    第三节   澳大利亚政府会计基础 / 153

    第四节   澳大利亚政府财务报告制度 / 158

第八章 澳大利亚政府审计 / 167

    第一节   澳大利亚政府审计的法律基础与原则 / 168

    第二节   澳大利亚政府审计管理 / 181

第九章 澳大利亚政府预算改革 / 192

    第一节   澳大利亚预算改革历程与财政治理绩效 / 193

    第二节   澳大利亚权责发生制预算改革 / 197

    第三节   澳大利亚绩效预算改革 / 204

    第四节   澳大利亚中期滚动预算的引入 / 212

    第五节   澳大利亚其他预算改革 / 218

第十章 澳大利亚政府债务管理 / 221

    第一节   澳大利亚联邦政府债务管理 / 222

    第二节   澳大利亚州政府债务管理 / 228

    第三节   澳大利亚政府债务管理的经验借鉴 / 237

第十一章 澳大利亚政府预算信息管理 / 241

    第一节   澳大利亚政府信息管理 / 242

    第二节   澳大利亚政府预算信息公开 / 252

参考文献 / 265

第一章

澳大利亚政治经济环境与财政概况

■ **本章导读**

澳大利亚联邦政府的财政管理制度不同程度地受到国内政治和经济等因素的影响。政治上，澳大利亚是君主立宪制下的议会民主制国家，遵守宪政惯例；经济上，澳大利亚实行自由竞争的市场经济体制；财政上，澳大利亚实行典型的分税、分级财政管理体制。政治环境的稳定及经济连续多年的持续增长，澳大利亚自21世纪以来财政收支状况一直良好。本章首先介绍澳大利亚的政治体制及经济发展状况，而后分析澳大利亚联邦政府及州政府的财政收入及支出情况，最后总结联邦、州和地方政府事权和财权的划分，及政府间的转移支付制度，藉以对澳大利亚的政治经济环境和财政状况有个初步了解。

第一节 澳大利亚政治经济环境

澳大利亚联邦（The Commonwealth of Australia），简称澳大利亚（Australia），位于南半球，土地面积768万平方公里，是世界第六大面积国家，也是唯一一个领土覆盖整个大陆的国家。澳大利亚是一个多元文化国家，2013年人口约2313万人，是世界上人口密度最小的国家。① 澳大利亚首都堪培拉，全国分昆士兰（Queensland）、新南威尔士（New South Wales）、维多利亚（Victoria）、南澳大利亚（South Australia）、西澳大利亚（Western Australia）和塔斯马尼亚（Tasmania）六个州，以及澳大利亚首都领地（Australia Capital Territory）与北领地（Northern Territory）两个行政区。

澳大利亚国土辽阔，物产丰富，是南半球经济最发达的国家，是全球第四大农业出口国，也是多种矿产出口量全球第一的国家。澳大利亚是世界上放养绵羊数量和出口羊毛最多的国家，被称为"骑在羊背上的国家"。2013年澳大利亚GDP达到了1.56万亿美元，是全球第十二大经济体，人均国民生产总值排名世界第六，并在多项指数与排名中名列前茅，如生活质量，健康，教育，经济自由度，公民自由度与政治权利等。澳大利亚积极参与国际事务，是联合国、20国集团、英联邦、太平洋安全保障条约、经济合作与发展组织、亚太经合组织及太平洋岛国论坛的成员。

一、政治体制概况

澳大利亚是君主立宪制下的议会民主制国家，其政府体制的机构和做法反映出英国和北美的模式，但也具有自己的独特性（参见图1-1）。

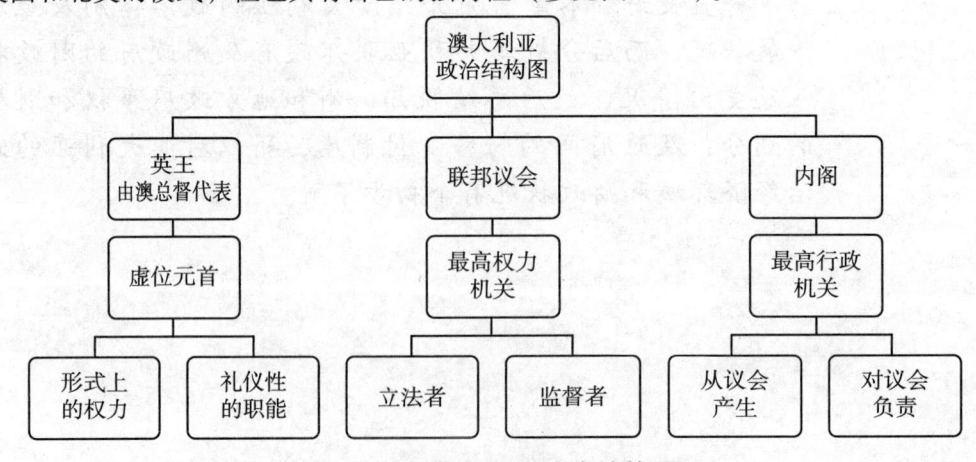

```
                    澳大利亚
                    政治结构图
        ┌──────────────┼──────────────┐
     英王              联邦议会            内阁
  由澳总督代表
        │                │                │
     虚位元首          最高权力          最高行政
                        机关              机关
        │                │                │
   ┌────┴────┐      ┌────┴────┐      ┌────┴────┐
  形式上    礼仪性    立法者    监督者   从议会    对议会
  的权力    的职能                      产生      负责
```

图1-1 澳大利亚政治结构图

---

① 世界银行数据库，http://data.worldbank.org/country/australia。

第一章　澳大利亚政治经济环境与财政概况

(一) 国家元首

澳大利亚是联邦制君主立宪制国家。国家元首是澳大利亚君主（澳大利亚与英国及其他英联邦王国共戴一君）。澳大利亚总督为澳大利亚君主不在澳大利亚时的代表，在《澳大利亚宪法》下代替君主行使职权。现任国家元首为伊丽莎白二世。现任总督彼得·科斯格罗夫于 2014 年 3 月 28 日宣誓就任，为澳大利亚第 26 任总督。在联邦制下，澳大利亚君主同时也是各州的君主，在各州直接任命州督，而不由联邦总督或政府指派。根据现代的澳大利亚宪政惯例，君主除了在按照澳大利亚总理和各州州长的提名任命或撤换总督和州督时，不过问澳大利亚政治。另外，按照各英联邦王国在 20 世纪中叶确定的宪政惯例，澳大利亚君主王位的承袭规则根据历代英国法律确立、由所有王国共同承认。修改此规则需要各王国一致同意并分别立法方可有效。

(二) 议会制度

根据现行宪法，澳大利亚联邦议会由女王（联邦总督代表）、参议院和众议院组成。同时，澳大利亚联邦议会在组织结构上又大体参照美国国会的模式，采用两院制。澳大利亚人认为，实行两院制有以下几个优点：①

第一，防止立法的草率与武断。他们认为，法律是政府与人民的共同行为规范，与人民有密切的利害关系，应当审慎制定。如只设一院，其立法无机关监督，难免草率粗疏或偏激。设置两院，使每一个法案都经过两院多次研讨，审慎制定，法律就可能精梳完善，适应需要。同时由于法案须经两院的审议和一致通过才能最终成立，如果一院同意他院的法案，可以增加立法的稳定性；如果不同意，也可以互相制约。两院互相制约以至互相否定，使立法者不能不采取慎重态度。

第二，防止议会专横腐败。议会为人民行使国家权力的代表机构，负有立法与监督政府的责任，其地位优越，如果实行一院制，其专横武断的可能绝不亚于行政机关，而设置两院，使两院互相发生制衡作用，以削弱议会的权力，防止其违背人民的意志。

第三，平衡代表的利益。多种社会利益共存是当今社会的实有内涵，这些利益的差别，特别是阶级利益的不同，使各阶段、阶层人士都希望有代表在立法机关替本阶级、阶层说话，参加甚至主导立法。此外，澳大利亚又是联邦制国家，设置两院，还有维持联邦与各州之间平衡的特殊作用。

1. 参议院。

参议院的组成是以州为基础。《澳大利亚联邦宪法》第一条规定，参议院由各州人民直接选举的参议员组成；每个州作为一个选区，每个选区选举参议员 6 人。这样，自 1901 年联邦建立至 1949 年，参议员人数一直是 36 人。联邦宪法也曾授权议会扩大或缩小参议院之规模。1948 年，议会考虑到联邦建立 50 年中，全国人口

---

① 金太军：《当代各国政治体制——澳大利亚》，兰州大学出版社 1998 年版。

增加了 1 倍多，而议员人数不变，两者不相适应。于是，同年通过《代表条例》，重新规定各州参议员人数为 10 人，从而使参议员总数增加为 60 人。此后，1973 年又通过《参议员（区代表）法》，规定澳北领地和首都直辖区各选参议员 2 人。① 这样，从 1975 年起联邦议会参议员人数增加到 64 人。1984 年以后，联邦议会参议员人数又增加到 76 人。

联邦宪法规定，各州选举的参议员任期 6 年，但每 3 年改选半数，以保证参议院的"连续性"。另外，联邦宪法还规定，首都直辖区和澳北领地地区选举出的 4 名参议员任期为 3 年。因此，在参议院第一次会议或解散后重新选举组成的参议院第一次会议时，参议院应将全部参议员分为两级，每级人数尽可能相等。第一级参议员应于就职 3 年后任期期满，第二级参议员应于 6 年后任期期满，腾出空缺；嗣后选出的参议员应于就职 6 年后任期期满，腾出空缺。填补前任议员空缺的选举应于前任议员任期满前一年内举行。各州参议员人数有增减时，联邦议会为维持轮任规律起见，得制定关于参议员腾出空缺的规定。参议员的任期应于选举后的 7 月 1 日起开始计算，但第一次选举和解散后的选举则应于选举当年的 7 月 1 日起开始计算。

参议院的主要职能是复审众议院所通过的议案。它无权提出有关财政的议案，对于众议院提交的有关财政的议案，它只有提出"要求修改"的权力，而无权自行修改。联邦宪法第 53 条规定，除包括罚金、执照费和服务费等规定的议案外，参议院不得提出拨款或征税的议案；不得修正征税或拨款维持政府常年工作的议案；不得修正任何议案导致人民负担的增加。参议院得随时将参议院不得修正的议案退回众议院，以咨文请其取消或修正议案中的任何条目。众议院如认为可以时，得照咨文要求或另拟修正案，予以取消或修正。

但联邦宪法第 56 条又规定：一旦参议院对已经众议院通过的议案不予通过或要求加以修改，众议院不同意，再次通过原案，它再次否决或修改，而众议院仍不同意时，则总督必须同时解散两院（众议院任期届满前 6 个月内不得解散）。进行大选后，如众议院仍通过原案，参议院仍要求加以修改或否决，众议院仍不同意时，总督得召集两院联席会议，出席联席会议的议员得进行讨论，并应一起对由众议院最后提出的议案以及经一院提出而他院不赞成的修正案（如有的话）进行投票表决；如任何这样的修正案，得到除众院议员总数的绝对多数的赞同，则该修正案应认为已通过；如该议案，连同经上述情况通过的修正案，得到两院议员总数的绝对多数的赞同，则该议案应认为已正式经议会两院通过，应送交总督候女王批准。

---

① 基于效法美国参议院制度，澳大利亚参议院同美国参议院一样规定每个州不论人口大小都应有等同数目的参议员。依照宪法，国会在保证 6 个创始州（昆士兰、新南威尔士、维多利亚、南澳大利亚、西澳大利亚和塔斯马尼亚）平等代表的基础上可以制定法律来决定参议院议员的人数，并且规定每个创始州至少拥有 6 个参议院议席。但是这些规定不适用于新建州或领地（首都领地和北领地）。后依照 1973 通过的《国会法案》，允许选举参议院议员代表各领地（诺福克岛除外）。目前 2 名北领地参议员代表北领地，圣诞岛和科科斯群岛，还有 2 名首都领地参议员代表首都领地和杰维斯湾领地，此外每个创始州 12 名参议员，共 76 名参议员。

2. 众议院。

众议院的组成以人口为基础。联邦宪法第 24 条规定，联邦众议院应由人民直接选举的众议员组成，其人数应尽可能比参议员多 1 倍。在 1998 年的联邦大选中，全国被划分为 148 个选区，每个选区的人口大致为 8 万人，因此人口多的州，就会有较多的众议员。目前，全国一共有众议员 150 人，任期 3 年。众议员选举，实行单记名——多数优先制，即每个选区只能选出一名代表，并且要以绝对多数当选。但在其任期内，政府可以随时解散众议院提前大选。由于众议院可以对政府发动不信任动议迫使政府倒台，这使得政府必须对众议院负责，因此政府都由众议院多数派产生。也就是说，由获多数席位的党或多党联盟组成政府，政府只有在众议院中得到多数议员的支持才能执政，总理在议员中产生，在众议院中占第二多数席位的政党成为反对党。

众参两院在平常的立法权力上相同，但根据宪法规定，财政预算案只能在众议院提出及修改，参议院只能表决财政预算案并不能对其进行修改。但尽管如此，由于澳大利亚的参议院权力比同是实行威斯敏斯特体系英国和加拿大等的参议院（或上议院）都要获得更多实质性的权力，因此导致了有些时候参议院与政府的关系的紧张，这被认为是 1975 年宪政危机的一个原因之一（见专栏 1-1、专栏 1-2）。

无论是参议员选举，还是众议员选举，都要遵循以下规则：第一，普遍选举原则。凡澳大利亚公民，不分男女，年满 18 周岁，在澳大利亚连续居住半年以上的均有选民资格。候选人要求居住 3 年以上。第二，强制性选民登记和投票原则。选民必须主动登记，有关选民信息的任何变化必须主动申报。必须参加投票，无故不投票者处以 20 澳元罚款。不缴者，将被起诉到法庭，处以更高的罚款或其他处罚。第三，平等原则。一人一票，价值相等。没有委托投票。第四，直接选举。选民直接投票选举两院议员，不是间接地选代表后，由代表投票选举产生议员。第五，秘密投票。选民进入秘密划票间，无记名投票，保证绝对的秘密与自由。秘密投票制为澳大利亚首创，故又称为"澳大利亚投票制"。第六，优先顺序投票。选民在选票所列候选人名下书写 1、2、3 等数字，通过不同的排序表示自己对候选人的不同的喜欢程度。计票时，实行可转移的计算方法。

专栏 1-1 威斯敏斯特体系

威斯敏斯特体系（Westminster System）是沿循英国议会威斯敏斯特官所用之体制而形成的民主政府体制，是供立法机构运作的一整套程序。威斯敏斯特体系主要在英联邦成员国使用，开始于 19 世纪中期的加拿大省份和澳大利亚各殖民地。现在除加拿大和澳大利亚，还有印度、爱尔兰共和国、牙买加、马来西亚、新西兰、新加坡、马耳他等国家使用此制。

威斯敏斯特体系的特点包括：政府的行政体系通常由立法机构的成员组成，高级行政官员组成内阁；行政与立法的两权制衡；反对党的存在；统一的中央集权的国家级政府；两院制；多元的利益集团体系；两党制；单一选区多数决制；全国统管的中央银行；宪法弹性。

威斯敏斯特体系的众多议事程序来自英国议会的公约、惯例、先例，这些成文或不成文法则构成英国宪法。跟英国不同，使用威斯敏斯特体系的多数国家有成文、明白写出的宪法；不过，公约、惯例、先例在这些国家仍有重要的功能，因为有时宪法并没有明确指定国家体制的重要元素。例如，澳大利亚宪法没有提到内阁的存在、也没有指定行政长官的名号（总理）；这是因为这些机构的产生及功能是在宪法条文之外逐渐形成的。

资料来源：百度百科：《威斯敏斯特体系》，百度网，http://baike.baidu.com/，2014年4月13日。

专栏1-2　1975年澳大利亚宪政危机

1975年澳大利亚宪政危机，又称"解雇门"，被认为是20世纪澳大利亚历史上最严重的政治和宪法危机，其最终导致了惠特拉姆总理领衔的工党政府于1975年11月11日被时任总督约翰·克尔（John Kerr）爵士解散。随后克尔总督任命反对党领袖马尔科姆·弗雷泽出任看守政府总理。在1972年的众议院选举中，惠特拉姆领导的工党以5.4%的微弱优势胜出，但参议院仍由自由党国家党联盟控制，参众两院分属不同阵营的现象在1974年大选后仍没有较大变化。尽管惠特拉姆内阁在执政时期引入许多新政，但其也一直饱受丑闻和政策失当的困扰。1975年10月，反对党利用其控制的参议院驳回了稍早时众议院通过的由内阁提交的旨在支持金融体系的财政拨款法案。反对党随后宣称将继续反对该法案，除非惠特拉姆同意解散政府举行大选。假使惠特拉姆不举行大选，他们还将会敦请克尔总督解散政府以实现他们的要求。当时惠特拉姆总理认为总督不会解散他们的政府，而当时克尔总督也没有采取行动打消惠特拉姆的这种错误想法。

1975年11月11日，为了打破僵局，惠特拉姆决定对参议院半数议席进行改选。当惠特拉姆前去总督府报请克尔总督批准时，却被克尔宣布解除了他的总理职务，并且任命了自己的对手弗雷泽担任总理职务。这一决定并未按例事先征得惠特拉姆的同意，并且政府的更迭之速使工党议员措手不及，弗雷泽及其盟友随后迅速通过预算案。克尔总督同时宣布解散参众两院举行大选，弗雷泽及其盟友在随后的大选中以较大优势胜出。

此次事件后，澳大利亚联邦宪法进行了小规模的修改。参议院继续拥有反驳预算案的权力，总督也继续持有解散政府的权力，但两项权力在此之后从未行使。克尔因此事受到工党支持者的广泛批评，随即提前结束总督任期并在海外度过了余生中的大部分日子。尽管克尔于1991年去世，但一些地区对他的批评声仍旧不绝于耳，而惠特拉姆和弗雷泽则最终达成和解。

资料来源：维基百科：《1975年澳大利亚宪政危机》，维基网，http://zh.wikipedia.org/wiki/，2014年5月16日。

(三) 政党与政党制度

澳大利亚有大小政党几十个，但主要政党有三个：澳大利亚工党、自由党—国家党联盟和绿党。

澳大利亚工党成立于1891年，是澳大利亚历史最悠久的政党，政治立场中间偏左。工党被认为是澳大利亚劳工阶层的代表，工会是其主要群众基础和重要资金来源。组织方面，工党在联邦或州层面的政治决策由当选该级议会议员的党员组成的议会党团决定。议会党团选出的首脑是党魁，是工党在相应层级的实际政治领袖，并出任总理或州长（执政时）或反对党领袖（在野时）。其中，工党的联邦领袖也被称为整个工党的党魁。工党自1940年以来曾11次执政。2007年11月，工党在联邦议会选举中获胜，时隔11年后重新执政。2013年9月，工党在联邦大选中落败，现任领袖比尔·肖顿（Bill Shorten）。

自由党—国家党联盟中的自由党成立于1944年，前身是1931年成立的澳大利亚联合党，主要代表工商业主利益，曾多次执政。相比于工党，自由党作为联盟的主要党派参与执政的时间更长。澳大利亚历史上两位任职时间最长的总理均出自该党，分别是罗伯特·孟席斯和约翰·霍华德。现任自由党领袖为托尼·阿博特（Tony Abbott）。而国家党在1920年成立，原称乡村党，后称国家乡村党，1982年改用现名，其势力范围主要在农村地区，主要代表农场主利益。国家党党魁一般在联盟党执政时担任副总理。现任国家党领袖为沃伦·特拉斯（Warren Truss）。自由党与国家党作为长期合作的右翼联盟，与中间偏左的工党是主要竞争对手。1996年至2007年，自由党与国家党联合执政。此后，该联盟一直处于反对党位置。2013年9月，自由党—国家党联盟赢得澳大利亚联邦大选，现任自由党领袖托尼·阿博特出任总理。

绿党属年轻党派，成立于1991年，由澳大利亚东部的水利环保运动和澳大利亚西部的解除核武运动发展而来，是澳大利亚的左翼激进环保主义政党。绿党政治理念是"社会公正"、"可持续发展"、"草根民主"和"非暴力"四项。其政治立场多在争议性问题中引起关注，如反对1991年海湾战争、反对2003年伊拉克战争、反对铀开采与核动力、倡导可再生能源、倡导水资源管理的可持续方法、支持难民、增加公司税、反对一项商品服务税（但也反对澳大利亚工党取消能源费用中的商品服务税的提议）和将医用大麻纳入合法管制等。绿党1996年首次获得参议院席位，2010年首次获得众议院席位，是目前澳大利亚的第三大党。

(四) 政府制度

澳大利亚在政府制度上，实行三级政府制，即联邦、州和地方三级政府。联邦行政会议是《澳大利亚宪法》下的国家最高行政机关。《澳大利亚宪法》第62条设立了联邦行政会议，第64条规定所有国务部长（包括部长和政务次长）都是行政会议成员。行政会议任命为终身制，但一般开会时只有现任部长会参加。联邦行政会议的地位大约等同其他英联邦国家的行政会议以及英国和加拿大的枢密院。联邦行政会议由澳大利亚总督主持,理论上是为总督施政提供"建议"的机构。实际上,除了极少数例外情况外,根据威斯敏斯特体系下的澳大利亚宪政惯例,总督必须依照行政会议的建议行事。澳大利亚人认为,澳联邦行政会议如同英国的枢密院,只是一个纯形式的宪政实体,是名义上的联邦最高行政机构。它只拥有下列职权:(1)给予联邦政府内阁所通过的决议和任命以法律效力;(2)接受官员的辞职;(3)发布公告和规章制度;(4)签署正式文件。而有关联邦政府的政策和规划,是在一个由部长们组成、由总理召集和主持的非正式机构——内阁中最终制定出来的。

1. 联邦总理和内阁。

澳大利亚联邦政府的行政大权实际上是操纵在联邦总理和内阁手中。《澳大利亚宪法》没有提到总理一职,因此总理的存在和职权皆由惯例来确定。按照威斯敏斯特体系的惯例,澳大利亚总督作为象征性的元首代理人不干预行政,所以总理是实际决策者和最高行政长官。同样根据威斯敏斯特体系的法律结构,总理由众议院掌握多数席次的党派来推举,并被视为该党派的实际领袖。

总理是女王的顾问,有权向女王推荐任命联邦总督人选,同时,也有权建议女王罢免。他也是联邦总督的首席顾问,有权决定大选日期和解散议会的时间;对于是否要同时解散参、众两院,他的意见也有决定意义。总理是首席部长,有权物色部长人选(工党总理没有这项权利)、委以职务,而当他们无视内阁决议或渎职时,又有权予以罢免。他有权指挥并监督政府各部工作。总理与内阁府负责向他提供对政府各部的政策、工作的评价,以利于他这项权力的行使。总理又是内阁主席,有权决定内阁讨论事项及讨论的时间和程序;有权决定将有关事项交给内阁委员会或内阁全体会议讨论,还是交少数部长研究解决。总理又是执政党领袖,是执政党在议会和对选民的发言人,他的举止言行,极大地影响着执政党的声誉。澳大利亚联邦历任总理参见表1-1。

表1-1　　　　　　　　澳大利亚联邦历任总理表

顺位	姓　名	政　党	上任日期	离任日期
1	埃德蒙·巴顿(Edmund Barton)	保护主义党	1901.1.1	1903.9.24
2	艾尔弗雷德·迪金(Alfred Deakin)	保护主义党	1903.9.24	1904.4.27
3	克里斯·沃森(Chris Watson)	工党	1904.4.27	1904.8.18
4	乔治·里德(Sir George Reid)	自由贸易党	1904.8.18	1905.7.5
-	艾尔弗雷德·迪金(第2次)	保护主义党	1905.7.5	1908.11.13
5	安德鲁·费希尔(Andrew Fisher)	工党	1908.11.13	1909.6.2
-	艾尔弗雷德·迪金(第3次)	保护主义党	1909.6.2	1910.4.29
-	安德鲁·费希尔(第2次)	工党	1910.4.29	1913.6.24
6	约瑟夫·库克(Joseph Cook)	联邦自由党	1913.6.24	1914.9.17
-	安德鲁·费希尔(第3次)	工党	1914.9.17	1915.10.27

续表

顺位	姓　名	政　党	上任日期	离任日期
7	比利·休斯（Billy Hughes）	工党	1915.10.27	1916.11.14
—	比利·休斯（第2次）	工党	1916.11.14	1917.2.17
—	比利·休斯（第3次）	民族党	1917.2.17	1923.2.9
8	斯坦利·布鲁斯（Stanley Bruce）	民族党	1923.2.9	1929.10.22
9	詹姆斯·斯卡林（James Scullin）	工党	1929.10.22	1932.1.6
10	约瑟夫·莱恩斯（Joseph Lyons）	澳大利亚联合党	1932.1.6	1939.4.7
11	厄尔·佩吉（Earle Page）	乡村党	1939.4.7	1939.4.26
12	罗伯特·孟席斯（Robert Menzies）	澳大利亚联合党	1939.4.26	1941.8.28
13	亚瑟·法登（Arthur Fadden）	乡村党	1941.8.28	1941.10.7
14	约翰·柯廷（John Curtin）	工党	1941.10.7	1945.7.5
15	法兰克·福德（Frank Forde）	工党	1945.7.6	1945.7.13
16	本·奇夫利（Ben Chifley）	工党	1945.7.13	1949.12.19
—	罗伯特·孟席斯（第2次）	自由党	1949.12.19	1966.1.26
17	哈罗德·霍尔特（Harold Holt）	自由党	1966.1.26	1967.12.19
18	约翰·麦克尤恩（John McEwen）	乡村党	1967.12.19	1968.1.10
19	约翰·戈顿（John Gorton）	自由党	1968.1.10	1971.3.10
20	威廉·麦克马洪（William McMahon）	自由党	1971.3.10	1972.12.5
21	爱德华·惠特兰（Edward Whitlam）	工党	1972.12.5	1975.11.11
22	麦尔坎·福瑞泽（Malcolm Fraser）	自由党	1975.11.11	1983.3.11
23	鲍勃·霍克（Bob Hawke）	工党	1983.3.11	1991.12.20
24	保罗·基廷（Paul Keating）	工党	1991.12.20	1996.3.11
25	约翰·霍华德（John Howard）	自由党	1996.3.11	2007.12.3
26	陆克文（Kevin Rudd）	工党	2007.12.3	2010.6.24
27	茱莉娅·吉拉德（Julia Gillard）	工党	2010.6.24	2013.6.27
—	陆克文（第2次）	工党	2013.6.27	2013.9.7
28	托尼·阿博特（Tony Abbott）	自由党	2013.9.7	

资料来源：澳大利亚政府网站，2014年9月11日。

澳大利亚联邦政府内阁同"总理"一职一样，也不见于联邦宪法条文，是个在法律上未曾规定、根据习惯存在的机构，但却是联邦政府实际上的最高行政和决策机关，它是所谓的"责任内阁"，集体对联邦会议负责，向联邦议会报告工作。澳大利亚内阁是由澳大利亚政府高级部长组成的会议。内阁由总督根据总理的建议任免，无固定任期。内阁每周举行一次非公开会议，讨论重要问题并决定政府政策。澳大利亚政府内除了内阁阁员外，还有其他级别较低的部长，负责较具体的政策领域并受级别较高的内阁部长领导。自从两层内阁制确立以来，内阁会议一般只有内阁部长参加，其他部长只有在其负责的部门提上议程时才会被邀参加。内阁会议由总理主持，有一名高级文官（公务员）在场作会议记录。不过，由于内阁阁员必须是议会议员，而且多半是众议院议员，因此，在通常情况下，内阁不仅控制着议会总的立法议程，而且也控制着议会议事的全过程。

由于内阁不是《澳大利亚宪法》所规定的建制，所以内阁的决定没有直接法律效应。但所有部长（包括内阁部长和其他部长）都是联邦行政会议的成员，而联邦行政会议是《宪法》所规定的国家机构。理论上联邦行政会议由总督主持，实际上通常由一位头衔为行政会议副主席的部长主持，会议的功能纯粹是认可内阁的决定并给予其法律效应。

现届内阁是2013年9月7日自由党—国家党联盟赢得2013年澳大利亚联邦大选后，于9月18日接受总督任命，宣誓就职的，是澳大利亚的第69届内阁，由总理东尼·艾伯特领导（见表1-2）。联邦政府内阁设专门办事机构——总理与内阁府。总理与内阁府的职责是：（1）向总理提供政策性建议及管理工作的咨询意见；（2）为内阁及其下设委员会担任秘书性工作；（3）协调政府行政事务；（4）发展与评价政策与方案；（5）与州政府建立关系、保持联系；（6）负责政府礼宾活动。

表1-2 现届（第69届）内阁成员

职 位	部 长
总理（Prime Minister）	东尼·艾伯特（Tony Abbott）
副总理（Deputy Prime Minister） 基础设施及乡村地区发展部长（Minister for Infrastructure and Regional Development）	沃伦·特拉斯（Warren Truss）
外交部长（Minister for Foreign Affairs）	朱莉·毕晓普（Julie Bishop）
就业部长（Minister for Employment） 公务员事务总理助理部长（Minister Assisting the Prime Minister on the Public Service）	埃里克·阿贝茨（Eric Abetz）
律政部长（Attorney-General） 艺术部长（Minister for the Arts） 行政会议副议长（Vice-President of the Executive Council）	乔治·布兰迪斯（George Brandis）
财政部长（Treasurer）	乔·霍基（Joe Hockey）
农业部长（Minister for Agriculture）	巴纳比·乔伊斯（Barnaby Joyce）

续表

职 位	部 长
教育部长（Minister for Education） 众议院领袖（Leader of the House）	克里斯多福·派恩（Christopher Pyne）
原住民事务部长（Minister for Indigenous Affairs）	奈哲尔·斯卡良（Nigel Scullion）
工业部长（Minister for Industry）	伊恩·麦克法兰（Ian Macfarlane）
社会服务部长（Minister for Social Services）	凯文·安德鲁斯（Kevin Andrews）
通讯部长（Minister for Communications）	麦肯·腾博（Malcolm Turnbull）
卫生部长（Minister for Health） 体育部长（Minister for Sport）	彼得·达顿（Peter Dutton）
小生意部长（Minister for Small Business）	布鲁斯·庞尔逊（Bruce Billson）
贸易及投资部长（Minister for Trade and Investment）	安德鲁·罗波（Andrew Robb）
国防部长（Minister for Defense）	大卫·乔纳森（David Johnston）
环境部长（Minister for Environment）	格雷·亨特（Greg Hunt）
移民及边境保护部长（Minister for Immigration and Border Protection）	斯科特·莫理逊（Scott Morrison）
财务部长（Minister for Finance）	玛弟亚·柯曼（Mathias Cormann）

资料来源：澳大利亚总理官方网站，2014 年 9 月 17 日。

2. 联邦政府机构。

联邦政府机构大致可分为三种类型：一是政府部门，二是法定机构，三是联邦实体。政府部门由部、执行机构和独立局组成，实行财政全额拨款，依《公共服务法 1999》（Public Service Act 1999）全员雇用公务员，部相当于我国国务院组成部门，共有 20 个。法定机构依专项法令设立的独立运作的机构，归口于相关部门，但运作不受部门干涉，双方是合作关系。大部门依法承担行政职能，少部门属于司法性质的机构，实行财政全额拨款，共有 86 个。联邦实体归口于部门、依《联邦企业法》管理的实体性机构和国有企业，有的财政全额拨款，有的实行财政拨款与自筹相结合的供养体制，使用政府雇员，共 69 个。前两类机构采取行政管理模式，联邦实体多设立理事会自行管理。

根据澳大利亚联邦宪法第 65 条规定："除议会另有规定外，部长不得超过 7 人。"因此联邦成立时，仅设 7 个部，它们是：外交部、司法部、内政部、邮电部、财政部、贸易与海关部和国防部。随着工农业和科学技术的发展，随着社会问题的大量出现，联邦政府管理的事务日益繁多，因而政府部的设立不断增加。目前联邦政府设 18 个部，具体见表 1-3。

表1-3　　　　　　　澳大利亚联邦政府部门设置情况

序号	部门名称	序号	部门名称
1	律政部	10	人力服务部
2	农业部	11	移民与边境保护部
3	通信部	12	工业与科技部
4	国防部	13	基础设施及乡村地区发展部
5	教育与培训部	14	社会服务部
6	就业部	15	环境部
7	财政部	16	总理与内阁部
8	国外事务与贸易部	17	退伍军人事务部
9	卫生部	18	国库部

资料来源：澳大利亚政府网站，http://www.australia.gov.au/about-government/departments-and-agencies/list-of-departments-and-agencies，2015年7月3日。

3. 州和地方政府机构。

州政府结构及其管理体制与联邦政府大体相同，由立法、行政、司法三部分组成。州行政机构大体也分三种类型：一是政府部门。各州由于幅员、人口等情况不同，政府部门设置不尽一致，一般有10多个。政府部门也实行"政（务）事（务）分离"的管理体制，财政全额拨款，依州《公共服务法》全员雇用公务员。在人口少的州，很多部长一身兼二三职。部门管理与联邦类似同，部长负责政策导向，日常部务由部秘书长或CEO领导下的公务员系统负责。二是法定机构。实行财政全额拨款，依州《公共服务法》聘用公务员或政府雇员，包括局、委员会、理事会等类型，具体运作与联邦法定机构类似。三是公共实体。即具体实施公共服务的公立机构和公有公司，聘用政府雇员，包括学校、医院、艺术馆、博物馆等多种类型。这些公共实体普遍成立理事会实行自主管理，负责人可向相关政府部长汇报工作，相关政府部门在部长及公共实体间起着沟通交流作用。以维多利亚州为例，全州共有11个政府部门和30多个法定机构，聘用了4万名公务员，还设有1 700多个公共实体，聘用22.4万名政府雇员，主要是公立学校和医院工作人员，占全州公共服务人员的85%。

澳大利亚地方政府由各州依法设立或废除，根据人口数及地区的不同，分为都市、城市、镇、市、郡等类型。目前地方政府体系由809个议会和112个社区政府组成。地方政府管理机构由决策层和执行层组成，地方议会是决策层，通过普选产生。除州政府所在地市长由普选产生外，其他地方政府市长由市议员推举产生。地方议会的决策由执行层来完成，执行层通常由议会公开招聘的CEO负责。以维多利亚州76个地方政府之一的白马市为例，其人口15万人左右，辖区面积65平方公里，11名民选议员推举其中1人担任市长，全市的重要决策都由议员会议作出，议会决策由CEO所负责的执行层具体落实，执行层包括城市规划、公司服务、公共服务、基础设施建设 4 个部门，每个部门由 CEO 选聘的总经理负责。

（五）司法制度

澳大利亚实行三权分立，立法、司法、行政相对独立，整个司法体制传承于英国，属于英美法系。每个州及领地都有自己的法律体系和法院系统。1986 年以前，澳大利亚法院的终审权由英国的枢密院享有。自 1986 年英国女王与澳大利亚签署"与澳大利亚关系法"后，澳大利亚高等法院才享有终审权。

法院在设置上分为联邦法院和州法院两个系统。联邦法院和州法院之间不存在隶属和领导关系。联邦法院体系包括联邦高等法院、联邦法院和与之平行的家事法院、联邦地方法院及各行政法院。州法院体系包括州高级法院（相当于我国的高级法院）、地区法院（相当于我国的中级法院）、地方法院或治安法院（相当于我国的基层法院）。其中，新南威尔士州共有地方法院 162 个，它们相互之间并无隶属关系。新南威尔士州的地区法院只有一个。澳大利亚的法官由政府任命。联邦法院以及州法院的法官分别由联邦或州政府的总理提名、总督任命。法律对任命法官的合法性规定了一定的标准，主要是在一定的管辖区内被批准或从事律师职业的期限。法官一旦被任命，将不再受行政权的控制。现职法官，除了由于议会两院的弹劾而免职外，如无身体上、精神上或其他不轨行为，可一直任职到退休年龄。

二、经济概况

澳大利亚地处南太平洋和印度洋，是南大地区经济最发达的国家。澳大利亚通过一系列有效的经济结构调整和改革，经受住了亚洲金融危机的冲击与考验，保证了国家经济金融和社会发展，从 1992 年至 2013 年连续 22 年保持持续增长，并维持了较低的通胀率和失业率（见图 1-2）。在 2000～2010 的 11 年内，国内生产总值平均增长率为 3%，超过 G7 集团各国及邻国新西兰的增速，而同期经济与合作发展组织（OECD）的平均增速也仅为 1.9%（见表 1-4）。2012～2013 财年，澳大利亚年经济规模（国内生产总值）达 1.56 万亿美元，同比增长 2.6%，是全球第 12 大经济体，也是世界上经济增长强劲的国家之一。① 人均国民收入 65 520 美元，失业率 5.6%，通货膨胀率 2.4%。② 澳大利亚连续被 OECD 评为世界最具活力的经济体。国际货币基金（IMF）近年也多次称赞澳大利亚，认为其是全球金融风暴中少数保持经济增长的先进国家。

---

① 世界银行数据库，http://data.worldbank.org/country/australia。
② 《澳大利亚 2014～2015 年政府预算报告》，http://www.budget.gov.au/2014 - 15/content/overview/html/overview_01.htm，2014 年 9 月 20 日。

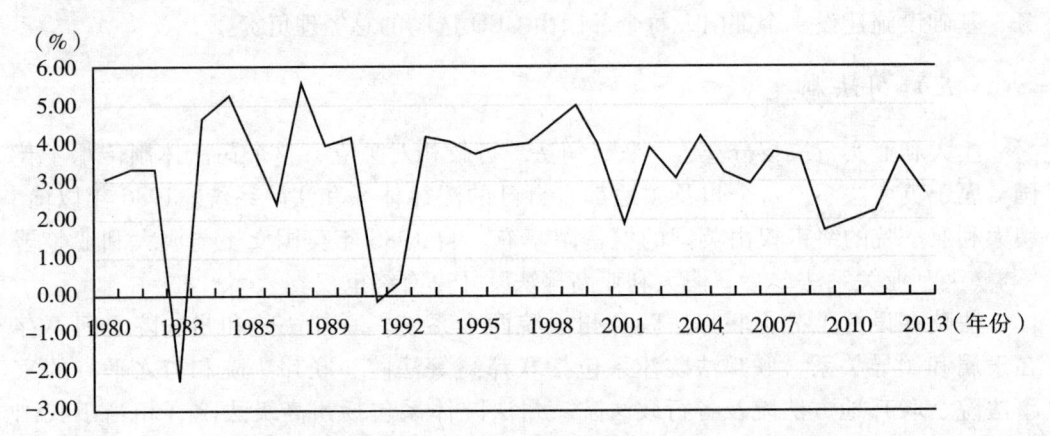

图 1-2　澳大利亚历年经济增长率（1980~2013 年）

资料来源：世界银行数据库，http://data.worldbank.org/country/australia。

表 1-4　　　　GDP 年均增长率的国际比较（2000~2010 年）

国别或地区		年均增长率（%）
澳大利亚		3.0
G7 国家	加拿大	2.2
	法　国	1.4
	德　国	1.2
	意大利	0.7
	日　本	0.9
	英　国	2.0
	美　国	1.8
新西兰		2.6
OECD 平均		1.9

资料来源：《澳大利亚统计年鉴 2012》（Year Book Australia 2012）。

2012 年在美国传统基金会的评比中，澳大利亚的经济自由度排名全球第 3 名。在瑞士洛桑管理学院的全球竞争力排名多项指标中，澳大利亚均位列前 10 名。OECD 2011 年幸福指数报告中也对澳大利亚在生活满意度、平均寿命、空气污染程度、就业机会及家庭所得各项中给予高度评价。近年由于澳大利亚拥有丰沛的天然资源、稳定的经济社会环境及友好宽广的国际政治经济发展空间，其越来越受到各国的称赞。目前，澳大利亚被公认为世界上经济最健康的发达国家，预计未来 10~15 年澳大利亚都将持续繁荣发展。澳大利亚主要经济指标可见表 1-5。

表1-5　　　　　　　　　　澳大利亚主要经济指标　　　　　　　　　　单位:%

年　份	2012~2013	2013~2014	2014~2015（p）	2015~2016（p）	2016~2017（p）	2017~2018（p）
实际GDP	2.6	2.75	2.5	3	3.5	3.5
就业	1.2	0.75	1.5	1.5	2.25	2
失业率	5.6	6	6.25	6.25	6	5.75
消费者价格指数	2.4	3.25	2.25	2.5	2.5	2.5
名义GDP	2.5	4	3	4.75	5	5

注：p为预测值。

资料来源：《澳大利亚2014~2015年政府预算报告》，http://www.budget.gov.au/2014-15/content/overview/html/overview_01.htm，2014年9月28日。

服务业、制造业、采矿业和农业是澳大利亚的四大主导产业。据澳大利亚官方统计，2010~2011财年澳大利亚服务业（7 597.29亿澳元）、制造业（1 078.45亿澳元）、采矿业（955.12亿澳元）和农业（313.83亿澳元）的产值，分别占GDP的57.6%、8.2%、7.2%和2.4%。[①] 自20世纪70年代以来，澳大利亚经济经历了重大结构性调整，旅游业和服务业迅速发展，占国内生产总值的比重逐渐增加，目前服务业已成澳大利亚的优势产业。澳大利亚的科研创新以及先进制造领域也十分发达，在洁净能源、再生能源及生技医学等领域也领先全球，金融、旅游及教育服务业也具高度竞争力，长期吸引着大量观光客及留学生来澳。近年来，在新兴经济体对原材料巨大需求的带动下，澳大利亚采矿业快速增长。澳大利亚农牧业发达，有"骑在羊背上的国家"和"手持麦穗的国家"之称，盛产羊、牛、小麦和蔗糖。此外，澳大利亚农业在国民经济中的比重虽有所下降，但农业的产量、产值和效益均不断提高，农产品出口也在大幅增加。澳大利亚长期靠出口农产品赚取大量收入，农业产品的70%用于出口，是全球第三大小麦出口国、最大羊毛出口国及第三大棉花出口国。

澳大利亚矿产丰富，为全球煤矿最大出口国、最大铝产国，镍、金、锌矿的产量皆居全球第2位，铀矿及铁矿砂生产占全球第3位，亦富藏石油及天然气，液化天然气出口排名全球第4位，2020年可望跃居世界首位。由于国际能源及原物料需求不断攀升的原因，出口资源的价格也节节攀升，为澳大利亚赚入了可观的外汇。2012年出口产品排名前5项均为能源矿石产品：铁矿（547亿澳元）、煤矿（412亿澳元）、黄金（155亿澳元）、天然气（134亿澳元）、原油（109亿澳元），总额达1 359亿澳元，金额虽较上年1 498亿澳元显著减少，但是这5项产品就占商品出口总量的45.2%，足以见其在澳大利亚出口中的重要性。

能矿产业除为出口做出贡献以外，也成为吸引外商投资的原因之一。自2003年10月至2012年4月，澳大利亚总计完成335件投资案，金额达1 384亿澳元。据澳

---

① 《澳大利亚统计年鉴2012》（Year Book Australia 2012）。

大利亚资源及能源经济局（BREE）统计，累计至2012年10月大型矿场及相关基建开发案中承诺投资案有87件，金额达2 684亿澳元，此外，正式宣布投资的有106件，计划投资金额在910亿~1 330亿澳元之间，已进入可行性开发阶段171件，金额达2 918亿澳元。

能矿热也造成劳工短缺及排挤其他经济部门发展等不利影响，产生了所谓的双速经济的局面。虽然澳大利亚能矿开采成本节节攀升，但仍然不断吸引大批国际投资。其背后原因除了矿藏丰富，主要在于澳大利亚法治完善、技术及后勤设施完备。澳大利亚拥有健全而实用的金融法律和金融机构体系，可以为商业发展提供稳定的环境，并减少不必要的延误。此外，澳大利亚拥有完善及透明的企业管理制度及业务导向的企业监管与破产制度。根据世界银行资料显示，在澳洲成立新公司只需两天，而在OECD成员国则平均需要20天。澳大利亚也已经连续2年被国际矿业顾问公司Behre Dolbear评比为全球矿业投资最安全的国度，预估未来数年能矿开采行业仍将是澳大利亚吸引投资及出口的主力军。

双边及区域性自由贸易协议也是目前澳大利亚政府积极推动的工作之一。目前，澳大利亚已经与泰国、美国、东盟、智利及马来西亚签订自由贸易协议（FTA），此外也积极与日本、韩国、中国、海湾合作理事会（GCC）、太平洋岛国紧密关系伙伴（PACER）、印度尼西亚、印度洽谈FTA，更积极参与区域性的组织"跨太平洋伙伴协议"（TPP）以及"区域全面经济伙伴关系"（RCEP）咨询协商，澳大利亚认为此两个协定对澳大利亚而言具有互补效果，有利协助澳商对外扩大市场开拓商机，也可以作为达成亚太区域经济整合的基础。由于TPP属于高质量而且涵盖层面广泛的高标准及不断发展的动态协议，这将有助澳大利亚深化经贸结构改革及产业自由化调适，深化经济转型，提升国家竞争力，并协助澳商开拓更多海外商机。此外，澳大利亚也盼望RCEP可消除歧视性及差别性待遇，为区域经济整合及发展注入新动力，并为澳商创造更便捷的经营环境，并带来更多商机。澳大利亚未来外贸政策仍将以寻求与其他国家以双边、区域或多边贸易协议进行经济整合为政策主轴，并希望同时改善其国内经贸环境，以建立自由化及便捷化之经贸架构。

第二节　澳大利亚财政概况

20世纪90年代，澳大利亚曾连续多年出现财政赤字，该时期是工业化国家普遍经历的经济不景气阶段。为削减财政赤字，20世纪90年代中期以来，澳大利亚联邦政府通过出售国有资产等方式来增加收入，同时通过设定支出最高标准等措施来削减支出。1998~1999财年，澳大利亚财政出现了盈余。2000年以来，澳大利亚财政收支状况一直良好，但受经济危机影响，澳大利亚政府从2008~2009财年开始又出现财政赤字，并于2010年达到赤字高峰（见表1-6）。财政赤字推高了澳大利亚政府的债务负担。2011年年底，澳大利亚一般政府债务总额、一般政府债务净额分别相当于 GDP 的 22.86% 和 7.81%，较上年均有所上升，但与其他发达国家政府债务负担相比，澳大利亚仍处于较好水平。2012~2013 财年，澳大利亚财政赤字为 234.72 亿澳元，较上年减少 212.74 亿澳元。2014 年 5 月 13 日，澳大利亚国库部长霍基在国会正式公布了 2014~2015 年政府财政预算。这份预算将较大幅度削减澳大利亚国内福利并采取部分提高税收的措施，旨在通过削减开支扭转赤字局面，逐步达到实现预算盈余的目的（见本章附件 1-1）。由此可见，澳大利亚政府的宏观财政战略基本是在追求周期内或跨周期的财政平衡。强大的财力也使得澳大利亚政府更有能力根据联邦发展战略进行宏观调控。

表 1-6　　　　　澳大利亚政府历年财政收支状况　　　　　单位：百万澳元

年 份	财政收入		财政支出		财政盈余	
	绝对值	占 GDP 比重（%）	绝对值	占 GDP 比重（%）	绝对值	占 GDP 比重（%）
1996~1997	141 688	25.4	145 821	26.2	-4 223	-0.8
1997~1998	146 820	24.9	148 652	25.2	-1 979	-0.3
1998~1999	152 106	24.5	146 772	23.7	3 901	0.6
1999~2000	167 304	25.3	155 558	23.5	11 815	1.8
2000~2001	186 110	26.4	180 094	25.5	6 007	0.9
2001~2002	190 488	25.3	193 041	25.6	-2 935	-0.4
2002~2003	206 923	25.8	201 259	25.1	5 377	0.7
2003~2004	222 168	25.8	215 361	25.0	6 148	0.7
2004~2005	242 507	26.3	229 245	24.8	12 228	1.3
2005~2006	261 238	26.2	242 334	24.3	16 406	1.6
2006~2007	278 411	25.6	259 276	23.8	16 801	1.5
2007~2008	303 729	25.8	280 188	23.8	20 948	1.8
2008~2009	298 933	23.8	324 612	25.8	-29 743	-2.4
2009~2010	292 767	22.6	340 208	26.2	-53 875	-4.2
2010~2011	309 890	22.0	356 353	25.3	-51 760	-3.7
2011~2012	338 109	22.8	378 005	25.4	-44 746	-3.0
2012~2013	360 160	23.6	382 644	25.1	-23 472	-1.5
2013~2014（e）	374 267	23.6	415 294	26.2	-45 055	-2.8
2014~2015（e）	391 348	24.0	414 845	25.4	-25 855	-1.6
2015~2016（e）	419 612	24.5	431 118	25.2	-12 214	-0.7

续表

年 份	财政收入		财政支出		财政盈余	
	绝对值	占GDP比重（%）	绝对值	占GDP比重（%）	绝对值	占GDP比重（%）
2016~2017（p）	449 840	25.1	453 806	25.3	-6 596	-0.4
2017~2018（p）	480 394	25.5	475 447	26.2	984	0.1

注：e：estimates 估计值；p：projections 预测值；财政赤字＝财政收入－财政支出－净资本投资，净资本投资值未在本表中列出。

资料来源：《澳大利亚2014~2015年政府预算报告》，http://www.budget.gov.au/2014-15/content/bp1/html/bp1_bst10-05.htm，2014年9月21日。

一、财政收入分析

（一）联邦政府财政收入分析

澳大利亚财政收入包括税收收入、收费收入等，主要来源是税收收入。2014~2015财年，澳大利亚财政预算收入3 913.48亿澳元，其中税收收入为3 688.14亿澳元，占财政收入的94.24%（见表1-7）。从纵向来看，澳大利亚财政收入逐年稳步增长，2014~2015年财政收入同比增长4.56%，而税收收入和非税收入占总财政收入的比重却一直保持相对稳定的状态，其中税收收入约占96%，非税收入约占6%。

表1-7　　　　　　澳大利亚财政收入构成　　　　单位：百万澳元

年 份	税收收入		非税收入		总财政收入
	绝对值	占总财政收入（%）	绝对值	占总财政收入（%）	绝对值
1999~2000	153 408	91.69	13 896	8.31	167 304
2000~2001	175 881	94.50	10 228	5.50	186 110
2001~2002	178 210	93.55	12 278	6.45	190 488
2002~2003	195 203	94.34	11 720	5.66	206 923
2003~2004	209 959	94.50	12 209	5.50	222 168
2004~2005	229 943	94.82	12 564	5.18	242 507
2005~2006	245 716	94.06	15 522	5.94	261 238
2006~2007	262 511	94.29	15 900	5.71	278 411
2007~2008	286 229	94.24	17 500	5.76	303 729
2008~2009	278 653	93.22	20 280	6.78	298 933
2009~2010	268 000	91.54	24 767	8.46	292 767
2010~2011	289 005	93.26	20 885	6.74	309 890

第一章 澳大利亚政治经济环境与财政概况

续表

年　份	税收收入		非税收入		总财政收入
	绝对值	占总财政收入（%）	绝对值	占总财政收入（%）	绝对值
2011～2012	316 779	93.69	21 330	6.31	338 109
2012～2013	337 323	93.66	22 836	6.34	360 160
2013～2014（e）	350 956	93.77	23 310	6.23	374 267
2014～2015（e）	368 814	94.24	22 534	5.76	391 348
2015～2016（e）	396 055	94.39	23 557	5.61	419 612
2016～2017（p）	422 875	94.01	26 966	5.99	449 840
2017～2018（p）	449 509	93.57	30 884	6.43	480 394

注：e：estimates 估计值；p：projections 预测值。

资料来源：《澳大利亚 2014～2015 年政府预算报告》，http://www.budget.gov.au/2014-15/content/bp1/html/bp1_bst10-05.htm，2014 年 9 月 21 日。

　　按收入来源分析澳大利亚政府财政收入构成，个人所得税是其最主要的收入来源，其次是公司和资源租税、销售税（见图 1-3）。此外，主要的税收收入还包括燃料消费税、关税、养老金税和附加福利税等。2014～2015 财年政府预算中，个人所得税收入为 1 836 亿澳元，占财政收入的 47%；公司和资源租税 753 亿澳元，占 19%；销售税 581 亿澳元，占 15%；燃料消费税 176 亿澳元，占 5%。关税、养老金税和附加福利税各 93 亿、79 亿、44 亿澳元，各占财政收入的 2.4%、2% 和 1%。

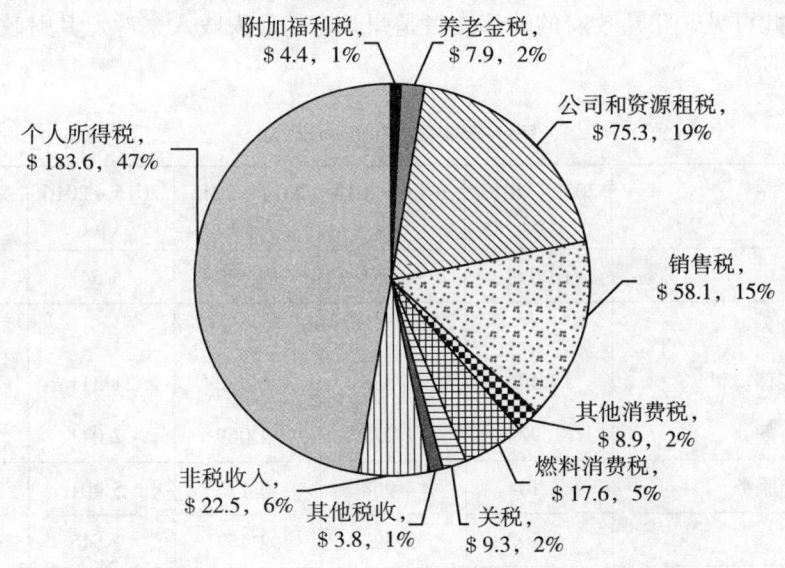

图 1-3　2014～2015 年澳大利亚财政收入来源结构图

注：单位为 10 亿澳元。

资料来源：《澳大利亚 2014～2015 年政府预算报告》，http://www.budget.gov.au/2014-15/content/overview/html/overview_31.htm，2014 年 9 月 25 日。

澳大利亚政府的非税收入主要包括销售商品和服务的收入、利息收入、股息和红利收入及其他非税收入。其中,销售商品和服务收入是非税收入的最主要部分。如表1-8所示,2014~2015财年,澳大利亚政府非税收入合计为225.34亿澳元,其中销售商品和服务收入89.28亿澳元,利息42.29亿澳元,股息和红利25.70亿澳元,其他非税收入68.07亿澳元。

表1-8　　　　　　　　2014~2015年澳大利亚非税收入构成　　　　单位:百万澳元

非税收入合计	销售商品和服务	利息	股息和红利	其他非税收入
22 534	8 928	4 229	2 570	6 807

资料来源:《澳大利亚2014~2015年政府预算报告》,http://www.budget.gov.au/2014-15/content/bp1/html/bp1_bst5-03.htm,2014年9月25日。

(二) 州政府财政收入分析

下面以昆士兰州为例,分析澳大利亚州政府财政收入的规模与结构情况。从表1-9可以看出,昆士兰州2013~2014年财政预算收入(包括联邦转移支付、未包括州债务收入)规模大约是446.77亿澳元,比上一财年增长28.92亿澳元,增长率为6.9%。其中,联邦政府对州政府的转移支付201.15亿澳元,占州政府总财政收入的45.0%;税收收入118.51亿澳元,占州级收入26.5%;销售商品和服务收入49.68亿澳元,占州级收入的11.1%;股息和所得税收入16.94亿澳元,占州级收入的3.6%;特许权使用费和租金及其他收入合计36.52亿澳元,占州级收入的8.2%。由此可见,联邦政府的转移支付是州政府的最大收入来源。其财政收入分布如图1-4所示。

表1-9　　　　　　　　　昆士兰州政府财政收入　　　　　　　　单位:百万澳元

年　份	2012~2013 (e)	2013~2014 (b)	2014~2015 (p)	2015~2016 (p)	2016~2017 (p)
税收收入	10 998	11 851	12 680	13 547	14 422
转移支付收入:					
现有转移支付	17 496	18 838	20 382	21 311	22 421
资本补款	923	1 277	4 069	2 041	594
销售商品和服务	3 104	4 968	5 175	5 401	5 460
利息收入	2 592	2 396	2 457	2 515	2 571
股息和所得税等价收入:					
股息	1 047	1 224	1 363	1 396	1 587
所得税等价收入	304	470	780	738	843

第一章 澳大利亚政治经济环境与财政概况

续表

年 份	2012~2013 (e)	2013~2014 (b)	2014~2015 (p)	2015~2016 (p)	2016~2017 (p)
其他收入：					
特许权使用费和租金	2 311	2 782	3 494	4 061	4 480
其他	1 010	870	835	828	826
总收入	41 785	44 677	51 235	51 838	53 205

注：e：决算估计数；b：预算数；p：预测数。
资料来源：《昆士兰州2013~2014年政府预算报告》，http://www.budget.qld.gov.au/budget-papers/2013-14/bp2-3-2013-14.pdf，2014年5月28日。

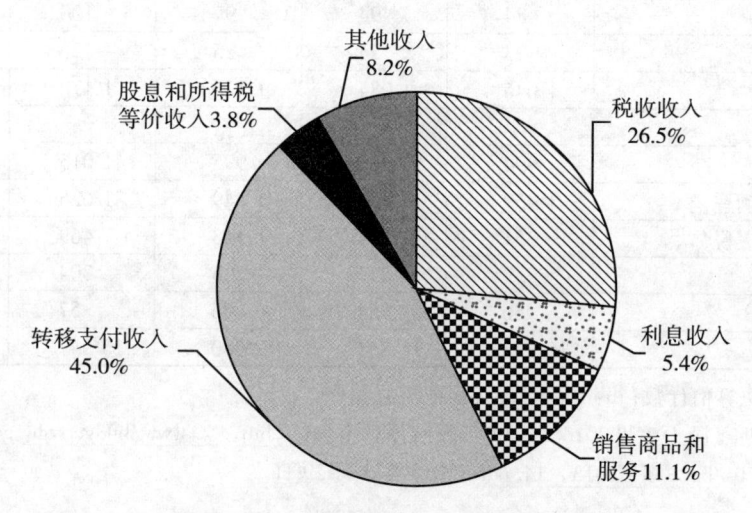

图1-4　2013~2014年昆士兰州政府财政收入分布图

注：其他收入最大的项目是特许权使用费和租金（占总收入的6.2%）。
资料来源：《昆士兰州2013~2014年政府预算报告》，http://www.budget.qld.gov.au/budget-papers/2013-14/bp2-3-2013-14.pdf，2014年5月28日。

税收收入是州级政府的第二大收入来源。若除联邦政府转移支付外，州级财政收入的48%来自税收收入。仍以昆士兰州为例，其税收收入包括工薪税、关税、博彩税及其他税。其中，工薪税占34.6%，是第一大税种，关税其次，占税收收入的29.4%。昆士兰州税收收入的构成如表1-10和图1-5所示。

表1-10　　　　　　　　　　昆士兰州税收收入　　　　　　　　　单位：百万澳元

年 份	2012~2013 (e)	2013~2014 (b)	2014~2015 (p)	2015~2016 (p)	2016~2017 (p)
工薪税	3 792	4 100	4 430	4 764	5 128
关税：					
过境	1 900	2 033	2 226	2 438	2 633
车辆登记	510	536	573	613	656

续表

年　份	2012~2013 (e)	2013~2014 (b)	2014~2015 (p)	2015~2016 (p)	2016~2017 (p)
保险	615	871	976	1045	1 118
其他关税	37	39	42	46	49
总关税	3 061	3 479	3 818	4 142	4 456
博彩税：					
游戏机税	595	620	647	674	703
卫生服务税	47	49	52	56	59
彩票税	255	253	260	268	276
担保税	42	43	45	46	48
赌场税	84	94	97	100	103
基诺税	23	24	25	26	27
总博彩税	1 046	1 084	1 126	1 170	1 215
其他税：					
土地税	994	980	995	1 015	1 051
机动车辆登记	1 459	1 503	1 549	1 626	1 708
火灾救援税	351	394	443	469	496
担保税	239	257	265	304	308
其他税	56	54	56	57	59
总税收收入	10 998	11 851	12 680	13 547	14 422

注：e：决算估计数；b：预算数；p：预测数。

资料来源：《昆士兰州2013~2014年政府预算报告》，http：//www.budget.qld.gov.au/budget-papers/2013-14/bp2-3-2013-14.pdf，2014年5月29日。

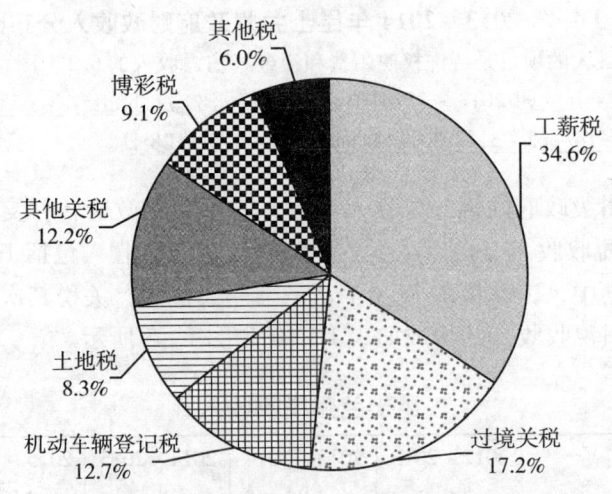

图1-5　2013~2014年昆士兰州政府税收收入分布图

注：其他关税包括车辆登记关税，保险关税和其他小额关税；其他税收包括火灾救援税，担保税和其他小额税种。

资料来源：《昆士兰州2013~2014年政府预算报告》，http：//www.budget.qld.gov.au/budget-papers/2013-14/bp2-3-2013-14.pdf，2014年5月29日。

二、财政支出分析

(一) 联邦政府财政支出分析

近年来,澳大利亚政府财政支出规模不断增长。自 2004~2005 年到 2014~2015 年的十年期间,财政支出总规模已经翻番,由 2004~2005 年的 2 060.18 亿澳元增长到 2014~2015 年的 4 148.45 亿澳元(见表 1-11)。这一方面可归结于不断发展的经济水平和增长的财政收入,另一方面可归结于由于人口增长及老龄化带来的财政支出压力。

从支出结构来看,社会保障与福利、卫生、教育是澳大利亚政府的三大主要支出,三项合计达到财政总支出的 60% 左右。2014~2015 财政年度,全国财政支出 4 148.45 亿澳元,社会保障与福利支出为 1 457.73 亿澳元,占总支出的 35.14%,是第一大支出项目(见图 1-6)。由此可见,澳大利亚不仅是一个高税收国家,也是个高福利国家。但从纵向来看,澳大利亚政府用于社会保障与福利的支出比例呈现不断下降的趋势。在 2004~2005 年,社会保障与福利支出占政府总支出的比重曾高达 41.92%。尽管近年来澳大利亚社会老龄化程度加剧导致社保福利方面刚性支出增加,但由于受自 2008~2009 年出现的财政赤字的压力,澳大利亚政府不得不削减一些福利以减少赤字,以逐步实现盈余。

卫生是澳大利亚财政的第二大支出项目。2014~2015 财年,其支出占总支出的 16.12%,该比例较 2004~2005 年的 18.26% 也有所下降。教育方面的财政支出是澳大利亚政府的第三大支出,2014~2015 财年其支出占总支出的比例为 7.12%,较 2004~2005 年的 7.58% 略有下降。国防支出和一般公共服务开支在总支出中的比重也有所下降。在政府支出中,经济性支出的比重一直不到 3%,这说明澳大利亚政府的经济建设职能已经相当弱化,而经济市场化的程度已经相当高。

表 1-11　　澳大利亚财政支出结构(按功能分类)　　单位:百万澳元

年份 功能分类	2004~2005 支出	占总支出的百分比(%)	2014~2015 支出	占总支出的百分比(%)
一般公共服务	13 033	6.33	23 185	5.59
国防	15 802	7.67	24 197	5.83
公共秩序与安全	2 804	1.36	4 389	1.06
教育	15 622	7.58	29 553	7.12
卫生	37 620	18.26	66 892	16.12
社会保障与福利	86 372	41.92	145 773	35.14
住宅与社区设施	2 321	1.13	4 835	1.17
娱乐和文化	2 699	1.31	3 512	0.85
燃料和能源	4 013	1.95	7 058	1.70

续表

年　份	2004~2005		2014~2015	
功能分类	支出	占总支出的百分比（%）	支出	占总支出的百分比（%）
农业、林业和渔业	2 412	1.17	2 752	0.66
采矿业、制造业和建筑业	1 847	0.90	2 740	0.66
运输业和通讯业	3 104	1.51	7 286	1.76
其他经济事务	5 101	2.48	10 670	2.57
其他用途	13 269	6.44	82 002	19.77
总支出	206 018	100	414 845	100

资料来源：《澳大利亚 2006~2007 年政府预算报告》、《澳大利亚 2014~2015 年政府预算报告》，http://www.budget.gov.au/2006-07/bp1/html/bp1_bst6-02.htm；http://www.budget.gov.au/2014-15/content/bp1/html/bp1_bst6-01.htm，2014 年 10 月 11 日。

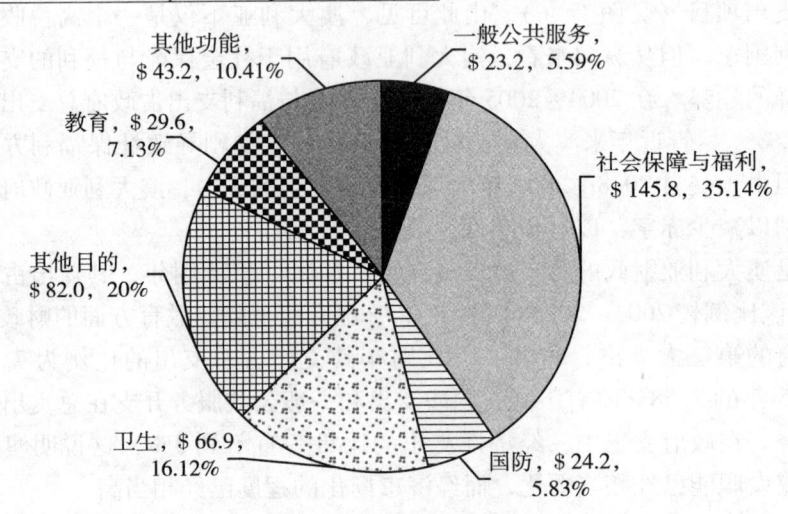

图 1-6　2014~2015 年澳大利亚财政支出结构

注：单位 10 亿澳元。

资料来源：《澳大利亚 2014~2015 年政府预算报告》，http://www.budget.gov.au/2014-15/content/overview/html/overview_31.htm，2014 年 10 月 11 日。

（二）州政府财政支出分析

教育和卫生同样也是州政府财政两个最大的支出项目。图 1-7 和图 1-8 以昆士兰州为例，说明过去 10 年来州政府按功能划分的各项支出比重的变化。

从图 1-7 和图 1-8 中可以看出，州政府的财政支出中，卫生支出占州总支出的比重有所上升，从 2003~2004 财年的 22% 上升到 2013~2014 财年的 26.9%，从第二大支出跃居为第一大支出。造成这种局面的主要原因在一定程度上可归结为澳大利亚日渐突出的人口老龄化问题。教育支出长期以来是州政府的第一大支出项，占到州全部支出的 1/4 强，近年来在总支出的比重有所下降，2013~2014 财年其所占比重为 23%，是州政府的第二大支出项目。公共秩序与安全是州的又一大支出项目，近年来呈现下降趋势；社会保障与福利在总支出中所占的比重基本维持不变；州政府经济服务支出所占比重近年来明显呈出下降趋势，从 2003～2004 年的 9% 下降为 2013～2014 年的 5.3%，这说明澳大利亚州政府的经济建设职能逐渐在弱化，经济市场化的程度越来越高。

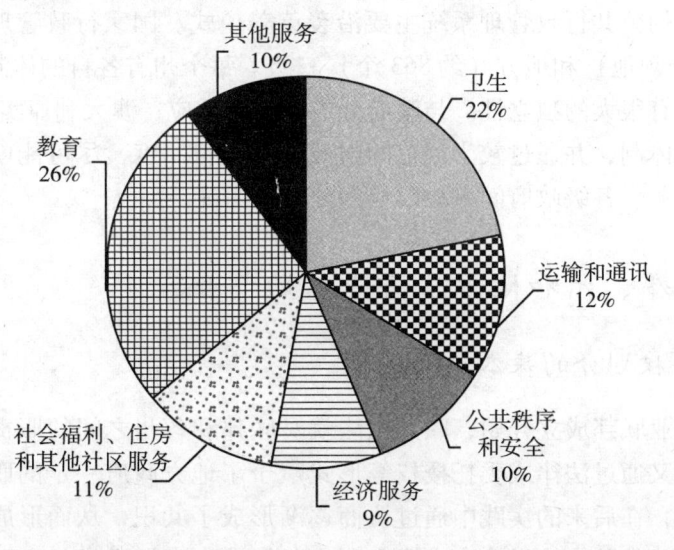

图 1-7　2003～2004 年昆士兰州政府支出结构（按功能分类）

资料来源：《昆士兰州 2003～2004 年政府预算报告》，http://www.budget.qld.gov.au/budget-papers/2003-04/budget-paper-2_2003-04.pdf，2014 年 5 月 29 日。

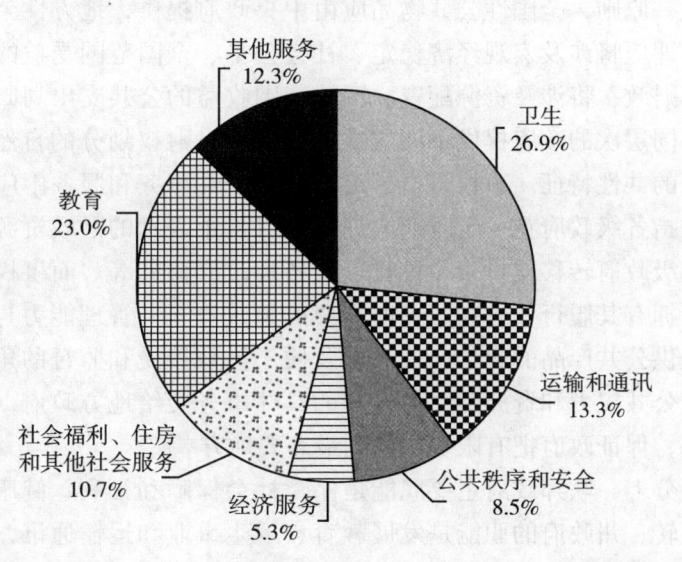

图 1-8　2013～2014 年昆士兰州政府支出结构（按功能分类）

资料来源：《昆士兰州 2013～2014 年政府预算报告》，http://www.budget.qld.gov.au/budget-papers/2013-14/bp2-4-2013-14.pdf，2014 年 5 月 29 日。

第三节　澳大利亚政府间财政关系

澳大利亚的公共行政管理系统主要沿袭英美模式。国家行政管理分为联邦、州（6个州和2个领地）和地方（约863个）三级。每个州有各自的体制，负责管理地方政府，都具有很大的独立性。与政府分级管理相适应，澳大利亚实行典型的分税、分级财政管理体制，并通过较为规范的财政转移支付制度，尽可能使公民享受均等的社会公共服务。各级政府间事权财权划分较为明确。

一、联邦、州和地方政府事权的划分

（一）事权划分的基本原则

从澳大利亚联邦成立开始，联邦宪法就对联邦和各州之间的职责划分进行了基本界定，各州又通过法律或委托授权等形式赋予了地方政府一定的职责。宪法未明确划分的职责，在后来的实践中通过协商逐渐形成了共识，从而形成了目前各级政府之间事权划分的基本格局。决定澳大利亚各级政府事权安排的主要原则包括受益原则、事权与财力匹配原则以及管理能力与效率原则等。

受益原则，即政府所提供的公共物品必须尽量与受益区域内居民的消费偏好相一致。按照这一原则，全国性公共物品应由中央政府提供，地方性公共物品应由地方政府提供，即应将涉及宏观经济稳定、社会公平、全国范围受益的公共支出划归联邦政府及其财政；将涉及资源配置、区域范围收益的公共支出划归州或地方政府及其财政。不同层次的政府提供不同层次的服务，是财权划分的自然选择，也是市场经济条件下的共性特征。事权是指一级政府在公共事务和服务中应承担的任务和职责。财力是指各级政府在一定时期内拥有的以货币表示的财政资源，来源于本级政府税收、上级政府转移支付、非税收入及各种政府债务等。而事权与财力匹配原则指一级政府拥有其履行任务和职责所需要的财政收入。管理能力与效率原则，则指从政府提供公共产品的成本、效率以及便于民众接受和监督的角度考虑，将贴近公民需要的公共权力和资源配置与管理的具体事务交给地方政府，可以提高公共资源配置效率，保证政府把有限资源用到最需要地方。

在职能划分上，联邦政府主要职能是保障社会保障和福利、健康、教育、国防和政府机构运转；州政府的职能是发展教育、卫生事业和运输通讯，保障公共秩序与安全，在三级政府中，州政府是存续时间最长的一级政府，承担与百姓生活最息息相关的政府职能；地方政府主要承担住房、社区环境建设维护、文化娱乐、运输通讯等职能（见表1-12）。总的来看，中央政府侧重财政的收入再分配职能，州与地方政府则侧重于财政的资源配置职能。

表1–12　澳大利亚联邦、州和地方政府事权和财权划分

层　级	职　责	资金来源	资金主要用途
联邦 （1）	国家事务，国防，贸易，国际关系，商业，通信，社会福利	个人和公司收入税、商品和服务税、消费税	对州级政府的转移性支出，社会福利转移性支出，国防
州/领地 （8）	教育，健康，环境，公路，公共运输，公共事务，农业，渔业，产业关系，社区服务，娱乐业，治安，监狱和应急服务	联邦政府的转移性支付（一般和专项支出GSP），工薪税、印花税	健康，教育，公共运输，法律和秩序
地方政府 （约863个）	建筑和发展规划，地方公路，公园，图书馆，地方环境，垃圾处理和地方社区服务	联邦和州政府的转移性支出，地税，服务收入	

资料来源：中华人民共和国财政部网站，2014年6月7日。

（二）各级政府事权划分的一般情况[①]

根据事权划分的基本原则，涉及全国的事物由联邦负责，涉及州内的公共产品和服务由州一级政府提供，地方政府只负责一些非常本地化的事物。近些年的公共行政管理改革更着眼于为大众和社区提供更人性化的服务。转移支付按照联邦宪法规定，凡不属于联邦政府管辖的权限均由州政府负责。

1. 联邦政府的事权。联邦政府的基本事权最初由联邦宪法规定。在过去100多年的实践中，联邦的职责范围总体上呈现扩大趋势，逐渐进入了教育、卫生和治安等传统的州政府事权范围。目前，联邦政府的主要事权包括：社会保障和福利、卫生、教育、贸易、外交、国防、移民、通讯、货币、公共秩序和安全、海外援助、道路运输等。

2. 州政府的事权。各州负责提供大部分的公共服务。目前，州政府的主要事权包括：教育、卫生、区域道路交通、公共秩序与安全等。其中，教育、卫生是州政府财政两个最大的支出项目。

3. 地方政府的事权。地方政府的基本事权主要包括：地方道路、地方公园、地方交通、建设控制、供水、排污和排水、社区保健、家庭和社区照料、公共图书馆、地方文化设施等社区服务、消防服务等细碎的服务项目，以及进行必要的经济建设。近年来有些地方政府开始在一些没有明确划分的公共服务领域自觉承担职责。

（三）重要公共服务领域中职责的具体划分

从澳大利亚政府的支出结构来看，用于卫生、教育和社会保障与福利的支出比重合计达到财政总支出的60%，构成了澳大利亚政府的主要支出项目。其中，社会保障与福利属于联邦政府的法定事权，是政府的第一大支出项目。卫生、教育为州

[①] 郭向军、宋立：《澳大利亚政府事权财权划分的经验及启示》，载于《宏观经济管理》2006年第6期。

政府传统的事权职责范围,但联邦政府在强大财力支持下,逐渐开始与州政府分享卫生、教育职责。

1. 卫生领域。卫生是澳大利亚各级政府财政的第二大支出项目。其中,2011～2012财年联邦政府支出占各级政府卫生总支出的69.7%,州政府和地方政府支出占各级政府卫生总支出的30.3%。联邦政府承担:个人医疗保险补贴、药品与医疗服务支出以及防疫性支出;各州和领地政府负责提供:公立医院服务、精神卫生服务、临终关怀服务、社区保健和公共卫生监管。目前,在联邦政府和州政府卫生领域事权划分的合理性方面,还存在着较大的争论。

2. 教育领域。教育方面的财政支出是澳大利亚政府的第三大支出。目前,各级政府在教育领域的基本分工是:联邦政府主要负责高等教育,并对各州的学校教育给予少量补助;州政府负责中小学教育,并资助本州(领地)内的职业培训机构;市郡政府对学校教育没有直接责任,主要负责社区层次的学前教育和放学后看护。从各级政府教育支出比例来看,2011年联邦政府支出占各级政府教育总支出的38%,州政府和地方政府教育支出占各级政府教育总支出的62%。相对来讲,教育是澳大利亚各级政府之间事权划分比较清晰、运转较为稳定、改革较为成功的领域。

二、联邦、州和地方政府财权的划分

按澳大利亚现行法律规定,联邦政府与州政府之间没有行政隶属关系。联邦政府与州政府间实行严格的分税制,地方政府不仅享有税收立法权,还享有举债权。每一级政府财权划分清晰。

与事权相对应,澳大利亚财政也分为联邦、州(领地)、地方三级财政。澳大利亚财政收入大都来自于税收,因而,税收不仅是国家财政的主体财源,同时,也是决定联邦政府与州政府及地方政府财政分配关系的重要因素。澳大利亚目前从中央到地方三级政府财权划分为:个人所得税、公司所得税、消费税和关税等归联邦政府;印花税、工薪税、财产转让税、机动车辆税、博彩税、土地使用税等归州级政府;地方政府开征的一些服务性收费项目,如水费、电费和服务费以及土地使用费等归地方政府。

(一)联邦政府财权

澳大利亚联邦政府的收入权力是由联邦《宪法》赋予的,拥有完整的收入获得权、收入支配权和收入使用权。目前,联邦政府的主要收入来源包括:个人所得税、企业所得税、资本增值税、柴油烟酒税、关税等税收收入以及债务收入、投资回报等。2000年7月,澳大利亚联邦和各州政府达成协议,商品和服务税由联邦统一征收,并在各州之间重新进行分配,联邦政府并不使用。联邦收入中税收收入占绝大多数,为总收入的90%以上。非税收入占总收入的不到10%。在联邦税收中,直接税收入大约占到61%,主要包括个人所得税、企业所得税、附加福利税、养老金税等,间接税收入占到39%,主要包括关税、消费税等。直接税税收占税收收入的压倒多数有利于发挥税收对经济的"自动稳定器"作用。

附加福利税是联邦政府所有的一个独特税种，是对雇主提供给雇员的附加福利的价值所征收的一种税。所有雇主提供给雇员的汽车、无息或低息贷款、食宿、娱乐和旅游等所有福利都要按其比例税率征收，税率依照个人所得税的最高边际税率征收，有效防止纳税人在正常的工资、薪金之外以附加福利的形式逃税。

占联邦收入不到10%的非税收入主要来源于政府管理性收费、土地销售收入、国有资产出租出售收入等公共产品与服务销售收入、国有金融或非金融公司上缴的经营利润、国有资产出售收入、联邦政府贷款给州和地方政府的利息收入、罚没收入、捐赠收入等。

（二）州政府财权

澳大利亚共有8个州级（6个州和2个领地）政府。虽然从宪法角度来看，州政府拥有比较大的财权，但实际上无论是收入获得权、支配权和使用权，还是税收立法权、减免权或征管权，都受到联邦政府越来越多的限制或约束。目前州政府的主要收入来源包括：工薪税、印花税、机动车辆税、地产税、矿产税等税收收入，债务收入和投资回报等非税收入以及包括商品和服务税及专项拨款的转移支付收入。其中，转移支付大致占州政府收入的45%。

工薪税是各州政府财政收入的重要来源，年均薪金支出超过一定起征点的雇主都负有缴纳工薪税的义务，起征点与税率因州而异。除工资外，佣金、奖金津贴等支出都要缴税，包括以计件取酬方式获取或支付的酬劳；另一个值得一提的州税种是印花税，过去印花税普遍是对一定交易工具或载体征税，后来一些州（如新南威尔士州）对此传统进行调整，改为对所有交易过程征税。于是印花税收入规模有了较大增长，其主要来源为房产交易，当然也包括流通债券/股票的转让等其他交易；此外，依据土地价值计税的土地税也是州政府的一个主要税种，每年土地价格的变化由各州评估组织审定。

州非税收入占全部收入的比重比联邦要高，大约占州全部自有收入（不包括联邦拨款）的20%~30%左右。收入来源包括政府提供教育、培训的收费、博物馆门票等服务性收入、州政府控股公司收益、固定资产处置以及规费收入等。

值得一提的是，州政府拥有举债权力，虽然法律对州政府的举债规模没有明确限定，但现实操作中，各州政府拥有自己的信用评级，市场决定了债务融资的成本，因此州政府举债规模面临着市场的各种限制；各州政府依法要制定中长期预算与资产负债平衡目标，这就要求州负债规模必须维持在较低水平（见专栏1-3）。各州财政收入通常都会出现周期性增减（如房产业荣衰会直接导致州主要收入来源的印花税收入大幅变动等），而支出项大都为刚性，这样，在收入减少时为满足支出需求有必要适度举债融资。关于澳大利亚政府债务的管理将在第十章进行更为详细的阐述。

专栏1-3 地方债务管理

澳大利亚地方政府债务管理经历了自由举债、严格限制、放松管理、总量控制、市场运作等五个阶段。1927年，根据澳大利亚联邦宪法的有关规定，澳大利亚借款委员会正式成立，其成员包括联邦、州的国库部长共九人，联邦国库部长担任主席。该委员会负责协调、监督和管理公共部门（包括地方政府）债务。州政府具有独立举债的权利，可以通过发放债券、贷款或其他方式举借债务；地方政府也可以举债，但要受州政府监督，一般只向金融机构融资，不可以发行债券。

近年来，澳大利亚地方政府坚持"非负债经营"的理财理念，地方政府债务规模相对较小，政府资产负债率较低，地方财政运行情况良好。州和地方政府通过举债所筹资金，一般用于基础设施等资本性项目。为保障地方政府及时偿还所借债务，地方议会在举债时需要提供相应的担保。

为了应对地方政府债务的风险，澳大利亚逐步形成了以预算管理、规模控制、信用评级、透明度要求、债务化解为内容的风险管理基本框架。

资料来源：中华人民共和国财政部：《澳大利亚的地方政府债务管理》，中华人民共和国财政部网站，2014年6月17日。

（三）地方政府财权

地方政府财政收入主要包括房产税、服务收费、联邦和州的拨款、借款、建筑商捐助以及投资回报等。与联邦与州政府相比，地方政府的财权非常有限，虽然依法享有对税率的调整权，但每次调整都要通过州政府严格的审批过程。

地方一级非税收入比重远远高于州政府与联邦政府，占到地方本级收入的40%以上。作为政府收入的重要组成部分，非税收入在地方政府收入中的作用尤其大。澳大利亚政府对非税收入的管理很严格，虽然收入大多落在地方一级，但政府收费项目和标准的审批权集中在联邦和州两级，收费机构提出新收费项目后，须经联邦或州国库部审核并报议会审议通过，以法律形式确定征收。政府收费项目都以"成本补偿"为原则，而不以营利为目的。收费的标准由特定部门通过成本核算与市场调查确定。此外，澳大利亚三级政府的非税收入，全部上缴财政统一账户，纳入预算管理。

（四）基本财权分配结果与纵向财政失衡

由于税收权利来源于宪法，导致澳大利亚政府征收的大多税收都是由联邦政府征收的。结果就是联邦政府征收了大大超过满足自身宪法义务的收入，州政府和地方政府则征收得过少。联邦政府可以获得大量税基从而跟上经济增长的步伐，特别是其收入和公司所得税一起增长。而州政府却做不到这一点。但是州政府却要负责宪法规定的诸如教育、健康、法律、维持社会秩序这类大量开支领域。一般而言，各州掌握的税基很小，不能提供充分增长的税收能力来满足支出增长的需要。较大的州税基包括工薪税、各类交易的印花税、赌博税以及采矿税。这种征税能力与支出义务之间的不匹配导致了两级政府之间很大的纵向财政失衡。因此，这种失衡要求形成一个由联邦政府向州转移资金的程序，以满足各州的支出需要。

三、政府间转移支付制度

(一) 转移支付的原则和目标

地区间的财政转移在很多联邦制以及单一制国家中都很普遍。在历史上有着成文法典的财政转移体制常常是政治扩张的基本组成部分。向州级政府进行财政转移支付的最简单方法应该是在平等的人均基础上共同分享所有的资金,即每个州分配到的人均转移支付是一样的。从另一个角度即公平角度看,分配应该是基于一个派生的基础,即各州要拿回在本州征收到的商品税和服务税。

但这些方法没有一个在澳大利亚施行。原因是:澳大利亚认为州和自治领是不一样的。他们在规模、人口、地理、历史以及人口统计学、发展水平与资源禀赋方面都不一样。在这个州的一分钱与在另一个州的一分钱并不总能转化为同样的服务水平。比如说,澳大利亚的一些地方提供标准的教育或健康服务,但是价格比其他一些地方高。假定给所有的州同样的人均转移支付,即使他们采取同样的政策,也会出现各州在提供服务能力方面的巨大差别。同样,即使所有州与自治领都以同样的税率征收同样税种,他们在同样的人均基础上所获得的收入也是不同的。这是因为他们的经济环境不同。最明显的原因是,澳大利亚不同地区有着不同的资源禀赋和资产基础,从而导致各州面临的征税机会也不同。

澳大利亚政府对财政转移支付是有明确的制度规定。自澳大利亚联邦政府成立后,政府为规范政府间财政转移支付,及时制定了《政府转移支付法》,从法律上明确界定了各级政府的收入权限。当联邦、州和地方政府财力与支出任务不协调而出现纵向财政失衡时,联邦政府要向州及地方政府进行纵向财政转移支付,转移支付的原则是横向财政均衡,即如果该州政府在征收收入方面达到了平均努力程度,在政府管理效率方面达到了平均水平,则该州政府有权利获得财政能力以提供全国平均公共服务水平。因为公民同样缴纳了所得税就应该享受到均等化的公共服务水平。澳大利亚财政转移支付的目标主要是推动统一、有序的国内市场的形成,促进经济、文化、社会等各项事业的协调发展。

(二) 转移支付的具体内容

澳大利亚财政转移支付主要有两种类型:一般性转移支付和特定目的转移支付。

1. 一般性转移支付。一般性转移支付是指不指定支出用途,州和地方政府可自主确定其支出的转移支付。一般性转移支付的原则是横向财政均衡,包括商品和服务税(Goods and Services Tax, GST)转移支付以及政府预算平衡补助款、国家竞争政策款、特定收入补助款和支付给地方政府的地方政府财政补助款。联邦政府对各州政府的一般性转移支付金额,由联邦拨款委员会按照事权、财权相匹配的原则,设计转移支付因素和公式,计算分配一般性转移支付资金,转移支付公式一般一定5年不变,具体计算分配方法向社会公开。

在一般性转移支付中,商品和服务税转移支付是最主要的内容,约占一般性转移支付的98%,占转移支付总额的50%以上。1998年税制改革,推行商品和服务税,对商品和服务加征10%的消费税,联邦按照均等化原则在各州间进行分配,以平衡各州收入差距,联邦一点不留。这是澳大利亚联邦与州之间财政关系的一次重要变革。这不但防止偷税、漏税,增加了政府税收,而且通过GST对各州的转移支付,大大加强了联邦对各州的财政控制能力。

2. 特定目的转移支付。特定目的转移支付是指为了保证州及地方政府医疗、卫生等特定职能的实现,由联邦政府指定用途,向州及地方政府提供的特定援助。澳大利亚宪法第96条对此做出了明确规定。通过特定目的转移支付,联邦政府将其部分管理权限转移给州及地方政府。特定目的转移支付款项约占整个澳大利亚州级政府获得的财政援助总额的45%。特定目的转移支付一般要达到联邦或全国的某些目标,并按照项目逐项签订协议,实行严格的绩效考核评价。

(三) 转移支付的实施

在近几年财政总收入中,联邦收入占七成以上,州约占二成,地方政府则不足一成。在财政总支出中,联邦政府的支出约占总支出的70%,其中用于联邦本级的支出一般只有30%左右,其他40%则主要用于全国的社会保险以及对州和地方政府的转移支付。图1-9反映了澳大利亚联邦政府对州政府转移支付的历史变迁。1999~2000财年,在州政府收入中,联邦政府对其的转移支付占35%,而到2013~2014财年,转移支付在州政府收入中所占比重已经上升到44.7%。由此可见,联邦财政在财政支出上的主导地位不言而喻。澳大利亚联邦政府向州级政府的财政转移支付大部分是通过联邦预算这个渠道进行的,另外也有少部分是通过政府理事会、联盟援助委员会、联邦和州财政关系部长理事会以及贷款理事会等一些重要机构开展的。

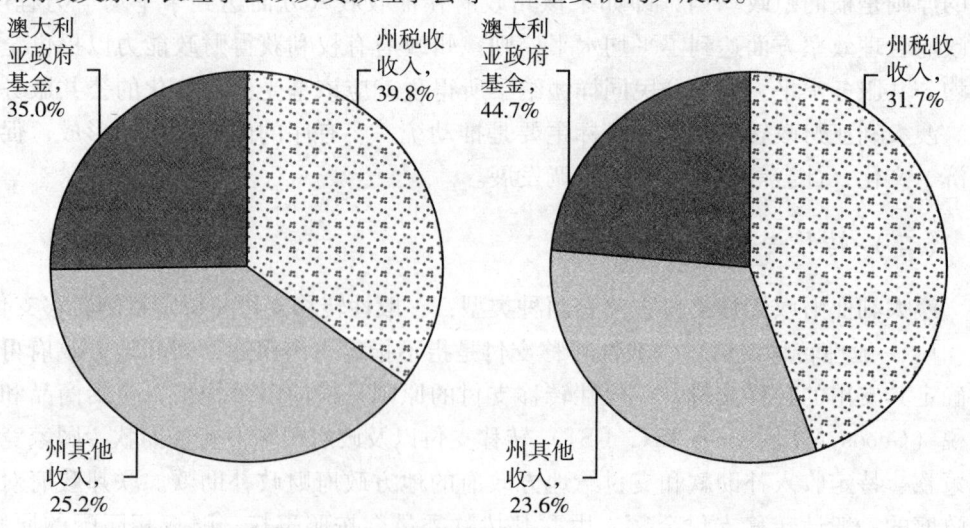

图1-9 澳大利亚州政府收入构成变化(1999~2000年和2013~2014年)

资料来源:《昆士兰州2013~2014年政府预算报告》,http://www.budget.qld.gov.au/budget-papers/2013-14/bp2-6-2013-14.pdf,2014年6月3日。

第一章 澳大利亚政治经济环境与财政概况

2014~2015财年，州政府将总计接受澳大利亚联邦政府1 101.5亿澳元转移支付援助。转移支付资金在各州的分配情况如表1-13和表1-14所示。其中，澳大利亚联邦政府对州政府的一般转移支付总计548.6亿澳元，占联邦总支出的13.2%。其中商品和服务税转移支付537.1亿澳元，其他转移支付11.5亿澳元。商品和服务税转移支付较2013~2014年的507.2亿澳元同比增长了5.9%（见表1-15）。澳大利亚联邦政府对州政府的特定目的转移支付462.85亿澳元，其中包括国家特殊用途支出41.4亿澳元，国家医疗改革基金151.2亿澳元，学生优先—更加公平的学校资助协议143.74亿澳元和国家伙伴关系支出126.57亿澳元（见表1-16）。

表1-13　2014~2015年联邦政府向各州政府转移支付预算　单位：百万澳元

	特定目的转移支付	一般性转移支付	总转移支付
新南威尔士州	13 654	16 808	30 462
维多利亚州	11 166	11 853	23 019
昆士兰州	9 792	11 736	21 527
西澳大利亚州	5 313	2 310	7 623
南澳大利亚州	3 171	4 956	8 128
塔斯马尼亚州	1 039	1 911	2 950
澳大利亚首都地区	755	1 137	1 892
北领地	1 041	3 166	4 207
总计	46 285	54 861	101 147

资料来源：《澳大利亚2014~2015年政府预算报告》，http：//www.budget.gov.au/2014-15/content/bp3/html/bp3_02_part_1.htm，2014年10月15日。

表1-14　2014~2015年澳大利亚联邦政府对州政府转移支付的相对比例

年　份	占总转移支付的百分比（%）	占人口百分比（%）	相对百分比（%）
新南威尔士	30.5	31.9	95.8
维多利亚	23.1	24.8	92.8
昆士兰	21.6	20.2	106.9
西澳大利亚	7.6	11.1	68.7
南澳大利亚	8.1	7.1	114.4
塔斯马尼亚	3.0	2.2	136.3
澳大利亚首领地	1.9	1.6	115.0
北领地	4.2	1.0	406.3

注：相对百分比=占总转移支付的百分比/占人口百分比。

资料来源：《昆士兰州2014~2015年政府预算报告》，http：//www.budget.qld.gov.au/budget-papers/2014-15/bp2-6-2014-15.pdf，2014年10月15日。

表 1-15　澳大利亚联邦政府对州政府的一般转移支付　　　单位：百万澳元

年　份	2013~2014	2014~2015	2015~2016	2016~2017	2017~2018
商品和服务税转移支付	50 720.0	53 710.0	57 020.0	60 440.0	63 810.0
其他转移支付	1 335.8	1 151.4	1 145.1	1 157.6	1 099.4
总一般转移支付	52 055.8	54 861.4	58 165.1	61 597.6	64 909.4

资料来源：《澳大利亚2014~2015年政府预算报告》，http://www.budget.gov.au/2014-15/content/bp3/html/bp3_04_part_3.htm，2014年10月15日。

表 1-16　2014~2015年澳大利亚各州各项特定目的转移支付（按类别）　　　单位：百万澳元

	国家特殊用途支出	国家医疗改革基金	学生优先—更加公平的学校资助协议	国家伙伴关系支出	特定目的转移支付合计
新南威尔士州	1 319	4 688	3 264	3 264	13 654
维多利亚州	1 028	3 716	3 519	2 902	11 166
昆士兰州	835	3 163	3 055	2 739	9 792
西澳大利亚州	460	1 722	1 499	1 632	5 313
南澳大利亚州	295	1 078	1 074	724	3 171
塔斯马尼亚州	90	344	334	270	1 039
澳大利亚首都地区	68	271	248	168	755
北领地	43	135	260	603	1 041
总计	4 139	15 116	14 374	12 657	46 285

资料来源：《澳大利亚2014~2015年政府预算报告》，http://www.budget.gov.au/2014-15/content/bp3/html/bp3_02_part_1.htm，2014年10月15日。

附件1-1　2014~2015年澳大利亚政府预算案的主要内容

近年来，澳大利亚政府财政赤字严重，削减开支实属无奈之举。新预算案的最大特点是大幅削减政府开支，国民的很多原有福利都受到影响，这也正是引发民众不满和反对党批评的主要内容。针对反对者就开征临时赤字税提出的批评，阿博特总理表示，面对严重的赤字压力，全体国民都要做出牺牲和贡献，包括他本人在内的高级官员都要起积极带头作用（预计阿博特每年要额外缴纳的赤字税为6 500澳元）。阿博特称，新预算案最突出的特点就是支出重点由短期消费转移到长期投资，以实现澳大利亚经济的可持续发展。

一、关于宏观经济

根据澳大利亚国库部2014年5月13日公布的新预算案，澳大利亚2013~2014年度的预算赤字达499亿澳元，远高于上一个财政预算报告所确定的 180 亿澳元。新预算案确定 2014~2015 财年的经济增长目标为 2.5%（2017~2018 年增长 3.5%），失业率 6.25%（2017~2018 财年降到 5.75%），通胀率 2.25%（2017~2018 财年为 2.5%）；预算案将政府 2014~2015 财年的赤字目标控制在 298 亿澳元，以后逐年有所下降，直到实现收支基本平衡，预计 2015~2016 财年将赤字降到 171 亿澳元，2016~2017 财年进一步降到 106 亿澳元，2017~2018 财年减到 28 亿澳元。而减少赤字和争取收支平衡的办法只能是增加收入和减少开支，也就是所谓的开源和节流。预计澳大利亚 2014~2015 财年的总债务将增至 6 670 亿澳元，澳政府希望在未来 10 年可降至 3 890 亿澳元。

二、主要增收措施

增收方面，可以说新举措不多，主要包括两项税收措施和出售国有资产等：

（一）开征赤字税（国债税）

新预算案计划从 2014 年 7 月 1 日起向高收入者（年收入超过 18 万澳元）征收为期 3 年的临时赤字税，税率为 2%。此项措施可增加 31 亿澳元的财政收入。

（二）恢复汽油税增税方案

从 2014 年 8 月 1 日起恢复征收早已取消了的汽油税增税方案，对现行每升 0.381 澳元的汽油税进行改革，汽油价格每 6 个月上涨一次，上涨幅度与通胀率一致。据有关方面测算，此项改革大概会使每升汽油每年涨价 0.01 澳元，可为 2014 年财政增加 1.68 亿澳元，使汽油税总收入达到 176 亿澳元。另有一种计算显示，汽油税改革可增加 40 亿澳元收入，扣除农业用油优惠，可净获 22 亿澳元。

此外，在税收增收方面，从 2014 年 7 月 1 日起，研究开发费用的税收减免税率将降低 1.5%；从 2015 年 4 月 1 日至 2017 年 3 月 31 日，员工福利税将从 47% 增加至 49%。新预算案还提出要探讨增加商品和服务税（GST）税率的可能性。

（三）推出医疗收费措施和出售国有资产

除税收以外，政府还推出了新的医疗收费措施和出售国有资产计划。共同付费制度要求持卡病人自己缴纳 7 澳元的诊断和治疗费（优惠卡持有者和儿童免费 10 次），开药再缴纳 5 澳元（优惠卡持有者缴 0.8 澳元，42.7 澳元以上药品自费部分增加），全科医生可向急诊病人收费。据测算，这两项改革在 4 年内可分别为政府增加收入 34 亿澳元和 13 亿澳元。此外，政府还计划出售价值 1 300 亿澳元的国有资产。待售资产包括估价 40 亿澳元的保险机构，澳大利亚个人医保基金公司。

三、主要节流措施

节支措施在新预算案中显得非常突出，主要包括四个方面：

(一) 削减社会福利补贴

新预算案减少向家庭支付福利补助，儿童补贴减少，提高了失业救助和养老金领取门槛，养老补贴优惠也明显减少。从 2014 年 7 月 1 日起，单一家庭申请补助的资格测试门槛从 15 万澳元降至 10 万澳元，停止儿童补助金的年龄从 8 岁降到 6 岁（在未来 4 年可节省 75 亿澳元），25 岁以下的年轻人不能领取失业补贴，25~30 岁的失业者只能领取青年补贴而不能领取失业补贴，35 岁以下的残疾人必须从事工作。从 2014 年 9 月开始，老年人医疗补助金额会有所削减。从 2014 年 7 月 1 日起，雇主支付的养老保证金将从 9.25% 增加到 9.5%，从 2018 年 7 月 1 日起升至 10%，然后每年增加 0.5%，直到 2022 年 7 月 1 日达到 12%。消费者价格指数（CPI）将作为养老金指数化调整的唯一依据（此前还有其他依据）。据测算，养老金制度改革可每年节省 15.93 亿澳元（降低调整幅度节省 3.93 亿澳元，削减优惠节省 12 亿澳元）。1965 年后出生的澳大利亚公民申请养老金的年龄将延至 70 岁，也就是说到 2035 年才能退休。

(二) 裁减政府机构和人员

近年来，澳大利亚联邦政府机构膨胀问题严重，目前已有将近 1 000 个实体。2013 年 9 月联盟党政府上台后，已陆续裁撤了包括 23 个总理咨询机构在内的约 40 个机构，新预算案决定通过裁撤、合并等方式再精简 36 个机构。澳大利亚皇家铸币厂和国防住房保障署（DHA）等四个较大机构将被卖给私营部门；国家美术馆和国家图书馆等文化设施则需要合并行政部门。被裁撤的机构还包括澳大利亚可再生能源署和国家水务委员会。新预算案确定在未来 3 年内裁减公务人员 1.65 万人。国防预算虽有所增加，但未来 4 年仍需裁员 2 000 人。据测算，撤销可再生能源局可在 5 年内节省 13 亿澳元，3 年内可从碳捕捉和封存研究项目节省 4.6 亿澳元，未来四年通过精简机构可节约 4.7 亿澳元。科学工业、核能、海洋科学研究经费削减 1.47 亿澳元。

(三) 计划通过调整移民政策节省数额可观的开支

新预算计划确定的 2014~2015 财年移民配额为 19 万人（包括 12.855 万技术移民，6.0855 万家庭团聚移民，以及 565 个特殊类别移民）；商业移民名将有所增长，技术移民将占总移民数的 68%，以解决澳大利亚长期存在的特殊技能需求和地区劳动力短缺。联盟党政府将彻底废除前政府推出的为非法船民提供的 4 000 个家庭团聚名额的政策，仅此一项就可节省费用 2.67 亿澳元（据称澳政府花在船民处理上的费用已超过 80 亿澳元）。改革技术移民和家庭团聚计划也可节省 3 500 万澳元。

(四) 其他节支计划

主要包括减少对州立医疗及教育系统的资金拨款，暂停高级公务员涨薪 1 年，暂停调整私人医疗保险费返还的收入门槛、冻结医疗税附加费和其他医保费用（及测算此项计划可再节省 16 亿澳元），以及关闭 61 个国民保健诊所,终止前政府推出的首次置业储蓄账户补贴计划(2014年7月1日起执行),取消资深国会议员享受免费搭乘飞机的"黄金通票",以及在未来5年削减对贫困国家的援助资金79亿澳元等等。

四、加大对基础设施建设的投入

新预算支出较大的部分主要集中在基础设施建设投资领域。政府计划新增拨款115亿澳元用于建设公路和连接港口的铁路等基础设施项目,包括新南威尔士州的西联公路二期、维多利亚州的东西连线项目等。使该计划的总投入规模达到500亿澳元。此外,政府提升燃油税所获得的收入也将投入道路建设。国库部长霍基(Joe Hockey)在新预算案颁布前曾将其任内的这首份预算报告定义为"献与构建"。他此前表示联邦政府计划提供的金额高达400亿澳元,再加上来自各州政府及私营部门的投资,总投资规模超过到800亿澳元。他说,这是澳大利亚历史上最大规模的基础设施建设计划。政府将以此刺激资源热潮降温下的澳洲经济持续增长。从已公布的预算案来看,这一投资规模没有之前所说的那么多。联盟党政府在新预算报告中还确定要在未来10年内修建从布里斯班到墨尔本的高速铁路。

五、其他改革措施

(一)几项税收削减措施

主要包括取消碳税和采矿税,削减公司税1.5%,使之降到28.5%。联盟党政府决定自2014年7月1日起废除碳税和矿产资源租赁税(MRRT)。2012年,澳大利亚前工党政府推出碳定价机制,作为应对全球气候变暖的实际行动,对每吨碳排放征收25澳元左右的碳税。2013年大选前,联盟党候选人阿博特承诺通过减税促进经济发展和增加就业机会,明确提出要在当选后废除碳税。联盟党获胜后推出了一个称作"直接行动计划"(DAP)的替代方案。此次表决前,澳国内经过了几个月的辩论,联盟党的方案被认为"没有效率且价格昂贵",工党和绿党都表示难以支持。2013年12月,参议院已经投票否决了联邦政府提出的关闭清洁能源金融公司(CEFC)的提案。CEFC系由工党政府设立、目的是投资100亿澳元用于可再生能源项目。关闭CEFC是现联邦政府废除碳税计划的一部分。2014年3月20日,由于在野的工党和绿党联合抗争,澳大利亚参议院以33票对29票的微弱多数否决了联邦政府的废除碳税立法提案。根据宪法规定,一项遭到参议院否决的提案,至少要等3个月才能重新表决。

(二)改革医疗费支出和产假制度

为缓解因医疗改革引发的政治冲击,澳政府确定将缩减医疗支付费用所节省下来的资金,在2019~2020财年前拨入新设的"医疗研究未来基金"(MRFF),届时该基金将有200亿澳元。另外,政府还将改革带薪分娩假期计划,以资助低收入母亲。从2015年7月起,年收入15万澳元以下的母亲可享受带薪产假。为此,政府将向超过一定规模的大公司征收

1.5%的税收。

(三) 出台部分支持教育和促进就业的相关政策

政府决定自2016年起,允许大学自行确定学费标准(已在校学生维持老标准到2020年),攻读文凭和学士以下课程的学生可申请政府提供的资助,刚就业的学徒可获得为期4年的贸易支援贷款(Trade Support Loans)以代替以前的工具补贴,企业雇佣50岁以上年长者可获1万澳元补贴。

资料来源:驻悉尼总领事馆经商室:《澳大利亚联邦政府2014~2015财年预算案出台》,中华人民共和国驻悉尼总领事馆经济商务室网站,2014年6月26日。

第二章

澳大利亚政府预算管理法律体系

■ **本章导读**

澳大利亚有一部成文的宪法，宪法对联邦议会、联邦政府及州政府的预算权力进行了限制。根据宪法，议会对政府目标、预算程序、公共服务管理等进行立法，建立了一套完整的财政预算法律体系，使得整个政府预算的各个阶段、各个部门的各种行为必须在议会建立的法律框架下完成。澳大利亚联邦的财政预算法律体系主要包括四个部分：澳大利亚联邦宪法、拨款法案、财政管理类法律和财政责任类法律。澳大利亚各州政府在联邦法律的框架下，也制定了一些有关政府预算管理的法案或规定，其主要可以分为五类：州宪法、拨款类法案、综合类法案、专业类法案及行政规定。本章将分三节，从纵向角度，对澳大利亚联邦宪法、联邦政府预算管理相关法律和州政府预算管理相关法律进行梳理，建立澳大利亚政府预算管理法律体系的整体框架。

第一节 澳大利亚联邦宪法

一、宪法简介

澳大利亚宪法是澳大利亚的"最高法",规定了澳大利亚联邦政府的运作,以及联邦政府、各州和领地的关系。澳大利亚宪法由几部法律和其他文件构成,其中最重要的是《澳大利亚联邦宪法》,一般所称"《宪法》"即指此法。① 《宪法》于1898~1900年之间在当时英国在澳大利亚的各殖民地分别经由全民公决批准后,批准的草案由英帝国国会作为《1900年澳大利亚联邦宪法法令(帝)》中的一条正式立法。《1900年澳大利亚联邦宪法法令(帝)》于1900年7月9日经女王签署立法,1901年1月1日生效。虽然《宪法》最早是作为英国国会立法获得法律效应的,但《1986年澳大利亚法令》消除了英国国会对在澳大利亚实行的《宪法》进行修改的权力,现在《宪法》只能按照其规定的全民公决机制修改。

澳大利亚联邦宪法可以称为澳大利亚联邦基本法。它包括一段序文和九条。第一条至第八条是综述条款,规定了联邦成立的法律步骤。第九条开始是:"联邦的宪法如下",其下即《澳大利亚联邦宪法》的正文。《宪法》本身分为八章共128条(如表2-1)。《宪法》第一章建立了联邦政府的立法机构,即澳大利亚国会。国会由三个部分组成:君主(国王或女王),由澳大利亚总督代表;众议院;参议院。第一条规定,立法权归于国会,国会拥有最高统治权。《宪法》第二章建立了政府的行政机构。行政权由总督依据联邦行政会议建议行使。《宪法》第三章建立了政府的司法机构。《宪法》第四章针对联邦制下的财政和贸易。《宪法》第五章包括与各州及其在联邦制下的角色的条款。《宪法》第六章允许建立新的州,或新的州加入联邦。《宪法》第七章所含条文包括规定联邦政府驻地(即现在的首都堪培拉)须位于新南威尔士境内但距离悉尼至少100里,以及总督可任命副手等。第127条原来规定在州或联邦的人口普查中不可将土著人算入,此条在1967年经全民公决被删除。《宪法》第八章规定了宪法修正的机制。

表2-1　　　　　　　　　澳大利亚联邦《宪法》构成

章	标　题	条　目
第一章	议会	第一条至第六十条
第二章	行政政府	第六十一条至第七十条

---

① 除了《宪法》条文外、《1931年威斯敏斯特法令》和《1986年澳大利亚法令》、以及君主制诰和宪政惯例也是澳大利亚宪法的重要方面。

续表

章	标　题	条　目
第三章	司法	第七十一条至第八十条
第四章	财政与贸易	第八十一条至第一百零五条
第五章	州	第一百零六条至第一百二十条
第六章	新州	第一百二十一条至第一百二十四条
第七章	其他	第一百二十四条至一百二十六条
第八章	宪法的修改	第一百二十八条

资料来源：作者依据澳大利亚联邦《宪法》整理。

二、《宪法》的特点

（一）民主的《宪法》

澳大利亚宪法开宗明义就宣布："鉴于新南威尔士、维多利亚、南澳大利亚、昆士兰和塔斯玛尼亚人民是依靠全能的上帝的赐福，同意联合组织成一个在大不列颠及爱尔兰联合王国国王领导下的不可分离的联邦，因此宪法……"序言开头部分宣告澳大利亚联邦宪法是建立在人民意志基础上的。这就是说，虽然澳大利亚宪法由英国议会制定，然而，它是澳大利亚人民共同努力的结果。"联盟"一词以较好的方式表明了它的民主性质。

（二）独立各州组成的一个联盟

在 1901 年联邦建立前，现在的澳大利亚各州是英属的自治殖民地。在全国性会议上，代表占压倒多数的是州权利人。特别强调的是在维护各州的结构和权力上，当然它与联邦特殊的和受限制的意图是一致的。澳大利亚联盟法案提出的联邦方案在集中化倾向上不很成功，该法案延续了澳大利亚宪法。宪法第 107 条强调各州议会权力的延续这一点。各州有权修改自己的宪法。各州从英国法令中得到了自己的宪法和权力，正好同澳大利亚联邦政府从英国体现宪法内容的法令中取得的结构和权力一样多。各州州长由英王任命，与联邦政府没有任何关系，联邦政府无权干预各州立法机关通过的法律。

（三）有一部联邦宪法

该宪法宣布澳大利亚是一个联邦制国家。联邦所有必需的——成文的和刚性的宪法、权力的划分和司法审查，在宪法里都能找到。宪法对联邦政府的搜索权力作了详细的、列举性的规定，剩余的归各州行使。联邦是不可分离的，任何州无权退出联邦。1934 年，西澳大利亚向英国议会提交了一份要求退出澳大利亚联邦的请求书，"一个从参议院和众议院挑选的议员组成的委员会作出决定，根据宪法惯例，议会不应该来处理仅仅涉及澳大利亚一个州的请求的那种事情。"① 这个决定强调了这样的事实,即在实践上和法律上,任何一个州都没有赋予它单独采取行动退出联邦的权力。澳大利亚联邦更类似于美国的联邦制,而不是加拿大的联邦制。

(四) 议会制政府

澳大利亚宪法规定了一个议会制中央政府。总督的权力由总督根据部长或行政委员会的建议行使。总督由英国女王根据澳大利亚联邦部长们的建议任命,而且必须是澳大利亚公民,同时也可以根据同样的建议免职。总督仅仅是一个宪法性的首脑。真正的权力赋予由总理领导的联邦行政委员会行使,总理是众议院中占多数席位的政党领袖。部长们共同对众议院负责,只要得到众议院的信任,可以继续任职。众议院和参议院由人民直接选举,每个年满十八周岁以上的成年公民都有选举权。各州也实行议会制。

(五) 公民的自由

虽然澳大利亚宪法没有对人民的基本权利作专章规定,但是生活在澳大利亚的每一个人的基本权利和自由是有保障的。就宪法所涉及的内容而言,直接与权利有关的只有三条规定:第116条规定的保证宗教信仰自由,第117条规定的要求不得歧视,第51条规定的财产取得的法律要求。其他的基本保障——诸如人身自由和安全、集会自由、表达自由、迁徙自由、请愿自由、公正审判、不受任意逮捕的自由,这些不包括在宪法的内容里。但这并不是说,澳大利亚人民不拥有这些权利。澳大利亚体制的总设想是:一个人干扰了他人事务是违法的,除非有特别的法律规定授予干预权。政府或官员的权力,仅因实际存在而行使,不得假定权力。试图干预公民自由,必须有法令或法规的规定作为合法根据,非依法律不得干预。跟英国一样,澳大利亚人民的自由是由传统的惯例来维护,而不是完全靠宪法来保障。

(六) 刚性宪法

澳大利亚宪法是一部刚性宪法。任何法律的修正案,首先由参众两院以绝对多数通过后,还必须提交各州和自治领(未正式成立的州)的众议院交公民投票的方式表决,才算正式通过。如果哪一个法律被一院通过,而另一院加以否决,在三个月以后或第二次开会时被同一院通过,总督可以把该提案看做第一次提及的议院提交的最后提案,不管两院有没有同意,都要提交各州公民投票表决。如果大多数州的大多数选民投票赞成该提案,或者如果所有选民中的大多数投票也赞成该提案,那就最后呈交总督提交英王批准。然而,如果修正案提出对任何州作限制性的变更或减少哪个州在任何一院的成员的比例,或改变宪法赋予的任何一种独立权利,那么它将不会成为法律,除非那个州的大多数选民投票批准该法律。因此,一个修正议案首先必须获得联邦议会的通过,然后一般要经过选民的"双倍多数"投票表决

---

① Vishnoo Bhagwan, Vidya Bhushan. World Constitution, Sterling Publisher Private Limited, 1998.

通过，还要经过大多数州的选民通过才能生效。在某些情况下，一个修正案要求每一个州的多数赞成。

至今，有 44 个宪法性提案提交给人民投票表决。仅仅有八个提案得到了必要多数的支持（参见专栏 2-1）。修正案被否决是因为没有得到必要的多数州的支持。1958 年提交的报告中，宪法共同复审委员会建议，如果将来在一次性投票表决中，全部公民的多数赞成提交的提案，只要 1/2 的州同意，不需大多数州同意，就应当获得通过。这个建议在 1959 年又被该委员会重新提出。然而对这些报告却没有采取任何行动，即使三个州的多数代替了四个州被确定下来，但澳大利亚宪法仍然是刚性宪法。

专栏 2-1 《澳大利亚联邦宪法》修正史

联邦成立至今，共有 44 项修正案付诸公投，其中有八项成功通过。下列是通过的宪法修正案：

1906 年——参议院选举—修改第 13 条，稍微改变了参议院任期和就任日期。

1910 年——各州债务—修改第 105 条，将联邦接管"已有"的各州债务的权力扩张到接管"任何时候"的各州的债务。

1928 年——各州债务—增加第 105A 条，确保 1927 年联邦和各州达成的财政协议符合宪法。

1946 年——社会服务—增加第 51 条第 xxiiiA 项（23A 项），扩张联邦政府对于一系列社会服务的权力。

1967 年——土著人—修改第 51 条第 xxvi 项（26 项），将联邦政府针对任何种族立法的权力扩张到包括土著人在内；终止第 127 条，即"在统计联邦、某一州、或联邦的其他部分的人口时，土著原住民不可算入"条文。

1977 年——参议院临时空缺—1975 年澳大利亚宪政危机后续的一部分；将关于参议院临时空缺的惯例正式写入宪法：此惯例是，如参议院出现临时出缺，而由此席位代表的州议会依照宪法选举替补参议员时，必须选择与离任参议员同一政党的人选。1975 年有两个州政府违背此惯例提名与离任参议员政党不和的人选，是宪政危机的起因之一。

全民公决——修改第 128 条，允许领地居民参与全民公决，算入全国计票。

法官退休——修改第 72 条，规定联邦法庭法官的退休年龄为 70 岁（之前没有退休年限）。

总体来说，历年的澳大利亚选民在修改宪法上表现保守，除此八项其他的修正案都被否决，1977 年以来没有一次修正案通过表决。历年在全民公决中被否决的议案包括给予联邦管制垄断的权力（1911 年、1919 年两次）、为战后重建扩张联邦政府权力（1944 年）、取缔共产党（1951 年）、加入公民权条文（1988年）、及结束君主制建立共和制（1999年）等众多议案。

资料来源：维基百科：《澳大利亚联邦宪法》，维基网。

（七）参议院的平等代表数

澳大利亚宪法在参议院也为各州规定平等的代表数。起初，每州有六名参议员。然而，到1948年颁布了代表法案，议员人数从36名增加到60名，每州有权选送十名代表。1984年，该人数又增加到76名（可参考第一章第一节的相关内容）。参议员由人民直接选举，在参议院的组成结构上，澳大利亚仿效了美国宪法的做法。

（八）独立的司法系统

在司法组织系统方面，澳大利亚高等法院行使终审权。它有权宣布法律违宪，它是所有联邦案件的上诉终审法院，它也有权审判各州最高法院的上诉案。法官不被免职，除非在同一会议的两院提出，由总督罢免外，但必须以举止不当或无能力为由提出免职。

（九）州宪法

关于州的问题，澳大利亚宪法仅作了一些一般的规定，不包括州政府的组织结构。宪法第106条写道："澳联邦各州的宪法要服从本宪法，继续尽可能地承认或确立州根据州宪法的规定对这种情况作些改变。"州宪法采用英国法律的血统，而且在宪法类型上大大地不同于联邦宪法。为了使全澳大利亚六州的宪法得到一个全面的了解，人们不得不重温一系列的英国法律。各州必须随时加强它们的整个法律，制定一个单一的"宪法法案"。因而，南澳大利亚宪法法案于1961年修改再版，塔斯玛尼亚宪法法案颁布于1959年，新南威尔士于1957年，维多利亚于1958年，昆士兰于1962年，西澳大利亚于1967年先后颁布了宪法法案。这些州宪法在内容的长短和所包括的法律内容大不相同。如塔斯玛尼亚宪法法案有46条，维多利亚宪法有478条。各州宪法比联邦宪法简单灵活。

三、《宪法》关于政府预算的规定

澳大利亚联邦《宪法》没有制定具体的预算制度条款，但直接或间接地规定了议会的预算权力、联邦政府和州政府的财权及事权。

（一）议会的预算权力

为了维护联邦的安宁、秩序和治理，《宪法》第51条赋予议会对征税、残废人和老年人的养老金、提供产妇津贴，寡妇养老金，儿童基金，失业、药物、疾病和住院救济金，医科和牙科免费医疗，学生补助金和家庭津贴等事项有制定法律之权。第54条又进一步规定"征税法应限于租税的征收，该法中任何其他事项的条款，均属无效"。此外,《宪法》对参议院的预算权力也进行了限制。第 53 条规定参议院能提出只包括罚金、执照费或服务费等规定的议案,但不得提出拨款或征税的议案,且不得修正征税或拨款维持政府常年工作的议案。第 56 条又规定"除在同一议会会期内已由总督以咨文向原提案的一院说明拨款的理由外,不得就拨款问题提出议案、进行投票和通过决议。"

(二) 联邦政府的预算权力

1. 联邦政府的事权。《宪法》第四章针对联邦制下的财政和贸易。《宪法》第 69 条规定联邦成立后,根据总督公告的具体日期,各州的下列公用事业部门应即移交给联邦:邮政、电报和电话;海陆军国防;灯塔、灯船、信标和浮标;防疫。但各州的海关署和消费税署,应于联邦成立时即移交给联邦。第 84 条规定"州公用事业各部门移交于联邦后,其官员应受联邦政府的管辖。"第 85 条规定:州公用事业各部门移交于联邦时:(1) 其一切财产,与该部有关者,应移归联邦,但管理关税、消费税、奖金的部门,由总督得到行政会议同意后定期移交;(2) 联邦政府可以获得州政府的任何财产,包括各种已经使用过的财产。但不包括专门用于某部门的财产;(3) 联邦政府应该补偿任何根据本条国有化的财产。如果没有关于赔偿的相关协议,相关赔偿条件以议会所立法律为准;(4) 联邦应该在转让产权时承担相关责任。

2. 联邦政府财权。澳大利亚联邦《宪法》第 81 至 83 条规定,联邦政府的收入是一个总的收入款项,用于联邦支出,其支出方法依照宪法有关规定。总收入款项的征收及管理费用,应为总收入的第一项支出,其次再支付联邦各项费用。联邦国库的款项不得用于法律所规定的预算之外的其他支出。但在联邦议会第一次会议的一个月内,总督经行政会议同意后,可在国库支取必需的款项,以维持移交于联邦的各部,及拨充联邦议会第一次选举的费用。《宪法》87 条规定:联邦成立后 10 年内,以及联邦议会未另有规定之前,联邦应以关税和消费税纯收入的 1/4,充当每年的行政费。

《宪法》第 90 条规定关税和货物课税权为联邦独有。第 92 条规定"各州间的贸易、通商和交流须绝对自由"。其中"绝对自由"的确切含义是大量案例中争论的中心。第 96 条赋予联邦拨款予各州的权力,拨款可附带"任何议会认为合适的条款和条件"。根据案例,这一权项不受诸多其他条款限制,例如第 99 条规定:"联邦不得通过贸易、商业或税收的法律或规章,给予一州或一州的任何部分高于他州或他州的任何部分以优惠的权利。"

(三) 州政府权力限制

澳大利亚联邦《宪法》对州政府权力的限制主要体现在对州政府债务的规定上。《宪法》第 105 条规定:议会得承受各项州债;或根据最近的联邦人口统计,以州的人口为比例,承受其一部分州债,并得对该项债务或其中任何部分,予以调换、转期或合并。各州对于联邦所承受的债务应予以偿还,此后对债务的利息,应自联邦付与各州的收入余款中扣除，如收入余款不是抵付或无收入余款时，其差额或全部利息应由各州付还之。《宪法》第 105A 条进一步指出联邦得与各州订立关于州债的协定，内容包括：（1）联邦对该项债务的承受；（2）该项债务的管理事宜；（3）利息的支付和该项债务的偿债基金的准备与管理事宜；（4）该项债务的合并、转期、调换和还债；（5）州政府的公共支出赔偿项目涉及债务的由联邦承担；（6）州政府或者联邦或者英联邦国家的借款。

除此之外，《宪法》第 91 条规定：不禁止各州扶植或奖励金矿、银矿或其他矿业，也不禁止各州在得到联邦议会两院同意后，扶植或奖励货物的生产和出口。第 114 条规定：未得联邦议会的同意，各州不得建立或维持任何海陆军部队，或对联邦所有任何一类的财产征收任何租税，联邦亦不得对州有任何一类的财产征收任何租税。第 115 条规定各州不得铸造硬币，亦不得以金银硬币以外之物作为法币，以偿还债务。

第二节　联邦政府预算管理相关法律

除联邦宪法外，澳大利亚联邦的财政预算法律体系可以划分为三大类：拨款类法案、财政管理类法律和财政责任类法律。各类法案或法律又具体包括多部法律，从不同的侧面对政府预算管理的相关内容进行了规定（参见表 2-2）。

表 2-2　　　　　澳大利亚联邦政府预算管理法律总览

序号	法案或法律分类	法案或法律名称
1	拨款类法案	1 号拨款法案 Appropriation Bill（No.1）
		2 号拨款法案 Appropriation Bill（No.2）
		1 号拨款法案（议会部门） Appropriation (Parliamentary Department) Bill（No.1）
2	财政管理类法律	信息自由法 1982 Freedom of Information Act 1982
		预算诚信章程法 1998 Charter of Budget Honesty Act 1998
		档案法 1983 Archives Act 1983
		公共治理，绩效和责任法 2013 Public Governance, Performance and Accountability Act 2013

续表

序号	法案或法律分类	法案或法律名称
3	财政责任类法律	公共服务法 1999 Public Service Act 1999
		总审计长法 1997 Auditor-General Act 1997

一、拨款类法案

澳大利亚每年政府支出的拨款情况在两个拨款法案上得以反映，一个是参议院无权修改的经常性支出拨款法案，另一个是参议院可以进行修改的资本性支出拨款法案。预算案能否通过，主要取决于当年主要拨款法案是否能够通过。澳大利亚政府的预算草案经过议会批准之后，政府预算就以《政府拨款法案》的形式取得法律地位（见专栏 2-2）。根据澳大利亚《宪法》第 53 条和 54 条的规定，政府的经常性支出拨款必须与其他的拨款相区分，单独成法案，通常为 1 号拨款法案。其他不是经常性支出的拨款（资本性支出拨款）在 2 号拨款法案。1 号拨款法案、2 号拨款法案与 1 号拨款法案（议会部门）这三个法案一起被称为预算拨款法案。

政府拨款类法案通常与政府预算一起发布，不仅包括未来预算年度的政府拨款法案，还包括当前预算年度的政府补充预算拨款法案。以 2014~2015 年的拨款类法案为例，一共有五个：《2014~2015 拨款法案 1 号》、《2014~2015 拨款法案 2 号》、《2014~2015 拨款法案 1 号（议会部门）》、《2013~2014 拨款法案 5 号》、《2013~2014 拨款法案 6 号》。其中，《2014~2015 拨款法案 1 号》是政府 2014~2015 财年的经常性支出拨款法案。《2014~2015 拨款法案 2 号》是政府 2014~2015 财年的资本性支出拨款法案，《2014~2015 拨款法案 1 号（议会部门）》是 2014~2015 财年对议会各部门的拨款法案。《2013~2014 拨款法案 5 号》、《2013~2014 拨款法案 6 号》是 2013~2014 预算年度的补充预算拨款法案。

预算审议和批准程序从联邦众议院议长宣读澳大利亚总督要求对经常性支出拨款予以拨款的信件开始，财政部长随即将经常性支出法案呈交给众议院，并向众议院比较分析本财政年度的计划和实际支出数，评估国家的经济状况，陈述下一财政年度的预算收入和支出以及税收措施。在对经常性支出法案的辩论暂时停止后，财政部长再提交预算案和其他拨款法案，介绍相关法案，呈交相关文件，陈述并解释预算案的决定和有关关税、消费税的建议。

对经常性支出拨款法案的辩论（即预算辩论）一般持续几个星期，为议员们进行广泛的讨论提供了机会。在辩论中，当讨论到法案的具体细节时，众议院要和法案上的计划数相对应地去审查政府每一部的支出。一个部的支出可能单独审查，也可能和其他的部一起分组审查。法案在众议院通过三读后送到参议院，由一位部长将预算文件的副本呈交给参议院，并发言阐述预算纲要。在参议院的辩论开始之后，还要将政府部门的预算案送交参议院立法委员会进行审查。如果拨款法案在财政年度开始时未获得通过，联邦议会可以通过补充法案，来满足政府各部的暂时支出需要。政府各部因某一特定目的而要求提供资金的法案可以在任何时候提交给联邦议会，其拨款可以在数量和用款时间上不受限制，并且不受联邦议会的监督和控制。在澳大利亚，有很大一部分的政府支出是通过这种方式提供资金的。

专栏 2-2　澳大利亚联邦议会的立法程序

澳大利亚联邦议会的立法程序主要包括以下几个阶段：

1. 法律草案的提交阶段。法律草案一般是在联邦政府一个部或几个部之间经过长期讨论之后，提交给内阁委员会批准或加以修订后批准；内阁委员会批准后，送交司法部，使之具体成为法律草案，然后再经联邦政府原提议部的审阅、修订，并经内阁立法委员会审核同意后正式提交给联邦议会。有关税收或拨款的法律草案必须提交给众议院，其他方面的法律草案则可以提交给任何一个院。但在一般情况下，法律草案都是首先提交给众议院审议，而后再转到参议院审议。在法律草案正式成为法律之前，必须在参众两院都得以通过，并经女王（由联邦总督代表）批准。

2. 法律草案的审议阶段。假设法律草案首先提交给众议院，在众议院的审议要经过以下几个阶段：（1）通告阶段。在讨论法律草案的前一天，通告议员周知，但有关拨款或税收的法律草案不需要通知。（2）呈递与一读阶段。这个阶段只是个形式，由部长将法律草案呈交给众议院议长，众议院秘书宣读法律草案的名称。（3）二读阶段。一读阶段通过后，紧接着由原呈递部长动议二读，然后由他发表演说，提纲挈领宣讲该法律草案的意义与目的。部长演说结束后，再由政府和反对党的发言人发表支持或反对该法律草案的演说，然后辩论开始，辩论重点放在该法律草案的一般原则上。（4）委员会审议阶段。委员会成员包括除议长以外的众议院全体议员，委员会将对法律草案逐字逐句进行辩论。有时也可能不经过这一阶段，而直接进入三读阶段。（5）三读阶段。在这个阶段中，要求众议院通过法律草案，因而很少再有辩论。

法律草案在众议院经过三读通过后，必须再转到参议院进行审议。在参议院的审议过程中，同样需要经过上述几个审议阶段。如果参议院对该法律草案有修订建议（对有关财政方面的法律草案无权修订），必须以附修正案的形式将修订意见转给众议院，如果众议院不同意参议院的修订意见，则该法律草案便暂时被搁置起来。如果法律草案首先提交给参议院，则先由参议院审议通过后，再转到众议院进行审议，其具体过程与上述步骤基本相同。

3. 批准和生效。法律草案经参众两院审议通过后，具体成为法案，该法案将交给联邦总督候女王批准。女王批准后，该法案便成为议会法令，在批准后的第 28 天或在法案中注明的日期生效。

资料来源：House of Representatives. Info Sheet No. 7. Making Laws. January 2013.

二、财政管理类法案

（一）《信息自由法》（Freedom of Information Act 1982）

1982 年，澳大利亚颁布《信息自由法》（Freedom of Information Act 1982），赋予每个公民和社团获取政府信息的权利。所有联邦政府机关必须执行该部法令。各州和领地也颁布了适用于州和地方政府机关的信息自由法规。在 1982 年《信息自由法》颁布前，澳大利亚各级政府没有义务向公众发布信息，因为传统的威斯敏斯特体系的公众监督是相当封闭的。但 20 世纪 60 年代至 80 年代，公众对澳大利亚政府和公共服务的透明度提出了一系列的质疑，导致了新的产业法律改革。其中，一个产业法律活动是关于"信息自由"，这被认为是"澳大利亚民主发展中的里程碑"。

《信息自由法》要求联邦政府机关公布涉及公众的业务和权力的信息、机关工作手册、涉及公众的决策和建议的文件。该法要求政府机关为公众提供获取这些信息的渠道。《信息自由法》适用于联邦政府的大多数文件。对于可能损害政府利益或损害与政府打交道的第三方利益的文件或信息可以豁免实施该部法令，其中包括：涉及国家安全、国防或国际关系、联邦政府与州政府关系、联邦政府财政和财产利益、含有个人或商业信息、可能引发轻视议会和法庭等文件。

《信息自由法》规定，必须通过书面申请的方式查阅文档，且书面申请中应列明所需要文档的一些合理信息以便于对该文档的查找。申请过程可能会有额外费用。接收到文档申请的政府机构或部门必须在收到申请的 14 个工作日内告知申请人他们已收到申请，并在收到申请的 30 个工作日内通知申请人对于其文档申请的决定。

2010 年，《信息自由法的修正（改革）案》通过，并从当年的 11 月起生效。修正案的变化主要是针对降低政府信息公开的申请成本。从 2010 年 11 月 1 日起及之后，申请成本的变化有：应用于内部审查的信息请求或申请无须申请费；申请人寻求获得自己的个人信息不需支付任何费用；对于所有其他申请，前五个小时的决策时间是免费的等。

（二）《预算诚信章程法》（Charter of Budget Honesty Act 1998）

《信息自由法》是澳大利亚信息公开方面的基本法律，但其并没有专门规定财政预算公开的内容，因此需要制定一部专门规定财政预算信息公开的法律。在经历了执政党与反对党之间的数次激烈政治博弈后,《预算诚信章程法》(Chater of Budget Honesty Act 1998) 作为深化财政预算信息公开方面的法律,于1998年获得议会通过。该法律规定财政部应定期制定和公布财政预算报告及预算执行报告,并规定了财政预算报告的内容、编制程序、编制原则、公布时间等。

《预算诚信章程法》共八章三十二条。分别就立法目的、基本原则以及诸项报告的内容作出了规定(参见表2-3)。第一章第1条规定:"《预算诚信章程法》是联邦政府财政政策实施所依照的基本框架。该法通过要求财政策略要遵循稳健财政管理的原则和促使公众对财政政策及其表现进行监督,从而达到提高财政政策效率的目的。"《预算诚信章程法》第一章第2条就财政部应该定期编制和公开的财政报告进行了规定,包括年度财政报告、代际报告、选举前财政和经济展望报告和选举承诺成本,① 其中年度财政报告包括年初预算经济和财政展望报告、年中经济和财政展望报告及最终预算结果报告。关于各项报告的具体内容将在本书第七章《澳大利亚政府会计和财务报告制度》进行详细介绍。

《预算诚信章程法》第三章规定了该法的基本原则——合理财政原则,第4条则规定:(1)政府的财政政策应当以保持经济持续繁荣以及促进人民福祉为导向,制定可持续发展的中期战略框架;(2)为了实现这一目标,政府应当以合理财政为基本原则制定财政政策。

《预算诚信章程法》第四章对财政战略声明的编制、公开及内容进行了规定。第7条指出财政战略声明的目的是为了增加公众对联邦政府财政战略的关注和建立一个评估政府财政政策执行情况的标准。《预算诚信章程法》第五章就各项年度政府报告(年初预算经济和财政展望报告、年中经济和财政展望报告和最终预算结果报告)的编制和公开主体、公开时间、报告内容及报告目的进行了规定。第六章规定了代际报告的编制主体、公开时间和报告内容。第七章对选举前经济和财政展望报告的编制主体和时间、报告目的、报告内容、各责任部门的责任分工进行了规定。第24条至25条指出选举前的经济和财政展望报告的内容不仅包括经济和财政信息,还包括各责任部长和责任秘书长就其负责的报告内容的签字声明。第26条对各责任秘书处就报告内容的责任分工进行了详细规定。第27和28条规定责任部长和各联邦机构应该提供相关信息协助该报告的编制。第八章对选举承诺成本报告的编制请求、编制主体、编制方法、公开时间和方法及联邦机构的责任进行了规定。第32条规定各联邦机构应该提供相关信息帮助准备选举承诺成本报告。关于各项报告的公开目的、公开时间、公开主体及公开内容将在本书第十一章《澳大利亚政府预算信息管理》中进行详细介绍。

---

① 选举承诺成本报告不是强制应公开的报告。每当举行大选前,联邦政府,反对党或者少数党领袖(如果首相同意参考他们的诉求)可以要求财政部和国库部部长准备他们公布过的所有政策的开支,并随后公开这份开支报告。

第二章 澳大利亚政府预算管理法律体系

表 2-3　　　　　　　　　《预算诚信章程法》概览

章	标　　题	条　　目
第一章	目的和总览	第一条至第二条
第二章	说明	第三条
第三章	稳健财政管理的原则	第四条至第五条
第四章	财政战略声明	第六条至第九条
第五章	年度政府报告	第十条至第十九条
第六章	代际报告	第二十条至第二十一条
第七章	选举前经济和财政展望报告	第二十二条至第二十八条
第八章	选举承诺成本	第二十九条至三十二条

资料来源：作者依据澳大利亚《预算诚信章程法》整理。

（三）《档案法》（Archives Act 1983）

澳大利亚联邦《档案法》制定于1983年，其主要内容共分为九章七十一条，从各方面规定了澳大利亚档案工作准则（参见表2-4）。其主要内容为：（1）序言，包括本法简称、生效日期和本法涉及专业词汇的解释及本法扩展的领域。其中专业词汇涵盖档案、联邦当局、内阁文件、政府信息、委员会、联邦现行文件、开放期等以下条款中的词汇。（2）澳大利亚国家档案馆的设立、职能和权利。第二章除介绍国家档案馆的设立、职能和权利外，还列出了不属于联邦文件的范围。（3）澳大利亚国家档案馆馆长和工作人员的职责。（4）澳大利亚国家档案馆咨询委员会职责。该章介绍了委员会的职能、委员会主席和副主席、会员、会员的薪酬及津贴、会员终止任期、会员辞职和委员会会议。（5）联邦文件的管理。该章又被分为五节，包括序言、联邦文件管理、联邦文件的公开和利用、决议审查和附录。（6）档案材料样件。抽样制度，"在文件和档案环境下，从一批文件中选择几份代表性文件，不需保留所有文件"。（7）档案材料的保管。包括档案材料的存放以及非档案馆形成的档案材料的保管。（8）档案登记簿和档案指南。（9）附录。包括年度报告、合格文件副本（由原始记录的官方管理人员所认证的副本）、联邦委托服务的收费、移交和相关法规。

澳大利亚联邦《档案法》自颁布之后，为了更加适应澳大利亚档案工作的实际情况，进行了多次修订，迄今为止共修改了33次。进入21世纪以来，澳大利亚对联邦《档案法》的修改几乎每年一次，最近一次修订于2014年7月1日正式实施。新修订的联邦《档案法》增加了对电子文件以及电子档案的管理的相关规定。《档案法》第五章第36条第3款"利用形式"：利用产生于或只能通过计算机、投影仪或者其他设备中的文件信息时，以及利用音频、手写或字符形式的文件信息，根据诸多因素，规定了不同的收费标准。此外，澳大利亚联邦《档案法》在第五章第33

条对不在公开范围内的文件或信息进行了详细的规定,包括事关国家安全和国际关系的文件、外国组织明确要求保密的、公开的文件会在联邦的财政和财产利益上产生不良影响的、危及任何一个人的生命和人身安全的、涉及商业秘密和损害商业利益的、涉及个人信息的不合理披露(包括一个已故人)等信息。

澳大利亚《档案法》以法律的形式明确了利用者利用文件的相关问题,保障利用程序和利用的范围都依法进行。澳大利亚的档案馆除了政府移交的档案外,还以与档案持有者合作的方式来获取档案。澳大利亚联邦《档案法》的规定非常注重档案的情况,对哪些档案能够开放利用有详细的规定。此外,澳大利亚联邦《档案法》将一些特殊档案纳入了档案的管理范围。如澳洲储备银行档案、澳大利亚皇家铸币厂档案、澳大利亚邮政公司档案等。澳大利亚对私人档案就十分的重视。需特别指出,澳大利亚联邦《档案法》只针对属于联邦政府的档案,而州的档案则由各州来立法进行规范,只需参照澳联邦的档案法。

表2-4 澳大利亚联邦《档案法》概览

章	标题	条目
第一章	序言	第一条至第四条
第二章	澳大利亚国家档案馆的设立、职能和权利	第五条至第六条
第三章	国家档案馆馆长和工作人员	第七条至第九条
第四章	国家档案馆咨询委员会	第十条至第十七条
第五章	联邦文件	第十八条至第六十条
第六章	档案材料抽样	第六十二条
第七章	档案材料保管	第六十三条至第六十四条
第八章	档案登记簿和档案指南	第二六十五条至六十七条
第九章	附录	第六十八至七十一条

资料来源:作者依据澳大利亚联邦《档案法》整理。

(四)《公共治理,绩效和责任法》(Public Governance, Performance and Accountability Act 2013)

2014年7月1日,《公共治理、绩效和责任法》取代《财政管理与责任法》(Financial Management and Accountability Act 1997)和《联邦政府机构和公司法》(Commonwealth Authorities and Companies Act 1997)正式实施。《公共治理、绩效和责任法》的主要内容包括联邦机构的治理、绩效和问责,联邦和联邦机构对公共资源的使用和管理以及联邦企业的问责,分为四章112条(参见表2-5)。第一章序言主要介绍了该法正式实施的时间、实施的目的及各章的主要内容，并对该法所涉及的专有名词进行了解释。第一章第 5 条指出《公共治理、绩效和责任法》的目的是：(1) 建立联邦机构治理和问责的统一体系；(2) 建立联邦机构的绩效框架；(3) 要求联邦和联邦机构符合高标准的治理、绩效和问责制，提供给国会和公众有意义的信息，合理地使用和管理公共资源，并与其他部门合作以实现共同目标；(4) 要求联邦企业符合高标准的治理、绩效和问责制。

《公共治理、绩效和责任法》第二章——联邦机构和联邦，包括七个部分的内容：(1) 本章的主要规定。对联邦机构、联邦机构的种类、责任当局和行政官员进行了解释和说明。(2) 责任当局和行政官员。对责任当局和行政官员的职责进行了规定。例如责任当局的一般职责有管理联邦机构、建立和维持风险控制系统、鼓励相互合作、对责任部长和财政部长尽告知义务等。行政官员应谨慎和勤勉、诚信及合理地履行其的职责、合理地使用信息、并披露与联邦机构相关的个人利益。(3) 计划、绩效和责任。对联邦机构的计划和预算、绩效、财务报告和审计、审计委员会、年度报告、及整个政府的财务报告进行了规定。(4) 使用和管理公共资源。对联邦和联邦机构的资金、支出、存款、借款、投资、赔偿、保证、担保、保险、豁免、抵消等进行了详细规定。此外，还对部长及特定行政官员进行了特别规定，如禁止部长或非企业类联邦机构的官员赠与相关财产，要求部长就其负责的事情及时向国会汇报等。(5) 拨款。对非企业类联邦机构和联邦的拨款及特别账户进行了详细规定。(6) 与管辖区的合作。第 82 条要求联邦机构的责任部门与州和领地共享信息。第 83 条规定联邦不可以对州和领地的审计施加任何限制。(7) 公司、子公司和新企业类联邦机构。对联邦参与公司、企业类联邦机构对其子公司的责任、及创立新的企业类联邦机构进行了规定。

《公共治理、绩效和责任法》第三章——联邦企业，主要包括两个部分的内容：(1) 概述。对联邦企业及全资联邦企业进行了定义，并对全资联邦企业做出了特别规定。第 91 条和 92 条规定全资联邦企业的董事会应及时让责任部长和财政部长了解某些特定事情，并确保企业有审计委员会。(2) 计划和会计责任。它要求联邦企业的董事会准备企业计划，全资联邦企业的董事会准备企业的预算估计。此外，它要求联邦企业的董事会准备企业的年度报告并将其呈交给责任部长，并保证对子公司的财务报表进行审计。

《公共治理、绩效和责任法》第四章分为规则、代表和独立审计三个部分。规则这部分赋予了联邦企业和联邦制定规则的一般权力，并对一些额外事项可以制定的规则进行了限制。第 107 至 110 条规定财政部长、国库部长、财政秘书处和非企业类联邦机构的责任机关可以代表的权力、职能和职责。第 112 条规定"财政部长必需与公共账目及审计联合委员会协商，对本法的实施进行独立审计，并要求审计人员将书面审计报告呈交给财政部长。而财政部长在收到审计报告的 15 天内，需将该报告的副本递交给国会的各院备案。"

表 2-5　　澳大利亚《公共治理、绩效和责任法》概览

章	标　　题	条　　目
第一章	序言	第一条至第八条
第二章	联邦机构和联邦	第九条至第八十七条
第三章	联邦企业	第八十八条至第九十九条
第四章	规则、代表和独立审计	第一百条至第一百一十二条

资料来源：作者依据澳大利亚联邦《公共治理、绩效和责任法》整理。

三、财政责任类法案

（一）公共服务法（Public Service Act 1999）

澳大利亚联邦议会早在 1902 年、1922 年和 1999 年就通过了三部《公共服务法》，确立了澳大利亚公共服务体系、职责和管理内容。具体来说，《公共服务法》对澳大利亚各级政府公务员的管理进行了规定，主要包括：公务员价值观念、行为准则规范、职位分类、招聘录用、薪酬管理、绩效考核、轮岗晋升、职业发展计划、培训培养、公务员监督等方面，使澳大利亚公务员管理形成了一套科学规范的做法，所以该法也会被翻译为《公务员法》。1999 年新制定的《公共服务法》在加强执行机构首脑的权力和灵活性的同时，也更加强调对他们的责任要求。此外，新《公共服务法》尤其强调一种价值理念，规定了 5 条"澳大利亚公共服务价值观"（APS Values），保证政府服务的公正、有效、公平和周到（见专栏 2-3）。《公共服务法》第 12 条要求行政机关的首脑"必须维持并促进澳大利亚公共服务的价值"，同时第 13 条第（11）项也要求公务员遵守澳大利亚公共服务的价值。《公共服务法》中的财政责任主要体现在其对薪酬管理、绩效考核及年度报告的规定上。例如，《公共服务法》第 44 条规定：每一个财政年度结束后，公共服务专员需要就其所属公共服务委员会本年度的活动情况向代理部长呈交年终绩效报告，而该年终绩效报告需要获得公共财务和审计联合委员会的批准后才可以报送给议会。

专栏 2-3　澳大利亚公共服务价值观（APS Values）

澳大利亚《公共服务法 1999》第 10 条规定了 5 条澳大利亚公共服务价值观：

（1）致力于服务。澳大利亚公共服务是专业的、客观的、创新的和有效的，并协同工作，实现对澳大利亚社区和政府最好的结果。

（2）道德的。澳大利亚公共服务显示了领导力、公信力，并在其参与的所有领域均以诚信为原则运营。

（3）尊重的。澳大利亚公共服务尊重所有的人，尊重他们的权利和他们的遗产。

（4）负责的。在法律和部长责任的框架下，澳大利亚公共服务对澳大利亚社区是开放和负责任的。

（5）公正的。澳大利亚公共服务是非政治性的，根据可获得的最佳证据，为政府提供坦诚的、诚实的和及时的建议。

资料来源：Australia Government（1999），<Public Service Act 1999>，http：//www.comlaw.gov.au/Details/C2014C00511.

（二）总审计长法（Auditor-General Act 1997）

1997年，澳大利亚颁布实施《审计长法1997》，取代了《审计长法1901》，对澳大利亚审计署开展的财务报表审计和绩效审计做出了明确规定。《审计长法1997》第5条将绩效审计定义为对一个单位或个人管理活动的任何方面进行的检查活动。第四章审计长的主要职能和权力中，第11至第13条赋予审计长对政府部门、联邦事业单位及其附属机构、联邦公司及其子公司的财务报表进行审计的权力。第15条、第16条和第17条对审计长开展联邦政府部门、联邦事业单位及其附属机构、联邦公司及其子公司绩效审计的有关事项做了原则规定，审计长可以在任何时间组织对上述部门进行绩效审计，根据有关部长、财政部长和议会公共会计与审计联合委员会的要求可对政府企业及其下属单位进行绩效审计；第18条则就综合绩效审计做出了原则规定，审计长可在任何时间组织对所有或部分联邦政府部门、事业单位及其附属机构、联邦公司及其子公司的内部管理的特定方面进行绩效审计，而不仅仅局限于一个部门、单位。而对国家审计署的年度财务报表审计和绩效审计则由独立审计师完成，该法第七章的41~46条做了详细规定。这些条款中同时规定绩效审计报告在审计完成后需及时提交议会。

由于澳大利亚审计长法将审计划分为财务报表审计和绩效审计两种类型，并对绩效审计做出了明确规定，有力地促进了澳大利亚审计署全面履行财务报表审计和绩效审计职责，促进了绩效审计在澳大利亚的发展，也使绩效审计在澳大利亚公共管理过程中发挥了良好作用。关于《总审计长法1997》的更多内容，请参考本书第八章第一节的相关内容。

第三节 州政府预算管理相关法律

在联邦宪法和其他联邦预算管理法律的指导下，各州政府也制定了一些与政府预算管理相关的法律。比较各州政府预算管理法律体系的构成，情况大体相同，有以下五个规律。第一，各州在联邦宪法的框架下制定了各州的州宪法，这是州政府预算管理法律的总纲领。第二，各州每个年度都有相应的预算拨款类法案，规定了本年度的州预算拨款及对上一年度的补充预算拨款。第三，各州都制定了《地方政府法》作为地方政府管理的总法，其中有涉及政府预算管理的相关内容。

第四，各州也制定了财务（或预算）管理和责任方面的专业法律，对政府预算管理有较为详细的规定。第五，各州还制定了一些有关政府预算管理的行政法规，对政府预算管理作了更为翔实可操作的规定。由于各州政府预算管理法律体系类似，本节就以新南威尔士州为例，介绍该州政府实施的预算管理相关法律的具体内容（见表2-6）。

表2-6　　　　　　　　新南威尔士州预算管理法律总览

序号	法案或法规分类	法案或法规名称
1	宪法	宪法1902 Consitution Act 1902
2	拨款类法案	拨款法案2014 Appropriation Act 2014
		拨款法案（预算变化） Appropriation（Budget Variations）Act 2014
		拨款法案（议会） Appropriation（Parliament）Act 2014
3	综合类法案	地方政府法案1993 Local Government Act 1993
4	专业类法案	公共财政和审计法案1983 Public Finance and Audit Act 1983
		（部门）年度报告法案、（法定机构）年度报告法案 Annual Report（Departments）Act 1985 Annual Report（Statutory Bodies）Act 1984
		议会预算官员行为法案2010 Parliamentary Budget Officer Act 2010
		财政责任法2012 Fiscal Responsibility Act 2012
5	行政法规	当地政府管理规定2005 Local Government（General）Regulation 2005
		（部门）年度报告规定、（法定机构）年度报告规定 Annual Reports（Departments）Regulation 2010 Annual Reports（Statutory Bodies）Regulation 2010
		公共财政和审计监管规定2010 Public Finance and Audit Regulation 2010

第二章　澳大利亚政府预算管理法律体系

一、有关政府预算管理的法案

（一）州宪法（Constitution Act 1902）

新南威尔士州宪法于1902年8月18日正式通过实施，迄今已经修订过六十次，最近一次是2014年10月28日就议会官员的相关内容进行了修订。新南威尔士州宪法共包括九章56条，在对本法的适用范围进行说明之后，该法对立法机关的权力、州长、众议院（立法院）和参议院、执行部门、统一基金、官员与员工、行政安排、司法制度等进行了规定。其中，涉及政府预算管理的主要是议会两院关于年度服务的拨款产生分歧时的处理规定及关于统一共同基金的规定。

《宪法》第二章——立法机关权力中的第5A条规定：如果参议院通过了政府一般年度服务的拨款提案，而众议院拒绝通过该提案并将它返回给参议院建议其进行修改，但参议院不同意进行修改，而将该提案提交给总督以得到女王陛下的签字。尽管众议院不同意该提案，但该提案由于女王的批准而成为法案。关于统一基金，该《宪法》第五章第39条至46条做了详细规定。① 第39条规定除了该法规定的其他情况，以个人或州的名义筹集、接受或持有的所有公共资金（包括证券及所有收入，贷款和其他任何资金）将形成一个统一基金。源于王权的所有地方的，非正式的和其他的收入（包括所有的特许权使用费），不管这王权的处置权是绝对的或有条件的或其他，来自新南威尔士任何来源的收入都应该是统一基金的一部分。第40条规定，统一基金应该永久地承担由于筹集、管理和接收资金所发生的所有成本、费用和支出。这些成本、费用和支出应该接受相应的审查和审计。第45条规定统一基金应该按照法案的规定拨款给特殊目的用途。第46条规定，如果未得总督的首先推荐，众议院不得组织或通过任何关于统一基金或关税或其他税收的拨款的投票、决议或提案。

（二）拨款法案（Appropriation Act）

2014年，新南威尔士州拨款法案包括《2014拨款法案》（Appropriation Act 2014）、《2014拨款法案（预算变化）》（Appropriation（Budget Variations）Act 2014）和《2014拨款法案（议会）》（Appropriation（Parliament）Act 2014）。其中，《2014拨款法案》按部门规定了新南威尔士州政府2014～2015财年的经常性支出拨款和资本性支出拨款，此外还规定了对一些特殊办公室的拨款。《2014拨款法案（议会）》是对议会部门2014～2015财年的经常性支出和资本性支出拨款。《2014拨款法案（预算变化）》是为了使某些预算能以随同政府紧急需要而变化的机会，给统一基金以适当变化量的法案，即是对2012～2013年度的补充预算拨款法案。

---

① 新南威尔士州《宪法》第五章——统一基金中的第41～44条已废止。

（三）地方政府法案 1993（Local Government Act 1993）

为了给建立一个有效的、可持续发展和开放的地方政府提供法律框架，新南威尔士州于 1993 年颁布实施了《地方政府法案》。该法案共 17 章 750 条，[①] 对市政服务机构的章程、社区怎样影响市政服务机构的行为，市政服务机构的职能、市政服务机构的服务职能、市政服务机构的监管职能、市政服务机构的辅助职能、市政服务机构的成立、公民办公室人员的选举、市政服务机构工作人员的配备、市政服务机构的运行、市政服务机构行为的问责、诚信和利益公开、市政服务机构资金来源、市政服务机构收费、行政处罚以及该法的执行进行了详细的规定。

该法案第 13 章——市政服务机构行为的问责中，对市政服务机构的财务管理、会计记录、财务报告和审计、年度报告、绩效管理等进行了规定。第 413 条规定，市政服务机构必须每年准备一份财务报告，而且在年度结束后尽快提交给审计。第 419 条规定市政服务机构必需在会议上发表已经过审计的财务报告及审计长的报告。对于审计人员的聘任和解雇，及其权利在第 422 条至 427 条进行了规定。关于年度报告，第 428 条规定，在年度结束后的 5 个月内，市政服务机构必须准备一份年度报告，汇报项目的实施成果和实现目标所采取的主要活动的有效性。若该年举行议员的普选，那年度报告还必须包括过去四年市政服务机构在实施社区战略计划所取得的成绩。此外，市政服务机构的年度报告必须公开在其官方网站上，并根据法规的要求提供给部长和其他的人员及机构。特别的，第 428A 条规定，在举行议员普选那年，年度报告中还必须包含一份州环境报告。州环境报告主要是为各环境目标设立相关的环境指标，对各环境指标进行跟踪报道和更新，并对影响环境目标的事件和活动进行识别。该法第 438A～438H 条对市政服务机构的绩效管理进行了规定。如果部长认为采取某项行动可以改进某市政服务机构的绩效，他可以就该市政服务机构发布一项"绩效改进命令"。总干事必须将部长发布的所有的"绩效改进命令"都公开在部门官网上，而市政服务机构必须将与其自身有关的"绩效改进命令"公布在其网站上。市政服务机构还需在"绩效改进命令"规定的时间内向主管部长提供关于"绩效改进命令"的依从报告，就所采取的各项行动和对该命令的遵守进行情况进行报告。

该法案第 15 章对市政服务机构的资金来源进行了规定。第 491 条指出市政服务机构可取得的收入来源包括：税收收入、行政服务费及其他收费等非税收入、补助收入、借款收入和投资收入。该章对上述几种收入来源作了详细的规定。特别的，对领取养老金和抚恤金的人给予了一定的特许权，对其有税或费的减免优惠，该法 575～584 条对此进行了具体的规定。第 619 条就联邦政府对州政府的转移支付作了规定。根据联邦法律转移支付给州政府的全部资金必须存入建立在国库部的当地政府财政援助基金特别存款账户。部长根据议会的拨款方案对各市政服务机构和其他机构分配补助。

[①] 该法有些条文已被废止。如第 683 条、第 740 条、第 750 条等。

第二章 澳大利亚政府预算管理法律体系

(四) 公共财政与审计法案 1983 (Public Finance and Audit Act 1983)

1983 年通过的《公共财政与审计法案》是新南威尔士州财政与审计管理的专业法案。该法包括五章 65 条，对公共财政管理、审计和公共账户委员会进行了规定。财务部长应该保管统一基金账户、特别存款账户和其他存款账户。在每一个财政年度结束后，需尽快准备合并财务报表和一般政府部门财务报表，并于 9 月 15 日前将这些报表移交给总审计长。此外，财务部长应在每个月底前公开发布上个月的"月度声明"，披露年度预算中主要的一般政府部门当前的预算余额，并需在每年 12 月 31 日前公开发布"年中回顾"。该法第 9 条规定，财政部长可以对各机关的财务官员和行政官员就州财务事务方面的管理发布指示。此外，财政部长还可以发布"财政部长支出控制授权"对统一基金的支出进行管理。第 11 条规定行政当局的负责人应该确保有一个有效的内部控制系统和一个有效的内部审计组织对该部门的财务和运行进行管理。关于公共存款和投资安排，该法第 15~20 条进行了规定。关于拨款，第 21 条规定，除非有议会法案的授权，不可以从统一基金账户中提取资金。

关于预算文件，第 27A 条强调预算文件中的主要财务报表应遵循澳大利亚会计标准。第 27AA 进一步规定一般政府部门的预算文件应包含六个预算年度，前面两年及往后三年。预算文件应包括：(1) 预算政策声明；(2) 对前一年预算估计的修改，并解释那些重要的变化；(3) 每个服务组结果、服务和总花费的信息；(3) 遵照标准的展示框架准备的财务报表，如一般政府部门的财务状况报表、运营情况报表和现金流量报表。下一预算年度的预算文件应该在本预算年度结束之前递交给众议院。

关于审计，该法第三章进行了规定。每个州有一个总审计长。总审计长由总督任命，任期为 8 年，任期满后不可以重新担任。总审计长的功能包括：对合并财务报表、一般政府部门财务报表及其他财务报表依法进行审计；应议会两院的要求对议会提供特殊审计或审计相关的服务；应财政部长或其他部长的要求对财政部提供特殊审计或审计相关服务；依法向议会进行汇报等。总审计长可以对行政当局开展绩效审计，即对行政当局是否遵守法律、是否高效、经济地开展活动进行审计。此外，还对法定机构及部门的一般审计分别作了规定。

关于公共账户委员会，第 54 条规定，每个议会在第一次会议开始后，应尽快任命公共账户委员会。该委员会由 6 名立法委员会（众议院）的成员组成。该委员会的主要功能有：(1) 审查财政部长移交给立法委员会（众议院）的合并财务报表和一般政府部门财务报表；(2) 审查州政府机构已审计的财务报表；(3) 审查审计总长移交的关于合并财务报表和一般政府部门财务报表的意见或报告；(4) 审查审计总长提交给立法委员会（众议院）的任何报告；(5) 对认为应该引起重视的财务报告或文件向立法委员会（众议院）报告；(6) 就财务报告中的可喜变化向立法委员会报告；(7) 对立法委员会（众议院）、王室大臣或审计总长提出的关于财务报告的疑问向立法委员会（众议院）汇报；(8) 对王室大臣不经议会批准或拨款的支出提出质疑，对认为应当引起立法委员会（众议院）注意的其他支出汇报立法委员会

(众议院)。

（五）（部门）年度报告法案（Annual Reports（Departments）Act 1985）

《(部门)年度报告法案1985》规定部门的年度报告应该包括：(1)部门(包括其下属单位)的财务报告；(2)审计人员关于部门或其下属单位财务报告的意见；(3)部门的运营报告；(4)其他规定的事项。部门负责人应该在每个财政年度结束后的四个月内准备部门的运营报告，包括宪章、目标和目的、获取、管理与结构、运营的简要回顾和法定变化等内容。部门负责人在预算年度结束后的四个月内将本部门的年度报告递交给主管部长，同时递交一份副本给财务部长。主管部长在收到部门年度报告的一个月内，需将该报告呈交给议会的两院。而后，部门负责人应该尽快公开部门年度报告，让公众可以获取相关的信息。

此外，新南威尔士州还制定了《(法定机构)年度报告法案1984》（Annual Reports（Statutory Bodies）Act 1984）对法定机构的年度报告进行了规定。

（六）议会预算官员行为法案2010（Parliamentary Budget Officer Act 2010）

《议会预算官员行为法案2010》是一部建立和赋予议会预算官作为议会独立官员职能的法案，同时对提供官员选举的政策成本进行了规定。该法于2011年1月25日正式实施，共五章31条。[①] 第二章主要对议会预算官员的职位设立、任命、任期、代理、空缺、报酬、雇佣员工和顾问等进行了规定。第8条——代理议会预算官员规定："(1)当议会预算官员缺席或职位空缺时，主管官员可以任命代理议会预算官，并可随时撤销该项任命；(2)代理议会预算官员被视作议会预算官员，拥有其全部的职能；(3)被任命为代理议会预算官员的人必须是议会预算办公室的职员；(4)代理议会预算官员有权获得包括差旅费及生活津贴的报酬，具体由主管预算官员决定。"

该法第四章关于选举的政策成本，其中对议会预算官员准备选择的政策成本报告进行了规定。第23条——所有政策的预算影响报告规定：(1)议会预算官需要为每位议会领袖的每项政策就其已发生的费用单独准备预算影响报告书；(2)预算影响报告书应在当年州年度预算和下一个选前半年预算审查时期列示相关的需要花费的政策：包括每项需要花费的政策的财务影响评估的摘要信息、所有需要花费的政策的总净财务影响；(3)在州大选将举行的倒数第十五日，议会预算官员需要为每个议会领袖按照其各自的政策提供一份预算影响报告草案；(4)在预算影响报告提供后的48小时之内，议会领袖可以通知国会预算官员完成预算影响报告中所含的他的花费政策的最终列表；(5)议会预算官应按照相关通知修正预算影响报告草案，并在州大选将举行的倒数第五天向社会公开所有最终预算影响报告；(6)当议会预算官发布预算影响报告时，他同时应向社会公开列示在预算影响报告书中的所有有

[①] 其中，第13条和第31条已经被撤销。最新的修订版于2013年5月14日实施。

关选举的相关花费请求和选举政策成本计算；(7) 议会预算官可向社会公开在最终预算影响报告公开发布后进一步影响成本计算的政策声明。

(七) 财政责任法 2012 (Fiscal Responsibility Act 2012)

2012 年新南威尔士州通过的《财政责任法 2012》是州政府财政管理和责任的专业法律。该法适用于新南威尔士州政府预算，主要对州政府财政目标和原则进行了规定，内容比较简洁，仅包括 3 章 13 条。实施《财政责任法 2012》的目的是为了使新南威尔士州保持 AAA 级的信用评级。具体来说该法是为了：(1) 限制政府的借款成本；(2) 能够使政府借款获得尽可能广泛的投资者基础；(3) 维护企业和消费者信心，从而维持本州的经济活动和就业状态。

该法第 6 条指出州政府要实现两个财政目标：一是州政府一般政府开支的年增长要低于长期年平均收入的年增长；二是在 2030 年前要消除州政府的缺少资金来源的养老金负债。《财政责任法 2012》第 7 条提出了健全财政管理的 3 条原则。第一，可持续性原则。支出、税收和基础设施投资都应谨慎负责和可持续，例如，一般政府收入和支出的增长应相匹配；税收政策应稳定和可预测；应投资于能为社会带来最高回报的基础设施。第二，效率原则。财务和资产管理应该追求效率，在绩效管理和报告、资产维护和增强、资金决策和风险管理实践等方面都应有健全的政策和流程。第三，公平原则。要实现代际公平，包括确保在决定政策时要考虑其对下一代的财务影响，而当代人提供现在的服务成本。该法第 8 条规定财政部长提供的预算报告中需要包括以下文件：(1) 政府的财政策略，需要考虑本法的目标和本法规定的财政目标和原则；(2) 政府绩效报告；(3) 任何有关偏离本法目标和本法规定的财政目标和原则的原因，以及为实现本法目标和本法规定的财政目标和原则在随后年度预算中所计划采取的行动；(4) 评估这些预算措施对政府长期财政缺口的影响；(5) 2016～2017 预算年度以及随后的每五年，需要更新关于长期财政压力的报告并重新评估政府的长期财政缺口。

二、有关政府预算管理的行政法规

(一) 地方政府管理规定 2005 (Local Government (General) Regual-tion 2005)

新南威尔士州 2005 年颁布的《地方政府管理规定》中第九章对市政部门的管理和问责进行了规定。第三部分是市政部门的预算，其中第 201 条对市政部门收入政策的年度报告进行了规定，要求其包含以下内容：(1) 对市政部门收入和支出的详细估计；(2) 征收的每一种税；(3) 征收的每一种费；(4) 市政部门对商品和服务定价方法；(5) 借款的数额和来源及其担保方式。第 202 条指出市政部门的会计负责人员应该：建立和维护一个预算控制系统，对市政部门每个月的实际收入和支出进行监控，并将其与市政部门估算的收入和支出进行对比。如果市政部门实际的收入或支出与估算的出现重大的差异，应在市政部门下次会议时报告该情况。第 203 条——"预算审核声明和估算的修订"规定，在每个季度结束后的两个月内（除了 6 月份的季度），市政部门的会计负责人必须准备和递交给市政部门一份预算审核声明，包括估算的收入和支出以及修订过的估算的当年收入和支出。预算审核声明还必须包括或附带有：（1）考虑到原先估算的收入和支出，会计负责人员是否认为此声明表明市政部门的财务状况令人满意；（2）若不令人满意，应有相关补救措施的建议。总之，预算审核声明必须包含法典所要求的全部信息。

关于市政部门的基金，第 204 条规定市政部门必须为统一基金在授权的存款机构建立和维持至少一个账户，信托基金也是如此。第 206~213 条对市政部门的会计记录和会计实务进行了规定。市政部门的会计负责人必须采取合理的措施确保建立和维持恰当的预算和会计体系。此外，该法还对年度财务报告和年度报告的具体内容进行了规定。

（二）（部门）年度报告规定 2010（Annual Reports（Departments）Regulation 2010）

关于年度报告中应包含的内容，《（部门）年度报告法案 1985》中提到"其他规定的事项"，《（部门）年度报告规定 2010》对此做出了进一步的解释。年度报告中的其他事项包括：（1）部门为了遵从《隐私和个人信息保护法 1998》所采取的行动的声明；（2）在《隐私和个人信息保护法 1998》第 5 部分下部门或以部门名义进行的审查的统计资料；（3）对部门财务运行或其他运行或部门服务的社区有显著影响的任何特定事项；（4）为制作该报告所发生的全部外部成本的声明（如咨询费和打印费）；（5）可以获取该报告的网络地址（公布该部门的官方网址）；（6）是否提供该报告的非印刷格式的声明（如存储在光盘上）。

关于部门运营报告，该法规指出，教育和培训部门的运营报告应包括对该报告年度内教育服务在公平就业机会上所取得的成绩的声明，以及部门负责人就教育服务提出的下一年度公平就业机会的主要战略声明。此外，新南威尔士州还制定了《（法定机构）年度报告规定 1984》（Annual Reports（Statutory Bodies）Regulation 1984）对法定机构的年度报告作了更为细致的规定。

（三）公共财政和审计规定 2010（Public Finance and Audit Regulation 2010）

《公共财政和审计规定 2010》对法定机构财务报告中所需要包括的内容作了更为详细的规定。特别的，该规定第 6 条指出特定财务报告中不应包括预算信息。法定机构依据《公共财政和审计法案 1983》第 41A 条提交给总审计长的财务报告不允许包括或附带该法定机构的预算或任何预算信息。此外，该法规对部门财务报告的证明和例外都作了规定。

第三章
澳大利亚政府预算管理的目标原则与组织体系

■ **本章导读**

　　各国由于政治体制、立法程序及政府结构的差异，政府预算制度都表现出其独有的特点。本章梳理了澳大利亚政府预算管理的目标与原则，介绍了澳大利亚政府预算管理的部门及职责分工，以对澳大利亚的政府预算制度有个初步的认识。

第一节 澳大利亚政府预算管理的目标原则

一、《预算诚信章程》与财政政策原则

(一) 稳健财政管理原则

1998 年政府换届后,澳大利亚通过了试图建立稳健、透明财政体系的《预算诚信章程》。《预算诚信章程》为财政政策的制定与实施提供了完整的法律框架,其条款可分为两部分,第一部分与财政目标的设立相关,第二部分则涉及财政情况报告系统,以监督政府的财政行为与财政目标相符。

根据《预算诚信章程》,设立财政目标包括以法律形式确定的"稳健财政管理原则"和由政府每年确定的"财政战略计划书"。所谓的"稳健财政管理原则",是指政府应做到:(1) 谨慎应对联邦面临的金融财务风险和宏观经济形势,具体方式包括审慎操作公债等;(2) 制定财政政策时,应注意维持充足的国家储蓄水平、熨平经济周期中的波动,并考虑国家面临的经济风险及其对政府财政状况的影响;(3) 制定财政支出与税收收入政策时,应注意保持税负的稳定性与可预测性;(4) 保证税制的一贯性;(5) 制定决策时考虑对后代财务状况的影响。

而政府每年发布的预算文件中,都包含有将上述财政管理原则转化为具体政府目标的"财政战略计划书"。财政战略计划书也相应地成为评估政府财政政策绩效的依据。《预算诚信章程》对"财政战略计划书"做出了下列规定:(1) 载明政府追求的长期财政目标,并勾勒短期财政政策的框架;(2) 载明政府认为重要的财政状况指标,并说明指标对财政政策选择的影响;(3) 载明当年预算年度和未来三个预算年度内,政府的财政目标及财政状况指标的期望值;(4) 阐释财政目标与战略重心的设定同稳健财政管理原则之间的联系;(5) 载明政府为熨平经济周期波动而已经采取或即将采取的临时性财政政策,并说明将如何终止临时性财政政策的实施。

相较大部分 OECD 国家而言,澳大利亚并没有把具体的财政目标以法律文件的形式规定下来,比如欧盟《稳定与增长公约》中确立了三大财政目标:(1) 公共赤字占国内生产总值的比例不得超过 3%;(2) 公共债务占 GDP 的比例不得超过 60%;(3) 中期预算应实现平衡。《预算诚信章程》仅仅确定了财政政策应遵循的一般原则,用词也多为"谨慎水平"、"合理程度"等模糊词语,给政府财政政策留下了较大的相机抉择空间。此外,《预算诚信章程》特别允许政府暂时性地偏离财政管理原则,但政府如果确实要这样做,必须说明相应的临时性财政政策将如何退出。比如在 2014~2015 年预算案中,为应对连续 5 个预算年度的赤字,澳大利亚决定自 2014 年 7 月 1 日(一个预算年度的开始)起开征"预算修复临时费",征收对象是应税收入超过 18 万澳元的纳税人,停征日期是 2015 年 6 月 30 日(一个预算年

度的结束)。"预算修复临时费"的开征在某种程度上是对现有税制的偏离,但预算案已经明确这种偏离是暂时性的偏离,将在预算年度结束时恢复正常。

(二) 政府应披露的报告

《预算诚信章程》并未设定政府违背财政原则或财政目标后的法律后果。但《预算诚信章程》规定,政府需要发布系列报告,以便审核政府实际的财政行为是否与其声明的财政目标相一致。换句话说,《预算诚信章程》借由报告将政府从"法律的法庭"推上"公意的法庭",将政府置于民意舆论监督之下,实施对政府财政管理的监督评价。政府需要发布的系列报告具体包括:与预算同时发布的《经济与财政展望》,预算发布大约六个月后发布的《年中经济与财政展望》,预算年度结束后三个月发布的《决算情况报告》。此外,《预算诚信章程》要求在竞选活动正式开始的十天内公布《选举前经济与财政展望》。而用于评判当前政策可持续性的《代际报告》应每五年至少发布一次。

二、政府预算管理遵循的一般原则

(一) 平衡稳健原则

所谓的平衡稳健原则是指,即使预算的结余和赤字被作为调控手段使用,结余或赤字应维持在可控的范围内,以保证政府预算的稳健。

澳大利亚政府预算管理是遵循平衡稳健原则的。从预算立法上看,《预算诚信章程》中明确规定,"制定财政政策时,应注意维持充足的国家储蓄水平、熨平经济周期中的波动,并考虑国家面临的经济风险及其对政府财政状况的影响"。从预算编制上看,澳大利亚政府实行中期预算,能够使决策者尽早发现潜在的财政风险、防患于未然,提高财政政策的长期可持续性。从澳大利亚政府历年财政收支状况来看(本书第一章表1–5给出了澳大利亚联邦政府从1996~1997预算年度到2012~2013预算年度的财政结余实际值,和从2014~2015预算年度到2016~2017预算年度的财政结余预测值),可以发现在2008年金融危机之前,除1996~1997,1997~1998,2001~2002三个预算年度外,澳大利亚联邦政府每个预算年度均实现了一定的财政盈余,2008年金融危机冲击后虽然出现了明显的财政赤字,但在2012~2013预算年度赤字占GDP比例已降为1.5%,且联邦政府在2014~2015预算案中采取了系列巩固财政的政策,预计将在2017~2018预算年度恢复财政盈余(可参考第一章附件1–1)。

(二) 行政主动性原则

行政主动性是相对立法控制性而言的原则,也称灵活性原则。现代预算在产生之初,是被视作立法机构监督和控制政府的工具。20世纪30年代"大萧条"后,西方政府普遍加强了对经济的干预,行政部门在预算上明显地表现出主动性。

澳大利亚政府在预算上的行政主动性表现在以下几个方面：（1）议会只规定了一般性的财政政策原则，并未设定赤字率上限等具体目标；（2）财政战略计划书由政府确定，且与预算草案同时提交给议会，即议会并不单独审核财政战略计划书；（3）议会只能行使批准预算的权利，不能提出新的支出提案；（4）各政府部门提交给议会审核的部门预算书不具备法律约束力，政府部门可以在本部门的所有目标成果内调度部门拨款，而目标成果是由各政府部门会同行政机构中的财政部确定的，议会难以施加影响；（5）允许财政部长为政府机构提供额外的拨款；（6）对州（领地）政府的转移支付由州（领地）政府的财政部门予以分配。

（三）绩效管理原则

绩效管理原则要求政府在预算决策过程中要考虑各个施政方案的绩效，对有限的资源做出最有效的配置。

从1983年"政府预算与财务管理提升项目"以来，澳大利亚政府在预算管理、预算改革中一直强调使用财政资金的"结果"。1999~2000预算年度中，澳大利亚政府引入目标成果和产出框架，在此框架下，各部部长/机构负责人为新政策提案申请资金时，必须阐明新政策提案对实现本部门目标成果的贡献，并提供之前预算年度的成果信息供支出审核委员会和议会参考。其中，每个部门的目标成果有1~5条不等，由各部部长在财政部长建议下确定。虽然在引入目标成果和产出框架的初期，由于各部门的目标成果表述存在模糊不清、过于宽泛等诸多问题，但自2009~2010预算年度起，部门预算草案恢复陈列本部门所负责的项目。相较抽象、加总的目标成果，项目更加具体、更加实际，容易被公众识别，对项目的强调使部门在编制、审核、评价预算时，更加关注预算的产出。此外，澳大利亚于1999~2000预算年度在政府部门引入了权责发生制以求更好地核算政府支出的绩效。

（四）公开透明原则

公开透明原则是指政府预算应该对全社会公开，其内容应为全社会了解，预算资金的运行过程要透明，易于监督。公开透明原则要求公众不仅知其然，而且要知其所以然，即公众不仅要知道政府做出了什么决策，而且要知道政府为什么做出这样的决策。为贯彻公开透明原则，澳大利亚政府做了多方面的工作，具体包括：

1. 公开预算使用的经济与财政预测。政府预算作为政府调整国民经济、促进社会发展的基本工具，其编制必须基于相应时期的宏观经济形势进行。澳大利亚政府一般在一号预算文件《预算战略与展望》中公布预算编制中使用的经济预测，公布内容包括国内经济展望、国际经济展望、多年期预算规划等，并在附录中就预算使用的经济预测与统计年鉴中的经济预测的差别作出说明，便于公众理解接受预算中使用的经济预测。

2. 公开财政战略。澳大利亚政府一号预算文件《预算战略与展望》中，经济预测的下一部分即为财政战略与展望，介绍了政府采取的财政战略，及实施这些财政战略对财政状况的影响，并在附录中给出了预算对经济发展状况的敏感度测试和经济与财政预测的置信区间。

3. 提供历史数据。澳大利亚政府一号预算文件《预算战略与展望》的最后以表格形式给出了澳大利亚政府的历史数据，便于预算文件的使用者结合历史数据对预算做出评判。

4. 提供预算概览。澳大利亚内阁在"预算之夜"向国会递交预算草案时，国库部长将发表预算演讲，介绍预算重心、解读政府政策，预算演讲广为媒体报道，全文内容也在互联网上予以公布。此外，与四份预算文件一同公布的还有《预算概览》（Budget Overview）。《预算概览》和国库部长的预算演讲帮助预算文件使用者在短时间内了解预算信息、把握预算全貌，使预算文件使用者无须纠缠于"长篇累牍"的预算文件，无须纠缠于大型表格与专业术语，降低了预算文件使用的门槛，让更多的人获取预算信息。

除上述措施之外，2006 年 4 月 16 日，时任财政部影子部长（The Shadow Minister for Finance）发布了"阳光运营"（Operation Sunlight）讨论稿。"阳光运营"给出了一系列提升预算透明度、强化政府受托责任履行的政策，政策涉及下列方面：（1）收紧目标成果和产出框架（绩效预算框架）。成果和产出框架本意是引导报告的重点从投入转向产出，但实际中并没有达成其预期目的。"阳光运营"建议采用一致性更强、可行性更高的目标成果描述，完善项目评估，改善关于公共品供应和专款使用的报告。（2）提高预算文件的可读性和有用性。"阳光运营"提议预算文件应增加精确到项目层级的信息，引入统一报告格式，将商品与服务税视作联邦税等。（3）提高估计的透明度。"阳光运营"提议增加预算年度中报告的财务情况说明。（4）扩大预算报告的范围。"阳光运营"提议，预算透明度的提升需要披露拨款的有关信息，尤其是特别拨款的情况，包括净拨款和特别账户。此外，"阳光运营"还呼吁增加税式支出和谨慎储备支出状况的透明度。（5）完善代际报告。"阳光运营"建议增加代际报告的发布频率，并提供更多、更具体的项目信息。

关于澳大利亚政府预算公开透明的内容将在本书第十一章进行更为详细的介绍。

第二节 澳大利亚政府预算管理的组织体系

澳大利亚政府预算管理过程中涉及的部门包括：财政部、国库部、总理与内阁部、政府各职能部门、高级部长审查委员会/战略预算委员会、支出（收入）审查委员会、经济预测联合小组、联邦拨款委员会、议会和公共账户联合委员会（见表 3-1）。

表 3-1　　　　　　　　澳大利亚预算管理的主要部门及其职责

主要部门	主要职责
财政部	在初步审定各部门支出预算的基础上，汇编政府支出预算
国库部	负责宏观经济政策的制定和税收征管，并负责编制政府收入预算
总理与内阁部	专为联邦政府总理服务的咨询和办事机构
政府各职能部门	负责编制本部门收支预算
高级部长审查委员会/战略预算委员会	由总理和各部部长组成，主要研究审议各部报送的预算
支出（收入）审查委员会	由总理、财政部长、国库部长、国库部部长助理、基础工业和能源部长、卫生部长组成，是政府内部最高的预算审批机构
经济预测联合小组	每季度修正一次经济预测，发布经济预测结果
联邦拨款委员会	专就财政转移支付问题提出政策建议
议会	负责审核批准政府预算
公共账户联合委员会	通过检查政府公共账户，深入研究各部门预算编制及预算执行情况，从而实施必要的监督

一、三大核心部门：财政部、国库部和总理与内阁部

澳大利亚预算制度中的三大核心部门分别是财政部、国库部和总理与内阁部。在 1976 年以前，澳大利亚的国库部与财政部都是同一部门。1976 年时，由于时任总理对财政部（The Treasury）的经济建议严重不满，将国库部拆分为国库部（The Treasury）与财政部（The Department of Finance），由财政部负责预算中的支出方面，国库部则负责宏观经济与税收方面的问题。一些澳大利亚的学者认为，国库部分为两个独立的部门有好处也有坏处：其一，打破了国库部独立垄断信息的局面，两个部门分享信息，内阁以及其他部门也分享信息。其二，两个部对一件事件的建议可以互相补充，内阁会议讨论任何有关财政事情时，可以听到两个声音，如果一致更好，不一致则有了讨论机会，打破了一个声音的局面。其三，对支出控制的权力更加集中。但是也有坏处：第一，由于两个部的存在，也常常发生权限纠纷。第二，主要看两个部长的政见和个人态度，能不能合作，有时好一些有时差一些。

新设立的财政部从组织架构到机构职能上都接近于中央预算办公室：它在初步审定各部门支出预算的基础上，汇编政府支出预算；它对预算会计与政府财务实行监管；它分析政府支出开展并就支出调整给出建议；它对内阁的支出审核委员会有重要影响。具体来说，财政部主要负责政府采购与政府支出，以公共部门为工作重点，即负责财政预算执行的日常工作，如制定相关定额指标、编制支出预算、拨付财政资金、绩效考核、定期向议会、政府报告等。

国库部虽然主要负责宏观经济政策的制定和税收征管，但也与支出面相关。国

库部的预算政策组有点像政府支出的"智库",在组织架构上与每一类政府部门相对应,就像典型的预算办公室一样。此外,国库部直接负责与州(领地)政府的财政关系,这是澳大利亚财政中的一个主要而敏感的话题。国库部下设税务局、统计局、金融监督管理局、证券及投资管理委员会、公平竞争委员会,主要侧重于宏观管理,具体负责经济预测分析、财政收入预算编制、税收政策、税收征管、国债发行、制定财政政策、参与货币政策、产业政策、国民经济发展规划的制定、维护市场经济秩序等。

总理与内阁部作为战略预算委员会、支出审核委员会的秘书处的一部分,其主要作用是协助确定预算草案中的重点内容。总理与内阁部设有官员与每一类政府部门一一对应,这些官员综合考虑政府的政策目标、经济与财政战略和部门手中的政策目标,就支出与收入提案给出建议供总理参考。

三大核心部门间的关系错综复杂,但大部分情况下它们表现出相互配合、相互补充的姿态——财政部负责预算中的支出审核,国库部负责预算中的结构调整,总理与内阁部负责大的方向。但财政部和国库部的职责划分还应当更清晰一点,并且三大核心机构之间协调关系、达成一致需要在时间上、资金上要付出不小的成本。

二、政府部门与机构

在澳大利亚,政府部门(department)及其下属机构或相关机构(agency)是作为一个整体编制、提交预算草案的,政府部门是这个整体的核心,然而实际中政府部门并没有在这个整体中发挥协调作用,每个单位均直接向部门首长汇报而无视政府部门,财政部也特别关照占据总支出 99% 的最大的 50 家政府机构。造成这种奇特局面的原因有多个,其中最主要的原因是法律上,相应的受托责任落在部门首长和机构负责人的头上,核心政府部门即使想要扮演协调角色,也没有法律上的依据。在澳大利亚目前的财政环境下,每家较大的政府机构相当于一个独立的单位(不受到所属政府部门的约束)参与到预算程序、中期预测程序中,在本机构的资源配置上,它们有较大的自由裁量空间。这并不是说政府机构在财政资金上享有较大灵活性是件坏事。事实上,澳大利亚作为这方面的先锋,结果还是相当不错的。

三、高级部长审查委员会/战略预算委员会

高级部长审查委员会包括总理、副总理、国库部部长、财政部部长等首长及首长们的高级政策建议人员。此外,三大核心机构的高级官员也常常参加高级部长审查委员会。总理与内阁部是高级部长审查委员会的秘书处。高级部长审查委员会在预算程序开始时召开会议,确定预算草案的战略方向、工作重心,并就实现财政目标的手段给出建议。在财政紧张时,高级部长审查委员会将设立减少支出的总体目标;在财政宽裕时,将主要专注于精选出许多能够产生积极效果的新提案。

2007年,新政府以正式的内阁委员会——战略重心与预算委员会——代替了非

正式的高级部长审查委员会。战略预算委员会人员构成和高级部长审查委员会基本一致,他们在11月或12月展开对各部门预算草案的研究审议,确定预算草案中的工作重心。战略预算委员会会在正式内阁时间将审议结果通报各部部长,较多的新政策提案会被战略预算委员会枪毙,但部长可以调整政策方案后再次提交给支出审核委员会以进行申诉。

四、支出(收入)审核委员会

支出审核委员会作为政府内部最高的预算审批机构,是内阁中历史非常悠久的机制。支出审核委员会的组成人员不固定,但通常包括总理、财政部长、国库部长、副总理和一两名负责部门预算案提交的部长,如卫生部长、工业和科技部部长等。相较战略预算委员会,支出审核委员会侧重于支出约束与财政责任,更注重操作性和适用性。它决定机构提案是否可以获得财政资金、可以获得多少财政资金。在财政紧张时期,支出审核委员会将在战略预算委员会的基础上,进一步确立压缩开支目标,并确保各部部长按压缩开支的目标行事。在财政宽裕时期,支出审核委员会则侧重于砍掉新政策提案。支出审核委员会的结论将作为对预算内阁的正式推荐。

2007年政府换届后,支出审核委员会由过去的仅在预算编制过程中开会变成了在整个预算年度中定期开会。这一变革是为了加强对"预算草案之间"的提案进行严格审查,进一步加强了财政监督。

收入审核委员会成员包括总理、副总理、国库部长、国库部长助理、财政部长等,通常在支出审核委员会的建议送呈内阁之后开会。在会议期间,国库部长将介绍最新宏观经济状况与收入预期。此外,收入审核委员会决定大的税收政策。传统上,内阁把支出与收入分开讨论,但2007年政府换届后决定由支出审核委员会处理收入措施。

五、经济预测联合小组

经济预测联合小组由国库部、澳大利亚储备银行(中央银行)、澳大利亚统计署、财政部、总理与内阁部组成,财政部官员出任主席,负责经济预测的质量控制。小组每年会商四次,它提出经济预测,因此也是经济及财政政策调整的第一步。预测报告运用各种方法、包括数理经济学的方法,对过去10年的分析、对未来一年和数年进行预测,提出总的经济发展趋势和宏观调控的建议。在一个预算年度里,经济预测联合小组成员之一的国库部每季度修正一次经济预测,但只发布两次——一次在预算案中,另一次则是《年中经济与财政展望》(MYEFO)。

经济预测在国库部的税收收入预测中发挥重要作用。国库部与澳大利亚税务司和澳大利亚海关共同探讨可以筹集到多少税收收入。税收收入的预测值会根据最新的经济预测值/产值调整,在过去几年里,财政部安排了大量资金来提升收入预测能力,特别是经济预期与税源之间的关系。

六、联邦拨款委员会

拨款委员会始建于 1933 年,是一个独立的法定机构,就财政转移支付问题提出政策建议,主要负责制定商品和劳务税的拨款计划,计算拨款标准,以保证商品和劳务税拨款均等化目标的实现。

七、议会

负责审核批准政府预算。参议院设有"银行、财政和公众管理委员会"。众议院则设 5 个(A、B、C、D、E)预算委员会,专门负责有关预算审查工作。

八、公共账户联合委员会

公共账户联合委员会是国会两院的派出机构,行政上独立,直接对国会负责。委员会 15 名成员,其中 5 位由参议院指定,10 位由众议院指定。该委员会通过检查政府公共账户,深入研究各部门预算编制及预算执行情况,从而实施必要的监督。

第四章

澳大利亚政府预算编制管理

■ 本章导读

从1984预算改革白皮书的发布和实施开始，澳大利亚一直处于一个不断变化、改革的过程中，早期的改革重点是加强对中央政府财政支出的控制，近期的改革重点在于绩效和成果，这也最初开始于预算编制。

整个预算编制改革都与政府的一系列变化息息相关。预算制度改革使得预算编制过程可以适应不同的情况，这也使得编制方面每年都在变化，而且在财政紧张时期到财政宽裕时期变化更为充分。本章在概述改革实践的基础上，详细介绍了目前澳大利亚预算编制的管理。具体来说，第一节着重讲在澳大利亚预算编制过程中体现出的各种特点；第二节概述在编制年度财政预算过程中的关键步骤。

第四章 澳大利亚政府预算编制管理

第一节 澳大利亚预算编制体系的特点

本节详述澳大利亚预算编制系统中的五大创新和与众不同的特点。首先，澳大利亚预算编制体系具有独特的组织安排，包括内阁委员会和多个中央机构的强大作用，还有与机构相关的支出部门的限制性作用；其次，作为基础的财政准则是基于统一原则而不是特殊的目标；同时，澳大利亚年度预算是以多年的正向滚动财政预测为基础；最后，澳大利亚预算编制是在结果＆产出框架体系下进行的权责发生制预算。

一、独特的组织安排体系

在澳大利亚预算的编制过程中，其组织安排有三个显著的特点：一是各种内阁委员会在预算过程中具有重要地位；二是三个独立的中央机构在预算过程中作用突出；三是支出部门相对于他们的各个机构在预算过程中扮演重要角色。

澳大利亚的财政预算制度安排在许多方面是有特色的。内阁委员会的高度重视和多中央机构参与预算制定过程是澳大利亚预算制度的标志。尽管在现有的实践中不是所有提案都要通过内阁，但这些制度安排提供了一个坚实和统一的促进遵守财政纪律的基础。财政部和国库部各自的角色可以更清晰，并且在每个部门内部的支出部门预算中扮演一个更重要的角色，同时，与他们的附属机构相比能够强化预算过程。

（一）内阁委员会

在联合政府执政期间，有两个历史悠久的内阁委员会和数位非正式高级部长，即：高级部长审查委员会/战略预算委员会；支出（收入）审查委员会。这些部长与内阁委员会的工作运行方式一样，且都在预算过程中起到关键作用。

高级部长审查委员会/战略预算委员会和支出（收入）审查委员会作为正式的内阁委员会，对政府预算的支出和收入安排起着关键作用，关于其组织构成及职能作用在前文已做过详细阐述（参考第三章第二节相关内容）。在2007年之前的政府执政期间，预算内阁授权高级部长审查委员会根据收入审查委员会（税收特设委员会）以及支出审查委员会的结论去修正预算中的支出部分（解决各类未知问题）。在财政紧张时期，这意味需要削减更多的财政支出。最终，这个时间段的预算日历在澳大利亚被称做"狩猎许可证"（见专栏4-1）。

各内阁委员会所充当的角色将会在下一节年度预算周期中进行更加深入的讨论，其中将重点阐述每年一次的预算编制循环的每一个步骤。

专栏 4-1　狩猎许可证 (Hunting licence)

收入审查委员会（税收特设委员会）召开会议后，"狩猎许可证"便被发布给高级部长们以解决预算最后的细节问题。狩猎许可证一词最早被使用于当会议的主要目的是敲定悬而未决的问题和严格控制支出时。

直到2007~2008年度的政府预算，狩猎许可证涉及高级部长们依据最新的盈余估计，决定重大的减税政策，税式支出以及其他大型支出项目等。这些措施的推进要有充足的信心，且是预算的重点。在预算编制最后阶段，大量的提案获批通过——事实上，这数量一般等同于在整个支出审查委员会过程中批准同意的提案数量。然而，这是在2008~2009年度预算中没有的情况，另外"狩猎许可证"过程能否成为政府预算编制过程的一部分还有待观察。

资料来源：由本章作者根据澳大利亚财政部网站相关内容整理："Expenditure Review Principles", http://www.finance.gov.au/budget/budget-process/expenditure-review-principles.html，12/10/2015.

（二）中央机构

三个中央机构是财政部，国库部和总理与内阁部。财政部专注于预算的支出方面，国库部则侧重于经济和课税方面的事务，总理与内阁部为预算设定战略议程，就支出与收入提案给出建议供总理参考。

财政部在20世纪90年代后期和21世纪初期经受了一段"创伤期"，这段时期与主要的预算改革的引入密切相关。作为这些改革的一部分，财政部撤销了许多传统的功能，它将这些功能转移给了支出部门。这些转移的进行并没有通过预算审查人，而是更加把焦点放在配合较为宽松的支出政策和财政支出的效果问题而不是具体的操作细节，实际上这些改革在20世纪80年代早期就已经开始了。当时的财政部希望政府机构仍旧承担更大的责任，并且仅仅将自己看做像投资银行一样，只需要掌握概况。而预算分支的数量——实际上反映了支出部门的数量，改革中这个数字从十三个减少到四个，这给中央政府腾出了空间。改革后，财政部失去了大部分与支出政策相关问题的信息，这对于它来说，面对支出部门和机构，财政部要执行一项有效的预算，就变得很困难。在过去的几年里，这种局面已经被扭转，财政部已经重建了它的这种能力，任职人员也回到了最初的水平。

国库部则注重于经济和税务工作。然而，它也同时参与支出事务。随着财政部从很多职能工作中退出，国库部就开始建立在这些职能领域的能力。尽管如今财政部开始恢复一些原有职能，但国库部仍旧在进行很大程度上的职能建设。国库部的预算政策小组一般会警示并庇护各职能部委，它提供一个"战略性结构重点"作为标准，借此来考察那些政府的支出领域，从而促使或消除一些必要的结构性调整以加强经济绩效。因此，预算政策小组被描述为政府支出关系中的智囊团。国库部也直接负责各州和各自治领的财政关系。在澳大利亚，政府与政府之间的财政关系是一个重要的且敏感的议题。

总理与内阁部的一个固有的角色就是支持总理在政府中处于领导地位并且管理广泛的内阁流程使得它成为这一领域内政府决策的基础。作为高级部长审查委员会/战略中心委员会和支出（收入）审查委员会的一部分，它拥有一个关键性的作用就是为预算设定战略议程。总理与内阁部通常的结构是在每个部门都有一个司务员，和预算办公室的典型组织安排一样。这些司务员的作用是通过整合政府的政策目标，经济和财政策略以及各部门部长的政策目标，同时从这个一体化政府的视角去为总理提供收支计划方面的建议。

（三）支出部门和机构（预算部门）

在预算过程中，支出部门的局限作用与它的相关机构相比是非常明显的。

所有的预算讨论都是围绕按预算划分的部门展开的，每一部分讨论都是由一个内阁部长领导的。现在这样的部门共有十八个。这种部门可以相当大并且可以包含许多组织，包括核心部门和众多的大小、形态各异的机构（参见第五章第一节关于编制结构的讨论）。部长要对他/她的部门中的全部组织机构负责。然而，在预算期间内，这些支出部门只是存在松散关系的一些实体，它们全部都是直接向各自的部长报告。核心支出部门的部长通常在部门中发挥比较微弱的统筹协调作用。事实上，财政部与支出部门中的每一个大型机构都保持着直接的联系，而不是着眼于那些核心支出部门，从而也保证了这些支出部门与它们各自机构的联系。财政部特别关注50个最大的机构，这些机构负责全部支出的99%；这些机构被称为重要机构（Material Agencies）。

这种状况的形成有几个原因。其中最重要的是：事实上法定的责任——问责制，取决于部长和各个机构的领导。核心部门对于任意统筹协调作用的角色都有一个受局限的法定基础。各机构的领导者也热衷于与他们的部长建立一种直接的关联而不是通过核心部门进行管理和运作。在现今的财政环境下，每一个大型机构实质上都是一个独立系统，在向前预估过程中关于预算过程的部分都可以自动运行（auto pilot）（参考下文）。只有为增加的拨款进行增量要求时，才会看到一个机构与它所在的部门进行相互的事务往来，或者是参与到战略预算委员会/支出审查委员会（SBC/ERC）的工作过程中去。这些机构拥有广泛的自由量裁权对它们的资源进行再分配，这个在后文中也会进一步的讨论。

然而，这不应该被诠释为是对这些政府相关机构所具有的高度灵活性的批评。澳大利亚是这一领域的先驱，并且这些经验是绝对正面的和具有自身优势的。这些观察结果都与这些机构之间的相互作用，以及各个预算部门中的核心部门之间的相互影响息息相关。

在支出下降最显著的周期——在20世纪80年代和90年代中期——支出审查委员会（ERC）会经常给这些支出部门设置特定的支出节省目标数。各机构部长要负责达到这些目标。部长可以决定在支出部门的任何领域来实现财政拨款的节约以及财政资源的重新分配。然而，核心部门并不提供关于再分配或是在支出部门中削减支出的详细可选提案，这些选项由财政部提供。在20世纪90年代和21世纪初期的预算改革期间，正值财政部将责任下放至各机构，正如上文所讨论的，对于各个支出部门而言，这本来会自然而然的促使它们在各自的核心部门中形成很强的中央预算能力，然而，这在当时并没能实现。可以假设，如果在未来对于削减支出的需求不断出现，那么削减开支和再分配的可选方案将会主要出自现在重组的财政部和国库部，而不是那些核心的预算支出部门。这是一个 2008～2009 年度真实发生过的案例。

澳大利亚的内阁委员会同样致力于培养"联合部长责任（对整个预算部门体系负连带责任）"而非"每一位部长只是他自己的财政部长（只对本部门负责）"的模式。

二、预算编制的原则

1998 年《预算诚信章程》（章程）是澳大利亚预算编制的法律基础及基本原则。章程意在帮助确立和维护财政政策的健康和透明，同时使得未来的政府很难脱离章程的约束。章程为一般财政政策的规划和执行提供了一个综合性的立法框架，它的条款可以分为两部分：一个是设定财政目标的管理体制，和一个用来监督政府的财政行为与它规定的财政目标是否一致的财政报告的分支系统。

设定财政目标的过程有两个步骤，包括某些立法的"健全的财政管理原则"和由政府准备的年度"财政战略声明"。立法化的"健全的财政管理原则"要求政府谨慎地处理联邦政府所面对的财政风险，关注经济环境，包括通过将联邦政府的债务维持在一个谨慎的水平上；确保政府的财政政策有助于实现充足的国家储备和减轻经济活动中的周期性波动，要酌情考虑国家面临的经济风险和这些风险对政府财政地位造成的影响；追求支出和税收政策，能够保持一种在一定税收负担水平上，合理的稳定性和可预测性；保持税收系统的完整性；确保政府的政策决策考虑到了对未来代际的财政影响。这些完善的财政管理原则通过年度"财政战略声明"转化成特定的政府目标。这份声明转而为评估政府财政政策绩效提供衡量的基准。这份声明也会作为预算文件的一部分发布。在财政战略声明中，章程要求政府必须遵循的原则是：要在短期财政政策的制定期间内规定政府长期的财政目标；规定政府认为重要的关键的财政度量标准；规定在预算年度中和接下来的三个财政年度中，政府的财政目标和指标，以及这规定的关键财政度量指标的预期结果；解释各项规定的财政目标和战略重点，是如何与健全的财政管理制度相联系的；规定政府采取的或将要采取的财政政策行为在本质上的暂时性，即为了减缓经济活动的周期性波动而采取某些财政政策行为，同时也会在不需要的情况下撤销政策，因此亦指出撤销它们的过程。

这种设定财政目标的方法最值得注意的地方就是，健全的财政管理制度的原则在立法中仅被概括阐述，并且没有指明任何规定的财政目标，而只是提出"谨慎的水平"和"合理的程度"。这要求当今的政府规定其对"财政战略声明"中财政条款的适当解释（见专栏 4-2）。章程特别允许政府暂时背离通常的财政管理责任制的原则。在这样做时,政府必须指出撤销这些措施的过程。如果不遵守承诺,章程不会采取法律处罚。然而,它会提供一套全面的报告来监督政府的财政行为与它之前陈述的财政目标之间的一致性。这样做的目的是确保"公众舆论法庭"(Court of Public Opinion),而不是立法的法庭,这能够对政府的财政管理制度做出必要的评判。该报告是在预算时期发布的经济和财政展望(Economic and Fiscal Outlook),年中经济和财政展望大概在预算编制之后的六个月发布,而年终决算报告(Final Budget Outcome Report)则在财政年度结束三个月后发布。此外,章程还要求要在选举进行的前十天内发布一份选举前经济和财政展望(Pre-Election Economic and Fiscal Outlook)(见专栏4-3)。一份代际报告(Inter-generational Report),将用来评估现在的政府政策的长期可持续发展能力,并要求至少每五年制作一份(见专栏4-4)。

专栏4-2 财政战略声明

在新一届工党政府的"中期财政战略包括:从中期来看,平均实现预算盈余;保持税收占GDP的平均份额在2007~2008年度的水平之下;并且提高政府的财务净资产使其超过中期水平"(2008~2009年度预算报告)。

先前的联合政府的"中期财政战略,想要在经济周期中,平均水平下,保持预算的平衡……当时政府的中期财政战略有许多补充性的目标,包括:在增长前景良好的同时保持预算盈余超过预先估计期;不在1996~1997年度的水平上增加总的税收负担;在中长期提升澳大利亚政府的净资产状况……"(2008~2009年度预算报告)。

这两者之间具有很大的相似性,但是没有任何一个可以被认为是对于现今澳大利亚经济和财政环境来说特别具有挑战性的。

同样值得注意的是不论是当前的政府还是前任政府都更愿意把公众承诺和更具野心的财政战略声明分开。前任政府向公众承诺要实现1%的GDP预算盈余。新一届的政府则做出了更大的承诺,要在2008~2009年度预算中实现1.5%的GDP预算盈余,同时承诺在这一年中所有的预算外收入都将用来增加盈余,即不花费它们。

尽管财政战略声明或隐或显地与经济周期相关,但是对于支出缺口和周期性调整的财政平衡措施的实际作用的怀疑,意味着政府并没有实际上发布这些措施。

资料来源:由本章作者根据澳大利亚财政部网站中关于预算程序(Budget Process)的相关内容整理,http://www.finance.gov.au/resource-management/budget/#budget_process,12/10/2015。

这种"原则导向的"(Principles-based)方法与更为普及的"规则导向的"(Rules-based)方法(该方法在其他OECD国家是明确规定将财政目标列入法律

性文件中)形成了鲜明的对比。澳大利亚选择不使用这种方法,主要是因为它在认知上的僵化,和它在试图预测未来某些事件上的困难。财政规则从来不会比实际上依附于它的政治承诺更有力,澳大利亚选择的方式则既顾及政策灵活性,又依靠高的透明度来对政府行为进行惩戒。新西兰早在几年前就在它的财政责任法案(Fiscal Responsibility Act)中采用了相似的方法,然而欧盟国家和美国的立法化设置财政目标方面的经验,在澳大利亚的官员们看来是令人失望且容易受到操控的。

短期的时间不足以评估澳大利亚原则导向方法的有效性。在引入该方法的时段里,经济环境已经呈现出最好的状态,这使得税负减轻、开支增加和负债降低的同时实现成为可能。在经济繁荣时期避免增加开支可以说是任何一个预算系统所面临的最艰巨的任务。因为从 21 世纪至今,澳大利亚的支出就在快速的增长,所以这种原则导向方法是否是实现目标最好的行政机制还有待讨论。另外存在一个关注点是,设定支出限额能够帮助政府抵制大众对不断增长的支出的需求,而基于支出上限的财政规则的积极经验,类似这样的实例确实存在于一些 OECD 国家当中 (Anderson and Minarik, 2006)。

专栏 4-3　选举前的经济和财政展望报告以及竞选承诺的代价

预算诚信宪章要求选举前的经济和财政展望报告(Pre-Election Economic and Fiscal Outlook,PEFO)要在选举活动正式开始的十天之内发布。报告的目的在于提供更新后的经济和财政前瞻信息并防止政府在选举前的酝酿时期保留任何与真实的政府资金状况相反的信息。报告中包含着对于当前预算年度和随后三年中所有关键的经济和财政变化的预测。并且报告还要列出在最后一期的(或者是年中一期的)经济和财政展望中采用的每一种收入和支出的量度指标以及它们与预算有关的影响。

选举前的经济和财政展望报告(PEFO)包括两项责任说明,一项是针对国库部长和财政部长,一项是针对国库部秘书长和财政部秘书长(公务员)。部长必须申明,包含具体的经济和财政暗示的政策决定已经与秘书进行了沟通。秘书必须申明,在经济和财政信息可得的基础上,国库部和财政部已用它们最专业的判断来完成这份报告。这些责任说明的目的是阐明政治家和公务员在制作报告时各自的角色,并在此情况下赋予公务员更重要的作用。这种责任架构有助于增强报告整体的可信度。与 1998 年第一份 OPFO 发布之前由政府发布的文件相比,PEFO 为政治党派在选举活动中的斗争提供更具综合性、更多的经济和预算基础。

此外,主要的政党还可以要求国库部和财政部的秘书计算党派各自选举承诺的成本。但这些要求只能在选举开始之后提出。通常,各政党这样做是为了强调它们的财政责任的可信度。秘书会准备一些手册来指定需要的信息和格式以便他们能够准确地对选举承诺进行成本核算*。一个公务员特别小组发展了成本核算法。在计算机安全方面,一种专业的防火墙系统确保了成本核算的可信度，同时成本核算的独立性并没有作为一个议题被提出。秘书的目标是在收到请求的五天之内提供准确的成本核算情况。在 2007 年的选举中，总共有 47 个（当时）政府承诺和 167 个（反对派）承诺接受了成本核算。

然而，有人批评这种机制更偏向于当前的政府。首先，政府可以发布它自己通过公共服务准备的文件（例如 MYEFO，年中经济与财政展望），直到选举开始甚至是之后。这种能够接近公共服务资源的方法提供了有利条件也限制了独立监督的机会。其次，只有在选举开始之后才可以对反对派的成本资源进行核查，然而政府却全年都可以。

在阳光政务中，提议修改宪章，允许政府或反对派要求国库部和财政部的秘书在预定的选举（一般大选令发布的最后一天）的十二个月内对任何政策进行成本核算。政府将会在 2008 年稍后解决这个问题。

注：＊澳大利亚政府（2007），预算诚信宪章——竞选成本承诺。指导方针由国库部，财政和管理部秘书长联合发布于堪培拉。

资料来源：Pre Election Economic and Fiscal Outlook 2013 – Consolidated report，The Treasury and Department of Finance & Deregulation，August 2013.

专栏 4-4　代际报告（Intergenerational Report）

《预算诚信章程》要求至少每五年提供一次代际报告。代际报告主要关注由经济增长对人口结构变化带来的影响，以及衡量延续现行政策和趋势在未来 4 个十年（两代）的财政影响。

此报告将会概括出政府的财政可持续性目标及其实现的方法，同时给出澳大利亚长期的人口与经济规划。根据规划，代际报告会提供未来收支计划及其相对应的预算余额。报告还包括对规划的敏感性分析及其中所使用的方法和假设的细节阐释。

报告每五年发布一次，获得了公众与媒体的高度关注。在五年的间隔期内，允许对期间政策变化及其对财政可持续性的影响进行阐释。这一时间间隔与澳大利亚五年一次的人口普查是相适应的。虽然人口的变化可能是缓慢的，但年度财政政策能够或确实会影响每年对未来的展望。另外，更频繁的发布代际报告可能会加强它的实用性。而新政府也确实把加大代际报告发布的频率作为其阳光运营（Operation Sunlight）的一部分。

资料来源：由本章作者根据澳大利亚财政部网站中关于预算程序（Budget，May）的相关内容整理，http://www.finance.gov.au/resource-management/budget/，12/10/2015。

三、多年滚动预算（Forward Estimates）

预算估计是一个针对下一年度预算后未来三年的所有收支的滚动基线预测。预算通过后，预算估计中第一年的预测情况将成为下一年预算的基础，同时以后财政年度的预测也会加入到预算估计中来。预算估计是预算过程中完整的一部分。事实上，整个预算过程都是围绕着预算估计展开的。预算估计的出现通常被认为是澳大利亚最显著及成功的预算改革。

在澳大利亚，80%的年度支出是经过"专项"（永久）立法批准的，而剩下的仅20%的部分是通过年度预算批准的，预算估计则包括了以上两种类别的支出，由此可见预算估计的重要性。通过提前考虑他们所能承受的成本，预算估计实质上成为了监控和审查"专项"（永久）拨款的载体。

预算估计提供了政府关于未来开支的预备决策。在任何新决策缺失并且对其他物价及数量指数调整适用的情况下，跨财政年度的支出就成为各相应年度的预算。预算估计记录了所有可持续进行的项目开支，并不包括在未来年度新增项目的开支和由于采用改进措施而需扩张的现存项目的开支，因为这些措施都会涉及新政府的决策。1987~1988财政年度的预算是第一个公开的、严格地按照以前年度的预算估计中的数字编制的预算。当时的财政部长指出："通过为预算审议提供一个一致的、持续的基础，同时最小化关于基线预测的徒劳的争论，这些新的程序加强了经费控制，并且提升了政府关注预算内容的实质问题的能力。"

预算估计需要准备和预算案同等程度的细节内容。每一年的预算需要包括其自身的预算数字与前一年的预算估计中第一个跨财政年度（即本财政年度）的预测数字的调整。由于新政府的方针决策（即指新的项目或现存项目的扩张）、非经济参数的变化（即指要求从特定项目得到利益的人数，如养老金）、宏观经济参数的调整和其他的变化所造成的差别会得到解释和分类。有一些项目同时受到宏观经济（参数）和非经济参数变化的影响。预算估计每年发布两次，分别发布在预算和年中经济及财政前景报告中。更进一步的不对外发布的更新报告被推行支出审查委员会（ERC）进程的部长优先使用。最初，所有的预算估计报告都是内部文件，并不对外公开。需要指出的是，预算估计本身并不具有法律效力。编制预算估计的过程在年度内都是被严格管理的，并且对于新的决策或一些潜在的支出规划所使用的假设的变更都给予了相当细致全面的考虑，因此，在任何给定的时间，预算估计都是准确且合时宜的。

财政部负责预算支出报告中的支出及非税收入部分，同时国库部负责税收收入部分。在支出部分，独立机构将提出新的支出法案，财政部的职责就是去判断这些支出的合法性从而保证它们是准确且合理的。支出审批程序将在本章第二节年度预算周期中讨论。另外，财政部将与独立机构共同协作以更新商定由于需求增加而不断上升的成本核算的方法。例如，近几年，因为实际支出持续低于预测值，预测众多社会资产调查项目所需花费的方法被反复检验。此外，财政部对于新的议定的核算方法拥有最终解释权。

预算估计是在一个不变的名义价值下准备的。拨款数由于通货膨胀所增加的数额则依据财政部所发布的众多工资成本率来确定。需要重点关注的是，财政部将每年对于所有的运作成本都加以 1.25% 的有效利率作为整个编制过程的一部分。新的工党政府对于大多数机构的运转成本已经统一采用 2% 的有效利率。预算估计是在收付实现制和权责发生制下编制的。值得关注的是在澳大利亚的绩效产出框架的内容中，预算估计并不包括任何有关绩效和结果的信息。

预算估计的使用成功地鼓励，或在有些时候是强制政府，将做预算决策的时间从一年拉长到四年。对所有新的提案，相关部门都会讨论预测其在四年中的影响。另外，预算估计对于一些特定类别的支出，尤其是在以前的报告年份后增长迅速的资本支出和规划，都会给予特别的关注。这个方法通过保证这些估计反映的是规划的持续花费而不仅是第一年的影响，而甚至是开始几年的，来作用于支出的增长。预算估计中同样将"专项"（永久）拨款包括进日常的预算决策中。

早些时候，预算估计在澳大利亚就被认为是非常积极且公正的。它们通过为必要的财政行动提供恰当的基准，保障了预算程序的稳定与秩序。通过允许所有的政党去关注实质政策和实施问题，预算估计极大地减轻年度预算编制的负担。预算估计在财政紧张和财政盈余的年份都运行良好。从前，预算估计的用途是为必要的开支削减设立目标。现在，它们是使得这样的自下而上的预算程序可以有效实施的首要前提。然而，预算估计确实在未来的年份中，特别是财政盈余年份，锁定了支出。这一问题被新的"战略评估"法案（见专栏 4-5）所部分解决。

专栏 4-5　战略评估

澳大利亚已经找到了复审现存规划项目的最优方式。十年前最常见的方法是所谓的"失效审查"（Lapsing Reviews），即指政府若未能通过政策更新规划项目，此项目会被废止。虽然复审能保证进行，但由于审查并未给这些项目带来显著的变化，致使失效审查变成了一种呆板且无效的措施，尽管这些审查的次数是足够的（在 2004~2005 财年和 2006~2007 财年之间进行了 149 次失效审查）。

由于失效审查的废除，澳大利亚在 2007 年推行了一个新的战略审查系统。战略评估提供了一个针对规划项目的总体集合的全盘视角。它的目标是规划的适宜性、效果性和效率性，并且保证这些规划与政府的所考虑的轻重缓急是一致的。它的目标并不是达到节余。基于三大政府中心机构的建议，审查的执行者将通过战略预算委员会（SBC）或支出审查委员会（ERC）进行委派。需要审查的范围通过多项条件来决定，如政府所制定的优先级别、规划项目的增长情况和继上次审查后的时间间隔。

每年至多将有 7 个大项和 7 个小项的审查，这些审查通常于 1 月或 2 月开始开展，一般需要 3~6 个月来完成。也就是说，下一年的预算编制时将会优先得知战略审查的结果。

审查的团队通常是以财政部为基础确定的,审查的过程也是完全独立于负责这一规划项目的机构的,外部专家审核制也会经常在审查中使用。审查可被学者、商业领袖、前高级公务员或出于支持目的的现任高级公务员所领导。财政部将会组建一个特殊的单位用于协作和支持审查。重要的是,财政部的司务员会负责处理与非直接介入的机构的日常联系,这极大地减少了机构的可能错误认定即认为审查仅是一个支出节约情况的检查。

2007年进行了两次试点审查。2008年,政府委任了四次审查。另外,在战略评估框架体系下,政府正在进行一个更加完备的支出审查。虽然目前为止战略评估的运行结果良好,但是现在评估这一新的框架体系仍然太早。在这一点上,战略审查并不是作为节约情况的检查并且外部团体在这一过程中也是居于一个重要的地位的。

资料来源:由本章作者根据澳大利亚财政部网站相关内容整理:"Expenditure Review Principles", http://www.finance.gov.au/budget/budget-process/expenditure-review-principles.htm,12/10/2015。

四、权责发生制预算(Accrual budgeting)

澳大利亚在1999~2000年预算年度引入了全面的权责发生制预算。权责发生制框架的建立主要有两个相互迥异的原因:一是联合政府将权责发生制预算视为新的"效率政府"时代的来临的标志,对联合政府而言,这不仅仅是一个技术上的改变;二是专业的会计团体确实将权责发生制视为做出更优秀的财务报告的一个技术上的变革,它的实现也意味着更进一步的突破。

对联合政府而言,权责发生制预算显示出所有项目的全部成本,而不仅是立即的现金支出,因此对于价格的识别和其与私营部门的比较都更加简单了。权责发生制的引入伴随着绩效产出框架的引入。二者的结合是被设计来以市场化的准则取代现存官僚体制控制。对支出的衡量将通过在可竞争的环境下曝光公共服务的供给水平来保证。公共机构对其成果的要价将会与市场可得价格一同竞争。这一方法得到财政部的官员们强烈的支持,这可以部分解释财政部为何移除了预算程序中的一些细节。预算的一些功能通常被认为可由市场取代。另外,权责发生制预算的引入与重大的税收制度改革是同一时间,因此重要的部门和其他的中央机构的注意力都放在了税收改革上,而引入权责发生制的工作则很大程度的给了财政部,但他们对于其他中央机构中实际项目是怎么开展的理解是有限的。

权责发生制预算的推行迈出实际的一步是艰辛的,但它却是在一个非常短的时间内完成的(两年以内)。公共部门缺乏必要的会计技能以至于引入权责发生制的问题很快就显现出来。结果是,公共部门广泛采用了对公共部门的工作环境缺乏经验的私营部门会计。在制定学术性的权责发生制预算框架时,他们倾向于应用一种传统的会计思想——适用于私营部门的不一定适用于公共部门。当第一份预算文档递交给支出审查委员会(ERC)时,他们面临着极大地阻碍。官员们

第四章 澳大利亚政府预算编制管理

还没有在做预算决策时准备好抛弃传统的收付实现制。他们没有接受权责发生制。二者之间技术上的差别并不是易于理解的，并且缺乏前几年可比较的数据也使得问题进一步复杂化。毫无疑问，刚开始时官员们得到的资源是匮乏的。需要注意的是澳大利亚政府承担了非常少的资本性投资。军队支出占用了所有资本支出的70%。大部分资本密集型服务，包括基础设施建造，都是在一个低层次的管理下发展和运作的。这一形势，加上澳大利亚实际上并没有利息支出以及其公民养老金计划已经积存了足够的资金，以上三个关于权责发生制和收付实现制的主要区别，实际上意味着在权责发生制和收付实现制之间数字上的差别是相对较小的。这个问题到目前仍未能解决。澳大利亚官方递交给议会的预算是同时依据权责发生制和收付实现制的。在预算编制阶段所做的决策与所有在议会审议预算阶段都基本仅用收付实现制，对政府的盈余或赤字的公共财政报告也是如此。然而，拨款的执行仅是以权责发生制为基础的，并且权责发生制在很多情况下都是预算的执行与发布所采用的。

采用权责发生制的影响主要是提高了对于资产和负债的管理能力，也就是政府的资产负债表。或许说权责发生制最大的成就是能帮助带来公务员的养老金。之前，养老金系统是一个到期即付的计划。在采用权责发生制之后，这个计划被关闭了，同时一个新的完全筹资的公务员养老金系统被采用了。这个未来基金最终被创造来对旧计划所制造的债务筹措资金。需要注意的是采用权责发生制仅仅解决了债务问题，改革公务员的养老金系统的行动是一个独立的决策。不论是权责发生制会计处理还是权责发生制预算，又或者确实是预算盈余本身，它们所带来的未来基金（Future Fund）是容易受到争议的。然而，采用了权责发生制提升了对资产负债表项目的管理能力的事实，在澳大利亚是有目共睹的。

对于权责发生制下的拨付中有一点需要特别注意：针对非现金项目采用现金拨付。这采用了折旧的原则，并且缩小了雇员的津贴范围。考虑到这一问题，机构们都得到一笔现金拨款。对于这笔拨款的用途他们有极大的灵活性。他们需要保存这笔现金直到需要它的使用时。然而，一些机构使用了这笔钱用以削减开支（这是不合理的，因为这在短期内是不需要的）或他们日常的经营费用。在转换到权责发生制之时对于增加的累计折旧并没有拨款的事实，意味着机构们将总会需要另外的拨款去重置资产，这更加恶化了这一情况。权责发生制下的拨款有一个来自于国家档案局的极端例子。它对于其库存档案的估价为每米库存价值1澳元，因此它所有的档案资产共计为8亿澳元。这些资产的折旧年限超过了100年（达到了相应会计准则的最大的折旧年限）。为了不在其权责发生制下的资产负债表上显示出一个2 000万澳元的损失，档案局接受了一个同等价值的现金拨款，虽然它并没有实际上再融资与投资的需求。对拨款和这些基金的使用缺乏透明度的事实遭到了批评，即所准备的现金超出即时需求时，它便成为了可被用做其他用途的基金库。澳大利亚的参议院的一个固定委员会表达了对于权责发生制基础下拨款的使用的担忧，他们认为这会导致对应付费用的基金预算的使用及管理缺乏透明度。作为阳光工程的一部分新政府正在考虑解决这一问题的措施。

五、绩效产出预算评估框架

澳大利亚在1999~2000年预算年度引入了绩效产出评估框架体系，它的引入意味着将预算过程关注点由方法移向结果。因此这可以视为是对财政部在20世纪80年代进行的降低投入的行动的延伸或高潮。伴随着权责发生制的引入，这同样意味着通过比较私营部门对公共服务的提供来进一步发展市场。

在这一框架下，每一个机构都需要识别其综合的和明确的结果，因此建立起议会批准拨款的法律基础。他们的部门预算报告（Portfolio Budget Statements）是对预算的解释支持文件，其中提到机构需要识别所需的产出和需要政府出面进行的能够增加产出的行政项目。然而，需要强调的是，部门预算报告仅是提示性的，不会在所有领域约束政府。而法律关注拨款与产出是一一对应的。各个机构预计在两个层面上衡量绩效：第一，就是对于产出的投入的效力以及为了达到这一产出所耗费的行政项目的效力；第二，就是机构产出的数量、质量和价格效能。机构在每个财年结束不久后发布的年报中，都会通过部门预算报告一一报告其成果。在引入绩效产出评估框架之前，澳大利亚的预算是依据其运转成本及项目内容来确定的。各机构会获得一次付清的涵盖所有运转成本的拨款，包括所有工资和其他运作成本，而针对每一规划项目的额外的拨款很大程度上组成了转移支付。绩效产出评估框架与权责发生制预算是同一时期引入的，这同样也是在财政部门的推行下完成的，二者相似的工作驱动力也使其实施具有可行性。实施这一框架并得到产出被证明是一个巨大的挑战，特别是考虑到它在决策程序中可能会无法实现价值指导作用。这其中的许多挑战与其他国家改推行结果导向型预算时所遇到的是相同的。

例如每个机构通常情况下有着1~5个成果，但大多数机构只有1个成果，这对于产出的数量有很大的离散性，但是大多数机构都有1~10个产出，虽然他们的支出都比产出数要大得多。

一些对于澳大利亚的绩效与产出评价框架的设计及实施观察报告反映出以下一些问题。第一，考虑到现存管理安排，每一项所谓机构或部门的成果都是被单独定义的。在有组织的实体中，即指事工部门和机构，是绩效系统的基础，都要各自定义其成果。虽然在框架体系下允许两个或以上机构共享一个成果，但实体间并没有共享的成果。然而，实际上机构会选择去完成他们能完全独立地负责的成果。这一行政聚焦点的出现也拓展到了机构内部，因为产出往往能反映一个机构的内部架构，因此利用产出对内部结构进行校准是可取的。此外，结果的确定也是依据现存的组织架构，这些安排有可能出现于整体宏观目标不一致的情况。可能或不可能与更广泛的目标达成一致。第二，成果的定义可能是非常简洁的和宽泛的。实际上，尽可能的简洁宽泛和一般化会比大多数成果的定义更有可能成为基本纲领。他们的长度通常只有一句话，定义会被描述成愿景陈述，通常都是在事实上具有理想化和价值负载的，并不是企图定义其在社会上具体的影响。这个层面上的定义是机构方面易于理解的，因为其显而易见的给出了预期成果，而成果是拨款的基础：成果越具普遍性，预算资金的持有人就越有灵活性。第三，机构间成果和产出在性质和特征方面差异是很大的。这是财政部在下放责任时期（下放机构本身的识别及定义成果的责任）一些明确的政策，导致的直接结果。部门为各机构发布了相关的指南（手册），但并没能在该领域对各机构起到约束作用。最终，财政部长必须正式地认可这些成果的要求只流于形式（在之前的章节中讲过，这时候财政部从许多预算编制职能的"细节"中都撤出了）。第四，当机构自身随着时间的推移发生重大改变时，其相应的成果和（尤其是）产出均存在不稳定性。在最开始的几年会有一些"出牙期（teething）"的问题，即使随着机构在指定的成果和产出上有了更多的实际经验后，这些问题依旧存在。而这不能仅仅用新的政策正在落实作为解释的理由。同时这种不稳定性使得不同时期的数据比较存在一定的困难。第五，有关人士对于绩效产出评估框架中信息的整体质量给予了更多的关注。高级别成果报告就其性质而言，很难证明单个产出和管理项目，以及成果之间的联系。此外，常常缺乏绩效信息。一些机构甚至没有尝试设定衡量成果有效性的绩效指标。其他一些机构则指出它们的成果指标是无法衡量的。各机构往往更倾向于关注其产出效率的指标，并用它们代替成果指标，尽管这其中也有例外。此外，在大多数情况下，产出指标不采用任何目标或基准。专栏4-6列举了一些关于成果的例子。

专栏4-6 有关成果的例子

最近对各机构成果[①]的审查结果如下：

1. 家庭和社区服务部有以下的成果："家庭和孩子们有选择和机会——接受服务和援助：帮助孩子在最理想的情况下开始人生；促进健康的家庭关系；帮助家庭适应不断变化的经济和社会情况，并积极参加社会活动。"

2. 就业和市场关系部有以下的成果："更高的薪水，更高的生产率。"

3. 运输和地区服务部有以下的成果："协助区域进行未来规划和管理。"

（请注意每个部门有多项成果）。

在推出成果预算框架后，国防部有如下部门成果："捍卫澳大利亚和澳大利亚的利益"。它每年接受相关工程的一次性拨款，经过几年的改革修正，国防部从只有一项成果到目前七项成果（2008年）——大部分的拨款分别用于以下三方面成果（陆军，海军和空军）。

一些成果在机构部门内部产生重叠，因此，各机构实际上有判断活动分类的自由裁量权。以运输和地区服务部为例，它有以下两个成果："为澳大利亚提供更好的交通系统"和"实现当地更好的发展机会"。一份澳大利亚国家审计署的报告指出，一些部门的相同政策计划只是在不同成果之间重复使用。[②]而由此带来的不同成果之间的资金转移（重复的财政拨款）却是没有必要的，其实质只是潜在的计划从一种成果转移至其他成果。

另一个关于机构间成果重叠的例子:③议会委员会指出澳大利亚对外经贸部和国防部在一些成果上有重叠,实际上部分成果是被共享的,然而却并没有一个独立的部门可以为这部分成果负责。

资料来源:① Australian Labor Party (2007), Operation Sunlight, Canberra.

② Audit Report No. 31, 2006.

③ Joint Committee of Public Accounts and Audit, June 2002.

在阳光运营的改革要求下,新政府已承诺改善成果的特异性,即实现各部门间不同成果的独立性,以确保整个政府间在职能、责任等方面在原则、标准等方面更大的一致性,而不是相互重叠。财政部已经开始了对各部门成果的审查,计划在2008年年底完成,这是为了使得相关的改进措施在2009~2010年度的预算中开始执行。在预算编制阶段和日常机构业务中,成果融入到决策过程中的程度一直非常低,所有的焦点都集中在项目上,而其中期间项目是指那些已经有资金支持的独立的活动。而由于拨款的法律依据是将要产生的成果,因此这类期间项目在透明度和问责制方面就存在问题。另外,强调项目的主要原因并不是由于以上确定的关于绩效产出评估框架的问题,事实上,这种强调在增加政府对项目结果的监管方面,充当了主要的催化剂。从概念上讲,一个项目是具体的,可以具体界定和描述的,这对于公众而言从表面上是可以确认的,但这并不是一个项目实质上的实施成果和目标。为此,政府部门的日常管理往往更专注于项目的表面内容,至于未来项目实施的成果一般不会反映在任何内部的管理方案上。因此可见,各部门和机构提交给财政部的年度支出报告,大多仅是建立在重要项目内容的基础上的,而并非这些项目支出得到的实际成果,故这不利于政府预算的绩效评估。

因此,如果预算系统是为了满足政府、国会和公众的需要,它必须越来越多地考虑项目实质,即其实施的最终成果,而不仅仅是表面的支出内容。政府已认识到这些问题需要解决,并且从2009~2010年度预算编制开始,在机构部门预算报告中引入专业化的项目报告。与此同时,新政府承诺要提高绩效评估的水平,包括逐步引入目标评估和跟踪绩效(见专栏4-7)。

专栏 4-7 中央政府的有限作用

在澳大利亚,绩效信息的发展面对很大的挑战,这种挑战与澳大利亚的联邦制政体以及政府的财政支出结构紧密相关,而其中一个重要表现为大部分直接服务交付及支出功能都发生在各州及自治领。

一方面,很多中央政府职能可以被描述为政策导向型的,并因此而导致其对于结果的有效衡量实际上是很困难的。

另一方面,澳大利亚中央政府不能有效控制资源的使用,并且对各州及自治领的绩效影响都是很有限的。然而,对于一些中央政府对各州的转移支付而言,是要求绩效报告和目标完成状况以及绩效评估情况的。举个例子来说，入学率、弱势人群住房的数量和质量、各州和自治领之间一系列跨区卫生服务传递协议，对于这些都有规定的绩效基准。

新政府已经开始与"特定目的支付"相关的改革计划，即支付给州和自治领的资金（转移支付），诸如通过各州和自治领间合作项目支付给卫生部门和医院的资金。这一项目的目的在于显著的减少不同开支项目，同时旨在极大的提高各州和自治领在资金应用方面的绩效评估。

资料来源：由作者根据澳大利亚财政部网站中关于中央政府预算的相关内容整理，http://www.finance.gov.au/budget/ict-investment-framework/ict-benchmarking.html，2015年10月12日。

第二节 澳大利亚政府预算编制和审批流程

一、预算的编制

澳大利亚的预算年度实行跨年制，从每年的7月1日起至次年6月30日止。预算编制从每年10月正式开始至次年5月国会批准，历时约为8个月时间，如加上前期准备的时间，则长达11个月。

（一）9月：确定预算编制时间表

一般认为澳大利亚的预算周期从财政部发布的预算通告开始。9月，国库部部长和财政部部长向内阁提交草拟的下一个预算年度的程序与时间表，内阁反馈后，财政部发布包含具体时间表和操作准则的预算通告。预算通告是每年基本一样的技术性文件——为预算编制过程设立关键时间节点，确定处理不同提案的不同程序（如哪些提案走内阁的支出审查委员会程序，哪些提案走"低额提案"程序）等，但通告中并没有列出任何财政政策目标，也不含对宏观经济形势的预测。

（二）10月：编制部门预算草案

10月，总理向各部门下发征求预算草案信，各部门开始编制本部门预算，需要注意的是征求信中并未设定收支规模或政策优先度，但各利益集团和社区组织常常在这个时期展开对相应部门的游说行动。10月底，各部门须按标准模板向总理报告新预算年度的部门预算草案和以往预算年度的花销及其相应的具体事由。

（三）11月：部门预算草案初审

各部门在10月底提交部门预算草案后，部门预算草案首先由总理与内阁部、国库部、财政部三大核心机构审议，再由战略重心与预算委员会/高级部长会议审议。在部门预算草案的审核中，三大核心机构会就每份部门预算草案分别给出是否接受、是否继续完善的意见,虽然三大核心机构达成一致意见无论在时间上还是经费上均花费不菲,但实际中三大核心机构会尽可能地达成一致意见。

预算草案获得三大核心机构认可后,进入到战略重心与预算委员会/高级部长的会议审议,这通常已是11月。战略重心与预算委员会/高级部长会议通常持续数个小时,较多新政策提案会在这个环节被枪毙。战略重心与预算委员会审核结束后会将结果在正式内阁时间通知各部部长,部长可以调整政策方案后再次提交给支出审核委员会以进行申诉。

(四) 次年1~2月:部门预算草案修改与摘要

相较部门预算草案初审,部门预算草案再审的持续时间要长得多。1月或2月,即战略重心与预算委员会/高级部长会议初审部门预算草案之后,各部大臣需要准备各自的部门预算草案的正式文件。原则上,一个部门对应一份部门预算草案,但实际操作中,各部大臣往往在高级部长(首相、国库部长、财政部长等)的许可下,为了一些重要的提案或者跨部门的大型提案而提交单独的预算草案。预算草案必须包括提案的全部花销,且花销必须征得财政部同意,这时候分歧容易产生在依照公式计算开销或拨款额度的项目上,更严重的分歧则产生在管理各项目的运营成本上。当争议在本级无法得到解决时,将提交给更高级别的官员处理,最高达到预算长官的级别 (the level of budget director)。如果分歧是政治性的分歧,当然这很少见,提案的最终拨款额度依照财政部给出的额度确定,但这仍是在支出审核委员会的权限范围内。

各部门提交部门预算草案后,财政部将就每份部门预算草案出具所谓的"绿皮预算摘要"。"绿皮预算摘要"概括了预算草案中所有提案的信息,并给出了财政部在相应政策问题上的立场与态度。各部可在相应的支出审核委员会会议前见到本部门的"绿皮预算摘要"。"绿皮预算摘要"代表财政部专业公务员的意见,而不一定是财政部部长本人的意见,尽管如此,一些部长看到本部门的"绿皮预算摘要"后仍可能对财政部部长展开游说。

此外,部门预算将正式提交给总理与内阁部、国库部、财政部三大核心机构审核,新政策提案也可能被提交给相关部门审核。三大核心机构分别就部门预算草案给出意见,且与上一阶段不同,三大核心机构不刻意追求给出一致意见。

(五) 次年3月:部门预算草案再审

3月,支出审核委员会开会决定是否通过预算提案。支出审核委员会的会议一般持续四周,包含十次会议。会议期间,财政部将以单独的"绿皮预算摘要"内容为基础,提交"绿皮预算总览","绿皮预算总览"将作为支出审核委员会讨论及后续决策的框架。除绿皮预算总览与绿皮预算摘要外,每位部长还将在此阶段就各自提案发表演说,并接受支出审核委员会成员的质询。支出审核委员会将参考之前由国库部和财政部准备的经济与财政展望(基于现行政策)作出决定。形成提案将获通过、拒绝还是调整等。支出审核委员会的决议可以上诉至总理。

（六）"低额提案"程序

所需资金额度低于一定上限的支出提案适用单独的审核程序——"低额提案"程序。"低额提案"的上限于2008年从之前的每年500万提高至1000万澳元。部门首长的提案进入"低额提案"程序后，并不直接送呈支出审核委员会，而是先由同级的财政部长审议，再同其他所有"低额提案"打包送呈支出审核委员会乃至最后的预算内阁。一些部门认为"低额提案"程序的审核没有战略预算委员会—支出审核委员会的程序严格，故尽可能地使提案进入"低额提案"程序以求通过。

（七）次年4月：预算草案三审

4月进入了预算编制的最后阶段，支出审核委员会的所有决议送交全体内阁审核。内阁审核通过后，内阁同意将预算草案提交至议会。此阶段的决议仍可以上诉，但实际中这种情况很少见。不过内阁正式批准后，高级部长会议/战略预算委员会仍可根据新进展调整预算草案。

二、预算的审批

（一）5月：预算草案的提交

预算草案获得预算内阁批准后，将在"预算之夜"同时提交给议会两院，"预算之夜"传统上是在5月的第二个周二，而新的预算年度开始于7月1日，这意味着议会只有不到两个月的时间来审核预算。在提交预算草案的当晚，国库部长会在议会发表演讲，强调预算草案中的关键点，并就政府政策重心做出评价。国库部部长演讲是议会年历中的重大事件，每年都能获得广泛的媒体关注。反对党党魁通常在国库部长演讲两天后发表演讲，对政府预算草案做出正式回应。

（二）5月中旬至6月中旬：众议院和主委员会审核预算

议会将休会一周，然后展开就预算草案的讨论。政府的财政战略计划书是与预算草案一并提交给议会的，制度上也没有在讨论预算草案前考虑财政战略计划书的机制设计。一般预算辩论随后在众议院全体大会上展开，通常持续一周。此轮辩论是就政治与经济的总体辩论，不涉及预算草案中的具体措施。一般预算辩论接下来在主委员会里继续进行，通常也是持续一周。主委员会并不是一个真正的委员会，而是众议院同期举行的全体大会。这项制度创新使得立法机构有两条轨道同时运转来审查预算，意图加快众议院的工作速度。一般预算讨论之后将在主委员会进行"原则上的"投票表决，通常只用1~2天时间进行，没有时间完整地考虑整个预算草案，各部部长也并不出席。由于议会调整预算的权利比较有限，众议院通常更愿意用议程时间进行政治经济辩论而不是详细地审查预算。预算最后在众议院全体大会上进行最后表决，一般在这个时候，负责监督预算的参议院委员会提交准备好了相关报告,但相关报告并不一定被众议院正式考虑。

(三) 6 月中旬:参议院委员会督查预算草案

预算草案获得众议院通过后才提交给参议院,这时已接近新预算年度的开始日期了。但在实际中,预算草案一提交给众议院,参议院就开始了对预算草案的审核,在预算草案正式送呈参议院时已基本完成审核工作。参议院参与预算审核主要是为了给反对党、少数党和无党派参议员提供向部长和官员了解政府一般运营信息的机会。需要再次强调的是,参议院很少调整预算草案。参议院对预算草案的审核是在各委员会分别进行的,审核以部门提交的部门预算书为基础进行。8 个委员会各自平均审核两份部门预算书。财经委员会还将从财政政策的角度审核预算草案。每个委员会有四天的时间就部门预算草案召开听证会。委员会的所有会议都是对公众开放的。每个委员会的无党派委员数量并不固定,但都设有一名书记、执行助理和一位或多位研究官员。此外,委员会还可以咨询独立的、由 80 人左右的永久雇员组成的议会研究服务小组。委员会的基本作用是,要求制定政策的部长和执行政策的官员到场解释支出提案并就项目的有效性和效率做出回答。委员会完成审核后,立即将他们的考虑提交给参议院。委员会成员可以对预算草案附加少数派意见或者反对意见,以作出相应结论和推荐。众议员将获得这些报告的副本。

(四) 6 月底:预算草案获得通过

最后,预算账单提交给参议院,但这更多地只是走一个过场,因为除非特殊情况,参议院都将批准政府提出的预算草案。立法过程的最后一步是预算草案获得(英联邦)总督批准,但只要议会两院批准了预算草案,(英联邦)总督总是会批准预算草案。总的预算审批时间表如表 4 - 1 所示。

表 4 - 1 澳大利亚预算审批时间表

时间节点(段)	事 项
次年 5 月的第二个星期二	预算之夜:国库部长提交预算草案
次年 5 月中旬至 6 月中旬	众议院和主委员会审核预算
次年 6 月中旬	参议院委员会督查预算草案
次年 6 月底	批准预算,(英联邦)总督代表女王同意预算执行

第五章

澳大利亚政府预算的执行

■ 本章导读

　　澳大利亚预算执行刚性很强，为保证预算得以恰当执行，法律规定政府在预算执行过程中无权对预算进行更改，对预算的任何改变都必须报经议会批准。财政部每月需向议会提供当月预算执行报告，接受议会监督。此外，澳大利亚国库单一账户设在财政部，每个政府部门只设立一个公共账户，财政部依靠计算机信息管理系统以及全面的账务管理系统，每天对政府部门账目进行汇总和分析，都能够有效地随时监控预算执行情况。澳大利亚在赋予部门预算自由裁量权的同时，法律相应规定了各部门应负的责任。据此，各部门普遍建立了服从于政府预算管理规则的内部管理制度，包括人事、采购和其他管理制度，同时养成了自觉服从预算规则和程序的良好习惯，确保其预算执行过程的合法性、合理性和有效性。

　　本章涵盖了澳大利亚政府预算执行的各个方面：组织结构、人力资源管理、财务管理、预算拨款的执行，和监管政策创新。详细叙述了澳大利亚政府预算执行的全过程，并且对近年来澳大利亚政府在预算执行政策方面的创新及取得的成绩做出了系统的介绍和总结。

第一节 澳大利亚政府预算执行的部门组织结构

1987 年，澳大利亚政府部门的数量由 27 个变成 17 个，锐减近一半，政府结构也因此发生重大变化。当时推行改革的霍克总理做出如下的解释：

改革是为了提高政策协调性和行政效率，并且优化预算过程。这一改变旨在加强对部门的控制……改革后留下的 16 个部长，都要各自负责一个更大的部门……改革带来了更好的内阁工作程序，所有这些部门也都是在内阁之中。改革也提高了对政府主要优先职能的重视，使一些内阁成员从日常行政工作中解放出来……改革的目标是在内部统一事务，而不是在内阁议席上进行争论。因此，内阁议程正在逐渐淡化。①

此后，部门和各自的职权数量均相对固定，到 2008 年，澳大利亚有 18 个政府部门。总理对政府组织有特权，通常需要首先寻求总理及内阁部秘书的意见，并且与主要部门进行讨论。通常，总督发表的"行政安排命令"中制定了新的行政安排，而主要的行政变化通常发生在新政府执政的开始三年阶段。

政府部门形成了实体部门的核心，除了政府部门自身外，在澳大利亚政府中有 170 个组织机构。② 但各政府部门在整个部门整体中并不具备法律意义上明确和一致的协调作用，并且各组织机构报告直接面向部长。这样做有一定的原因，最主要的是对于各组织机构工作的法律责任根据问责制落在部长及各组织机构领导人的身上，使得职能明确、责任清晰。并且，各机构负责人也希望与部长有直接联系而不是通过各自的部门来操作沟通这样，在小的组织机构运营上，各部门也更有可能支持本部长的工作。实际上，这种做法在澳大利亚政府过去几年的工作中越来越普遍。

各部门的附属机构可以分成以下四个部分：③

1. 部门内部的品牌功能机构（Branded Functions）。品牌功能机构在法律上实际是核心部门的一部分，却是一个没有独立工作人员和财务能力的独立实体，他们对部门的秘书负责。业务活动的规模和性质并不能判断一个独立的机构性质。澳大利亚的 COMCAR④ 就是这样一个例子，它为高级部门官员提供司机和轿车的服务，它是财政部内部的品牌功能机构，此外其在欧洲一些国家也提供租、用车等相关服务。

---

① 鲍勃·霍克，澳大利亚前总理。1983 年 2 月被推举为工党领袖，3 月工党在大选中获胜后任总理，1984 年 12 月、1987 年 7 月和 1990 年 3 月连任。1991 年 12 月，在党内选举中败于基廷，随后卸去党政职务。

② The official List of Australian Government Bodies and Governance Relationships contains a total of 1 153 bodies. However, this total encompasses all bodies, including subsidiaries of commercial entities and all commissions, boards and councils, which often have no separate personnel.

③ Classifying agencies is complex, and involves the interaction of a number of legislative instruments, including the Financial Management and Accountability Act 1997, the Commonwealth Authorities and Companies Act 1997, and the Public Service Act 1999. This grouping should be treated as indicative.

④ 一家综合性的汽车租赁、服务公司。

2. 执行机构（Executive Agencies）。执行机构就监督、管理、实施作为机构合理的功能而言，具有一定程度的于核心部门之外的独立性。因此在原则上，允许其机构领导（对部长直接负责的人）独立于核心部门之外招聘员工。例如澳大利亚国家档案局和气象局。

3. 法定（规定）机构（Statutory Agencies）。法定机构由立法机构进行如下定义，它们是由一名直接向部长负责的首席执行官领导的典型机构。法定机构在财务管理和人力资源管理方面是独立的。例如澳大利亚税务局、国家血库和福利署（Australian Government Department of Human Services）（见专栏 5-1）。

专栏 5-1 福利署

福利署是一个提供和转移几乎所有福利金的法定机构（如养老金、残疾人救助金、失业救济金、学生助学金和贷款）。其独特之处在于它的活动跨越所有相关部门，并且因为它不仅处理实际的付款，还是一个根据责任部门的方针评估其是否具有获益资格的"一站式"商店。每年它大约为 650 万人，约占澳大利亚人口的 1/3，分发 663 亿澳元。它管理着 11 个部门，从大型顾客服务中心到小型咨询服务站，1 000 多个服务提供点，超过 140 种不同产品和服务。按理说它应向公共事业部部长汇报工作，但它还为 10 个其他部门提供福利和服务。

为了实现在这一领域分离的机构之间的服务传递功能，福利署于 1997 年成立。作为这个过程的一部分，三年内节省 10% 的运行（操作）成本的目标实现了。福利署的运行（操作）预算原则上是一种为服务买单的功能，它从为其提供服务的 11 个部门获得付款。如果任何部门希望福利署承担新任务，边际成本计算要在详细的工作负载测量系统的基础上完成。这就形成了与采购部门进行成本谈判的基础。

"一站式"商店被认为明显改善了服务提供的状况。事实上，福利署平均一年两次通过调查 65 000 名客户来衡量用户满意度。除客户反馈外，还有一些批评，主要关于代表"专家"提供服务的复杂性、滥用职权对部门效率的威胁、在没有充分考虑提供新服务的复杂性和时间的情况下按照特定的价格提供特定的服务。这也导致了对福利署为按照服务收费模式而不是直接通过预算获得资金的质疑。

资料来源：The Human Services（Centrelink）Act 1997，Human Services（Centrelink）Regulations 2011.（《公共事业法案 1997》、《公共事业规章 2011》）。

4. 法定主管当局（Statutory Authorities）。法定主管当局特指那些有权立法的机构。他们不同于许多法定机构，他们通常由理事会（董事会）领导而不是首席执行官。也可以说他们与政府关系更远，他们在财务管理和人力资源管理上都是独立的。例如澳大利亚旅游局和澳大利亚体育委员会。

近年来，关于政府组织的设置和管理有两种截然不同的趋势。第一种是尽可能限制机构的数量。政策倾向于抑制新机构的增长，将新功能授权给已存在的机构，尽可能合并机构，更多地依赖部门内部的"品牌"功能机构。事实上，一些执行机构已经转变为政府内部的再生品牌功能机构。也就是说，未来政府将可能面对的新形势、新发展均具有挑战性，而另一方面政府的新功能往往也会导致不断地出现新机构。例如，尽管第 25 任（约翰·霍华德）政府执政期间，竭尽全力减少已有机构，并避免创建财务独立于部门之外的新机构，然而结果是机构总数也只净减少了 3 个，从 174 到 171 个。第二种趋势涉及废除与不同机构联系的不当和多余的理事会（董事会），取而代之的是一名首席执行官直接向部长负责的制度。这种新的安排是为了回应解决法定当局审查的结论中提出的问题（The Uhrig Review），其中包括法定当局和他们各自部长间的关系：当理事会不能被赋予行动的全部权利时，审查则不会支持它；因为理事会只有在他们拥有行动的全部权利时才能进行有效的管理。当一个理事会成立却没有被给予足够的权力时，它不仅不能提供有效的管理，还需在管理框架内引入另外一个参与层，这就潜在地模糊了责任。复审明确了两个减弱理事会行动权力的主要因素：有些理事会不具备任命解雇 CEO 的权力，CEO 和部长之间不能建立强大且密切的关系。除此之外，审查也批评了一些理事会缺乏专业水准，并且由于理事会成员间特定的利益支持基础，所以存在潜在的利益冲突，这些均可能引发更多的政府执行、管理方面的问题。

结果近年来对理事会的需要一直在接受系统的审查，包括大型的重要机构在内的许多理事会均被废除。而这种举动实际上使得法定机构和法定当局间的界限模糊不清，一些当局现在也由一个单独的首席执行官管理，尽管这在过去是当局和机构一个主要的不同点。在一些理事会被废除的案例中，新的咨询委员会成立了。咨询委员会里的成员可能之前在理事会中工作过，尤其是在政府针对一些特定问题而寻找外部专家到咨询机构中工作时，这些专家中的一部分之前均在理事会中就职。例如，大堡礁海洋公园管理局的理事会在 2007 年 7 月 1 日转换为咨询委员会。

澳大利亚每个部门都由秘书长作为首席执行官。总理通过听取总理与内阁部秘书的建议任命秘书，如果总理与内阁部秘书的位置是空缺的，总理必须咨询澳大利亚公共服务委员会。秘书是永久性的职位，作为整体人力资源框架改革的一部分，秘书现在拥有 3~5 年的合同并且政府对此很满意。事实上澳大利亚发生过政府削减秘书的数量的情况。在 1996 年，由于政府的一些变化，新上任的政府终止了对六位秘书的任命。新秘书通常是从副秘书干部和部门负责人中选择或者调任现有的秘书，还没有这个职位被公开政治任命的例子，然而有人认为秘书的独立性是相对脆弱的。通常情况下，机构的领导由部长选拔，当局的领导也由部长或相关的董事会负责人选拔，这种趋势就赋予董事会很强的任命职能，这也可能引发一系列问题。自陆克文上台后，澳大利亚政府宣布，将通过业绩评估和遴选，对一些职位做通告宣传，但部长将继续负责最后的任命决定。

陆克文政府时期的创新是要求部长发布年度预期通告"以提供更清晰的政府

政策和目标，包括（一个机构）开展业务过程中遵循的制度原则和优先性"这些通告很短，通常只有一页的篇幅。作为回应，首席执行官发布预期声明来答复部长，并且概述（一个机构）预期如何进行运营以及其方法将怎样符合预期声明。典型的声明有3~5页的长度。此外，部长、秘书以及与此相关的机构领导会达成特定的绩效协议。然而，这些文档都是不公开的。可见，澳大利亚十分重视政府的组织结构（政府机制）。一直以来进行的改革对提高政府绩效均做出了巨大的贡献。

第二节 澳大利亚预算拨款的执行与管理

一、预算拨款的原则与法律基础

一个政府机构如何支出资金取决于它是什么类型的机构、最初是如何获得资金、为了什么目的以及将支出多少资金。澳大利亚《宪法》规定（财政）拨款所必须遵循的基本原则：(1)《宪法》第81条制定了一项综合收入基金（是联邦政府的一项财政基金）(CRF)。联邦政府行政机构筹集、收到的全部资金及税收将构成该综合收入基金。综合收入基金本质上是自动执行生效的，即所有税收或资金（包括税收、费用、贷款和信托资金），均在收到后自动构成综合收入基金的一部分。(2)《宪法》第83条规定若无法定财政拨款权则不可以从国库部获取资金。宪法第81和83条规定只有具备相关法律权力的机构才能够使用财政拨付款。

受到1997年澳大利亚颁布的《财政管理和责任法》[①] 约束的各政府行政机构，依法作为联邦政府的组成部分，同时它们也代表各政府部门部长对联邦财政拨款的支出负责。受到《联邦政府和公司法》[②] 约束的机构，在法律及财务上均独立于联邦政府。通过财政预算程序，政府机构能够获得一定数量的资金来开展活动，且这些款项包含在年度财政拨款法案中。这些年度拨款，虽然重要，也仅代表澳大利亚政府20%的年度支出。而由其他议会法案确定的专项拨款部分，则约代表澳大利亚政府80%的支出。宪法规定财政拨款从综合收入基金中获得资金，与此同时《财务管理和责任法》则规定若无提款权便无法从综合收入基金中获取这笔资金，即受到《财务管理和责任法》约束的官方机构必须有提款权才能使得综合收入基金的资金支付程序生效。

---

① 《财务管理与问责制法1997》(*Financial Management and Accountability Act* 1997，FMA) 与《联邦机构和公司法》(*Commonwealth Authorities and Companies Act* 1997，CAC) 于2014年7月1日合并入《公共治理、绩效与责任法2013》(*Public Governance, Performance and Accountability Act* 2013)。

② 2014年7月1日合并入《公共治理、绩效与责任法2013》。

二、联邦的预算拨款框架

（一）拨款制度

根据《宪法》第81条规定，《宪法》能够提供一个由全部税收、筹融资所得和由联邦执行政府收到的资金组成的综合收入基金（CRF）。综合收入基金（CRF）是自动生效的，即所有支付给联邦，或者任何能代表联邦的人或组织的资金，自动成为综合收入基金（CRF）的一部分。只要联邦收到了资金，不管联邦是否将该资金记入账户或基金中，资金都会成为综合收入基金（CRF）的一部分。这包括税收、手续费，此处缺少借贷、还贷和信贷三个方面。第81条规定不会影响综合收入基金（CRF）应当保留哪种形式的资金，也与对账户持有的公共资金的维持和审查无关。

《宪法》第83条规定，除了由法律规定的经费外，不得从联邦财政拨出任何一项资金。第81条规定，所有来自综合收入基金（CRF）的经费必须符合联邦的利益。第83条规定提及的联邦财政相当于第81条中的综合收入基金（CRF）。同样，第81条和第83条规定说明拨款必须符合法律条款而且要符合联邦的利益，只有这样综合收入基金（CRF）才能够拨出资金。这是澳大利亚安全议会对于政府开支的一个关键规定。政府机关通过综合收入基金（CRF）的拨款来配备设施。以下两种主要形式的拨款说明了来自综合收入基金（CRF）的拨款是每年一度的特殊的拨款：一是年度拨款，包含于年度拨款准则中，该准则规定每年的资金都必须被用于政府运作和项目的执行上；二是专项拨款，同样包含于准则中（除年度拨款之外的拨款项目）。

（二）专项拨款

专项拨款是以为当局提供资金为特定目的的一个条款。例如，特定项目经费筹措或社会保障金。专项拨款约占政府每年开支的3/4。当有需要用专项拨款来偿还的款项，或是有被确认来自年度拨款法案的特定金额的款项时，专项拨款就需要依照特别规定来执行。一些特殊的拨款因为其特殊目的而被设定了国家拨款的最高限额。这些可以被称为是"在数量上的限制"。其他则不受限，但支付金额应根据立法标准来计算并以此为决定因素。年度或专项拨款能否在特定情况下使用取决于一系列的因素。例如，现金拨款管制对于一个受需求驱使、经过授权的项目可能是不可行的。通常来说，一次专项拨款会在以下情况下使用：第一，创建一个使满足特定条件的公民受益的法律权利（例如养老金年龄）；第二，通过在规定条件下提供特定数量的拨款来左右政府内的协议或安排（例如《2008年学校援助法案》和《1995地方政府（财政援助）法案》）；第三，通过直接提供议会和执行政府办公室成员薪酬来显示出两者办公的独立性（例如法官和审计长的薪水）；第四，澳大利亚履行的金融义务有必要独立于国会批准的资金之外

(例如偿还贷款);第五,或者会有其他特殊的情况存在,但相同的情况并不一定都适应每年的拨款法案。

专项拨款通过专项拨款概算表得以初步体现,即年度预算报告中的第 4 号预算文件包含一个为每个机构每个活动提供专项拨款的预估费用表。其中两个部分有所说明:第一部分是汇总表显示投资组合中的专项投资总和;第二部分显示了在一个财政年度中每个机构的专项拨款法案的预算估计和上一年度的实际估计数字。同时还包含相关表格,表中所有金额显示的是部长负责的有关机构的专项拨款。如果专项拨款与预算或估计实际年份所预计的不一致,那么即使专项拨款下的机构看起来是在花费专项拨款,但实际上这部分机构并不是由部长负责的。最后,机构资源表通过结果和投资组合显示了每个机构专项拨款总和。

(三) 专项账户

专项账户是一个为特定目的设置的拨款机制。综合收入基金(CRF)可能通过一个受限于每个专门账户的特殊账户来进行拨款(特殊账户不是银行账户)。然而,组成该特殊账户平衡项的大部分资金被列入官方公共账户这样一个官方银行账户,也有一部分被列入在符合《财务管理与问责制法 1997》[①] 的 12 条授权下的外部认证账户里,少数情况下在两种账户中都有体现。(该部分内容在合并后的新法案《公共治理、绩效与责任法 2013》中的第二章,第 2-5 部分,第 3 节。Chapter2,Part 2-5,Division3)。

专项账户可以通过财政部长做出决定(根据《财务管理与问责制法 1997》的第 20 条规定)或通过 FMA 法案的第 21 条规定来建立。[②] 专门账户的决定是一个财政部长的立法工具。决定权和立法权被认为是由国会批准方能生效。能否从综合收入基金(CRF)的拨款机构取得拨款,由《财务管理与问责制法 1997》的相关条款决定,该部分内容在合并后新的《公共治理、绩效与责任法 2013》中的第二章,第 2-5 部分,第 3 节(Chapter2,Part2-5,Division3),而不是决定权或立法权可以批准的,并且只有当其他类型的拨款明显不适用时才能设立专项账户。例如,为了增加财政透明度,包括与其他政府部门共同资助的活动。专项账户也可以用于不在联邦账户下的公共资金的会计核算。《公共治理、绩效与责任法案 2013》中关于专项账户的条款明确了专项账户的使用规则以及在预算中发挥的作用,同时也明确了那些有可能打破专项账户平衡的收据类型。根据专项账户的设立目的,一个专项账户[③]通过直接立法规定或在特定情形下的投资收入,可以收到来自年度拨款,专项拨款或第三方的资金。

[①] 《财务管理与问责制法 1997》与《联邦机构和公司法 1997》于 2014 年 7 月 1 日合并入《公共治理、绩效与责任法 2013》。

[②] 该部分内容均在合并后的新法案《公共治理、绩效与责任法 2013》中的第 2 章第 2-5 部分第 3 节(Chapter2,Part2-5,Division3)。

[③] 读者可从澳大利亚财政部的财务网站上得到由各个政府机构独自管理特殊账户的汇总图表。它位于财务管理政策版面下的专项账户分支。

此外，第 4 号预算文件内附有一张针对本预算年度和往届预算年度的财政专户的评估表，即财政专户现金流量与资金结余预估表。该表通过组合机构呈现出每个财政专户预估结余和现金流量。财政专户现金流量与资金结余预估表和行政机构资源分配表中呈现的收入有很大不同。前者区分了财政专户中的划拨资金收入和非划拨资金收入，而后者仅呈现了非划拨资金收入的预估情况。财政专户现金流量与资金结余预估表和行政机构资源分配表中也都记录了非联邦事业用途的公共资金预计使用量（见专栏 5-2）。

专栏 5-2　机构资源分配表

第 4 号预算文件中机构资源分配表按部门和主体分类，同时考虑到通过分析达到结果所需费用等因素，最终呈现出实体机构在预算年度中开展活动所需的预算金额。这笔金额总量通常按不同资金来源划分为以下几类：年度拨款法案明确指定的每年的拨款，特殊拨款，非拨款类专用账户收入以及其他实体有资格保留和使用的非拨款类收入。

虽然每年的拨款金额准确指定，但是大多数实体组织预期会动用来源于特殊拨款、专用账户收入的资金并且收入是根据客户需求等模型估计的。

虽然每年的拨款金额是严格控制的，但是政府主体想要从特殊拨款、特殊账户、特殊收入等支出的大部分资金是以客户需求模型等为基础估算出来的。

现金收入与专用账户收入呈现在单独的专栏：

1. 以"机构/联邦机构与公司收入"为标题的专栏表示按部门、主体以及产出分配来划分的在预算年度实体组织能够保留并动用的非拨款类收入估计额，正如在上文中以"非拨款类收入"为标题的部分讨论过的那样。

2. 以"专用账户"为标题的专栏表示按部门、主体以及产出分配来划分的不是直接拨款到那些账户的专用账户估计收入。在每一项结果中，所显示的金额数量是部门专用账户和管理专用账户结果的总额。

资料来源：Budget Paper No. 4, Agency Resourcing 2014-15, Minister for Finance of the Commonwealth of Australia.

（四）年度拨款

《年度拨款法案》规定政府每年可获得一笔资金，用于政府的正常运营、政府项目开发，也可作为一项投资，减少政府债务。新财年的拨款提议草案将会在预案提交日提交议会审议，一旦草案通过，政府将获得能够覆盖本财年大约 25% 的支出额的款项。《宪法》第 53 条规定参议院不得修正拨款维持政府常年工作的议案。《宪法》第 54 条中规定，维持政府常年工作的拨款议案应只限于该项拨款。因此，年度拨款法案被分为拨款维持政府常年工作的法案（如《2014-2015 年度拨款法案（第 1 号）》）和拨款用于其他项目的草案（如《2014-2015 年度拨款草案（第 2 号）》）（见专栏 5-3 和 5-4）。1965 年，参议院与政府就如何将政府工作区分为"常年工作项目"和"非常年工作项目"的问题进行了探讨，探讨的结果大体呈现在契约中。在 1999 年，由于权责发生制预算的引进，政府和参议院重新讨论了契约中的项目，明确"政府常年工作项目"的内涵及外延。构成议会的四个部门的相关工作不属于政府常年工作项目。因此，议会部门拨款项目的申请将在另一份年度预算拨款法案——《2014-2015 年度（议会部门）拨款法案（第 1 号）》中单独提议。

第二套年度拨款草案通常于每财年中期被提出，并作为补充预算拨款草案。这三份补充草案等同于《财政预算案拨款条例法案》，在法令编号上顺次延续：《拨款法案（第 3 号）》（适用于常年工作项目）、《拨款法案（第 4 号）》（适用于非常年工作项目）以及《（议会部门）拨款法案（第 2 号）》。补充预算拨款法案是为政府的附加费用向议会申请从联邦国库中获取拨款项的资格，从而满足自上一财年起出现的资金调整需求量。如果有需要，政府将在本财年提出追加年度拨款草案。这些追加草案被视为追加拨款概算草案（追加预算）或者追加补充拨款概算草案（追加补充概算）。

年度拨款法案为政府机构在实现政府绩效的过程中所涉及的费用申请额定数量的拨款。这笔资金只能用于此拨款项的申请项目且资金的使用必须符合相关法律和政策规定。各政府机构为满足资金调整需求量所做的安排等由财政部长代表政府监督并为之负责。而要贯彻落实这一责任制的关键是《公共治理、绩效与责任法 2013》中关于年度拨款的条款中对于提款权的规定——各政府机构不得擅自使用拨款项。如上文所述，拨款款项只限于特定用途。部门拨款款项仅用于维持各机构每年的正常运转。对于代管拨款，其最终目标结果体现在政府业绩中，而这与拨款数额无关。政府业绩指的是政府行为产生的结果或影响。代管拨款的使用方式由投资责任部长负责编制，最终需通过财政部长的审核才能通过实施。《拨款法案（第 1 号）》和《拨款法案（第 2 号）》明确了与年度拨款相关的受《联邦机构和公司法》（《公共治理、绩效与责任法 2013》）制约的机构的法律地位。受《联邦机构和公司法》（《公共治理、绩效与责任法 2013》）制约的机构同联邦政府在法律及财务上都是相对独立的，因此联邦国库无须为其借记拨款或缴纳费用，并且立法文本规定了相关拨款为这些机构缴纳费用的用途。草案附件明确了需要为机构汇总摘要和机构细目表中涉及的受《联邦机构和公司法》（《公共治理、绩效与责任法 2013》）制约的机构承担费用的相关责任投资部门。此外，预算拨款草案中条款设立的目的和详细的运作情况在备忘细则中有概括论述。相关内容将会在预案提交日当天与草案一同提交议会审议。

需要注意的是，年度拨款法案中规定的数额并不是根据某一特殊财年规定的，而且拨款额度不会自动失效。一般来说，年度拨款都是可用的，直到它们用于开支或是按照年度拨款法案中的削减条例而减少。例如，部门拨款为很多在财年开展活动所需的预计支出提供资金。这些支出包括员工福利和应付账款。因为用于这些支出的现金有时是必须的，而不仅是在费用发生时才需要，因此，部门拨款需要在一定程度上保持持续可用状态。因为现金需求的时间在作出拨款承诺之后仍可以变更，所以对非营业成本的拨款而言也不会失效，而且在财年末期结余数额在以后的年度仍可使用。当不再需要拨款时，用于部门活动和非营业成本的拨付款项要受到一个减除过程的调整和约束。在此过程中，根据负责的部长的书面要求，财政部长可以作出减少机构部门支出或营业外成本的拨款的决定。例如 2010～2011 年，减少拨款安排使财政部长可以着手减少拨款，而无须再向总理或代表总理行使权力的部长提出削减的请求。

行政运营方面的拨款受到一个年度拨款程序的约束，通过这个程序，本年基金活动不需要的资金会被减少到实际所需金额。政府机构的财务报表，正如在年度报告中所发表的一样，设定了所需金额。这个程序确保本年度不需要的金额不再可用。如果政府希望在以后的财年动用这笔资金，就必须在以后的拨款法案中寻求一项相应的新的拨款条例。同时，可能存在因拨款不足机构需要额外资金应对紧急开支的情况。在这种情况下，拨款法案（1 号）和拨款法案（2 号）各包含一项名为财政部长的预先审核权（AFM）的条款，这项条款使财政部长提供紧急追加拨款。财政部长的预先审核权条款在拨款法案（1 号）中所规定的最高限额是 2.95 亿美元，拨款法案（2 号）限制金额在 3.8 亿美元以内。①

提交给国会的年度报告说明了财政部长的预先审核权条款的使用情况，并涵盖了所有已拨款项目。根据财政部长的预先审核权条款拨付的每一笔金额的详细信息尽管不能被拒绝（驳回），但也受到澳大利亚颁布的 2003 年立法法的要求的约束，并在联邦立法登记簿中发布。《拨款（议会部门）法案（第 1 号）》也包含一项对应于其他两个法案规定的财政部长的预先审核权款项的条款。所谓的议长的预先审核权（APO），按照相关的国会部门的说法，可能发布的总额是受到限制的。议长的预先审核权的用途和财政部长的预先审核权条款一起在年度报告预付款条目中明确列出。

三个拨款预算法案均包含一个被标记为"实际可用拨款"的上一财年的数据以作参考之用，该数据以斜体字的形式打印在对应每个数额下方。实际可用拨款额按不同项目分别计算，通常由上一年度拨款法案中的划拨金额，根据《财政管理与责任法 1997》(《公共治理、绩效与责任法 2013》) 条款调整的金额，以及财政部长特批的紧急款或财政缩减等调整额。在某些情况下，该数据也有可能受财务部行政管理限制的影响。实际可用拨款额给当前财政预算年度提议的拨款提供了一个比较参考。这个数据不影响法定获得数额。在一些情况下，所有项目的拨款总数与实际可用拨款的总和有所差异，而那些差异是在取近似值后产生的。

专栏 5-3 《拨款法案（1 号）》

《拨款法案（1 号）》所提出的拨款申请是用于政府常年工作项目的，故根据《宪法》第 53 条，参议院不得修正拨款维持政府常年工作的议案。

---

① 澳大利亚联邦财政部网站。

第五章 澳大利亚政府预算的执行

拨款草案在制定过程中依据某主体是政府部门、执行机构还是为受《联邦机构及公司法》[①]制约机构承担费用的机构来确定其应得拨款数额。

政府部门获得的拨款款项用于满足各机构可控范围内的开支。这部分开支是政府日常运转所需费用。政府部门所获拨款的使用范围包括：职工薪酬；应付供应商费用；其他运转资金（如利息和财务费用）；非运营成本（如现值不超过1千万美元部门资产的更换和资本化维护）。

政府部门所获拨款的用途也包括机构人员的工作补助。这些额外工作是由政府指定某代理机构于上一财年，在编制追加概算草案的最后期限前完成的。各机构都应尽可能使用现存拨款来支付各项工作的开展成本，则次年的部门拨款可以弥补上一年的开支。

部门拨款是各机构可得的唯一资金。每一笔拨款都能满足维持本机构日常运转所需成本，同时也能用于支付任何与此相关的费用。《拨款法案（1号）》规定了拨款数额在依据行政产出进行调配，这种调配在理论上区分出了被用于实现机构产出的部门资源，而对于非现金费用，如高额债务或资产报废等，议会不予提供拨款。

对于除受《联邦机构和公司法》制约外的机构，非运营成本由部门投资预算（或行政投资预算）承担。部门投资预算（或行政投资预算）的设置目的是用于支付与小型资产（资产价值不超过1千万美元）的更替或成本的资本化维护相关的费用。在2010~2011年预算中，资金折旧、摊销以及补缺的费用均纳入了部门投资预算。

受《联邦机构和公司法》（《公共治理、绩效与责任法2013》）制约的机构中除了指定馆藏机构（如澳大利亚国家美术馆）外，其余机构都将继续获得拨款以支付资金折旧、摊销以及补缺费用，而指定馆藏机构在其馆藏和文化资产上的减值则不会被提供任何拨款（参考下文《拨款法案（2号）》）。

行政拨款项目是由政府代理机构执行的项目。行政拨款额应满足本财年所需进行的所有行政活动的预算开支。行政拨款所涉及的是通过资格规则管理的活动，且通常受政府或议会规定的限制条件的制约，如津贴、补助、福利金支付等。因此，代理机构在行政运作开支上具有较少的自主性。行政开支额在不同的产出中所占比重不同（从这个角度看，行政产出的拆分并不只是停留在概念层面上），并且不同产出的费用有明确的限定。在有限制的环境下，对上文所述的非运营成本提供的资金计入行政投资预算以用于支付与小型资产（资产价值不超过1千万美元）的更替或成本的资本化维护相关的费用。

用于支付适用《联邦政府机构和公司法》的机构而拨给政府投资部门的资金，仅适用于支付在法案附表中指定的联邦政府机构和公司。这些款项被政府投资部门视为行政拨款。然而，相应机构在收到该付款后将它们作为部门经费。因此，机构资源分配表将《联邦政府机构和公司法》的机构所收款项归为部门经费。

注：①于2014年7月1日合并入《公共治理、绩效与责任法2013》。

资料来源：由作者根据澳大利亚财政部网站中关于拨款法案的相关内容整理，Appropriation Bill（No.1）：http://www.finance.gov.au/resource-management/appropriations/introduction/#approp1，2015年10月15日。

专栏5-4 《拨款法案（2号）》

如上文所释，《拨款法案（2号）》不拟用于政府常规年度服务的拨款事项。该法案涵盖了非营业成本（包括支付给受《联邦机构和公司法》（《公共治理、绩效与责任法2013》）制约机构的款项）和先前未经国会批准的拨付给新成果的行政款项，直接支付给地方政府的款项以及通过各州、澳大利亚首都领地和北领地之间的国家合作关系付款的款项。

支付给各州的大部分款项是根据2009年《联邦财政关系法案》和相关的2008年《澳大利亚政府改革基金法》制定的。例如，持续拨款归为州支付给民办学校的款项，列支于2008年学校援助法案下。其他对民办学校的拨款在拨款法案（2号）中列出。

地方政府的财政补助金仍然按照1995年地方政府（资助）法案制定。针对数字区域倡议而对地方政府的拨款，从2009年11月起集中通过各州及领地的国债支付。直接拨付给地方政府的所有其他款项仍然按照拨款法案（2号）规定。

拨款法案（2号）的附表1赋予指定的部长以下事项的决定权：对各州、澳大利亚首都领地和北领地以及地方政府当局的任何拨款及通过上述各地支付的款项的条件、数额和时间。

拨款法案（2号）中的新管理成果条目提出了先前未通过国会批准的管理成果的拨款要求。包括在拨款法案（2号）中的非营业成本（有时被称为资本成本）涵盖：

1. 注资。例如，对于机构注资，使资产投资促进部门的工作。注资将用于为价值通常超过1 000万美元的新资产及重置资产提出拨款。

2. 给予指定收藏机构的资金（如澳大利亚国家美术馆），一项馆藏发展采购预算通过为指定收藏机构提供资金来购买遗产和文化资产从而扩大馆藏。这项馆藏发展采购预算，取代了先前通过贬值遗产和文化资产而获得的资金。

3. 行政资产和负债拨款，这项拨款为获得新的行政管理资产，加强现有行政资产管理，以及清偿相关行政负债提供资金，这些负债与代表政府的机构的行政活动相关。

拨款法案（2号）中的《联邦政府机构和公司法》①法案机构拨款可以由负责的政府部门提供，以满足他们的非营业成本需要。一笔这样的拨付款只能拨给指定的《联邦政府机构和公司法》（《公共治理、绩效与责任法

2013》)所约束的机构。

注：于 2014 年 7 月 1 日合并入《公共治理、绩效与责任法 2013》。

资料来源：由作者根据澳大利亚财政部网站中关于拨款法案的相关内容整理，Appropriation Bill（No. 2）：http://www.finance.gov.au/resource-management/appropriations/introduction/#approp2，2015 年 10 月 15 日。

（五）普通提款权的限制

澳大利亚颁布的《2008 年国家建设基金法》和《2008 年澳大利亚政府理事会改革基金法》按照澳大利亚 1997 年的《财政管理和责任法》第 21 条[①]设立特别账户，这些账户与由那些法案设立的基金相关。也就是说，这些特别账户的余额可供拨款，以达到法案中规定的特别账户的设立目的。

政府有意使从基金获取的拨款透明化，并接受国会的审查以确保有一个管理有序的开支比率。因此，《2008 年国家建设基金法案》和《2009 年联邦财政关系法案》在数额上提供了详细说明，即各基金专户在特定财年所能支付的最高限额（称为普通提款权的限制）的规定。

财政年度的普通提款权的限制是在《拨款法案（2 号）》文本中列明的。值得重视的是，这项法案不适用于从基金中支付的拨款。指定普通提款权的限制的意图是设置提款权所覆盖的最高限额，这个限额是财政部长根据《公共治理、绩效与责任法 2013》为当年所下达的，目的是应用到（普通提款权的）限制所规定的领域。

（六）机构可能保留的收入

许多受《财政管理与责任法》[②]制约的机构除年度拨款外还有其他经济来源，比如产品与服务的收入。大多数情况下，这类机构如果想在计算机构总经费时把这部分收入考虑在内，就必须保证在未来能够花出这些收入款项。然而，相互矛盾的是各机构只有在获得款项使用权后才能使用这部分款项，如果没有获得款项使用权，那么这部分款项就必须汇到官方公共账户而不能够为机构所用。

《财政管理与责任法》第 31 条（该部分内容见新法案《公共治理、绩效与责任法 2013》第 2 章，第 2-5 部分）规定一个机构的部门项目可以增加一定的数额，该数额由《财政管理与责任条例》第 15 条（该部分内容见新法案《公共治理、绩效与责任法 2013》第 2 章，第 2-4 部分，第 8 节，B 款第 67-70 条）规定。因此，在某一年度内《拨款法案（1 号）》中由于这部分收入的增加一个机构的部门项目拨款额可能会增加。在这种方式下，各机构可以在部门项目拨款使用权下支配这部分收入。

[①] 该部分内容均在合并后的新法案《公共治理、绩效与责任法 2013》中的第 2 章第 2-5 部分第 3 节。
[②] 于 2014 年 7 月 1 日合并入《公共治理、绩效与责任法 2013》。

受《联邦机构和公司法》①制约的组织可以动用一定的收入,但需遵守制约他们的法律、公司章程或者经部长批准的协议。当受《联邦机构和公司法》制约的组织为了并且代表澳大利亚联邦(比如:捐税)筹款时,那么此款项就属于综合收入基金(CRF)的一部分。此外,机构资源分配表呈现了实体机构能够保留和动用的非拨款类收入的估计值。

对于每个不同的资金来源,机构资源分配表也相应地包含了一个上一财政年度的数字用来比较,标记为"预计实际额"。这些财政年度数字每个都以斜体的形式打印在对应的当前预算年度的估计额下。关于拨款法案,预计实际额与实际可用拨款数额相同。对于特殊拨款、专用账户和实体组织收入,预期实际额是公布在投资预算表上的估计实际金额(有关投资预算表的内容,见专栏5-5)。

需要注意的是,由于一些实体组织向其他组织提供资金,所以机构资源分配表中的资金总额就不能用来计量整个政府层面上总的资源配置。同样,虽然实体组织之间的交易会在个体财务报表中表示出来,但在澳大利亚联邦合并财务报表中会被消除。这种处理方法是依据《年度拨款法案》中的第5条。第5条款规定机构之间名义上的交易要被视为真正的交易,尽管流通的金额始终包含在综合收入基金(CRF)中。

还需注意的是,表中呈现的特殊拨款的资金支出预算是针对其责任人需要对相关法律行政负责的机构的。这些机构不一定是实际动用了这笔钱的机构,可以是具有特殊拨款使用权的机构,其中特殊拨款的责任范围则属于另一部长职位来领导。

此外,机构资源分配表也包括划拨到专用账户的非拨款类收入诸如特殊公共资金收入。

专栏5-5 投资预算表

投资预算表向议会成员和公众呈现政府政绩中的资源分配情况。投资预算表也帮助参议院常务委员会检查政府财政预算案。投资预算表于预算审议日在议会上被正式提出并作为财政预算相关文件被发表。

投资预算表包含在每个年度拨款法案和其他提供拨款法案下,预计支出的详细情况。在制定投资预算表的过程中,机构需要针对已通过核查的业绩单以及它们负责的项目进行报告。投资预算表也包含其他来源的估计收入的详细情况,包括课税、关税、消费税以及来源于实体组织收取费用的收入。

个体投资预算表旨在进一步解释政府机构的目标与预计成效以及他们为实现政绩所做的贡献。机构也有它们的项目目标、财务或者非财务绩效,包括可交付成果以及每个项目的关键绩效指标。

投资预算表也帮助解释拨款法案。在法案中有一条款规定将投资预算表作为《法律解释法1901》第15条AB(2)(g)段的补充内容。因此,法院可以用投资预算表来判定某一特定支出是否与拨款项目的目的一致。包含在投资预算表附录中的拨款详细情况与拨款法案中的数据以及

---

① 于2014年7月1日合并入《公共治理、绩效与责任法2013》。

《第4号财政预算文件》附录中的相关数量相互匹配。

资料来源：由作者根据澳大利亚财政部网站中关于投资预算表的相关内容整理，http：//www. finance. gov. au/publications/portfolio-budget-statements/，2015年10月15日。

（七）商品和服务税（Goods and Services Tax，GST）

澳大利亚政府部门通常在支付和征收商品与服务税（GST）上是与其他澳大利亚实体基于同一标准的。在三大拨款预算法案中的拨款额不包括可收回的商品与服务税，因此显示的拨款额表示议会被要求分配给特定用途项目的净额。这和费用与资产的会计处理以及预算估计的呈现方法相一致。

在《财政管理与责任法》第30条（该部分内容见新法案《公共治理、绩效与责任法2013》第2章，第2-5部分）中，议会规定拨款提升一定的数额，该数额为在所有拨款数额限制下的《财政管理与责任法》所管机构支出中可收回的商品与服务税。因此，保障在所有拨款项目下有足够的资金用于支出。在《财政管理与责任法》第30条（该部分内容见新法案《公共治理、绩效与责任法2013》第2章，第2-5部分）中，议会规定所有数额有限制的拨款都可以按照受《财政管理与责任法》制约的机构所支付的商品与服务税额增加。故在这样的拨款政策下，将会有非常充足的拨款额用于开销，而假设开销的金额一定，那么更少的商品和服务税能够被初步拨款覆盖。

三、预算拨款的使用与调剂

（一）预算拨款的分类

前文已经提过，澳大利亚的预算拨款包括两类：一类是按年拨付拨款，约占总支出的20%；另一类是固定专项拨款，约占总支出的80%（见图5-1）。按年拨付拨款需要在每个预算年度重新确定额度，且受当年的年度预算额限制。

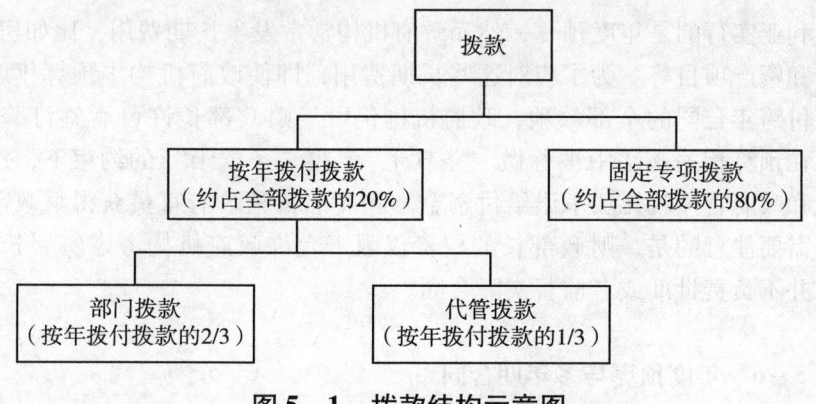

```
                        ┌──────┐
                        │ 拨款 │
                        └──┬───┘
                ┌──────────┴──────────┐
        ┌───────┴────────┐    ┌───────┴────────┐
        │  按年拨付拨款  │    │  固定专项拨款  │
        │(约占全部拨款的 │    │(约占全部拨款的 │
        │     20%)       │    │     80%)       │
        └───────┬────────┘    └────────────────┘
        ┌──────┴──────┐
┌───────┴──────┐ ┌────┴──────────┐
│  部门拨款    │ │  代管拨款     │
│(按年拨付拨款 │ │(按年拨付拨款  │
│   的2/3)     │ │   的1/3)      │
└──────────────┘ └───────────────┘
```

图5-1 拨款结构示意图

固定专项拨款由立法机构确定，通常是带条件的转移支付，比如以年龄为条件的退休金，一般无额度上限，尽管部门预算书中会给出固定专项拨款的估计额度。各独立机构凭本机构拨款案的目标成果获得按年拨付拨款，拨款案中明确了部门拨款与代管拨款的额度。部门拨款可被视作补偿部门日常运营成本的拨款，与目标成果紧密相关，比如薪水、运营支出、固定资产折旧等，也不妨看做是政府为了达到特定目标成果而支付的"对价"。如果政府机构的目标成果不止一个，则部门拨款将在名义上被划分，但实际上目标成果并不限制部门开销拨款的用途，部门拨款可以用于相关部门或机构的权限内的任意用途。代管拨款是提供对政府外实体转移支付项目资金的拨款，换句话说，政府部门和机构代表政府"代为保管"这部分资金，而不能将资金挪作其他用途、不能控制资金。除了额度是每年确定之外，代管拨款通常与固定专项拨款具有相同的特点。部门拨款和代管拨款均包括经常性支出和资本性支出的成分。

几乎所有的固定专项拨款都可被视作代管拨款，只有极少数固定专项拨款含有部门拨款的成分。部门拨款与代管拨款的区分既是基于会计意义上"经济主体所控制的资源"的考虑，也折射出之前项目预算的影子。部门拨款等同于之前的项目，资产基金则从项目转移到了部门开销中。部门拨款可以在同一机构内部运用于多个目标成果则反映了保持预算灵活性的考量。代管拨款则只能在同一目标成果的不同子项之间调配资金，不能跨目标成果调配。但实际中，目标成果的模糊表述仍旧赋予了有关机构、有关部长相当大的灵活空间。

拨款的相关负责部长可以在500万澳元的限度内调配拨款，超过500万澳元的拨款调配则需经财政部长许可。调配拨款涉及不同预算账单，或涉及不同固定支出，则相关的资金调配需议会许可。预算年度终了时，按年拨付的代管拨款如有余额，不得结转到下个预算年度。按年拨付的部门拨款则没有结转的限制。无论是代管拨款还是部门拨款，经财政部同意后，皆可用"净拨款"的形式拨付，"净拨款"形式下，拨款额度可以随着相应的财政收入增加而上涨。

（二）跨年合同的处理

澳大利亚实行的是年度预算，然而政府机构常常发生长期费用，比如房产租赁、研究项目和资产项目等。为了应对这些长期费用，即使政府机构本预算年度的拨款不足以支付跨年合同的全部款项，政府机构仍可经财政部长许可后签订跨年合同。这项规定在预算相关立法中被称做"条款十"。在"条款十"的约束下，没有足额拨款部长和政府官员就无法承诺给付资金，除非部长和政府官员获得财政部长的特别授权。需要注意的是，财政部长的权责仅限于允许政府机构考虑签署长期合同，财政部长并不负责批准或者监督实际合同。

专栏5-6　年度预算与多年期合同

澳大利亚的预算周期是年度预算，但机构经常需要进入一个更长时期的履行时间。这通常是财产租赁、研究计划和基本建设项目中经常出现的问题。政府为了处理这类问题，在经过财政部长审批之后，将进行合同准备和其他安排，即使他们当前并没有足够的金钱去支付合同中的所有成本。这一规定出现在相关法律条文中的第十条。

第十条禁止部长和政府部门在没有得到特殊授权时私自使用财政预算未覆盖的资金。这个授权只有在以下情况下才能获得：存在一个多年期的合同，或者赔偿金额获得审批。财政部长需要同意这个授权，且可以委托这个官方权力给机构的首席执行官。

需要注明的是，财政部长只是授权部门去考虑是否进入一个更长周期的合同，但并没有责任去审批或监督实际的合同。如果授权审批通过，则一个部门或机构的支出议案可以申请得到部长或一个政府部门的官员审批。在决定同意一个合同或者其他安排时，部长或官员必须评估该行为是否与政府政策一致并对政府资源实施了有效率、有效果的使用。

所有部门拨款和行政拨款在财政部的允许下可以被认定为"净拨款"。在这种情况下，拨款可以按照收支相抵的原则增加。

资料来源：2013 - 14 Finance AnnualReport, Part2, Performance reporting, outcome 1.

（三）财政部长垫付款

所谓财政部长垫付款，就是允许财政部长为政府机构提供额外的拨款，可以看做中央应急资金，为预算年度中不可避免发生的紧急款项提供支持。财政部长垫付款条款是按年拨付拨款案的条款之一，财政部需要就此对财政部长垫付款的使用做详细说明。

第三节　财务管理与财务报告

澳大利亚的财务管理与报告一直走在 OECD 国家的最前沿。由于关于权责发生制的内容已经在第四章澳大利亚政府预算编制管理中详细介绍，本节将重点介绍会计准则制定的制度安排、财务报表和现金与资产的管理。

一、会计准则制定

澳大利亚有一个标准的制定者——澳大利亚会计准则委员会（Australian Accounting Standards Board，AASB）——它涵盖了私人部门和公共部门。独立的公共部门会计准则委员会和澳大利亚前会计准则委员会于2000年合并。现任委员会认为之前的安排的特征是事倍功半。二者合并的基础在于公共部门财务报表问题将持续受到适当的关注；情况是否如此尚有争议，尽管委员会目前的工作计划包含一系列公共部门的问题。

AASB 全职主席由政府委任，兼职成员由财务报告委员会委任，该委员会还作为 AASB 独立监督委员会。兼职成员的数量每次都由财务报告委员会（Financial Reporting Council，FRC）决定。目前，有十二个兼职成员，其中三个是公共部门编制，一个是国家审计长，由此可以看出公共部门兼职成员占兼职成员总数的 1/3。虽然没有官方配额制度，其意图是委员会能够由来自公共部门、学术界、会计行业和企业合适的代表组成。委员会也有一个新西兰财务报告标准委员会的代表。AASB 有自己的技术、研究和管理人员。

澳大利亚会计准则委员会在公布会计准则时有一个中立政策，也就是一个同样的标准既适用于公共部门又适用于私人部门。这项政策在 2006 年进行了修正，将工作重点放在交易中立标准上，也就是说相同的交易事项在公共部门和私营部门应给予相同的处理，必要时增强特殊事项的准则。这一变化有效避免了一些公共部门特殊准则从原会计准则委员会"继承"相关内容。澳大利亚会计准则委员会原则上是将国际财务报告准则（私人部门）作为其制定准则的基础，并用"澳大利亚的方式"对相关定义进行措辞与扩展，使之能够运用于相关公共部门。国际会计准则委员会（International Accounting Standards Board，IASB）目前正在修订其概念框架，并使其内容更加集中在私人部门主体，这将加大基于国际财务报告准则制定适用于公共部门的准则的难度。在这方面，需要注意的是，国际公共部门会计准则委员会已经开始设定公共部门的概念框架，这可以用于将来制定交易中立准则。

因此，澳大利亚的中立会计准则制定在未来将继续并趋于一个平衡点。一方面，它将有可能维持目前的制度；另一方面，一组单独的公共部门的具体会计准则可能会出台。有人可能会质疑对于私营和公共部门制定单一的会计准则的制定者的逻辑，但迄今为止，这在澳大利亚效果显著。然而要求国家档案局为符合澳大利亚会计准则而看轻其部分内容诸如第四章中权责发生制预算这部分中强调的内容，则突出了公共部门和私人部门的差异以及特定类别的公共部门机构所面临的困难。

二、政府机构财务报告

财政部发布"财政部长命令"（Finance Minister's Orders，FMOs）。这详细规定了所有政府机构（商业机构除外）如何制定他们的年度财务报表。FMOs 指定使用澳大利亚会计准则（Australian Accounting Standards，AAS）。另外，FMOs 有两个目的。第一个目的，当澳大利亚会计准则（AAS）允许报告有不止一种的选择时，FMOs 则指定选择能够促进一致性、推动合并的会计准则。另一个目的，为加强政府财务管理的问责制度和透明度，FMOs 控制财务报表外的报告和需在注意事项中披露的事项。

然而，FMOs 在依据澳大利亚会计准则合并财务报表时并不适用。以前有事项中，澳大利亚审计署不认可 FMOs 中的规定是符合澳大利亚会计准则（AAS）的。这通常涉及遗产、文化资产的折旧年限和使用期限。澳大利亚政府机构的财务报表由审计长审计，并在各自机构的年度报告中发表。澳大利亚强烈鼓励私人机构在互联网上，将各自包括财务报表在内的年度报告进行公布，并且私人机构几乎都这么做。

另外，采用权责发生制以来，澳大利亚加大了在培训和招聘政府会计人员方面的投资。澳大利亚采用分散的会计制度，各政府主体有各自内部的会计制度，并编制各自的财务报告。他们每月向财政部递交必要信息，方便财政部编制政府财务报表。所有这些行为都是以澳大利亚会计准则为基础的。

三、统一的政府整体财务报告

澳大利亚年度报告包括了每月的财政报告，这份报告主要叙述了每个月的支出结果以及从年初开始累积到当月的支出结果，同时将他们与整年的预算数据进行比较。每个月的报告只提供在政府财政统计（Government Finance Statistics，GFS）（见专栏5-7）里面。这些报告一般在每个月结束之后的四个星期内可以获得。每个年度的前三个月通常会延后8个星期，因为在这段时间里政府在整理上年度的财政决算。同时，还有一点需要着重强调的，在前三个月的这份报告中不包含与分配的预算数字的比较，也不包含与以前年度同期实际预算数据的比较。这份报告还根据支出目的，对财政支出进行分解，而不是根据部门划分来对支出进行分解。

专栏5-7 政府财政统计（GFS：Government Finance Statistics）

澳大利亚政府在编制预算和其相应的财政报告的过程中采取两种外部标准。第一种是澳大利亚会计准则（Australian Accounting Standards，AAS），前文已经叙述的。第二种是政府财政数据准则（Government Finance Statistics（GFS）Standards），这个是基于国际货币基金组织的政府财政数据手册编制颁布的。GFS在澳大利亚主要适用于国家级政府。尽管AAS和GFS都同时采取收付实现制和权责发生制。但是AAS是权责发生制的代表，GFS是收付实现制的代表。收付实现制有着额外的公众关注度，因为他的数据通常会在首相、议会议员以及媒体引用政府预算盈余或者赤字时提及。

就范围来看，AAS和GFS还是有很大区别的。AAS基于"控制"的理念，比如巩固所有政府实体，包括国有企业。GFS是数据标准，主要基于的是"一般政府"的理念。因此，它把国有企业看做是市场经济的一个组成部分。AASB最近颁布了一个新标准，在政府整体报告（whole-of-government reporting）之外，将一般政府（general government）本身作为一个报告实体。除了这些在范围上固有的差异，澳大利亚政府积极明确标注这两套系统在对待个人事务方面的差异，尝试去消除任何不必要的差异，以期体现其自身的国际化。

显而易见的是，两份不同的准则使预算报告的长度和复杂度大大增加。

尽管两个基于不同准则的财务报告之间的会计对账表已经做好备用,仍经常导致政府财政报告使用者出现困扰。因此亟待政府尽快出台一个更具统一性的标准,力图避免这种双重报告的情况发生。值得注意的是,提交给财政部的所有机构财务报告都是基于澳大利亚会计准则(AAS),之后财政部会集中把它们转化为GFS。

资料来源:由作者根据澳大利亚财政部网站中关于政府财政统计的相关内容整理,http://www.finance.gov.au/resource-management/reporting-accounting/overview/#gfs。

澳大利亚出版两份年底报告。最终预算支出结果报告是在九月底公布。即一个完整财政年度之后的3个月。它会提供包括AAS和GFS两套标准在内的财务报告。这份报告并没有经过审计。合并的财政报告(Consolidated Financial Statements)在11月底前提交给审计长,即一个完整财政年度之后的5个月。合并的财政报告最终只发布以AAS为准则的那份。对于政府财政统计的计算口径在专栏5-8中进行介绍,由此可以更充分了解不同的财务报表种类,比如合并财务报表(Consolidated Financial Statements)。澳大利亚国家审计署会确认合并财务报表是否符合澳大利亚会计准则(AAS)。如果和其他OECD国家相比较,澳大利亚的财政报告还是不错的,但在月度报告的细节方面以及合并财政报告的及时性方面仍然有一定的提升空间。

专栏5-8 政府财政统计(GFS)的计算口径

根据国际货币基金组织关于政府财政统计(GFS)的计算口径,可以将政府分为几个层次:

1. "中央政府"(Central Government)指的是国家一级的公共调控和管理机构。

2. "一般政府"(General Government)包括中央政府和各种地区性政府以及分散的机构如国家养老基金组织和公立大学。

3. 一般政府与非金融公共企业合在一起称为"非金融公共部门"(Non-financial Public Sector)。

4. 最后,中央银行和公有金融机构的账户再加起来,便得到"综合公共部门"(Consolidated Public Sector)。

资料来源:由作者根据澳大利亚财政部网站中关于政府财政统计的相关内容整理,http://www.finance.gov.au/resource-management/reporting-accounting/overview/#gfs。

四、现金和资产管理

澳大利亚每家政府机构均在澳大利亚储备银行(澳大利亚中央银行)或商业银

行处开设了银行交易账户。政府机构基于本部门全预算年度的现金用款预测数，"按需"向财政部申请日常现金。所有机构的银行账户隔夜结清、转至政府在澳大利亚储备银行的国库存款账户中，次日再重新划拨回相关机构的银行账户。澳大利亚财务管理司（Australian Office of Finance Management，AOFM）负责代表政府进行现金与债务管理。

澳大利亚国库单一账户体系主要包括：财政在联邦储备银行开设的国库存款账户（OPA）；部门在商业银行开设的基本支出账户（DPA），用于管理核算财政预算安排的部门基本支出，为零余额账户；部门在商业银行开设的项目支出账户（APA），用于管理核算财政预算安排的部门项目支出，也为零余额账户；另外各部门还有 1~2 个收入管理的零余额账户（ARA）。澳大利亚储备银行提供国库存款账户组（OPA group）帮助澳大利亚政府管理此账户体系，账户加总后即为政府每日现金头寸。在款项拨付上，基本支出由财政按照均衡原则拨付到部门的 DPA 账户，不需要部门提出用款申请，每两周拨付全年预算的 1/26；项目支出则由财政按照部门的申请拨付，具体程序是在支付前一天向国库部和财政部提出申请，审核同意后，由财政部通知负责政府现金管理的财务管理司，财务管理司向澳大利亚储备银行发出支付指令，将资金支付到部门的 APA 账户。

第六章

澳大利亚政府决算与预算监督

■ 本章导读

　　按照预算的流程，政府预算管理主要包括预算的编制、预算的审批、预算的执行、预算的决算以及预算的监督。各国由于政治体制、立法程序及政府结构的差异，政府预决算制度都表现出其独有的特点。本章介绍了澳大利亚决算报告的编制及具体内容，涉及的部门及职责分工，梳理了澳大利亚政府预算监督的内容及新近的改革。此外，以澳大利亚2013~2014年政府决算报告为例，做了简要的分析，借以对澳大利亚的政府决算制度与预算监督完成一次总体性认识。

第一节 澳大利亚政府决算

一、政府决算的法律基础

澳大利亚联邦政府决算管理的法律基础是《预算诚信章程1998》（Charter of Budget Honesty Act 1998）和《公共治理，绩效和责任法2013》（Public Governance, Performance and Accountability Act 2013）。内阁、财政部和其他相关部门分别负责依法对联邦预决算进行编制和具体的执行操作。

二、政府决算报告编制

澳大利亚联邦政府决算报告的编制是在两个准则的规范下进行的：《财政统计准则》和《会计准则31——政府财务报表准则》。财政部每月要公布政府财政运行状况月报，每年度要公布政府部门及其公营机构合并财务报表和公共账户。合并财务报表是按权责发生制原则编制的，包括政府部门及其所属企、事业单位的损益表、资产负债表和现金流量表，以上报表都须经过审计后上报议会审批，同时面向社会公布。

政府决算报告的编制符合《预算诚信章程1998》（Charter of Budget Honesty Act 1998）的条款。章程特别要求，政府公布最终的年度决算报告不得晚于财政年度结束后的三个月。基于《预算诚信章程》的要求，政府决算报告通常涵盖了澳大利亚广义政府部门上一财政年度的决算结果，并且报告符合外部报告准则的要求。一般情况下，政府决算报告包含三个部分：

第一部分，提供上一财政年度各政府部门的预算汇总，同时给出各部门的决算分析。这其中具体包括对现金流量、收入、支出、净资本投入以及资产负债表（净负债、金融净资产、资产净值）的综合分析。

第二部分，给出该年度澳大利亚政府财务报告，该报告是以澳大利亚统计局的政府财务统计准则作为会计制度的基础，但其中一些地方政府已经决定不再遵从该准则，因为澳大利亚会计准则针对公共部门财务报告使用者的信息披露给出了更好的处理原则。本部分信息涵盖了澳大利亚广义政府部门以及澳大利亚政府公共事业部门。

第三部分，介绍该财政年度期间，澳大利亚联邦政府关系的一些特点，同时也对下一年度预算报告中联邦政府关系做了相应的更新。

下面我们以澳大利亚2013~2014年度政府决算报告（Final Budget Outcome 2013-2014）为例，对其具体的以上三部分内容进行详细分析。

(一)澳大利亚政府决算(Part 1:Australian Government Budget Outcome)

在澳大利亚 2013~2014 年度政府决算报告中,本部分分为五个小节:概述(Overview);潜在现金余额(Underlying Cash Balance);财政收支状况(Fiscal Balance);总体现金余额估计(Headline Cash Balance Estimates);净负债、金融净资产、资产净值(Net Debt、Net Financial Worth and Net Worth)。

首先,我们来看概述中的一张表格(Table 6-1),这是澳大利亚广义政府部门预算合计表(Australian Government General Government Sector Budget Aggregates):

表 6-1　澳大利亚广义政府部门预算合计表

	2012~2013年决算 $(b)	在2013~2014年对2014~2015年预算估计 $(b)	2013~2014年决算 $(b)	2014~2015年预算变化 $(b)
收入	351.1	363.5	360.3	-3.2
收入占 GDP 比重	23.0	23.0	22.7	
支出(a)	367.2	410.7	406.4	-4.2
支出占 GDP 比重	24.1	25.9	25.6	
未来拨款净值收益	2.7	2.7	2.3	-0.3
现金余额(b)	**-18.8**	**-49.9**	**-48.5**	**1.4**
占 GDP 比重	-1.2	-3.1	-3.1	
收入	360.2	374.3	373.9	-0.3
收入占 GDP 比重	23.6	23.6	23.6	
费用	382.6	415.3	413.8	-1.4
费用占 GDP 比重	25.1	26.2	26.1	
净运营余额	-22.5	-41.0	-39.9	1.1
净资本投入	1.0	4.0	3.8	-0.2
财政结余	**-23.5**	**-45.1**	**-43.7**	**1.3**
占 GDP 比重	-1.5	-2.8	-2.8	
备忘项目				
最终现金余额	-21.0	-53.7	-52.5	1.3

注:a. 营运活动现金等价物支出,购买非金融资产以及金融租赁下的资产购置。
　　b. 不包括未来拨款净值收益。
资料来源:《澳大利亚 2013~2014 年政府决算报告》。

根据《财政统计准则》中关于政府财政统计体系的涵盖范围中的定义,这里的广义政府部门(General Government Sector)包括所有政府单位和所有由政府单位控制并主要由政府单位提供融资的非市场非营利机构(见图 6-1)。广义政府部门不包括公共公司(Public Corporations)或准公司(Quasi-corporations)。当一个单位出售其部分或者全部产出时,可能难以决定是将该单位分类为政府单位还是公共公司,或者难以决定是否存在公共准公司。一般而言，在这种情况下，该决定的依据是该单位是否按照市场价格（Market Prices）出售产出。任何按照市场价格出售其全部产出或几乎全部产出的单位都是公司或者准公司，其他所有单位是政府单位（Government Units）。但是，对于公共单位（Public Units）来说，市场价格并不总是容易确定，因此，具有经济意义的价格（Economically Significant Prices）这一概念构成决定价格是市场价格还是非市场价格的基础，并因而构成单位分类的基础。

```
                广义政府部门
              (General Government
                   Sector)
                      |
        ┌─────────────┼─────────────┐
   中央政府分部门    州政府分部门    地方政府分部门
 (Central Government)(State Government)(Local Government
     Subsector)       Subsector)       Subsector)
```

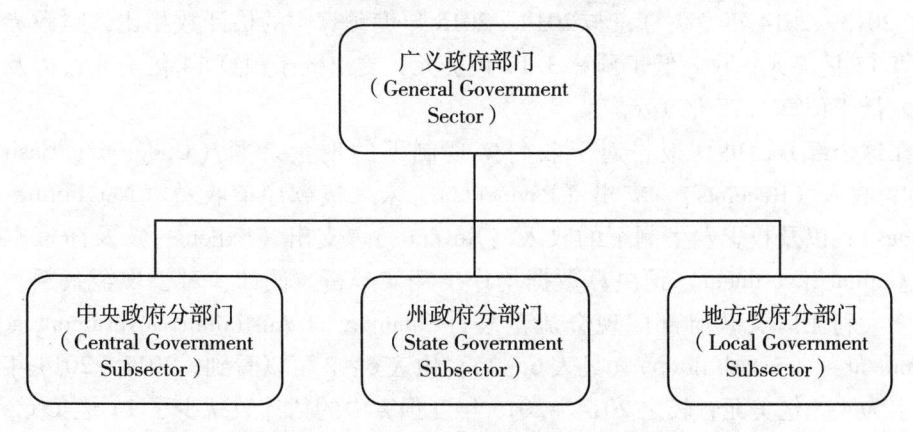

图 6-1　广义政府部门及其分部门

注：包括社会保障基金。或者，可以将社会保障合并成一个单独的分部门。

要为广义政府部门编制全面的统计数据，还可能需要有关公共公司（Public Corporations）的统计数据。例如，公共公司净值的变化反映于广义政府单位拥有的那些公司的权益价值。在编制公共公司的统计数据时，出于分析目的，按规定形成分类（或公共部门的分部门，见图 6-2）。

```
                        公共部门
                     (Public Sector)
                           |
           ┌───────────────┴───────────────┐
       广义政府                         公共公司
   (General Government)            (Public Gorporations)
           |                               |
      中央政府                ┌────────────┴────────────┐
  (Central Government)   金融公共公司(Financial)  非金融公共公司(Nonfinancial
           |              Public Corporations)     Public Corporations)
       州政府
    (State Government)    货币公共公司，包括中央银行(Monetary Pulic
           |              Corporations including the central bank)
       地方政府
    (Local Government)    非货币金融公共公司(Nonmonetary
                          Financial Public Corporations)
```

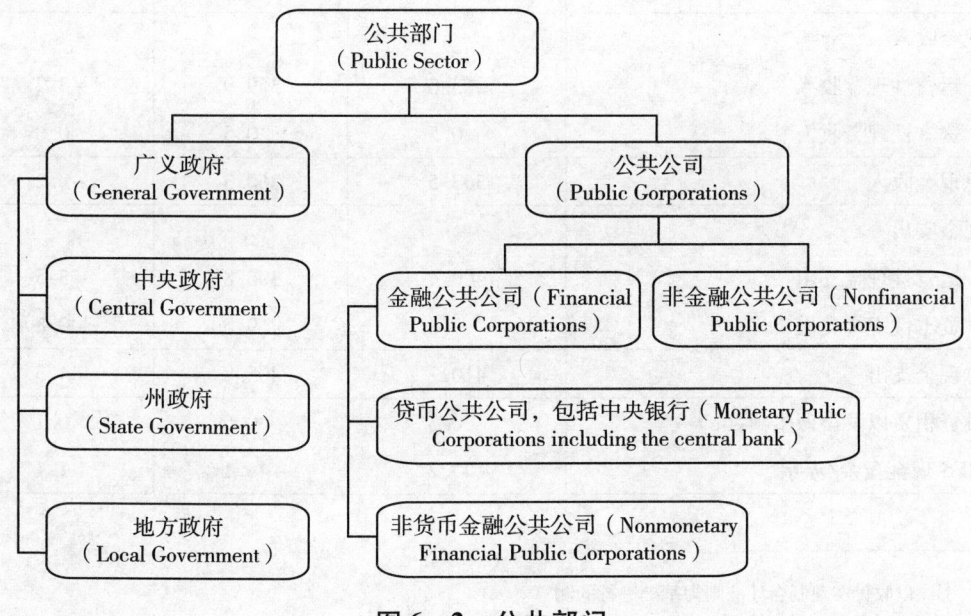

图 6-2　公共部门

从 2013~2014 年度澳大利亚广义政府部门预算合计表（见表 6-1）可以看到，澳大利亚广义政府部门存在一个潜在的现金赤字，大约为 485 亿美元（GDP 的 3.1%）。财政余额为赤字 437 亿美元（GDP 的 2.8%）。以现金计算，① 2013~2014 年的财政决算与 2014~2015 年预算估计潜在的现金赤字相比，减少了 14 亿美元赤字。总收入低于预期 32 亿美元，这并不足以抵消低于预期 42 亿美元的总支出。未来拨款净收益比 2014~2015 年度预算中估计的低 3.41 亿美元。从财政平衡角度来看，② 2013~2014 年度决算，与 2014~2015 年度预算中的估计数相比，财政赤字低于预算 13 亿美元；收入低于预算 3.17 亿美元；支出低于预算 14 亿美元；以及净资本投入低于预算 1.77 亿美元。

在这个部分，决算报告对于收付实现制下的现金余额（Underlying Cash Balance）、收入（Receipts）、支出（Payments）、未来拨款净值收益（Net Future Fund Earnings）；以及权责发生制下的收入（Revenue）、支出（Expenses）及净资本投入（Net Capital Investment）预决算数据均作出翔实分析。例如，对于现金余额，本部分有澳大利亚广义政府部门现金流量表（Summary of Australian Government general government sector cash flows）（见表 6-2）。由表 6-2 可以看到，2013~2014 年度现金赤字为 485 亿美元，较之 2014~2015 年度预算中的估计数减少了 14 亿美元赤字。该赤字源于总收入低于预期 32 亿美元，而这并不足以抵消低于预期 42 亿美元的总支出以及低于预期 3.41 亿美元的未来拨款净值收益。

表 6-2　　　　　　澳大利亚广义政府部门现金流量表

	在 2013~2014 年对 2014~2015 年预算估计 $(b)	2013~2014 年决算 $(b)	2014~2015 年预算变化 $(b)
现金收入			
运营性现金收入	363.0	359.9	-3.2
资本性现金收入（a）	0.5	0.5	0.0
总现金收入	363.5	360.3	-3.2
现金支出			
运营性现金支出	400.4	396.8	-3.5
资本性现金支出（b）	9.8	9.0	-0.8
总现金支出	410.2	405.8	-4.3
融资租赁以及类似事项（c）	0.5	0.6	0.1
GFS 现金盈余/赤字	**-47.2**	**-46.1**	**1.1**

---

① 以收付实现制会计准则为基础进行的测算。
② 以权责发生制会计准则为基础进行的测算。

续表

	在 2013~2014 年对 2014~2015 年预算估计 (b)	2013~2014 年决算 (b)	2014~2015 年预算变化 (b)
占 GDP 比重	-3.0	-2.9	
减去未来拨款净值收益	2.7	2.3	-0.3
现金余额	**-49.9**	**-48.5**	**1.4**
占 GDP 比重	-3.1	-3.1	
备忘项目			
政策目的金融资产投资的净现金流	-6.6	-6.4	0.2
+未来拨款净值收益	2.7	2.3	-0.3
最终现金余额	**-53.7**	**-52.5**	**1.3**

注：(a) 现金流量表中非金融资产出售收到的现金等价物。
(b) 现金流量表中非金融资产购买支出的现金等价物。
(c) 融资租赁下购买资产减少现金余额，处置之前持有的资产增加现金余额。
(d) 不包括未来拨款净值收益。
资料来源：《澳大利亚 2013~2014 年政府决算报告》。

同样，可以看到权责发生制下澳大利亚广义政府部门收入表（Australian Government general government sector（accrual）revenue）（见表 6-3）。2013~2014 年度财政赤字为 437 亿美元，与 2014~2015 年度预算报告中估计的 451 亿美元相比，减少了约 14 亿美元。

表 6-3　　　　　　　　澳大利亚广义政府部门收入表

	在 2013~2014 年对 2014~2015 年预算估计 (m)	2013~2014 年决算 (m)	2014~2015 年预算变化 (m)
个人和其他预扣税			
所得税预提总额	158 300	157 761	-539
其他个人税总额	37 180	37 561	381
减去：退税	27 100	27 407	307
个人和其他预扣税总额	168 380	167 915	-465
附加福利税	4 140	4 285	145
公司所得税	69 400	68 764	-635
养老基金税	6 580	6 146	-434

续表

	在 2013~2014 年对 2014~2015 年预算估计 $(m)	2013~2014 年决算 $(m)	2014~2015 年预算变化 $(m)
矿产资源税（a）	170	141	-29
石油资源税	1 470	1 645	175
所得税收入	**250 140**	**248 897**	**-1 243**
商品和劳务税	54 321	55 517	1 196
葡萄酒平衡税	810	826	16
奢侈汽车税	430	476	46
关税与消费税			
汽油	5 890	5 927	37
柴油	8 820	8 758	-62
其他燃料制品	3 600	3 572	-28
烟草	7 770	8 531	761
啤酒	2 330	2 307	-23
烈酒	1 890	1 902	12
其他酒类（b）	960	908	-52
其他关税			
纺织品服装和鞋类	770	789	19
客运汽车	920	921	1
其他进口商品	1 660	1 633	-27
减去：退税	360	319	-41
关税和消费税总额	34 250	34 929	679
碳定价机制（c）	7 340	6 623	-717
农业税	476	491	15
其他税收	3 190	3 329	140
间接税收入	**100 817**	**102 191**	**1 374**
税收收入总额	**350 956**	**351 088**	**131**
销售商品和服务	8 853	8 573	-280
利息	3 445	3 341	-104

续表

	在2013~2014年对2014~2015年预算估计 $(m)	2013~2014年决算 $(m)	2014~2015年预算变化 $(m)
股利	4 288	4 105	-183
其他非税收入	6 724	6 843	118
非税收入	**23 310**	**22 862**	**-449**
总收入	**374 267**	**373 950**	**-317**

注：(a) 2013~2014年 MRRT 的净收入为1亿$，这代表净收入影响涉及不同收入种类，包括公司所得税抵减额和与其他税的联系。

(b) 其他酒类是酒精度不超过10%的酒类（不包括啤酒、白兰地和白酒）。

(c) 税收收入包括按照法定价格测算的碳排放增长收入，会计处理具体细节参照《政府部门财务报表》的附注2。

资料来源：《澳大利亚2013~2014年政府决算报告》。

（二）澳大利亚政府财务报告（Part 2：Australian Government Financial Statements）

遵循《预算诚信章程1998》，政府会制定一系列财务报告，这些财务报告主要用于澳大利亚广义政府部门（GGS）、非金融公共公司部门（PNFC）、所有非金融公共部门（NFPS）以及金融公共公司（PFC）。财务报告符合澳大利亚统计局（ABS）准则、权责发生制政府财政统计准则（GFS）以及澳大利亚会计准则（AAS）和相关财务报告披露准则。根据国际货币拨款组织2001年政府财政统计手册（A Manual of Government Finance Statistics）的要求，应当为公共部门和广义政府部门编制统计数据，这也与澳大利亚编制政府财务报告的准则相一致。例如，公共公司可能根据拥有这些公司的政府单位的指示进行政府运营。这些活动可以以多重形式进行，最直接的形式是，公共公司可以从事特定的交易，从而进行政府运营。例如，向特定团体以低于市场利率的利率提供贷款或按照低价向制定客户出售电力。更概括地说，公共公司可以通过下述方式来执行财政政策：雇佣的人员多于需要的人员、购买额外的投入品、对投入品支付高于市场价格的价格或者按低于市场价格的价格出售其大部分产出。而要为广义政府部门编制全面的统计数据，还可能需要有关公共公司的统计数据。例如，公共公司净值的变化反映于广义政府单位拥有的那些公司的权益的价值。公共公司的账户将有助于解释这些资产变化的原因，这些信息将有助于可持续性分析和财政分析的其他方面。基于此，这一系列政府财务报告包括如下几类：

1. 收支报告，包括其他经济流量，① 反映净收支余额以及贷款净额和借款净额

---

① 经济流量：是反映一段时期内各种经济活动发生规模的总量。

（财务收支平衡/余额）；

  2. 资产负债表，反映资产净值、财务净资产、净金融负债和债务净额；

  3. 现金流量表，包含了对于潜在现金余额的计算。

  在普通决算报表外，还要求财务报告说明书（或是相关财务报告的注释、说明）。说明应包含对于会计政策的总结、一些分类信息以及澳大利亚会计准则（AAS）的其他相关信息披露要求。2013~2014 年决算报告中的这些澳大利亚政府财务报告的制定基础同 2014~2015 年预算相同。这样就可以将发布在 2014~2015 年预算报告及决算报告中的，2013~2014 年的修订估计数进行比较。这一系列政府财务报告还体现了澳大利亚统计局（ABS）政府财务统计（GFS）政策仍保持着预算会计政策的基础，除了一些地方政府选择应用澳大利亚会计准则（AAS），因为就向公共部门财务报告的使用者展现相关信息而言，它能够提供一种更好的理论基础。

  澳大利亚联邦中央政府、各州以及各自治领政府有一套一致的框架——统一发布框架（Uniform Presentation Framework，UPF）——即政府财务信息的发布均要建立在一个统一的基础之上，该基础大致符合澳大利亚会计准则委员会标准 1049 号（AASB1049，（Australian Accounting Standards Board））。因此，所有政府财务报告均与统一发布框架（UPF）的要求保持一致。依据 UPF 的要求，该部分，即第二部分：澳大利亚政府财务报告，同时包含对于澳大利亚借款委员会配置（Australian Loan Council Allocation）（方案）信息的更新。

（三）澳大利亚联邦政府间关系

  决算报告中的该部分包括五个方面内容：（1）对各州转移支付的纵览；（2）特殊用途支出；（3）一般收入援助；（4）商品及服务税；（5）对各州转移支付详情。联邦政府对各州的转移支付受到政府间联邦财政关系协定（政府间协定）的框架约束，这套约束机制自 2009 年 1 月已开始执行。从第一部分，对各州转移支付纵览中可以看到，2013~2014 年度，各州收到联邦政府的大量财政扶持。2013~2014 年，联邦政府提供给各州总计 979 亿美元的财政转移支付，其中特殊用途支出为 456 亿美元，一般收入援助为 524 亿美元（包括商品及服务税份额），如表 6-4 所示。对各州的转移支付占 2013~2014 全年联邦政府财政支出总额的 23.7%。

表 6-4 2013~2014 年联邦对各州的转移支付情况表 单位：百万美元

	NSW	VIC	QLD	WA	SA	TAS	ACT	NT	总额
特定目的拨款	13 720	12 478	9 233	4 603	2 898	995	748	881	45 557
一般预算拨款	1 500	11 533	10 892	3 682	4 652	1 824	1 068	2 839	52 391
拨给州政府总额	29 620	24 011	20 125	8 285	7 550	2 819	1 816	3 720	97 948

  资料来源：《澳大利亚 2013~2014 年政府决算报告》。

在 2013~2014 年度，联邦政府对各州的特殊用途转移支付由各州政府用在各个领域。这些特殊用途支出被用在各州的大部分职能领域及地方政府活动中，包括：卫生、教育、技术及劳动力发展计划、社区服务、住房、宗教事宜、基础设施建设以及环境保护。具体而言，联邦政府向各州提供如下几类特殊用途转移支付：一是涉及几个主要服务部门的国家级特殊用途支出（National SPPs）；二是国家卫生改革拨款；三是第一学生拨款；四是国家合作支出——引导资金、项目资金及部分奖金。而联邦政府通过国家级特殊用途支出（National SPPs），国家卫生改革拨款及第一学生拨款向几个关键的服务部门提供资金。其中，国家级特殊用途支出包括：国家级校园特殊用途支出（该项支出自 2014 年 1 月起被第一学生拨款所取代）；国家技术及劳动力发展特殊用途支出；国家残障服务特殊用途支出以及国家经济适用房特殊用途支出。各州均按要求由各相关部门来执行国家特殊用途支出的花费。澳大利亚的国家特殊用途支出每年按照政府间协议中制定的增长因素进行指数化测算。国家特殊用途支出是年度支付的，其中国家卫生改革拨款和第一学生拨款是在联邦政府对相应的增长因素进行估算的基础上，进行提前测算的。在财政年度末，一旦最后增长因素数据可知，则要进行相应的平衡账户（余额）调整。

国家特殊用途支出是依据各州的人口份额在各州间进行分配的，该数据是基于当年 12 月 31 日澳大利亚国家统计局的测算。而平等的人均分配在自 2009~2010 年度起的五年内被分阶段执行。就国家级学校（校园）特殊用途支出中政府学校的情况而言（至 2013 年 12 月 31 日止），相关的人数是各州在政府学校的全日制学生人数中所占份额。另外，自 2014 年 1 月 1 日起，第一学生拨款取代了国家级学校（校园）特殊用途支出以及多种与学校相关的国家合作支出。第一学生拨款包括：政府及非政府学校拨款；非政府学校的建设拨款及特殊环境拨款；非政府代表机构拨款。第一学生拨款是依据澳大利亚教育法 2013（Australian Education Act 2013）以及此法案下的相关协议在各州间进行分配的。2013~2014 年澳大利亚国家卫生改革拨款也是以人口为基础确定各州的份额，同时根据州际间的患者流做调整，该调整由国家卫生资金池的执行官进行测算，这也反映出各州对于跨州际活动的估测。继资金执行官对州际活动数据进行调节之后，财政部长将最终确定 2013~2014 年度的确切分配额。依照政府间协议，对各州的国家合作支出是支持指定项目的交付、促进改革、及奖励履行国家重大改革管辖权的关键载体。国家合作关系通常是有时间限制的，这一般反映出项目或相关改革的性质。①

在 2013~2014 年度决算报告第三部分，特殊用途支出中可以看到，各州在该年度接受特殊用途拨款支出总计 456 亿美元。拨付给各州的特殊用途支出在 2013~2014 年度联邦财政总支出的 11.0%。具体项目支出情况，如表 6-5 所示。

---

① 国家合作关系协议在联邦政府官方网站是公开可得的。

表 6-5　　2013~2014 年特殊用途分类支出情况表　　单位：百万美元

	NSW	VIC	QLD	WA	SA	TAS	ACT	NT	总额
特定目的拨款（ab）	3 315	2 592	2 136	1 093	759	220	177	122	10 415
国家医改基金（ac）	4 352	3 463	2 800	1 515	1 006	299	272	135	13 841
学生教育基金（d）	2 087	1 652	1 414	690	519	160	121	123	6 766
国家合伙拨款（e）	3 965	4 771	2 883	1 306	614	316	178	501	14 534
特定目的拨款总额	13 720	12 478	9 233	4 603	2 898	955	748	881	45 557

注：(a) 2013~2014 年国家特定目的的拨款和国家医改基金的决算由会计最终决定。
(b) 包括 2013 年 12 月已经取消的学校特定目的拨款基金。
(c) 国家医改基金 2013~2014 年州政府的数额按人数份额，并依据跨州病人的流动进行调整。这些数额最终将与国家医改基金管理局的数据保持一致。
(d) 学生教育基金开始于 2014 年 1 月。2013~2014 年学生教育基金的决算额由教育部决定。
(e) 包含对地方正度的金融支持补贴。
资料来源：《澳大利亚 2013~2014 年政府决算报告》。

在 2013~2014 年决算报告中，特殊用途支出按部门分类的具体情况如表 6-6 所示。

表 6-6　　2013~2014 年特殊用途分部门支出情况表　　单位：百万美元

	NSW	VIC	QLD	WA	SA	TAS	ACT	NT	总额
健康	4 989	3 940	3 179	1 736	1 158	377	305	191	15 875
教育	4 319	3 483	2 926	2 458	1 091	325	247	285	14 135
劳动技能培训	560	437	347	189	129	39	29	19	1 750
社区服务	542	803	327	334	104	31	31	101	2 273
经济适用房	522	346	462	353	136	34	28	162	2 043
基础设施	2 182	2 947	1 105	354	88	77	65	92	6 910
环境保护	100	198	54	11	75	37	3	6	485
或有支出	58	5	310	2				1	377
其他（a）	448	319	523	165	116	74	39	23	1 708
特定目的拨款额	13 720	12 478	9 233	4 603	2 898	955	748	881	45 557

注：(a) 包括地方政府金融支持补贴。
资料来源：《澳大利亚 2013~2014 年政府决算报告》。

三、政府决算审计

（一）决算审计实施主体及审计依据

近年来，澳大利亚联邦政府机构膨胀问题严重，目前已有将近 1 000 个实体。

2014年9月联盟党政府上台后,已陆续裁撤了包括23个总理咨询机构在内的约40个机构,新预算案决定通过裁撤、合并等方式再精简36个机构。澳大利亚皇家铸币厂和国防住房保障署(DHA)等四个较大机构将被卖给私营部门;国家美术馆和国家图书馆等文化设施则需要合并行政部门。被裁撤的机构还包括澳大利亚可再生能源署和国家水务委员会。通常,国家审计署直接对国家一级预算单位进行审计,而所属企事业单位则由审计署委托社会审计机构进行审计或利用内部审计机构的审计结果。澳大利亚联邦政府决算报告审计的依据是:《审计长法》、《公共治理、绩效与责任法2013》、《财政统计准则》(A Manual of Government Finance Statistics)和《会计准则31——政府财务报告准则》。依据上述法案,联邦各部门及其所属企事业单位的财务报告都必须经过国家审计署的审计,并由审计长签署相关审计报告后,才可上报议会并向全社会公布。各部门及企事业单位有责任向国家审计署提供财务报告及其他会计、非会计信息和资料。

(二) 决算审计的目标及重点内容

决算报告审计是澳大利亚审计机关财务审计的重点方面,审计的目标是对联邦各部门披露的全年财务状况和经营情况的真实性、合法性及公允性发表最终审计意见,分析并揭露财务收支中存在的问题,同时提出改进的方向和建议,推动各部门增强公共责任。审计的具体内容包括:资产负债表、损益表和现金流量表的全部项目,不仅审计联邦部门及其所属企事业单位的收支、损益情况,而且要认真检查其资产、负债、净资产和现金流量的状况。其中,审计的重点主要是根据审计的重要性原则和事先风险控制分析确定的重点资金和高风险领域。

(三) 决算审计方法及程序

与许多西方国家一样,澳大利亚审计机关决算报告审计在方法和程序上与社会审计机构对私营企业的财务审计具有很大的一致性。此外,澳大利亚的政府部门允许从事一定的投资和商业活动,因此其政府部门也存在商业机会和商业风险;财务利润和财务风险问题。故澳大利亚审计机关对联邦部门及其所属企、事业单位的决算审计更多的利用社会审计的经验和做法,从分析风险入手确定审计重点,并通过符合性测试和实质性测试,开展审计检查和评价工作,同时又将IT技术运用到审计领域。此外,澳大利亚在审计方法上还进入战略审计概念,从战略发展的高度,剖析被审计部门的整体情况、未来发展趋势,并在此基础上进行客观、科学的评价,最终对影响被审计部门战略发展的主要因素提出建议。

决算审计的具体程序和方法可概括为五个阶段:(1) 准备阶段:与被审计部门及单位建立联系;组织审计小组,挑选适合的审计人员,确定审计目标,落实人员分工;制定审计计划,确定审计范围,收集审计资料,确定重要性水平。(2) 对固有风险的分析:了解审计环境,高级管理层有无风险,提供的资料有无欺诈;了解外部环境、供应商、顾客、竞争对手、技术变化、部门相关业务知识;了解各部门间关系,有无冲突;了解部门战略、目标、主要业务流程、成功关键因素。(3) 对控制风险的分析：对计算机系统的风险分析；对运营管理过程的风险分析；对会计处理的风险分析；对结账过程的风险分析；对内控制度进行测评；对审计风险的评估。(4) 实施审计：通过风险分析，制定具体审计实施方案，确定审计重点；对审计风险小的，进行对比分析，与上年度值比较、与平均水平比较；对审计风险大的，进行详细检查；对整个会计过程进行分析；对关联方交易、期后事项进行审计。(5) 审计结果阶段：起草审计报告；就审计报告和整个审计活动征求被审计单位意见，向审计长提交审计报告，总结审计组工作，提出改进审计工作计划。

(四) 澳大利亚决算审计对我国的借鉴意义

尽管澳大利亚的联邦制政体与我国有着根本的差异，但其在政府决算审计方面的部分优秀经验，给我们提供了有益的启示和借鉴。

一是充分利用社会审计和内部审计，实现部门决算审计全覆盖。澳大利亚联邦政府的审计范围涉及联邦政府活动的方方面面，而国家审计署实际从事财务审计的审计人员仅有 100 名左右，审计工作时间也仅有 4 个月。在短期内完成如此庞大的决算审计任务，单凭国家审计署的审计力量是远远不够的。在实际审计工作中，审计署一般对一级预算单位进行直接审计，对二三级单位，则主要利用社会审计和内部审计的方式。通过委托社会审计机构对部分二三级单位决算报表进行审计，由预算中安排的专项财政资金来支付所需审计经费，同时充分利用相关部门的内部审计成果。由此，澳大利亚国家审计署较好地平衡了有限的审计力量与大量、复杂审计任务之间的矛盾。我国要对部门决算进行全面审计，审计力量与审计任务之间的差距也相当大，澳大利亚全面完成决算审计的方式值得我们研究与借鉴。未来可考虑通过招投标的方式，由国家审计机关公开、公平地选择信誉良好的社会审计机构，签订委托合同，开展委托审计，并由预算安排所需的专项资金。此外，对于内部审计已经审计过的内容，可对内审报告进行核查，将其中通过审核且具有价值的内容直接融入审计机关的报告，减轻工作负担，扩大决算审计的覆盖面。

二是采用先进审计方法，防范决算审计风险。澳大利亚决算审计实现全面覆盖，大大降低了对合并决算报表发表审计意见的风险。在审计过程中，澳大利亚引入了战略审计理论，风险控制方法和计算机审计手段，这在大大提高审计效率的同时，使得审计人员能够从宏观层面，以战略眼光来审视被审计单位的未来发展方向以及资金运转情况，确认内部控制是否有效，发现财务环节中存在的薄弱环节，从而确定审计重点领域，合理分配审计资源。在我国的部门决算审计中，审计风险也是一大难题。我们可以从澳大利亚的决算审计方法中总结经验，合理借鉴，在查透一级预算单位，逐步扩大审计覆盖面的基础上，改造审计方法，树立战略分析理念和风险控制意识，转变审计取证模式，由账目基础审计逐步过渡到风险基础审计，制定内部控制制度测评准则和风险评估指标体系，将计算机辅助审计技术运用到部门决算审计领域，建立综合审计信息库，充分掌握被审计单位各项财政财务收支及其发展变化。要大力发展科学审计，充分利用先进科学的审计技术和手段，提高审计效率，防范审计风险。

第二节 澳大利亚政府预算监督

澳大利亚负责预算监督的主要有议会、国库部、财政部、审计署和公共账户与审计联合委员会等机构。

一、政府预算监督概述

（一）议会监督

联邦议会的主要职权之一就是负责组成联邦政府并对之加以监督。联邦议会对联邦政府的监督主要通过质询和财政监督两种形式进行。联邦议会是联邦议员质询、批评联邦政府的场所，发展到一定程度，其批评会导致对政府投不信任票，从而迫使政府倒台。财政监督权是议会监督政府的一个传统权力。

相较其他西方政治体制下的议会，澳大利亚议会的独特之处在于其参议院是通过直选产生的。由于两院采取的选举规则不同，反对党通常在参议院中为多数党，这使得参议院委员会在审查预算、稽核政府中发挥重大作用。审批预算草案之外，澳大利亚议会参议院委员会还就部长和机构的年度报告做出审核。年度报告包含机构职责、组织架构、财务状况及一年中的关键事件等信息，也包括对机构完成目标成果程度的评估，评估是以部门预算草案中列明的绩效评估方式进行。委员会需要就年度报告是否令人满意、是否需要进一步调查、是否准时送达向参议院做报告。年度报告的审核通常在11月份进行。

但总的来看，议会在预算中的监督作用是受到多个方面限制的。

1. 法律限制。澳大利亚宪法对议会在预算中的作用做出了严格限制，即议会只能投票拒绝或削减政府提出的支出方案，本身并不能提议新的支出方案，也不能改变资金的用途——即便不增加支出的总额。具体到参众两院来看：由于澳大利亚的选举系统对两大主要政党有利，执政党在众议院中占据大多数席位，再加之严格的党内纪律、高度的党内整合，以及把预算调整视作对政府不信任投票的政治传统，众议院在预算过程中发挥的实际作用很小；参议院虽然由反对党把持，但法律规定拨款只能由众议院产生，对政府日常服务的拨款还可以不受参议院的任何调整，所以参议院在预算过程中的作用也受到了明显限制。

2. 审查流程。现行的预算草案审查流程中，政府的财政战略计划书是与预算草案一并提交给议会的，制度上没有在讨论预算草案前考虑财政战略计划书的机制设计。如果能在预算递交前两个月先递交财政战略计划书，供议会就财政政策和国民经济运行总体状况展开辩论、促进理解，那么议会将在预算中发挥更大的作用。

3. 绩效预算。引入绩效预算的目的之一本来是更好地反映政府活动的绩效，进而为议会履行监督职能提供更优信息。然而,由于种种因素这一目的并未实现。第一,各政府机构提交给议会的部门预算草案是不具备法律效益的说明性文件,各政府机构的目标成果表述是拨付资金中唯一的法律依据;且最高法院裁定,政府机构的支出活动若符合其目标成果表述,即使未在提交给议会的部门预算草案中说明,也可以进行,相当于议会无法对政府机构安排资金、使用资金做出任何约束。第二,部门预算草案与政府机构内部管理脱节,议会并不能通过部门预算草案有效地监督政府行动。第三,如前部分所述,由于政府机构目标成果表述过于宽泛,部门预算草案并不能提供的信息无法实现有效的监管。

4. 分析资源。议会在审查预算、稽核政府的过程中,缺少可用的独立分析资源,目前主要依赖于国家审计署展开监督工作。

(二) 国库部监督

国库部监督方面,主要是对税收的征收监管。国库部下设的税务局,有2 000多名稽查人员,充分发挥计算机在税务征管中的作用,对纳税人有针对性地进行检查。

(三) 财政部监督

在财政与行政管理部监督方面,除在预算编制时对各部门支出进行测算、严格审核预算指标外,在预算执行中通过国库单一账户系统,与各部门零余额账户连接,对每天的支出进行分析和整理,随时监控预算执行情况。各部门每年10月上报上一预算年度财务执行报告,财政与行政管理部审核后在第二年3月上报议会审议,同时为作为制定下一个预算年度预算的依据。

(四) 国家审计署监督

审计署长负责为议会和公共部门实体提供审计服务。审计署长由总督依首相推荐任命,任期十年,同一人不得担任两届审计署长。审计署长是澳大利亚国家审计署的行政长官,独立于议会存在。审计署负责对所有政府部门进行审计、最主要的服务对象是议会,一般每年对每个部门的预算执行情况进行一次审计,包括"合法性"(主要看是否有违反国家法规和会计制度的情况)审计和"绩效性"(主要看资金使用效益、财务内部控制制度等)审计,但是对国库部则派出常驻工作组,每月进行一次审计。审计署每年10~11月要向议会提供各部门上一财政年度预算执行的审计报告,并向社会公布。审计署自身的预算执行情况则由议会聘请独立会计师进行审计监督。议会两院可以身体原因、能力原因或行为不当要求总督罢免审计署长。

(五) 公共账户与审计联合委员会监督

公共账户与审计联合委员会在每届议会开始时产生,包括16名成员,其中6名由参议院任命,10名由众议院任命。包括主席在内的委员会成员大部分为政府成员,副主席则总是来自反对党。公共账户与审计联合委员会的职责是审查政府使用公共资金的合法性、有效性及效率。公共账户与审计联合委员会是议会与国家审计署之间的正式链条,它负责检查审计署署长呈交给议会的所有报告,向审计署长反映议会认为的审计重心,此外它也有权批准或否决审计署长的任免以及审计国家审计署的独立审计师的任免,还对国家审计署每年的资源需求与运营进行审核。

二、政府预算监管政策创新

(一)创立行动计划

澳大利亚政府在2007年建立了以减少政府内部的繁文缛节(Red Tape)为目的的行动计划。这一精神是由财政部门的工作演化而来,并受到了于2005年11月发布名为《澳大利亚政府内部管理中关于繁文缛节的报告》的驱动。该报告由包括了主要部门的部长及长官的咨询委员会所委托制作。这个政策是实现在2007年早期发布的《减少澳大利亚公共服务中的繁文缛节》和《减少繁文缛节和澳大利亚政府管理中的不透明》这两个文件中目标的解释和指导。

就内部规范而言有两个基本问题需要被指出:第一,内部规范在发展和实施的过程中并不具备足够的严格性、一致性和系统性;第二,内部规范需求很少被部门职员正确理解,因此厌恶风险的人常常领导员工不适当地接受内部规范中并无相应实际需求的繁重过程(见专栏6-1)。减少政府内部繁文缛节的动力是为解决以上两个问题。因此,政策将通过保证实务反映实际的规范和所公布的管理要求,并保证这些都是最低限度的要求,同时是与问责制和透明度保持一致的要求,最终来提升预算部门的资源使用效率。

专栏6-1 定义"内部规范"

　　正如一般理解,条款章程规范指的是通过立法或其他政策工具规定的规则,常需要政府通过外部组织——常是商业企业——依照一定的方式去表现以实现。但是,政府在内部引导个体机构行为时还公布了更多的规则,尤其是在财政管理、采购、招聘和资料保存等方面。这些规范可被认为是"内部规范"。然而,内部规范是必要的,但其也很容易变为"内部繁文缛节"。

　　资料来源:Reducing internal government red tape, Auatralian Government, Department of Finance and Deregulation, Current Issue Brief, 7 September 2010.

为解决这些问题,就如两个关于内部规范的基本问题被阐明一样,两个行动计划被提出:第一,政府内部管理过程"设计和反馈结构"的运用;第二,一个以促进理解实际内部规章需求,尤其是阐明并纠正通常情况下对这些要求的误解为目标的计划。

(二) 建立新监管要求的过程

所有政府部门都必须使用新开发的内部监管框架。已有的要求也必须用新的框架进行重新评估。监管机构内部审查每隔3~5年进行一次,而"整个政府"内部监管审查每隔5到10年进行一次。

这个框架确定了三个基本原则,即监管的有效性、高效性和收益性。基于这些原则,建立了一个四级程序,包括:设计和分析;利益相关者协商;独立的建议;决策。

1. 设计和分析。设计和分析阶段涉及几个步骤:

第一,正确地识别要解决的问题,特别是,确保问题及其症状能被明显区分。需要对导致问题的"环境、故障和行为"进行分析,并且需要明确要达到的特定目标。

第二,设计新监管框架及要求需要一个详细的选择过程,而该过程的重点是放在开阔视野,超越传统的选择上。选择相关要求标准的可行性必须根据对其有效性和均衡性的判断进行评估。最后以初步成本/效益分析为基础确定首选。

第三,一个针对首选方案的完整的成本/效益分析是必须的,使用特定的方法(即业务成本计算器,一个基于标准成本模型广泛用于评估行政负担的方法)来评估成本。此外,要对这个选择的"效率"进行评估。这包括依据一些特定的标准进行评估,例如,是否重复现有需求,是否规定了最低的行政负担,是否使得对其管理和使其合规的财务影响最小化,问题的规模是否足以证明行动,以及建议是否清晰和明确。这些额外的测试显然是打算检查广义的成本/效益分析的质量。

第四,必须建立执行和审核战略。第五,针对方案是否满足框架原则和是否应该继续进行作出决策。

2. 利益相关者之间的协商。该框架建立了与利益相关者协商相关的几个目标。这包括:识别成功执行该新框架可能遇到的障碍,确定系统和程序需要更改的程度,所涉及的行政负担,一个机构的管理对其他方面的影响和可能没有考虑到的替代选项。

各机构在考虑内部规范的基础上拥有决定自有协商程序的自主权。考虑一体化监管,是否一定需要协商取决于提案的重要性。因此,"广泛的机构协商"通常对于重要的提案是必须的,虽然说出于政策的灵敏度和紧急性考虑时可能排除这种广泛的协商。对于那些不那么重要的建议,与"关键的利益相关者"或一小群有影响力的机构进行针对性的咨询就足够。

3. 独立的建议。对这一过程的要求也是灵活的。就内部要求来看,再次给予部门较大的自主权,这也表明"高级管理人员"完全可以在自己的能力范围内考虑这个框架。对于重大一体化要求,应当请示秘书组——The Red Tape Deputy Secretaries Group(澳大利亚一个专业的秘书小组)。除非在前期已经达到了审计最高执行官层面的正式协商结论,便不用再请示该秘书组。

此外,独立顾问需要得到所有相关信息,包括首选的分析结果和利益相关者的协商结论。在做出最终决策之前，过去收到的建议应该被考虑，而独立顾问的意见也应该传达给决策者。

4. 决策。框架指出，立法或其他需求可以反映所需的决策者的水平。因此，重要的一体化要求一般应至少由副部长批准，而更少的实质性建议可以由级别较低的官员批准。对决策者提供足够的信息的要求是很重要的，其中包括任何由利益相关者、独立顾问所提出的或其他已被处理的问题的细节。决策者应当以有关决定为基础，如框架过程是否被遵循；是否选择最有效果和高效率的选项；是否收益大大超过成本；是否有一个适当的评价策略。

可见，通过该框架建立的过程非常详细，并且其确保了与发展内部规范的方法保持高度的一致性。同时，通过确保在这个制定统一框架的过程中，采用了适当的方法，才能满足对新监管框架灵敏度和紧迫性的要求，且使得它具有灵活的重要元素。

（三）解决内部监管的"谬见"

第二个导致过多的内部规章问题的原因（除了发展内部规范的程序不足）是普遍缺乏对内部规范的实际要求的理解。特别是，无数的谬见已经被发现，而且谬见也已导致了一种普遍的看法，它断言内部规范的要求在众多领域比实际上所需要的更加复杂繁冗。因此，该计划旨在识别主要的"谬见"，这样做，提高人们对于主要领域的实际监管要求的理解。因为这将引导实务工作更接近现有的监管要求，这被视为一个减少内部监管负担的重要方式，特别是在短期内。

两种机制已经被采用。首先，《减少澳大利亚公共服务部门的繁文缛节》（Reducing Red Tape in the Australian Public Service）的下半部分指出了在采购和招聘的关键领域中所出现的谬见，其采取的方法是识别一个特定情况下出现的谬见，同时强调在每种可能出现的情况下实际的内部监管要求。此外，还对这些情况进行了补充，主要借鉴了以往关于招聘和采购内部监管要求的一些经验讨论，以及对这些领域较差实务工作的一些案例的分析。其次，一个独立的出版物：《减少繁文缛节——消除在澳大利亚政府管理中的"谬见"》——解决关键谬见在三个领域包括金融、官员授权和记录。解决包括财务、官员授权以及记录保持在内的另外三个领域的"谬见"。这篇文章的格式是表格式的，与特定的"谬见"和"现实"并列。表6-7显示了在《减少繁文缛节》一书中所揭示的一些"谬见"的例子以及对它的修正。

表6-7　　　　　　　　　　　　　　谬见与现实

谬见	现实
采购	
所有采购必须至少有三个书面报价。	在政策上没有报价的最小数量要求，但有强大的证据支持公开招标的大合同。
所有在AusTender网站上登广告的方法也必须在媒体上公布。	对广告没有专门的要求。为了鼓励竞争需要考虑是否需要代理商。

续表

谬　见	现　实
需要外部监督顾问以获得（中）高价值的采购	针对外部顾问，没有"硬性"的政策要求。
招聘	
不得私人联系或邀请别人申请职位。	可以有目标对象，并鼓励他们申请。
填补空缺必须使它在同一工作水平。	一个空缺的职位提供了一个重新评估这一工作角色的机会，包括其所需的水平。
招聘团队至少有三个人。	招聘团队有可能是一个人。
首席执行官的财政授权	
新的首席执行官任命时必须重新进行财政授权。	No。先前的授权仍将继续有效直到这一授权被撤销或更改。
不得授权给高管以下水平的领导。	Not true。授权的选择，包括层级，都是首席执行官自行决定的。
首席执行官指令	
所有的首席执行官的指令应当针对同一个问题并包括同等程度的细节	No。指令应该根据机构的需求来设定。
首席执行官能针对任何事情发出指令。	首席执行官不能对财政管理和问责制框架以外的问题发布指令。

资料来源：《减少繁文缛节——消除在澳大利亚政府管理中的"谬见"》，Reducing Red Tape-Dispelling some Myths in Australian Government Administration。

（四）监管改革

在更广义的监管政策的背景下，政府必须主动减少繁文缛节。几乎所有 OECD 国家的政府都有明确的计划来提高监管和审核流程的质量。在一些国家，这些项目已经开展二十多年。它们的存在证明了监管作为政府政策工具的核心重要性，反映了对于政府监管和其动力的大量理论性批评。在许多国家，这种"监管政策"或"监管治理"议程已大大改变了监管政策的开发和使用，并显著提高监管政策的绩效。

然而，这种监管政策议程基本上只关注影响政府外部团体的监管规则。因此，澳大利亚计划有效地扩展对系统性监管的质量保护政策的范围，同时也将政府内部监管包括在内。在这个层面上，对相似形式要件的采用是一个新颖的发展方向和潜在的重要创新。由于在监管政策上积累了大量经验，被要求采用的用于评估内部监管建议的模型大量利用了用于提高外部监管质量的评估框架（关于内部监管和外部监管的内容见专栏6-2）。

澳大利亚在监管改革方面是一个领导者，它从1980年中期就开始研究这个问题。当前倡议减少内部的繁文缛节是最近采取并正在进行的一批重大监管改革计划中的一个。例如，2007 年的《减少工作组业务负担的报告（银行审核）》导致外部监管的显著加强和许多重要的具体政策领域的监管改革。在实质上，大量的改变反映了现有的监管改革转变了国库部以及总理和内阁部的功能，"放松管制（Deregulation）"被包含在重要的中央机构的名字中，似乎旨在表明将对这一议程给予更大的关注（见专栏 6-3）。

专栏 6-2　内部和外部监管

监管通常可以被定义为一种要求人们做出不同于其自愿做出的行为的权利。监管本质上是合理的，私人动机与更广泛的社会福利需要可能不一致。就外部监管而言，政府一般采取行动纠正市场失灵或促进待遇或分配的公平。就政府内部调节，目的是在确保各个部门所做出的贡献，能使整个政府在政策有效性、公共资金的使用效率、透明度及问责制等领域，达到预期标准。

监管带来成本，同时也创造收益。复杂性意味着这些成本往往很难评估，并且它有时是源于实施监管时的意外影响。这将导致的必然结果是，与通常显而易见的好处相比，监管成本的自然隐藏性则将激励政府过度地使用这一工具。

此外，不监管的政治风险可能经常高于监管。"风险规避"的文化通常被视为过度监管的主要原因。这种现象可以同时适用于内部和外部监管。

虽然许多监管的动力，如上所述，通常是由于"内部"和"外部"的规则之间存在一些重要的差异。首先，与外部监管的应用相关的一个重要问题是，它所产生的隐形成本意味着它可能更倾向于使用更多可见的，基于税收及支出的政策行动。过度使用外部监管的激励很显然对于内部监管并不起作用，因为对于内部监管而言，监管的成本和收益都产生在政府内部。其次，当一个政府在监管自身时，特定决策成本的影响，至少潜在的说，比大多数的监管环境的问题更好发现和理解。因此由于低估监管成本而引发过度监管的可能性是很小的。即便如此，澳大利亚的行动计划表明，尽管有更大的可行性进行有效的成本/效益评估，实施内部监管的机构往往没有系统地尝试进行评估，甚至没有考虑内部监管的成本。最后，内部和外部监管的区别在于，当内部监管中产生过度监管时，受影响的人们有很小的动力去游说以改善其过度监管的处境，因为合规性要求并没有花费他们的私人资源。同样，他们进行游说的机会也相当少。

资料来源：Internal Audit Report，Procurement Process Review，August 2010，Department of Finance and Deregulation，Chief Operating Officer Group.

专栏 6-3　为什么把财政和放松管制相结合？

澳大利亚官员提出了三种可能的解释：

第一，在澳大利亚财政部不进行任何外部监管，所以在实现自由化议程中它没有固有的利益冲突。

第二，通过预算功能，财政部已经完全把政府内阁与其他决策过程结合起来了，这大大促进了放松管制的议程。

第三，财政部长在经济层面上已经不再受到其同僚的欢迎，因此在放松管制的背景下适当的增加其权利范围并不是大问题。

资料来源：由作者根据澳大利亚财政部网站中关于财政监管的相关内容整理，http://www.finance.gov.au/publications/igb/finance_minister_index.html。

澳大利亚开发和评估新规定的流程密切反映了经合组织评估新的外部监管的建议最佳实践模型。减少内部的繁文缛节采用的框架显示了与经合组织的监管影响评估最佳实践模式（RIA）高度的通用性。监管框架模型和最佳实践模型（RIA）之间的共同的组成部分包括：一个明确的识别监管提案潜在目的过程；识别解决问题的方式与评估其收益和成本的方法都会采用系统化的方法；决策规则的实现则要求在提案采用之前证明其净收益；必须与利益相关方协商（也有例外）；进行分析时需要获得"独立和客观"的反馈，特别是是否遵循达到框架背后的原则；通过生产过程提供给决策者所有相关信息；定期审查现有的在指定的时间间隔实施的监管要求。

（五）对该行动计划的评估

如前所述，减少内部的繁文缛节的动力与最佳实践管理改进模式都集中在一点，即保证监管是在一个系统的、合理的持续过程中发展的。因此它超越其他模式，成为最佳的理性决策模式（如专家模式、基准管理模式或公识模式）。

在给出所涉及的内部监管的最终资源成本和内外监管的重要差异后，拓宽监管改革原则在此领域的应用成为前进中重要的一步。采用适应内部监管环境的，更为广泛接受的监管发展模式，则可以更为确信未来将得出更好的监管决策。然而，对标准监管改革实践的一个明显背离是采用不同的决策规则：也就是 RIA 系统通常要求收益超过或"等于"成本，因此在此框架下只有内部监管的收益大大超过成本时才能采用它。这项行动计划的另一个积极的组成部分是，利用以往极重要领域监管实践的细节及具有指导意义的经验，来对监管发展的框架进行补充。另外，用关于招聘和采购的材料来明确一些监管的预期，说明对于评价内部监管，和在大框架中设定的管理要求的一般方法，以及这些方法的具体应用。识别那些特定的缺乏实践的领域，特别是因为缺乏对实际要求的了解而产生的"谬见"。

制度制定过程的一个特别的重点是由一个专业小组（The Red Tape Deputy Secretaries Group）组成的外部监督，可以确保采用一体化政府的观点，同时促使外部监督发挥高水平的权威作用。在使用指定的成本/效益分析框架下，这种方法应该构成一个有效的质量控制体系，它还应该帮助确保与整体框架高度的一致性。这就是说，小组中轮岗成员的安排可能成为一些阻碍具体项目专项技术开发的风险——但是这个问题可以由秘书处做适当的安排处理。

该行动计划可能会通过发布对于过度或低质量内部监管问题的根本原因的分析来进一步加强。目前，这种分析仅是声称产生"谬见"的原因是对实际的监管要求缺乏普遍了解，因此，允许个别代价高的"谬见"出现在处于风险规避环境中的官员身上。相比之下，更广泛的监管改革议程是基于对过度监管和低质量的监管的原因的详细分析，以及正在进行的对问题和解决方案的讨论。而发布对于问题分析的一个主要好处是，它将提供更复杂、更适应当前存在问题的解决方法的基础。通用的制度框架和一系列特定的问题领域的识别方法都是重要的工具。然而，对发展和补充这些政策工具都是有一个范围限制的。此外，更好的解释与内部监管相关的问题的具体性质和程度可加强各机构利用政策解决实现这些问题的承诺，最终提高政策的有效性。对问题进行详细分析在澳大利亚这一具体环境中可以说是特别重要的：许多和透明度及问责制安排相关的内部监管要求设定了广义的义务，但允许部门秘书和机构首席执行官在一些采购和招聘等主要领域灵活地定制自己的要求。这个行动计划中尤其受益的一个方面（源于对潜在问题的更多分析），是有效的识别并分析了存在于内部监管中流行的"谬见"。在识别具体的谬见的基础上，通过辨别实际监管要求来纠正产生谬见的监管方法，应能在短期内有效地改善实际情况。然而，一个长期的方法将会调查现有的内部监管要求的缺位，并系统地寻求解决方法。这就是说将解决谬见作为当务之急是重要的第一步，因为各机构对现有内部监管的一致应用，对于准确测度其本质及任何问题的范围而言将是一个前提，因此，也是改革本身的要求。

最后，对于问题更为细节化的分析可能导致对行动计划整体范围变化的思考。考虑到前一节中指出的激励问题，关于只适用于一个机构的内部控制是否应当服从整体制度框架的问题出现了。也就是说，考虑到在一个政府部门或机构内的行政和管理安排，一方被强加成本而另一方得益的激励问题并不明显——即该机构有一个明确的优化动力，因为这种方法的收益和成本本质上都积累于自身。这引出了这样的问题：这种政策范围的缩小是否可以形成更好地集中审查及改革的效果。

（六）结论

关于减少内部繁文缛节的行动计划是澳大利亚解决政府内部监管问题的开创性的尝试。这种方法的采用代表了用于确保内部流程基于系统和理性分析的重要一步。因此，在改善预算部门资源使用效率方面拥有巨大的潜力。正如OECD所指出的那样，建立一个一致的程序来开发和评估内部监管，其中内部监管采纳了用于开发外部监管的最佳实践程序的基本特征，这是十分合理的方法。这种基于程序的方法，再加上有针对性的举措来强调和解决具体问题，这很有可能就是一个有效地在短期到中期内能够实现重要改进的方式。

与更广泛的监管改革政策一样，那些旨在提高内部监管的质量和效率的政策在澳大利亚均需要日益扩大和完善。一些这个方向上尚未完成的潜在改革，需要确保对过度的内部监管问题的全面分析和公布，并设计和实施专门的应对这一分析的程序单元。与此同时，还要建立完善适合于该行动计划的绩效监控和审查机制，为改革提供适当的反馈，使其能够根据优点与不足进行改进。

第七章

澳大利亚政府会计与财务报告制度

■ 本章导读

根据加强财务监管力度的需要，随着澳大利亚政府财政改革和经济全球化的发展，澳大利亚在政府会计改革中逐步引入权责发生制。引入权责发生制之后，澳大利亚政府财务管理的范围得以扩大：从现金扩大到资金或者资本；重点出现转移：更侧重于营运总成本、资产和营运结果，侧重监管支出预算的执行绩效。这是澳大利亚财政改革的重大组成部分，体现了澳大利亚政府治理的需要，并最终有力推动了澳大利亚全面的政府改革进程。

政府财务报告是政府会计信息的最终载体，能够科学、客观、完整地反映政府财务状况，是评价政府受托责任的根本依据。澳大利亚政府财务报告制度建立在权责发生制基础之上，相对于其他国家而言，具有自己独特的财务报告特色。澳大利亚用了近二十年的时间，实现从收付实现制向权责发生制的转变，目前其政府会计、政府预算、财务报告都以完全的权责发生制为基础进行编制。

本章从历史的角度详述了澳大利亚政府会计模式极其演变过程，对澳大利亚政府会计准则及会计基础进行了系统介绍，最后对澳大利亚政府财务报告制度进行具体的叙述。

第一节　澳大利亚政府会计模式及其演变

一、政府会计规范体系简介

澳大利亚是一个联邦制国家，境内含6个州和2个行政区。地方政府拥有自身的财务管理法律法规，各级财政部门有权制定针对联邦统一会计准则的地方性补充条款。澳大利亚各个地方政府的政府会计规范体系总体一致，但也有细微差别，综合各州和行政区的情况，澳大利亚政府会计规范体系可以划分为三个层面：

法律层面：法律层面主要的构成主要包含财务管理法和财务管理规章（The Financial Management Act and The Financial Management Regulations）。

准则和报告层面：准则和报告主要由会计准则和概念公告（Accounting Standards and Concepts）、行政指令（Ministerial Directives）、紧急问题小组（UIG）意见组成。

会计实务层面：这一层面包含澳大利亚财政部门、会计准则委员会（Australia Accounting Standards Board，AASB）、审计机构和会计职业团体规章或建议。

政府会计规范在准则和报告层面与会计实务层面事实上并无清晰的界限。因为制定机构的不同，因此会计准则和行政指令时常同时有效，但双方并不存在明显的统驭或层级关系。

二、政府会计模式

20世纪80年代以来，各国包括中央和地方政府在内的政府部门会计主体开始采用企业会计和财务报告模式进行财务会计信息的编制。变革的重点在于是否和如何采用已经被企业会计主体成功运用的应计会计技术，即权责发生制反映政府会计主体的受托责任和绩效。

采用权责发生制的原因在于企业类型的会计信息在改进政府部门绩效和强化其受托责任方面产生的积极作用。同时，到目前为止国际范围内仍未形成一直有效的政府会计模式。当前，各国现存的应计导向政府会计至少可以划分为两种模式，即美国模式和澳大利亚模式。美国和大多数欧洲大陆国家，如法国、意大利、西班牙和葡萄牙等属于此种模式，实行修正应计制；大多数盎格鲁—撒克逊传统国家，如英国、加拿大、澳大利亚和新西兰则属于后一种模式，采取完全应计制。

政府会计概念框架，是可以用来指导和评价政府会计准则和政府会计事务的基本理论框架。20世纪80年代中期，为推动政府部门财务报告从原有的收付实现制向权责发生制的普通目的财务报告转变，澳大利亚会计研究基金会（AARF）和澳大利亚会计准则委员会（AASB）、公共部门会计准则委员会（PSASB）针对

第七章 澳大利亚政府会计与财务报告制度

公共和私人部门共同提出了普通目的财务报告的概念,并于 1993 年发布澳大利亚会计准则第 29 号《政府部门的财务报告》,正式要求政府部门据此编制普通目的财务报告。

在联邦政府会计目标方面,澳大利亚为联邦政府会计概念框架所确立的目标包含了决策有用和受托责任两个方面。在同时适用于企业和政府部门等各类报告主体的概念框架中强调普通目的财务报告的目标是提供对使用者做出和评价有关配置的决策有用的信息。政府财务报告的目标为:"提供对使用者经济决策制定目的的信息需求相关的信息。"受托责任被定义为提供信息使使用者能够做出有关报告主体绩效、财务状况、融资和投资以及合规性的知情判断。

在如何报告和履行受托责任方面,尽管承认使用者不具有一致的信息偏好,概念框架下的决策有用目标还是事先假定各类使用者的信息需求可以用基本使用这群体来概括,如同企业会计中投资者对企业利润和可持续性的关注那样。不同使用者具有类似报告需求的观念在澳大利亚会计概念公告第二号中得到了确立,即特定信息使用者的信息需求可能是重叠的。同时其概念框架进一步认为,联邦政府普通目的财务报告传统的"盈利"范式——资产负债表、利润表和现金流量表支持了等同于企业"投资者"的信息使用者是联邦政府会计主导利益集团的政策要求。

在资产报告方面,澳大利亚政府会计概念框架要求政府会计反映在报告主体控制下的所有资产,这一点与美国一致,而报告和计量的方式却不同。澳大利亚会计当局首先将资产定义为"报告主体控制的经济利益",之后又在澳大利亚会计公告中将资产定义为"服务潜能或未来经济利益",同时将"未来经济利益"解释为与服务潜能概念相同,代表了提供经济利益的能力。在此基础上概念框架要求政府部门对其控制的所有资产、承担的负债及其运营对这些项目产生的影响负责。只要规定的确认标准满足,所有主体控制下的资产、负债、收入和费用都要得到确认,而且对大多数资产都要计提折旧。

澳大利亚对资产的广义定义意味着资产是按照主题目标提供产品和服务的能力,而无论这些目标是向受益者提供特定数量的产品和服务,还是产生净现金的流入。该定义下资产的确认标准却成为所有资产得到确认的障碍。因为确认标准与服务潜能或未来经济利益是否能最终实现,或与服务潜能或未来经济利益是否能够被可靠计量有关。如澳大利亚政府会计的概念框架要求财务状况报表报告公共资产的"价值",对公共建筑、纪念馆、艺术作品、历史收藏、具有环境价值而需要保护的土地、湿地等不加区分,但它们的会计金额在确认和可靠计量上的困难实际上阻碍了这些资产在财务报表上得到反映。

在绩效计量方面,澳大利亚联邦政府会计概念框架将绩效定义为"报告主体为了达到既定的目标而经济地获取资源和有效率及有效益地使用资源的精益程度",尽管澳大利亚会计准则第 29 号(AAS29)承认财务信息不足以在经济方面充分评价政府部门的绩效,但并没有要求政府部门报告非财务性质的绩效计量。澳大利亚会计准则制定当局采取的观点是所有报告主体的本质特征是类似的,所有主题都应该有类似的绩效标准。为了推广采用权责发生制的普通目的财务报告,澳大利亚财政部还编制了与企业部门类似的财务绩效和财务状况比率清单。

三、政府会计模式演变

(一) 政府会计模式演变背景和过程

出于加强财务管理的需要，伴随澳大利亚政府重塑、财政改革和经济全球化发展，澳大利亚在政府会计中逐步引进了权责发生制。澳大利亚政府会计的权责发生制演变大体经历了三个发展阶段。

1. 改良收付实现制。20世纪80年代，为了加强财务管理，澳大利亚推行了"强化财务管理计划"，对资产进行确认成为其引入权责发生制政府会计改革的切入点。

(1) 改良行政会计处理方式。20世纪80年代，澳大利亚政府推行了以加强资源管理为目的的行政改革。1984年，澳大利亚公共服务委员会和财政部发表联合公报，要求在各政府部门实施强化财务管理计划。该计划为各政府部门的资源管理改革搭建了框架，提供了方法。在实施强化财务管理计划中，部分政府部门开始以权责发生制方式对资产进行确认、记录和核算。如以现金支出与否，对公路建设进行现金支出账务处理，而不进行资产增加的账务处理。

(2) 实施固定资产确认措施。在1991年《澳大利亚第27号会计准则：地方政府财务报告》颁布之前，受到私营企业管理理念的影响，澳大利亚地方政府在固定资产账务处理上存在着争议。在一些州的地方政府坚持"改良获利"的会计制度，对长期或非流动资产采取了"资产确认"措施。如以所有权形成与否为标准，对建筑物、植物及设备、供排水系统等资产进行确认、记录和核算。另一些州的地方政府则坚持实行严格的收付实现制会计制度，以现金支出时间为标准，对购置或者构建的长期或者非流动资产进行账务处理。

2. 收付实现制向权责发生制转换。20世纪90年代，澳大利亚扩大政府部门财务责任范围，实施财务管理改革，并自下而上逐步实行了政府会计及基础的转换。

(1) 率先在地方政府会计中推行权责发生制。20世纪80年代末、90年代初，随着英美新公共管理理念不断渗透，澳大利亚联邦政府和州政府大幅度推行公共管理改革，特别是伴随信息技术的发展和经济滑坡，共同孕育了一股政府行政改革风暴，强烈冲击澳大利亚地方政府。国会推行以提高公共资金使用效果为目的的财务管理程序和审计程序改革，不仅加大了地方政府财务管理责任，而且使财务报告编制基础改革成为地方政府改革的重点，同时还使地方政府财务报告编制基础改革成为澳大利亚政府会计权责发生制改革的突破口。1991年，澳大利亚会计研究基金会公共会计准则委员会发布《澳大利亚第27号会计准则：地方政府财务报告》，明确规定澳大利亚地方政府及其拥有或者控制的单位，必须运用权责发生制编制、发布通用财务报告。

(2) 政府部门在行政会计中全面推行权责发生制。20世纪90年代初，针对严重的经济衰退，澳大利亚政府推行扩大预算支出的扩张性财政政策，通过开展政策和项目评估，加强预算管理。财政部进一步下放部门预算权力，同时加强对部门预算执行效果的监督。为推动和评价政府部门切实履行会计责任，澳大利亚会计研究基金会公共会计准则委员会于1993年发布了《澳大利亚第29号会计准则：政府部门财务报告》，明确规定：澳大利亚政府部门及其控制的单位，必须以权责发生制为基础编制、发布通用财务报告。从1994~1995财政年度开始，澳大利亚联邦政府要求政府部门以权责发生制为基础编制外部财务报表。

（3）联邦和州政府在预算会计中逐步推行权责发生制。20世纪90年代初，与地方财政改革相比较，澳大利亚联邦和州政府主要侧重于财政管理方式的改革。澳大利亚政府不断扩大财政赤字，收到社会各界广泛批评。为此澳大利亚政府作出削减税收承诺，决定通过制定中期预算计划控制政府支出，政府在中期预算计划中对其将采用的财务准则进行了详细的说明。为了推动预算会计的执行，澳大利亚会计研究基金会公共会计准则委员会于1995年发布《澳大利亚第31号会计准则：政府财务报告》，明确规定澳大利亚政府及其所控制单位，必须以权责发生制为基础编制、发布通用财务报告。

3. 进一步深化和完善权责发生制。20世纪90年代中期至今，伴随政府预算改革、会计准则规范化、会计准则国际趋同化的发展，澳大利亚进一步深化和完善了政府会计权责发生制。

（1）扩大权责发生制实施的客体范围。1997年，澳大利亚国会颁布的《1997年财务管理和会计报告法案》明确规定：应以权责发生制为基础，编制、报告政府预算，编制、公布财务报告，进行政府会计核算。1998年，澳大利亚国会在颁布的《预算诚信章程》中要求，澳大利亚联邦政府要增加预算的透明度。1999年，澳大利亚联邦政府在预算中采取了两项改革措施：计量基础由收付实现制改为权责发生制；在产出——效果框架下，以权责发生制为基础编制预算报告。从1999~2000财政年度起，澳大利亚政府年度预算开始引入权责发生制。但由于政治原因，澳大利亚政府预算拨款仍然采用收付实现制，而预算报告则实行权责发生制。

（2）规范政府会计权责发生制。20世纪90年代中晚期，澳大利亚政府会计准则发展道路遇到了曲折：会计准则制定机构变迁、重组，多种会计准则并存，政府会计准则与财政统计标准存在差异，政府会计推行权责发生制存在着许多尚待解决的问题。为使政府会计准则与其他会计准则协调，与政府财政统计保持一致，使政府会计准则更加贴近政府会计改革的实际，澳大利亚会计基金研究会对政府会计准则先后进行了多次修改。1995年9月，澳大利亚会计研究基金会公共部门会计准则委员会就会计概念、名义资产原始价值确认、资金支出承诺等问题进行了研讨，并公布了《对〈澳大利亚第27号会计准则：地方政府财务报告〉的修改建议》。1996年6月至1998年6月，澳大利亚会计研究基金会公共部门会计准则委员会根据1995年公布的修改建议，修改并重新发布了《澳大利亚第27号会计准则：地方政府财务报告》；就流动资产确认、公共服务的提供和成本披露、准则案例简化等问题，修改了《澳大利亚第29号会计准则：政府部门财务报告》；就政府财务报告公示的注释问题与有关单位进行广泛协商，并发布了《政府财务报告公示注释草案》；就政府资产、负债、收入和费用等问题扩充了政府通用财务报告编制框架，增加了政府财务状况表和运作表，据以补充、修改了《澳大利亚第 31 号会计准则：政府财务报告》。1999 年，澳大利亚会计研究基金会计公共部门会计准则委员会，就延续地方政府实施区域性公路确认的过渡性政策等问题，又对 1996 年发布的第 27 号会计准则和 1998 年发布的第 29 号、第 31 号会计准则做了进一步修改。

（3）制定、执行国际趋同会计准则。从 20 世纪 60 年代开始，协调和改善各国会计准则的重要性日益显露。澳大利亚会计准则的国际协调起步虽早，却采取了逐渐趋同的方式，欧盟采用国际会计准则的决定，加快了澳大利亚会计准则国际趋同的步伐。2002 年 4 月，重新组建的澳大利亚会计准则委员会在修改、重新发布的《第 4 号政策公告：国际会计准则国际趋同与协调》中提出：澳大利亚会计准则的国际趋同目标是，通过参与国际会计准则理事会和国际会计师联合会公共部门准则委员会的活动，寻求制定一套国际上能接受、在本国可采用的会计准则，并指出这个目标不可能在短期内实现。2002 年 3 月，欧盟决定最迟不超过 2005 年采用国际会计准则理事会发布的国际会计准则。对此，澳大利亚财政大臣发表声明：澳大利亚从 2005 年 1 月 1 日起采取国际会计准则理事会发布的国际会计准则。2002 年 7 月，澳大利亚财务报告委员会对澳大利亚会计准则委员会做出战略指示，要求澳大利亚的营利组织从 2005 年 1 月 1 日起采用国际会计准则理事会发布的国际会计准则。澳大利亚会计准则委员会根据澳大利亚财务报告委员会的战略指示，对原有会计准则国际趋同计划进行了调整，2003 年 3 月发布了《澳大利亚会计准则委员会 2005 年采纳国际会计理事会发布的国际会计准则计划》，并在澳大利亚会计准则与国际会计准则理事会发布的会计准则比较的基础上，陆续发布了澳大利亚会计准则修订征求意见稿；2004 年 6 月发布了《与国际会计准则理事会发布的会计准则相对应的澳大利亚会计准则》。

在国际趋同会计准则框架下，澳大利亚会计准则共分为三类：与国际财务报告准则对应的财务报告准则；与国际会计准则对应的会计准则；国内专用会计准则。其中，国内专用会计准则主要指与公共部门或者非营利部门相关的，或者仅在国内适用的会计准则。根据澳大利亚会计准则国际趋同的决定，澳大利亚会计准则委员会对《澳大利亚第 27 号会计准则：地方政府财务报告》、《澳大利亚第 29 号会计准则：政府部门财务报告》和《澳大利亚第 31 号会计准则：政府财务报告》进行了修改，将其列为本国专用会计准则。

（二）政府会计模式演变主要内容

引入权责发生制后，澳大利亚政府会计、财务管理以及政府预算的内容、范围、重点和计量等都发生了变化。

1. 政府财务会计发生的变化。引入权责发生制后澳大利亚政府会计的归属期、要素、科目、计量属性和计量单位等都出现了变化。

根据业务和事项实际发生的时间确认、记录业务和事项。引进权责发生制之后，根据权利和债务形成的时间对收入进行确认、记录。确认、记录范围从现金业务和事项扩展至非现金业务和事项。原有收付实现制下，只针对现金收支业务和事项进行确认和记录。引入权责发生制后，又对政府及其部门和机构的全部资产和负债进行确认和记录，同时对政府活动的全部成本费用进行确认记录。增加过渡性会计科目。权责发生制下，通过过渡性资产和负债科目对应计收入和应计费用进行核算。根据经济收益和经济资源消耗的差额计量财务结果。同时，政府会计不仅关注资产总额并控制运营成本或服务成本，同时关注财务状况、权益变动以及运营活动的经济性、效率和效果。引入权责发生制后，政府会计开始反映资产的存量，推动计量属性多元化，推动主要运营结果计量单位多元化，实现财务报告体系的不断扩大。

2. 政府财务管理发生的变化。引入权责发生制后澳大利亚政府财务管理范围扩大，重点转移。原有收付实现制下现金收支是行政财务管理的对象，引入权责发生制后，资金或资本运动成为行政财务管理对象。财务管理侧重于运营总成本、资产和运营结果。原有不区分以往、当期和未来经济利益的流进、流出转变为区分以往、当期和未来经济利益的流进、流出，按提供的产品或者服务归集费用。同时实现了侧重监督支出预算的执行绩效。

3. 政府预算发生的变化。澳大利亚政府的预算编制方法、编制基础、范围、内容和财政余额计算在引入权责发生制之后发生了相应变化。新制度下根据政府预算单位产出——效果进行预算的编制，根据各单位预算汇总编制政府预算，根据应收、应付款项编制预算。另外，预算范围从预算期内收付款项扩展到预算期内的应计收入和应计支出，预算收支核算的内容也实现了丰富和增加，财政余额的计算也从根据预算期内已实现的预算收支确认、计算当期预算收支差额转变为根据预算期内的应实现预算收支确认、计算当期预算收支差额。

（三）政府会计模式演变的主要特点

澳大利亚政府会计模式从原有的收付实现制演变为权责发生制具有以下的特点。澳大利亚相对于其他国家政府会计模式演变相比较来看，其相对全面的推行了权责发生制。从会计基础改革深度看，法国和丹麦等采取了修正的收付实现制，即采取权责发生制确认、记录和核算某些具有明确期间的应收应付款项；冰岛等则采取修正的权责发生制，针对出资产或负债有所限制之外对收入和费用采用权责发生制进行确认记录和核算。澳大利亚则除地方政府控制的公路采用可选择不确认的过渡性政策之外，对其余资产负债、收入和费用一律按照权责发生制进行确认记录和核算。

以权责发生制为基础进行会计核算，编织机发布财务报告，编制、报告预算。澳大利亚以权责发生制为基础编制和发布政府财务报告，同时编制、报告预算。

各级政府部门、机构采用权责发生制进行会计核算，编制及发布财务报告。澳大利亚在政府及其部门和机构取得收入、发生支出时，采用权责发生制进行核算，仅在针对财政部门拨款时采用收付实现制进行会计核算。

同时，澳大利亚国家审计署在推动政府会计引入权责发生制方面发挥了积极的促进作用。20世纪90年代，澳大利亚公共会计和审计联合会（JCPAA）与国家审计署（NCOA）提出政府会计采用单一收付实现制对于政府的资源管理不利，因而将澳大利亚联邦和州的政府会计引入权责发生制的进程提速。

针对国际趋同的政府会计准则，澳大利亚政府并没有采取全盘接受的态度，而是结合国情，采取保持本国特色的积极态度。自从2002年欧盟做出于2005年采纳国际会计准则的正式决定以来，美国也在积极介入国际会计准则的趋同活动，因而促使澳大利亚也相应作出实质性反应。澳大利亚财务报告委员会（FRC）表示澳大利亚报告主题也将于2005年采纳国际会计准则（IAS）和国际财务报告准则（IFRS）。但与此同时澳大利亚会计准则委员会也相应针对IFRS中规定的选择性处理方法给予保留，如《澳大利亚第27号会计准则：地方政府财务报告》、《澳大利亚第29号会计准则：政府部门财务报告准则》和《澳大利亚第1013号会计准则：重要性》等。

（四）政府会计模式演变的作用

澳大利亚财政改革中，在政府会计领域引进权责发生制成为其重要的组成部分，显著推动澳大利亚改革。

原有的收付实现制下，政府财务报告单纯反映政府及其部门的现金流量，政府预算单纯反映其预算收支的活动，而核心的政府会计也只能记录、确认政府的现金收支过程。引入权责发生制后，政府财务报告将其报告范围从原有的现金流量扩展至政府及其部门的财务状况、经营成果和权益变动，相应的政府预算也将其范围扩展至报告政府的潜在税收能力以及政府债务等，而对于政府会计的要求则转化为针对政府及其部门的资产、负债、费用和收益等进行全面的记录、确认和报告。

澳大利亚政府会计模式从原有收付实现制转变为权责发生制也促使了政府切实履行职责和承担责任。澳大利亚行政改革中，扩展公共受托责任是其中一项重要内容，而采用权责发生制则要求政府会计加强对政府公共管理活动等的记录和反映，加强针对政府的问责和审计力度，由此推动政府切实履行政府职能，承担相应责任。

澳大利亚改革中又一重要内容是资源管理，作为世界主要的矿产资源出口国家，加强资源管理，降低行政成本，提高政府的资源管理能力迫在眉睫。原有制度下政府经常性支出与资本性支出混淆部分，财务报告反映的信息单一，预算支出混乱，不能实现澳大利亚政府对于加强资源管理的目标。新制度引进后，政府会计记录、确认范围扩展，财务报告反映内容增加、丰富，这对于国家财政合理配置资源，提高资源利用率，加强资源管理起到了积极作用。

（五）政府会计模式演变对我国的启示

政府会计领域采用权责发生制在澳大利亚推行以来，表现出澳大利亚政府降低运营成本、提高行政效率和管理职能，由此也充分体现出我国政府会计从收付实现制基础核算向权责发生制转变的必要性和重要意义。

当前，我国政府会计已然采用收付实现制为主要会计制度进行核算，单纯反映政府收入支出情况，不能完整反映政府活动，难以满足当前国内民众政务公开的切实需求。同时，由于单纯记录现金支出，不能记录、确认和计量政府行政和管理成本，仅仅反映会计报告时点的现金余额而不能完整反映其资产存量，对于社会公共资源的合理配置和充分利用具有较大难度。另外，由于单纯显示拨付款项而缺少政府未偿还债务情况，由此加大政府行政风险，这对于当前我国地方政府债务高企的情况具有极大的警示作用。原有的收付实现制已经不能满足当前我国社会经济发展的需要，阻碍了政府会计职能的正常发挥，对于我国政府国际竞争力产生负面的影响。

在推行政府会计模式改革的过程中，澳大利亚政府改革的进入是多方面的互动过程，政府会计模式改革进行了二十多年的时间，在追求政府会计准则与国际会计准则（IAS）和国际财务报告准则（IFRS）日趋融合的情况下仍然紧密结合本国国情，采取循序渐进的演变措施。对于一个主权国家，政府会计模式演变趋同不仅仅关系本国的政治程序，也影响着本国国家利益的得与失。我国政府层级多，财政收支和国有资产规模庞大，在当前深化经济体制改革的今天也依然要坚持逐步推进，循序渐进的发展变革原则。当前，我国仍然处于社会主义初级阶段，社会主义市场经济已然不够成熟，国际化程度水平低，而国际会计准则（IAS）和国际财务报告准则（IFRS）的基础建立在成熟市场经济之上。因此，我国应当结合本国实际国情，结合本国经济、政治、文化环境，建立起一套符合本国经济和政府行政管理特色的政府会计制度，推动本国经济平稳向好发展，充分维护我国国家利益。

第二节　澳大利亚政府会计准则

《澳大利亚政府会计准则》（Australian Accounting Standards，AAS）是澳大利亚用于规范国内公共部门的会计准则。其中的《澳大利亚会计准则第 27 号》、《澳大利亚会计准则第 29 号》和《澳大利亚会计准则第 31 号》用于分别规范地方政府的财务报告、政府部门及其机构的财务报告和政府财务报告编制。

总体来说，27 号、29 号和 31 号会计准则均采用权责发生制为编制基础，在会计目标、会计要素定义、会计信息质量要求的确定上主要采用会计概念公告的相关规定。澳大利亚会计模式改革后，由于会计概念公告同时适用于公司会计准则和政府会计准则，因此权责发生制的使用以及对会计概念公告的采纳使以上三项准则与公司准则基本一致。具体上说，由于澳大利亚各级政府层级差别，三项准则除针对原有会计目标、会计要素等基本内容进行确认外，同时根据政府特征，针对其中不同的报告主题进行细分和确认，将政府主体有别于公司主体的特殊项目的反映、确认和计量、报告进行相关规定。概括来讲，澳大利亚公共部门采用的会计准则主要包含：澳大利亚会计准则（AAS）、四项会计概念公告（SAC）和紧急问题小组（UIG）的意见等。其中仅适用于政府公共部门的是《澳大利亚会计准则27号——

地方政府财务报告》（AAS27）、《澳大利亚会计准则第 29 号——政府部门财务报告》（AAS29）和《澳大利亚会计准则第 31 号——政府财务报告》（AAS31）。

一、会计准则体系概述

2005 年 1 月 1 日起，澳大利亚全面采用了国际财务报告准则（IFRS）作为国内财务报告准则。澳大利亚遵循 IFRS 的报告主体非常广泛，其中包含私人部门、公共部门、上市公司和非上市公司。澳大利亚会计准则委员会（AASB）对于新制度下国际财务报告准则（IFRS）的态度是采纳其中的内容，针对澳大利亚国情进行额外要求和规定，并进行适当的修改。

在会计准则委员会对会计准则引入新的编号制度后，现行澳大利亚会计准则体系主要包括三大内容：（1）与国际会计准则相对应的国内准则：AASB1 - 99 准则同国际会计准则委员会（IASB）发布的 IFRS 相对应，AASB100 - 999 准则对应于现有或修订后的 IAS；（2）针对澳大利亚国情制定的适应性准则：AASB1000 以上的准则系列，此类适应性准则多与公共部门或非营利部门有关或者仅适用于澳大利亚国内；（3）针对某些类别主体的其他准则：主要代表 AAS 系列，由于 AAS 系列上没有对应的 IFRS 而暂时进行保留，适用于政府部门。

二、会计准则的特点

澳大利亚会计最为显著的特点即为"部门中立"态度。会计准则的主题并不区分公共部门和私人部门，并且积极采用国际财务报告准则（IFRS）。部门中立态度来源于澳大利亚的公司法、会计概念框架和会计准则的体系之中。而由于公共部门与私人部门同时采用国际财务报告准则（IFRS）政策，则在国内适应性准则的制定中，也相应增加了设计公共部门的相关补充性规定和说明。

信息披露领域，与国际报告主体相比，澳大利亚非公开交易的报告主题需要承担更多的信息披露要求。体现澳大利亚针对信息披露的高透明度和完整度要求。

由于公司法的要求，澳大利亚在财务报告列报、合并与单独财务报告编制的准则中采用了比较严格的规定和要求。体现了公司法在国内会计立法体系中的重要作用。

三、政府会计准则总体特征

（一）会计基础

澳大利亚政府会计采用权责发生制，要求政府财务报告以权责发生制为编制基础。权责发生制与收付实现制的区别在于交易确认的时间和空间。收付实现制关注现金的收支，以收到或支出现金的时点为标准确认交易实现。权责发生制是以收入和费用是否已经发生为标准来确认本期收入和支出的一种方法。其基础主要是从权责发生的时间上规定会计确认的基础,核心在于根据权责关系的实际发生时间来确认收入和费用。权责发生制关注经济价值的改变,除了对涉及现金的交易进行确认外,还确认不涉及现金的重估和准备事项。

澳大利亚权责发生制的应用主要引起了以下几点变化:社会保障金发生时确认政府的负债和成本;对于可折旧资产的折旧计提;社会公共债务利息的计提核算。

(二)会计目标

澳大利亚通用目的财务报告应为财务报告的使用者提供有用信息,为使用者制定或评价其资产配置决策提供帮助,同时为财务报告主体管理下属机构解除受托责任提供便利。由此可见,地方政府、政府机构和州政府的通用目的财务报告应当涉及其财务状况、运营成果、投融资情况以及其他相关信息。

(三)会计信息质量特征

会计信息质量特征主要包含可靠性、相关性、可比性和可理解性。可比性和可理解性定义引自《会计概念公告第3号》,对公司和公共部门通用。同时准则指出,若通用目的财务报告要求披露业绩指标,则业绩指标应当符合准则对于可靠性、相关性的要求,披露方式应当符合准则对于可理解性和可比性的要求。

(四)会计年度

澳大利亚会计年度自7月1日开始,于次年6月30日截止。

(五)通用目的财务报告主体

澳大利亚《会计概念公告第1号》规定,报告主体为编制财务报告的主体(含经济主体),能够合理预期存在使用者需要其主体编制通用目的财务报告进而提供帮助使用者评估或决定其资源配置决定的有价值信息。这表示报告主体的确定是以使用者信息需求为导向,同时表示法定机构和其他组织本身不作为报告主体,而当可以合理预期有使用者需求时可以被视为报告主体。因此,在能够合理预期存在使用者的信息需求时,联邦政府、州政府和行政区政府、各地方政府和大部分政府部门都应被作为通用目的财务报告的报告主体,地方政府或政府部门主导的某些主体或由主体构成的团体也被作为通用目的财务报告主体。

(六)重要性原则的应用

AAS27、AAS29、AAS31分别规定在编制通用目的财务报告时,应按照《澳大利亚会计准则第5号——重要性》要求应用重要性原则进行职业判断。

四、AAS27、AAS29、AAS31 主要内容

AAS27、AAS29、AAS31 针对会计要素的确认、计量以及财务报告的格式和内容的规定与其他准则基本一致，以下主要针对三项准则与其他会计准则的规定上的差异进行说明。

（一）《澳大利亚会计准则 27 号——地方政府财务报告》（AAS27）

1. 财务报告主体。根据 AAS27 要求，各地方政府均为一个报告主体对地方政府通用目的财务报告进行编制。地方政府包含地方政府主管机构控制的所有主体。因此地方政府财务报告的列报范围包括地方政府主管机构直接或间接控制的一切商业和非商业活动。AAS27 在界定报告主体时关注的是针对主体的控制，通过对其他主体的控制以实现对其他主体管理和资源的掌握。对主体的控制指地方政府主管机构有权直接或间接指挥或指导其他主体的财务和管理运营决策，进而使其他主体在其既定目标下进行运作。

在使用者信息需求导向下，地方政府主管机构控制的部分主体也可以编制财务报告。但这些财务报告仅能作为地方政府财务报告的补充部分，而可替代地方政府的财务报告。另外，根据 AAS27 过渡性规定，如果受控主体财务报告的报告期与地方政府不同，过渡期内地方政府可以选择将该主体排除在地方政府财务报告列报范围之外。

2. 确认和计量。资产的确认和计量。地方政府资产主要可分为两部分：一部分是运营性资产，另一部分是基础设施资产、继承资产和社区资产等向公众提供长期服务的资产。由于第二部分资产的计量存在操作上的困难，因此 AAS27 对于后者并未作出具体规定，对于其计量基础的选择可选择根据 AAS29 规定进行。同时 AAS27 要求针对非流动资产应按照准则第 4 号进行折旧计提。确认资产应当满足资产定义和确认标准。地方政府资产指由于过去交易或事项产生的地方政府可以控制的未来的经济利益。只有资产所包含的未来经济利益很可能流入，资产的成本或者其他价值能够可靠计量时，地方政府可以在财务报告中确认其资产。地方政府对资产的控制指地方政府为实现其目标而从资产中获益的能力，以及组织或限制其他主体从资产中获益的能力。

AAS27 第 36 段至第 39 段规定了资产的计量基础，根据不同情况资产应采用不同的计量基础：首先，如果资产取得时有初始成本，则应按照《澳大利亚会计准则第 21 号——资产的取得》规定，按资产取得时资产的购置成本计量。若合并外部主题，则可辨认资产应按照取得时公允价值计量，可辨认资产的成本和公允价值之间的差额按照《澳大利亚会计准则第 18 号——商誉会计》规定计入商誉。另外，若未支付价款获得的资产，或仅支付名义价款获得资产的，按照取得时资产的公允价值计量。公允价值无法确定的，按照重置成本和在生产成本中较低者作为公允价值估计值。另外，地方政府重组的情况下，若转入方政府没有支付价款即取得资产

或仅支付了名义价款即获得资产，可以按照公允价值或资产转移前转出方政府该资产的账面价值进行计量。同时，非流动资产的重新计量按照澳大利亚会计准则第10号规定。地方政府也可以选择净现行成本作为非流动资产重估的计量基础，在选择净现行成本基础时应参照《会计实务公告第1号》的规定。

除此之外，AAS27还针对特定资产的确认和计量进行了规定，其中主要包括因等比例未履行承诺而产生的资产。针对特定类型的承诺或其他会计准则有相关规定外，地方政府可以选择不确认此类资产。但AAS27鼓励披露资产性质，并在能够可靠计量的情况下披露金额。另外针对过渡性规定中所提到的资产，过渡期间地方政府可以选择不确认道路用地及其他在AAS27公布前获得的，不能可靠计量的资产。如果在初始取得资产时点未确认资产但在以后报告期确认资产的，或已确认资产但在以后期间进行重新计量的，则调整净额应计入调整期间的累积溢余或赤字，而不是调整当期损益。

负债的确认和计量。负债确认应当满足负债定义和确认标准。地方政府负债指地方政府引过去交易或事项承担的现时义务。该义务履行会导致未来经济利益流出地方政府。当且仅当未来经济利益的流出很可能发生且负债金额能可靠计量时刻，地方政府应在财务报告中确认负债。AAS27规定了资本性支出承诺的披露规则，若资本性支出承诺未满足负债确认条件时不能在财务报告中确认，应当在财务报告附注中进行相关披露。

收入费用的确认和计量。收入和费用的确认应满足收入和费用的定义和确认标准。地方政府收入主要包括提供产品和服务的收入，对其他主题投资或贷款，出让资产，接收补助、捐赠和赠与以及债务的免除。地方政府费用包括提供产品和服务的成本，员工薪资和福利以及资产的使用等。AAS27规定凡符合定义和确认标准的收入和费用，应当在财务报告中进行确认。关于收入确认和计量中，AAS27所指捐赠不具有所有者投入性质，包括自愿性转移和非自愿性转移。自愿性转移包括补助津贴、捐赠以及赠与。地方政府补助来自于联邦政府和州政府。联邦政府可直接向地方政府提供补助，也可以通过州政府向地方政府提供补助。非自愿性转移包括使用费、专项税费、罚款和经常性收费等。当地方政府取得捐赠资产的控制权时，应当将该项捐赠确认为收入。对于已确认为收入的捐赠，地方政府因为满足捐赠条件需要返还的，应同时确认为负债和费用。另外，地方政府重组会引起资产和负债在政府间的转移。根据AAS27的规定当转入方政府没有支付价款或仅支付名义价款取得资产和负债的，则转入方政府应当确认为按公允价值计量的资产和相关收入，负债和相关费用。

权益的确认和计量。权益和所有者投入的确认需要满足其定义。根据地方政府会计规则，地方政府的权益主要包括累积溢余和资产重估准备。其中累积溢余（赤字）可以分为当期和以前运营活动带来的累积溢余（赤字）和收入准备（revenue reserve）。联邦政府和州政府对地方政府拨付的补助和津贴以收入的形式入账，一般并不具有所有者投入的性质。但是地方政府有时会取得所有者投入，例如外部所有者对地方政府主管机构控制的公司的资本投入。

3. 财务报告及披露。根据 AAS27 的要求，地方政府应根据《澳大利亚会计准则第 24 号——合并财务报告》编制合并财务报告。地方政府合并财务报告是通过汇总地方政府主管机构控制的基金、公司和其他主体的个别财务报告编制形成，合并报表编制过程中应当消除关联方交易的影响。

地方政府合并财务报告主要包括：

（1）利润表。AAS27 要求地方政府根据澳大利亚会计准则第 1 号的规定编制利润表。该报表按照性质或类型对收入和费用进行分类，并披露各类收入和费用的汇总合计。对准备金转入和转出，AAS27 规定应当在权益变动表中进行披露。地方政府重组发生的收入和费用以净值为基础在利润表中披露。

（2）资产负债表。资产负债表应当遵循《澳大利亚会计准则第 36 号——资产负债表》的要求。资产负债表上资产和负债应按照其性质或类型划分为流动资产和负债以及非流动资产和负债。

（3）所有者权益变动表。所有者权益变动表应当披露地方政府各类权益的当期变动情况，具体反映各类权益变动的性质和金额。

（4）现金流量表。AAS27 要求地方政府根据《澳大利亚会计准则第 28 号——现金流量表》的要求编制现金流量表。

除个别情况（AAS27 第 105 段规定）之外，地方政府在编制财务报告时应当提供以前年度的比较信息。

财务报告附注披露和其他形式的披露包含以下几个方面：根据性质或类型对资产、负债、收入和费用分类，按来源或性质对权益分类，以附注或其他形式反映。另外单独披露地方政府重组中发生的资产和负债并说明资产和负债转出方地方政府。按照地方政府的职能或业务进行分类，以附注形式披露各类职能或业务的性质和目标以及能够确定归属于这一职能或业务的资产，以附注或其他形式披露当期能够确定归属于该职能或业务的收入和费用，补助收入应当单独披露。受限制资产的披露则需要根据 AAS27 的规定，若部分或全部资产的用途受到限制，则附注中应当披露受限制资产的总额以及限制条件的性质和程度。在受部分限制的情况下，应当披露受限制部分的金额和限制条件的性质和程度。关于捐赠条件，财务报告的附注中应当进行分别披露，针对当期发生资产支出的捐赠收入，与未来提供产品或服务相联系的、在当期确认的捐赠收入，与未来期间的收费相联系的、在当期取得并确认为收入的捐赠，前期已确认为收入，但在当期收到的捐赠。关于资本性支出承诺，需要区分为对报告日存在的、未确认为负债的资本性支出承诺，在附注中分区间披露。针对符合性报告，地方政府应当在附注中披露地方政府的运营情况中的特定资产使用情况，与其他法律法规及行政规定不相符合的情况。关于业绩指标，AAS27 鼓励地方政府在附注中披露业绩指标，同时这一信息也应同时满足会计信息质量特征要求。

(二)《澳大利亚会计准则 29 号——政府部门财务报告》（AAS29）

1. 报告主体。根据 AAS29 的规定，大部分政府部门都是报告主体并编制政府部门通用目的的财务报告。同时政府部门内部个别主体也可以根据使用者信息需求，作为独立的报告主体编制通用目的财务报告。AAS29 规定政府部门通用目的财务报告的编制范围包括政府部门控制的所有主题。财务报告反映政府部门控制的一切资源，以及建立在资源配置和管理基础上的运营业绩、财务状况和现金流量。对于由政府部门保管不受政府部门控制的资源，例如代收款项和其他代管资产等不在政府部门财务报告中确认，但同时应当在附注中进行披露。

2. 确认和计量。资产的确认和计量。AAS29 关于资产确认与计量的规定与 AAS27 基本相同，对等比例未履行承诺的规定与 AAS27 一致。两者不同之处主要体现在以下方面：

AAS29 具体规定了政府部门的资产主要包括基础设施资产、继承资产、社区资产以及其他长期提供服务或经济利益的资产。若未来经济利益流入政府部门具有重大不确定性（例如研发支出），或价值难以可靠计量（例如自然资源），则此类支出或资源不确认为资产。AAS29 鼓励政府部门采用净现行成本计量基础设施资产、继承资产和社区资产。这些资产的净现行成本可以参考《会计实务公告第 1 号》及其操作指南的规定加以确定。

此外由于政府部门存在大量代收款项和代管资产如税款，这些代收款项和代管资产是政府的收入而不是政府部门的收入，因此 AAS29 要求由政府部门收取或保管但不用有控制权的项目，不在政府部门资产负债表中确认为资产，同时应当在附注中进行披露。

负债的确认和计量。AAS29 中关于负债的定义和确认标准与 AAS27 相同，同时更为详细。AAS29 中还规定了作为负债的拨款，根据规定若政府采用"所有者/购买者"模式，则议会拨款可能具有负债性质。另外政府部门存在着由政府或其他主体承担的负债，这是政府部门的特殊项目之一。这部分负债主要包括员工长期服务的休假福利和其他福利，政府部门的人工成本和其他经营费用，以及员工在政府部门间调动发生的负债的转移等。如果政府部门的负债由政府或其他主体承担，则政府部门应当相应确认收入或所有者权益。

收入费用的确认和计量。AAS29 中关于收入和费用的定义和确认标准与 AAS27 相同。政府部门的收入包括使用费、罚款和杂项收费、捐赠、因提供产品或服务而取得的收入等，这部分收入与州政府收入构成类似，但差异在政府部门收入还包括各项拨款收入和有其他主体承担的负债，这部分特殊的收入来源是由政府部门的性质决定的。政府部门的费用通常包括工资、薪金和其他员工福利、资金以及在提供产品和服务时耗用的资产成本。总体看，针对上述收入费用应当在政府部门取得相关资产控制权时按照控制权的取得程度确认收入。

权益的确认和计量。政府部门的所有者即为政府，政府部门的所有者投入和向所有者的分配是政府部门与作为所有者的政府之间的非互惠性转移。政府部门的资源转入可能具有收入性质，也可能具有所有者投入性质，因此应当根据所有者投入的定义判断政府部门资源转入的性质。现行澳大利亚政府财务管理模式下，一般不会发生具有所有者投入或向所有者分配性质的交易或事项。但如果政府采用其他财务管理模式下,如在"所有者/购买者"模式下形成正式的权益基础,则政府部门会发生具有所有者投入或分配性质的交易或事项。

3. 财务报告和披露。AAS29 同样要求政府部门根据 AAS24 编制合并财务报告。政府部门的合并财务报告主要包括:(1) 合并利润表,AAS29 要求政府部门遵循 AAS1 的规定编制利润表。利润表可供选择的格式包括强调当期服务净成本的格式和强调当期运营成果的格式,利润表的格式会影响现金流量表的格式。另外,准备金转入和转出应当在所有者权益变动表中披露。(2) 合并资产负债表。资产负债表编制应按照 AAS36 的要求,资产负债表上资产和负债应按照性质或类型区分为流动资产和负债与非流动资产和负债。(3) 合并现金流量表。AAS29 要求政府部门按照 AAS28 的规定编制现金流量表。若利润表采用强调当期服务净成本的格式,则现金流量表应当披露从经营活动现金流量到当期服务净成本的调整。关于其他披露,包括说明受政府控制的主体。

根据 AAS29 的要求,政府部门通用目的财务报告必须披露的事项包括(分类别披露)使用费、罚款和杂项收费;(分类别披露)拨款;当期由政府或其他主体承担的负债;当期未支付价款即取得或仅支付名义价款即取得的产品或服务的公允价值;因行政性重组所确认的资产和负债总额;分类别列示权益。另外,AAS29 专门规定对限制性资产、捐赠附带条件、权益变动、符合性信息、服务成本和成果、政府部门代管的收入等项目、不符合确认条件的负债以及业绩指标的披露要求。其中符合性信息主要指与议会拨款规定的复合型,服务成本和成果及政府部门代为管理的收入等项目则是 AAS29 特有的披露规定。

AAS29 强调政府部门主要是以服务为导向的主体,政府部门通用目的财务报告也应当反映这种服务导向的性质,因此,AAS29 对服务成本和成果作了专门的披露规定。根据 AAS29 规定,财务报告编制者应运用职业判断确定政府部门的主要业务,政府部门通用目的财务报告应当披露各主要业务的性质、目的和能够可靠归属各类业务的收入和费用。当发生政府部门间业务转移时,应单独披露转入方政府部门和转出方政府部门分别对该项业务确认的收入和费用。政府部门经常为政府代征收入,代垫费用,并代为管理资产和负债,如税收收入即为税务总局代为征收的。虽然这些项目不在政府部门的财务报告中确认,但 AAS29 要求对其进行分类别的披露。

(三)《澳大利亚会计准则 31 号——政府财务报告》(AAS31)

1. 报告主体。根据 AAS31 规定,政府(包括联邦政府、州政府和行政区政府)被视为独立的报告主体,其通用目的财务报告采用合并财务报告形式,包括政府所有资产、负债、收入和费用。

AAS31 针对之前 AAS27 和 AAS29 中"控制"进行了详细的界定,包括控制权的影响因素、其他主体的受托责任、另一主体的剩余财务利益、"控制"的含义以及对日常管理的控制五部门。"对主体的控制"指有权直接或间接驾驭另一主体的财务和运营决策,从而使另一主体在控制方主体既定的目标下运营。AAS31 规定,判断政府能否控制另一主体依据两个因素：另一主题是否对议会、执行官或特定行政长官负有受托责任；政府是否拥有另一主体净资产上的剩余权利。AAS31对上述两点的成立条件分别进行了规定，并列出政府不能控制其他主体的情况。另外，AAS31指出政府有权控制其他主体并不意味着政府需要对其他主体的日常运营负责。我国企业会计准则也对"控制"作了规定，指有权决定一个企业的财务和经营决策，并能据以从该企业的经营活动中获利。我国会计准则对控制的界定与澳大利亚会计准则大致相同，只是后者强调的是受控制主体的运营活动是为了实现控制方主体的目标，而我国强调控制方主体能够从受控主体的经营活动中获利。

2. 确认和计量。AAS31针对资产的确认与计量的规定，包含定义、确认标准和计量基础等，主要引自相关的会计概念公告和会计准则。针对资产确认，AAS31要求确认基础设施资产、继承资产、社区资产和其他能够长期带来经济利益的资产。因等比例未履行承诺而产生的资产无须在资产负债表中确认，但如果其他准则对此进行规定以其他准则为准。政府可以依据过渡性规定选择暂时不确认特定资产（如道路用地），但须在财务报告附注中对资产的类型进行披露。如果上述特定资产的确认政策发生变更，应当相应调整累积溢余/赤字，并进行披露。在资产计量问题上，AAS31要求按公允价值计量未支付价款即获得的资产或仅支付名义价款即取得的资产。如果公允价值难以确定，则取得资产重置成本和再生产成本中较低者作为公允价值的估计值。另外，AAS31规定政府对前期已取得但未确认的资产在报告期进行的初始确认应遵照其他澳大利亚会计准则的相关规定，如果其他准则未作规定则鼓励政府采用净现行成本作为计量基础，但不排除采用其他计量基础的可能。

针对非流动资产，AAS31要求政府应当遵循AAS10对非流动资产进行重估，重估的基础可以采用净现行成本或其他计量基础。重估周期上政府可以选择以5年为周期对一类资产的所有项目依次重估，无须遵循AAS10以3年为重估周期的规定。非流动资产折旧遵照AAS4规定，同时AAS31要求对基础设施资产、继承资产和社区资产计提折旧。

负债的确认和计量。AAS31针对负债的定义和确认标准的规定同样主要引自相关会计概念公告和会计准则。AAS31强调政府的支付意愿本身并不构成政府的现时义务。只有在政府没有自主权或仅有少量自主权来避免未来经济利益流出的情况下才能确定为负债。另外AAS31要求因等比例未履行承诺而产生的负债无须在资产负债表中披露，如果其他准则对此进行规定则以其他准则为准。

收入费用的确认和计量。收入费用的确认应当满足其定义和确认标准。政府收入主要是捐赠收入，包括非自愿性转移形式的捐赠（如税收和罚款），也包括自愿性转移形式的捐赠（如补助和捐款）。政府是地方政府和政府部门的预算资金的拨付方，因此政府一般没有拨款收入，但政府可能受到来自其他政府的补助，在利润表上反映来自其他政府的补助或援助收入。AAS31主要讨论捐赠的确认和计量。政府接受捐赠不会导致负债的发生。即使捐赠资产的使用受到捐赠方限制，政府也无须承担向捐赠人支付未来经济利益的现时义务，因此收取受限制资产并不构成政府负债。政府取得捐赠资产控制权开始的时点取决于政府与捐赠方之间的协议。如联邦政府向州政府提供援助，只有当州政府满足补助资格标准或已提供与补助相关的服务或设施时，应确认为资产和收入。同时，外界向政府的利益转移可能兼有互惠性和非互惠性，如一主体有意以显著低于公允价值的价格向政府转移一座建筑物，则与该建筑物相关的支付义务构成了政府的一项负债。

权益的确认和计量。政府权益的构成与地方政府基本相同，AAS31主要强调应将捐赠和所有者投入区别开来。所有者投入是一种非互惠性转移，只有当资源投入形成投入方对政府净资产上的财务权利，而且投入方因此获得回报或有权将该项投入出售、转移或赎回时，该项投入才属于所有者投入。例如受政府控制主体向社会公众发行股票，这种以公开发行股票的方式筹集资金属于所有者投入。

3. 财务报告与披露。政府应当遵照AAS24规定，通过合并构成政府经济主体的所有主体的个别财务报告来编制政府通用目的财务报告。AAS31简要说明了合并过程中的注意事项和可能发生的问题，如抵消政府内各主体之间的交易、对各主体报告日不同的处理、对各主体会计政策不同的处理以及对个别财务报告确实的处理等，具体参照AAS24规定执行。

政府合并财务报告主要包括：（1）利润表，政府应根据性质和类型对收入和费用进行分类并在利润表上按类别列示；（2）资产负债表，政府应将资产和负债区分为流动性和非流动性，并根据性质或类型对资产和负债进行细分，在报表中以合计和分类形式列示；（3）现金流量表，政府应按照AAS28规定编制现金流量表，但无须披露未使用贷款和信贷工具的详细信息。另外政府的现金流量表应单独列示受政府控制的金融机构的现金流量，并在附注中详细披露相关信息。除个别情况外，政府在编制合并财务报告时应提供以前年度的比较信息。

应当在附注中披露的重要事项包括以下内容：（1）应税收入的确认政策。政府应当在其财务报告附注中披露主要税收的会计确认政策；（2）准备金的转入和转出应根据AAS1的规定，影响累积溢余/赤字的准备金转入和转出应在利润表的当期经营成果之后列示，但AAS31只要求在附注中披露这一信息；（3）不符合确认标准的负债。对不符合确认标准的负债，应当在附注中披露此类负债的性质，若负债金额可以可靠计量时，应当披露相关金额；（4）关于资本性支出承诺，对于报告日存在的、未确认为负债的资本性支出承诺，应当在附注中分区间披露；（5）权益及权益变动，政府应以附注的形式披露各类权益从期初余额到期末余额的调整，并说明各项权益变动的金额和性质，但无须披露属于外部主体的资本、准备金和留存收益或累计损失；（6）关于受政府控制的金融机构的现金流量，政府应当在附注中披露金融机构现金流量的详细信息；（7）按业务分类的信息，政府应在附注中按业务类别披露归属于各类业务的资产、负债、收入和费用。信息披露时应抵消一类业务范围内各主体间关联交易的影响；（8）业绩指标，AAS31鼓励政府在附注中披露其业绩指标但这一信息同时应当符合会计信息质量特征；（9）对于等比例未履行承诺，AAS31鼓励政府在附注中披露因等比例未履行承诺而产生的资产和负债的性质，如果金额可以可靠计量，也可以披露相关金额。

第七章 澳大利亚政府会计与财务报告制度

第三节 澳大利亚政府会计基础

一、政府会计核算基础改革

（一）权责发生制预算和会计的实施情况

1994~1995财政年度开始，澳大利亚联邦在政府会计中引入权责发生制作为计量基础，同时要求政府部门以权责发生制基础编制经审计过的财务报告，从1999~2000财政年度起，政府年度预算也引入权责发生制。1999年澳大利亚联邦政府在预算改革方面采取两项措施，一项是将计量基础由收付实现制调整为权责发生制，另一项则是在成果和产出框架下编制权责发生制基础的财务报告。

与收付实现制预算相比，权责发生制预算优点在于能够为政府决策提供更加全面的、有用的信息，使政府可以更好地进行更有效的资源利用决策。通过引入权责发生制预算，向部门提供资源，这些资源的预期用途与评价资源支配绩效信息之间的联系更为紧密。

权责发生制预算改革建立在澳大利亚实施的其他财政改革基础之上，以支持改进的财政管理体制，包括更多地将资源管理权力和受托责任下放到部门。由于权责发生制预算方法可以获得资源的全部成本，因此可以提供有关公立部门业务收费的更精确信息。

权责发生制预算侧重于财务管理的三个重要方面：经营总成本、资产管理和现金流量管理。经营总成本通过在经济业务发生当期加以记录来确认。资产管理通过将资产的成本与使用情况更好的配比来实现。因为在权责发生制下要确认各部门所拥有的资产成本，也就促使有关部门处置那些利用率较低的资产。为了促使人们更加关注资产的投资成本，澳大利亚政府对各部门按其净资产的12%征收资金占用费，以此保证政府向部门提供的权益能够有所回报，同时能够确保澳大利亚公共部门和私人部门在商品和服务提供方面可以有更激烈的竞争。现金流量管理是有效财务管理的一个重要组成部分，它可以保证先进的供给充足，需要支付商品、服务费用和员工工资时，不会出现资金短缺情况。

针对成果与产出框架，在澳大利亚，所有政府部门都要求明确成果与产出，还需要确定相关成果、产出和委托经营项目的绩效信息。绩效指标通常反映不同项目对实现成果贡献程度的有效性、产出的价格、质量和数量、相关委托经营项目的预期特性等。所有政府部门都要求在其预算和年度报告等受托责任报告汇总列示有关绩效信息。澳大利亚财政部确定有关成果和产出的规范指南，还制定了成果与产出框架下绩效报告的编制指南。产出的质量指标通常涉及有形的、客观的指标（如及时性和准确定）和无形的、解释性的数据（如客户满意度）；产出的数量指标可以是处理投入或申请的次数；委托经营项目需要有关实现拨款、转移支付或就基金支付之类目标的指标。

澳大利亚联邦政府的财政目标按权责发生制预算中的术语表示。财政余额是以权责发生制为基础计算的,在权责发生制框架下,财政政策的焦点是财政余额。财政余额不同于现金余额。权责发生制下,如果联邦政府发生了一笔不需要立即支付的现金费用,如应计的养老金负债,则表现为财政结余的减少,但现金余额可以保持不变;如果联邦政府用现金支付了应归属于前期的费用,如发放养老金,这一业务会导致现金余额的减少,但对财政余额没有影响。

澳大利亚政府会计核算基础权责发生制改革主要经历三个阶段。第一阶段是部分政府出于管理需要开始尝试采用权责发生制核算方式对收入实现制核算基础进行部分修正式改革。第二阶段是从20世纪80年代开始至90年代中期,政府会计核算基础逐步从收付实现制向权责发生制转换。第三阶段是从20世纪90年代中期到21世纪初,以权责发生制为核算基础的政府会计制度全面推行,并逐步向着规范化、国际化发展。

20世纪90年代中期,澳大利亚先后发布了《澳大利亚会计准则第27号——地方政府财务报告》、《澳大利亚会计准则第29号——政府部门财务报告》和《澳大利亚会计准则第31号——政府财务报告》,要求澳大利亚联邦政府、州政府和地方政府及其拥有或实际控制的所有单位必须以权责发生制为基础编制和发布通用目的财务报告。这也标志澳大利亚公共部门正式全面采用以权责发生制为基础的会计核算制度。近几年,为保持上述三个准则及其他会计准则内容的协调统一,澳大利亚政府会计制度进行了一系列修正和改革,但权责发生制的核算基础并没有改变。

作为澳大利亚新公共管理改革的重要组成部门和催化剂,政府会计的权责发生制改革不仅对澳大利亚政府部门的会计核算体系和财务报告制度产生了重大影响,而且带来了资源管理和核算方式的重大进步。这样的财务体系可以使议会真实了解到政府提供的产品、服务和这些产出对澳大利亚社会福利的贡献及其真实成本。与收付实现制核算基础相比较,人们普遍认为以权责发生制为核算基础的财务报告可以为报告的使用者提供更多有用的信息。除了在私人部门应用中所体现的优势外,权责发生制在公共部门的应用还会带来以下好处:一是通过揭示公共部门提供服务所耗费的资源量和全部成本信息,强化并扩展了公众和议会的职责。二是使公共部门管理层不仅仅关注于提供公共服务过程中投入了多少资源,而且关注于资源的高效率配置和服务成果的取得,从而为科学决策提供了依据。三是提供了大量的公共部门绩效信息,提高了公共部门绩效监控水平。四是有利于不同层级政府之间以净资产等指标为基础,进行纵向对比。五是有助于全面理解公共部门的资产和负债。

(二) 澳大利亚权责发生制政府会计报告体系

在会计报告方面,澳大利亚的权责发生制基础的政府会计报告体系,包含以下四种用于披露相关信息的报表:一是利润表,反映按照权责发生制基础确认、计量的收入和成本费用,揭示政府财政执行情况;二是资产负债表,反映政府的财务状况,包括各种资产和负债的具体项目;三是现金流量表,反映政府现金流入及流出情况；四是权益表，列示流向资本市场的投资额。

上述报表构成了政府会计报告体系，充分披露了政府会计机构提供的所有商品和劳务的成本，以及这些机构代表澳大利亚联邦政府管理的资源。

二、实施权责发生制会计基础效果

澳大利亚实施权责发生制预算和会计以来，在改进政府管理方面取得了明显的效果。主要表现在以下几个方面：

能够全面反映政府债务，使政府相关决策更为科学、谨慎。由于权责发生制预算和会计能够全面反映政府债务情况，包括政府已发行的国债、各种应付款项，也包括应计提的养老金等隐性债务。这就使得政府不得不更为谨慎地进行相关决策。例如，养老金问题，在收付实现制下只反映当年的责任，而权责发生制下反映的是将来养老金支出的增长，这就为政府制定社会保险政策提供了更加准确的信息。

为政府防控风险提供了决策依据。权责发生制预算和会计能够真实、全面反映政府的财务状况，使政府能够及时了解各种风险情况，提高了防范风险的能力。例如，新西兰政府对森林有大量投资，但由于木材价格和汇率变动造成投资价值的波动，为了避免这种风险，政府卖出了股份，正是由于这些风险在资产负债表上的明显反映以及对价值变动采用的权责发生制的核算方法，才为政府防范风险提供了决策依据。

推动了对政府资源的有效管理。采用权责发生制方法，使得政府机构拥有的各种资源如建筑物、基础设施等各种固定资产、存货等一目了然，人们可以充分了解这些资源的状况和使用效率。为了鼓励提高资产使用效率，澳大利亚和新西兰均采取征收资金占用费的措施，这意味着各政府机构将不再免费使用国家的资源，促使资源的使用者更加关注资产的使用效率，及时发现和处置不良资产。例如，澳大利亚国防部在2000年出售或租出了其三个主要城市的闲置不用的地产，新西兰教育部卖掉了几处20世纪60年代购置的地产。

三、我国政府会计采用权责发生制的实践意义

以收付实现制为基础的政府会计不能反映相关服务的全部成本，提供的信息具有误导性。首先，使用以前年度购买的资产损耗的计量，在收付实现制中容易被忽略。其次，收付实现制对于整个政府机构运行的实际成本以及所提供服务的成本的估计有时并不准确，如资产与存货使用期间，政府运行的实际成本和服务成本可能会被低估，而在资产与存货购进期间容易被高估。

如果以权责发生制为会计基础，政府报告要求的内容与企业基本相同，会计主要提供财务报表并以其他报告进行补充，即权责发生制会计除提供政府现金流量报告外，还要对资产、负债、收入和费用等事项有详细而完整的报告。这样，一些原本被收付实现制会计遗漏的非现金交易信息被纳入绩效管理的对象中，从而有力地

保证财务信息的完整性。

政府部门提高运行效率的重要措施，是建立政府绩效评价制度。绩效评价强调预算、成本、绩效三者相关联，而三者有效关联的关键是准确获取公共服务成本信息和政府财务状况信息并与产出和成果相配比。收付实现制下的会计信息缺乏可靠性、一致性、及时性，很难实现投入与产出成果的匹配。在权责发生制会计中，费用和成本概念取代了现金支付概念，对政府提供产品和服务所耗资源的成本反映更加全面准确，而且将对特定产出成果发生的预算支出同资源耗费的归属期间相配比，采用一定程序和方法将费用分摊到对应的产出和成果上。

收付实现制会计不但能对政府的未来承诺、担保和隐性债务进行反映，还可能掩饰政府潜在的财政危机。而权责发生制会计能够比较真实地反映政府的债务与财政的状况，可在一定程度上纠正财务信息失真的状况，披露财政潜藏的危机，有助于政府制定完整的债务归还方案，有效防患未来的或有风险。按照我国《预算法》的规定，地方政府预算必须保持收支平衡。但实际上，目前许多地方政府已经产生了巨额负债。这个问题在收付实现制会计情况下，是无法在政府预算和财务报表中反映出来的。权责发生制会计则能提供正确的政府债务信息，提醒各方关注财政运行状况，及时防范财政风险。

以权责发生制为基础的会计信息不但有助于使用者充分了解政府主体拥有和控制的资源，而且有助于评价会计主体使用这些资源的效益性。因此，将权责发生制引入政府会计体系是必然的选择。在引入权责发生制进行政府会计改革中，我们既要借鉴西方国家在改革过程中取得的先进经验，同时要针对中国国情进行有选择的批判吸收。完善预算会计体系不可能一蹴而就，需要采取循序渐进的方法，扎扎实实、稳步推进收付实现制向权责发生制的转化，这样不但可以大幅度降低改革的成本，还可以使改革的成效得到最大限度的提高。

首先，我国的市场经济体制及相关的财政体制都处在深化改革和完善的过程中，在政府会计中引入权责发生制，必须考虑到我国公共管理治理和财政管理的需要。其次，在政府会计中引入权责发生制，还须结合预算编制、预算运行管理和审计监督的需要。目前我国预算会计信息的使用者主要为内部使用者（财政部门、预算单位、主管部门等），对立法机关和审计部门等报告信息的使用者没有明确规定。随着我国资本市场的发展，政府投融资活动日益增加，市场投资者对政府会计信息的需求也会增加。因此，政府会计改革必须与部门预算改革、政府采购制度改革、政府支出绩效评价改革等相协调，满足各类会计信息使用者的需求，提供政府会计信息及相关技术手段，共同推动财政管理工作高效率、低成本运转。

权责发生制在政府会计中的优势作用须与现存制度耦合才能体现出来。为此，我们要尽快修订和完善法律法规和财经规章制度，推动相关配套改革，为政府会计改革创造良好的制度环境。最近几年来，我国公共财政改革力度逐步增大，部门预算、国库集中收付、政府采购、国有资产管理等改革相继推出，为政府会计确认基础向权责发生制转变创造了必要的条件。

在世界各国，权责发生制的应用没有统一的模式，在何种程度和范围采用权责

第七章 澳大利亚政府会计与财务报告制度

发生制，需要以各国的经济发展水平、制度环境与公共治理的需要为前提。从目前各国改革的进程来看，基本上都实行了循序渐进、分步改革的办法。为此，我国在政府会计改革过程中，也要结合政府治理现状，考虑政府会计和预算管理的需要，循序渐进，审慎引入权责发生制作为会计确认基础。

众所周知，会计基础是一种计量标准，它不可能脱离会计体系整体而发挥作用。权责发生制的应用只有在有效的政府会计和财务报告制度框架下才有实际意义。会计基础的选择取决于政府财务报告的目标。在发达国家政府财务报告制度的发展过程中，财务报告的目标大体经过三个发展阶段：以反映预算资金使用的合规性为主阶段→以满足财政管理的需要为主阶段→以说明政府受托责任为主阶段，如美国目前的政府财务报告目标即以说明受托责任为主，要求政府提供政府全部经济资源的使用和占有情况，为此应采用完全的应计制基础，提供包括政府所有长、短期资产和负债以及政府固定资产在内的会计和财务信息。美国 GASB（Governmental Accounting Standards Board）美国政府会计准则委员会的第34号准则公告则要求美国政府会计采用双重形式的核算基础：政府整体报告、企业基金使用完全的应计制，政务基金使用修正的应计制；大多数 OECD 的国家采用了包括修正现金制、修正应计制以及完全应计制三种不同程度的应计制基础。从当前趋势看，修正现金制已逐渐被各国所淘汰，国际会计师联合会公共机构委员会在编制国际公共机构会计准则新草案中更是将其删除。国外应计制政府会计改革实践业已表明，实施应计制必须：以法律保障为前提、制定或选择适当的政府会计准则、依据不同的情况采取不同的方式推进、考虑其制度变迁成本。建立完整、系统的政府会计与财务报告准则体系，对于保证应计制的规范运用、保证政府会计和财务报告信息的可靠性与可比性，具有极为重要的意义。政府财务报告既反映预算收支，也反映政府的资产和负债情况；既反映当年预算政策的执行结果，也应反映以往决策累计的财务效应，是政府决策和公众了解政府绩效的重要信息源。时至今日，我国尚未构建完整意义上的政府财务报告制度：财务信息仍以反映政府基本支出的预算执行信息为主，对于各种基金和政府的项目支出政府所承担的受托管理责任，披露不明确；未能真实反映政府的所有债务负担、资产存量与质量等财务信息，不少与预算收支没有直接关系的重要财务信息被忽视或遗漏；不能全面及时地提供政府资源流动、政府财务状况、业务运营情况和服务成本的信息，会计信息过于简单造成政府财政透明度不高、不能充分揭示政府的财政风险。缺乏一套完整而系统的政府财务报告体系，致使财政经济政策的选择和预算编制缺乏充分的政府财务状况等全面信息作依据；不利于立法机关和公众监督管理政府资金的分配与运行，易误导其决策与判断。

我国现阶段并不存在放弃现金基础转而采用应计基础的紧迫压力，全面转向应计制的时机和条件尚不成熟。实行完全的应计制，意味着对政府固定资产的大规模重新评估，除了相关制度建设以外，最为重要的挑战，还在于政府会计从业人员的培训和政府会计软件的开发。鉴于我国政府财务报告的范围界限尚未确定，一步到位带来的可能舞弊，基于成本效益原则，也不宜在短期内完全采用。我们认为，根据我国的国情，政府会计基础目前宜选择修正的应计制，完全的应计制应当作为一个长期的目标；当务之急乃是重点研究基于应计制的政府会计和财务报告准则制定的指导思想、基本框架。可考虑借鉴 GASB（Governmental Accounting Standards Board）美国政府会计准则委员会的"双重标准"经验，对纳入报告范围的不同主体，分别采用不同的核算基础；对某些公共企业和盈利性事业单位等报告主体，宜直接采用完全的应计制。改变单一的政府预算执行情况的报告模式，采取综合财务报告模式，拓展政府财务报告的信息域，使之不仅提供国家预算执行结果，也反映政府整体财务状况和财务效率（政府绩效）。

政府会计基础的选择取决于政府会计的目标。在我国，政府会计目标在于提供能满足其会计信息使用者需要的财务信息，反映政府履行受托责任的情况。传统上，政府受托责任的核心是反映政府部门预算执行情况以及支出是否符合有关法律法规要求。在当今经济全球化的背景下，政府受托责任的具体内容与形式发生了根本性的变化，要求预算执行过程既应确保财务合规性，也要确保公共资源使用取得绩效和政府财政的可持续性。不同的公共管理理念决定了会计目标差异，必然导致不同的政府会计确认基础的选择。

鉴于我国政府公共管理目标仍属传统合规性而非绩效结果导向的基本国情，选择采用修正的应计制，渐进引入、分步推进应计制的应用路径。采取部分会计事项实行应计制的试点做法，逐步向完全应计制过渡。可以从调整对资产、负债、收入、支出等会计要素的核算办法入手，适度调整现行政府会计确认基础的内容和范围；积极创造条件，研究将国有资产权益、政府采购资金纳入政府会计核算的可能性；采用应计制核算收入、支出、债权、债务的部分事项，及时反映社会保障基金整体运行状况，合理确认国债借款费用与债务担保责任，充分揭示政府隐性债务、防范财政风险；改进固定资产购置与耗费核算办法，对固定资产购置成本资本化，逐步计提折旧反映政府固定资产的成本耗费，以及修订政府财务报告编制规范等多方面措施。

第四节 澳大利亚政府财务报告制度

一、政府财务报告制度改革情况

（一）财务报告制度改革历程

澳大利亚政府和财务报告制度改革，是与政府财政管理改革和政府会计改革密切联系而又相互促进的。20 世纪 80 年代初，澳大利亚州政府面临严重的财政危机，其中两个州立银行倒闭。这一危机引起了社会公众对政府财政管理和政府财务报告机制的质疑，进而引发了对公共部门采用权责发生制的大讨论。为了科学准确反映政府财务状况，增加财政政策和预算管理的透明度，从 1984 年开始澳大利亚联邦政府开始着手对政府会计和政府报告体系改革事宜进行研究，并做了一系列前期准备工作。90年代开始正式揭开澳大利亚政府会计和政府财务报告制度改革的序幕。

澳大利亚采取"一步到位"的做法推行政府会计和政府财务报告制度改革，即直接从收付实现制改为完全的权责发生制。1992年，澳大利亚联邦政府和各州政府成立了联合工作小组，开始研究从收付实现制转向以权责发生制为基础的政府会计和政府财务报告制度。1994年，澳大利亚政府颁布了《1994财政管理法案》，规定了政府财务报告编制指南和具体细则，要求政府部门编制资产负债表、利润表以及现金流量表，按照月度、季度、半年和年度报送。1997年，澳大利亚颁布了《1997财务管理和责任法案》，① 明确要求权责发生制应作为政府预算、政府会计和财务报告的基础。经过最初几年编制年度财务报告后，澳大利亚政府从1998~1999财政年度开始编制月度财务报告，但并不对外公布。1999年，澳大利亚政府在预算管理中也引入权责发生制。2000年，澳大利亚政府开始编制季度财务报告、中期财务报告并逐步对外公布。需要说明的是，月度财务报告和季度财务报告的主体只包括预算拨款部门，而中期财务报告和年度财务报告主体则包括所有政府实体，即不仅包括广义政府部门（General Government），还包括公共非金融公司（Public Non-Financial Corporations）和公共金融公司（Public Financial Corporations）。年度财务报告必须经过审计，其审计报告必须在年度财务报告中一并对外公布，其余报告则无须经过审计。至此，澳大利亚步入财政预算、政府会计、政府财务报告都以完全的权责发生制为基础的时代。

（二）改革成效

澳大利亚实施以完全的权责发生制为基础的政府预算、政府会计和政府财务报告制度改革以来，能够更加全面准确的反映政府资产、负债等财务状况，提高财政管理透明度，强化政府受托责任，取得了较为显著的成效。

全面反映政府财务状况。实施权责发生制政府财务报告制度，可以全面记录和计量澳大利亚政府资产、负债等情况，能够真实、全面的反映政府财务状况。根据权责发生制政府财务报告反映的财务信息，政府还可以对拟决策事项进行分析和判断，进而做出正确的决策；可以对资产维护、重置而引起的未来资金需求提前做出预测；可以对政府现有的负债的清偿提前做出计划；可以向公众充分展示政府对资产、负债管理责任的履行情况。

合理匹配成本与产出。将政府提供的产品或服务与其成本合理匹配，是政府绩效评价的基础。澳大利亚权责发生制政府财务报告可以为政府部门提供相关成本信息，并在成本与产出合理匹配的基础上确定政府提供某项产品或服务的"真实完整成本"。这一成本及相应的产出，既在期间上具有可比性，又可以与私人部门进行比较，据此可决定是从政府内部提供还是从非政府组织直接购买产品或服务；更重要的是，以这一成本为基础，有利于在管理上以产品或服务的产量来衡量政府部门绩效。

---

① 于2014年7月1日合并入《公共治理、绩效与责任法2013》。

准确反映政府资产信息。实施权责发生制政府财务报告改革，澳大利亚政府可以取得高质量的资产信息，有助于对资产的维护、过剩资产的处置、损毁或陈旧资产的重置做出更优化的决策。根据政府财务报告和资产登记簿中的信息，通过使用恰当的折旧方法，可以确定政府资产的持有成本和使用成本（如折旧、维护保养费用等），市政府部门准确的判断应该提供哪些产品或服务，以及如何最有效的提供这些产品或服务，并对外充分提供相关信息。

准确反映政府的债务信息。澳大利亚权责发生制政府财务报告能够准确反映政府的负债情况，既包括政府已发行的国债、各种应付款项，也包括应计提的养老金等隐性债务，可以有效避免隐性负债藏而不露的问题，又能促使政府尽可能不将应承担的当其债务转嫁给继任者，有利于科学进行预算管理，促使政府更为谨慎的决策。

提高财政财务信息透明度。澳大利亚权责发生制政府财务报告可以充分、真实地反映所有资产、负债信息，有利于政府进行资产负债管理，还为社会公众提供了准确评价政府财务状况和运营情况的依据，大幅提高了政府透明度。此外，由于澳大利亚政府财务报告是按照国际通用的公认会计准则编制的，其提供的财务信息具有标准化和一致性特点，更有助于准确评价政府绩效，进一步提高了政府透明度。

在取得上述成效的同时，澳大利亚政府预算、政府会计和政府财务报告实行完全的权责发生制，也存在一些不足。一方面，对政府领域采用企业化管理模式，实行完全的权责发生制，导致政府财务报告编报程序繁琐，耗费大量人力物力，弱化了对政府现金流的控制，另一方面，按完全的权责发生制编制的政府财务报告，内容复杂，国会议员、社会公众等非专业人士很难看懂，政府绩效管理并未完全达到预期目标和效果。

二、政府预算报告体系

在澳大利亚，《预算诚信章程》、《总审计长法》、《档案法》、《公共服务法》及《财政管理和责任法》① 共同构成了该国财政预算信息公开的法律基础。在此基础上，澳大利亚建立了较为完善的财政预算信息公开制度，包括财政预算报告制度、权责发生制、预算信息审计制度等，关于财政预算信息公开的内容将在第十一章中进行更为详细的阐述。其中，政府预算报告体系包括年度报告、中期报告、选举前经济和财政展望报告。

董妍和耿磊（2010）对澳大利亚预算报告体系做了总括性的介绍。其中，年度报告由财政部发布，包括：财政预算和经济展望报告（Budget Economic and Fiscal Outlook Reports，预算报告）、年中经济和财政展望报告（Mid-year Economic and Fiscal Outlook Report，年中报告）和最终财政结果报告（Final Budget Outcome Report，最终报告）。就目的而言，预算报告和年中报告是规划和展望，而最终报告则主要

---

① 于2014年7月1日合并入《公共治理、绩效与责任法2013》。

第七章　澳大利亚政府会计与财务报告制度

是回顾和总结。三种报告种类共同形成了政府财政年度报告制度体系，使公众能及时全面地了解每个财政年公共预算的制定和执行情况，约束政府自身的财政行为，保障预算的有效执行。中期报告也由财政部每 5 年发布一次，用于评估现有的财政政策在未来 40 年内的持续影响。选举前经济和财政展望报告则是在大选前 10 天内由国库部秘书和财政部秘书发布，用于选举前财政信息的重新核实和公开。通过上述多种报告方式的结合，政府和公众就能够随时了解全面、动态的预算信息。

在各类预算报告中，年度报告是政府向公众公开财政预算信息最主要的形式，因而是三种报告中最重要的报告形式。而年度报告中的年中报告和最终报告严格来说属于预算执行报告和决算报告。因此，整个预算报告体系的核心当属财年初的预算报告。对于只有极为简化的年初预算报告和年中决算报告，以及 2010 年才开始在中央各部委逐步推行部门预算公开的中国预算报告体系而言，希望能一蹴而就地建成如澳大利亚那样系统的预算报告体系并不现实，因此更为务实的做法应当是首先借鉴澳大利亚的年初预算报告制度。

澳大利亚年初预算报告主要由四个预算文件（Budget Paper）构成：预算战略和展望；预算措施；政府间财政关系；机构资源。和这四个预算文件一并公开的还有预算陈词、预算一览、预算概要和拨款议案。

（一）预算陈词（Budget Speech）

预算陈词（Budget Speech），目的在于阐述和论证本年政府工作的核心目标，以及实现该目标所需的各项财政投入、产出和结果的关键性指标，同时也分析中长期的经济形势并确定当前预算的总额控制目标和主要措施。以 2011～2012 年的预算陈词为例，它是澳大利亚副总理兼财长向议长提交的对 2011～2012 年拨款议案的二读文本。该年政府的核心工作是要使得更多的澳大利亚人能够分享经济增长带来的机会。围绕核心工作以及通过对全球背景中国内宏观经济的判断，制定了预算的核心任务是：培养更具生产力的劳动力人口，提供更好的教育和卫生保健服务，减轻家庭生活成本，推动可持续发展性投资，扶持小型工商业和制造业，以及在预计财政收入减少的情况下力争实现财政盈余。同时该陈词还简要论述了对各项核心任务承诺的财政投入、产出目标和预期实现的结果。

（二）预算一览（Budget at a Glance）

预算一览（Budget at a Glance），是对关键性预算总额（budget aggregates）以及政府预算优先排序（budget priorities）的一个概述。以 2011～2012 财年的预算一览为例，它首先强调政府要确保在 2012～2013 年实现约 220 亿澳元的预算盈余并努力控制财政支出的实质性增长。接着在有限的预算盘子中必须要确定哪些项目具有较高的支出优先权。这些具有优先权的支出项目和预算陈词中的预算核心任务保持一致，但更为简单明了。它以分项列支的方式着重突出本财年新增的项目和支出。该文本文字精练、提纲挈领，总共仅有两页。

（三）预算概述（Budget Overview）

预算概述（Budget Overview），是对预算一览的进一步细化。公共预算的核心并非简单的分钱，而是公共政策的论证及其政策成本的评估。预算概述实质就是围绕预算陈词和预算一览中提出的政府核心任务而展开的对一系列公共政策群的进一步详细论证。主要包括论述政策问题的形成、政策议题的重要性和紧迫性、政策方案的中长期规划和项目分解，已有的财政投入、本财年预计的财政投入和后续的财政投入，以及预计的政策产出。同时还包括政策实施所需的相关配套措施的介绍，例如政策执行机构的设立、人员配备、资金分配方式等。预算概述的一大特色是除了文字陈述外，还为相关内容配备了大量的图表信息，使公众更加直观明了。此外，在预算概述的最后还列出了和财政总额信息相关的重要附件表。以2011～2012年的预算概述为例，列出的附件包括：(1) 分别以收付实现制和权责发生制为基础测算的各年财政收支及结余总额；(2) 自2010～2011财年年中报告后的政策执行以及自然灾害应对支出对后续财年财政平衡的净影响的评估；(3) 各项减税措施对增加不同类型家庭可支配收入的贡献；(4) 所得税减免措施给不同收入水平的澳大利亚人带来的实惠；(5) 2011～2012财年新增项目对财政结余的影响；(6) 部分项目暂缓或终止、税收优惠终止或重新调整支出优先顺序等事项所产生的各年预算结余；(7) 基于权责发生制统计的本财年财政收入结构和财政支出结构饼状图；(8) 包括国民总支出、国民生产总值、境外账户、失业率、消费者物价指数、工资指数等在内的宏观经济指标预测；(9) 统计了自1978年以来的各财年的现金收支总额和财政净结余额，并对到2014～2015财年为止的未来各财年相应财政指标进行了估计。除附件7外，所有的指标都不只是对2011～2012财年的预测，而是在一个4～6年的中长期预算框架下的分年预测。

（四）预算战略和展望（Budget Strategy and Outlook）

预算战略和展望（Budget Strategy and Outlook），是在对国内外宏观经济形势充分评估基础上制定的中期预算战略规划，包括对政府财政总额、收入、支出、资产和负债以及财政风险等主要方面的具体评估和展望。本部分首先对国内外的宏观经济走势进行了详细分析，这些宏观经济变量都是影响政府公共决策和预算安排优先顺序的重要基础，也是中期财政框架下预算编制的重要依据。在2011～2012年的预算战略和展望文件中还特别分析了澳大利亚在经济转型期的机遇和挑战，正是这些因素决定着公共政策和公共支出的重点。其次，在宏观经济分析的基础上，该预算文件确定了总的预算战略是继续推动预算盈余的实现，以便为私人部门响应强劲的商品出口需求以及避免产能和价格的复合压力留足空间。具体的，文件对收入总额、支出总额、现金余额、财政余额等总额指标在中期财政框架下分别进行了估算，并特别指出要通过优化支出顺序、提高部门或项目效率来努力实现财政结余。文件对能实现结余的领域和途径进行了逐一分析，并评估了自然灾害和公共决策对预算结余带来的影响。在收入方面，文件主要包括以下几个方面的内容：(1) 对中期财政框架下的一般性政府收入总额（含税收收入和非税收入）和分类金额，按收付实现制和权责发生制分别进行了测算，并评估了测算值相较于2010~2011年中经济和财政展望报告发生的变化；（2）详细介绍了"基数加增长"（base plus growth）的预测方法，评估了宏观经济形势、政府决策、自然灾害等参数和变量对收入变化的影响；（3）汇总了各项收入的历史数据和预测数据（包括数额以及在GDP中的占比）；（4）详细介绍了前3年的税收支出总额，预测了后5年的税收支出总额，并列出2010~2011年分项的税收支出额。

在支出部分，文件包括的主要内容如下：（1）对年均2%的支出增幅上限进行了论证，说明了政府决策、经济参数等变量对中期预算支出的影响；（2）对中期财政框架下一般性政府部门支出（general government sector expenses）的总额及在GDP中的占比进行了评估，并对比了其自上年年中经济和财政展望报告以来的变化，同时按功能和次功能分类对每类支出的数额也进行了评估，并对各类支出的具体用途、计算依据、增减情况、可能实现的结余等进行了详细说明，还列举了排名前20位的重大项目的支出金额；（3）对一般性政府部门净资本投资（general government net capital investment）以及非金融资产的一般性政府采购（government general government purchases of non-financial assets）金额在中期财政框架下按一级功能分类进行了评估；（4）在中期财政框架下对一般性政府支出、部门支出、净资本投资、资本拨款按机构进行了分类和评估；（5）对应急储备金（the contingency reserve）的规模和用途进行了说明；（6）对和行政成本有密切联系的各机构平均人员编制水平进行了说明。在资产和负债管理部分，对有关财务状况的几个重要指标，净债务（net debt）、资金净值（net financial worth）和资本净值（net worth）在中期财政框架下进行了评估和评价。

同时还详细介绍了主要资产和负债种类的缘起、规模和变动趋势等情况。此外，还对政府有价证券市场进行了现状评估和前景展望。在财政风险（fiscal risk）部分，文件介绍了新增的和已经不复存在的或有负债（contingent liabilities），对可能引起收入减少或支出增加的财政风险进行了列举和分析。同时，按部门分类对或有负债和或有资产（contingent assets），无论是可以量化的还是难以量化的，都进行了逐一分析。本文件还列出了关于一般性政府部门、非金融性国有企业以及全部非金融性公共部门三种统计口径的若干重要的财务报表，包括：经营收支表（operating statement）、资产负债表（balance sheet）、现金流量表（cash flow statement）等。最后，文件还给出了上述三种统计口径下的澳大利亚历史财政总额数据，以供读者进行纵比。

（五）预算措施（Budget Measures）

预算措施（Budget Measures），提供了自上一财年年中经济和财政展望文件发布以来与所有政府决策引起收入、支出和投资活动变化有关的全面信息。具体包括收入措施、支出措施和投资措施三类。每类措施下面又有若干项进一步细分的措施，每项措施都可以视作一项具体的政府政策或者政府项目，它们按各自的发起部门及其下属机构排列。以卫生和养老部门为例，2011~2012 财年的该预算文件中与其相关的支出措施就有 66 项。文件对每类措施的缘起、目的、涉及的资金规模、运行情况以及在中期财政框架下的变动趋势都作了逐项说明。对于那些已经决策尚未正式颁布或者无法进行量化评估的政策措施，文件也必须作定性说明。对于每类政策措施，如果不光涉及税收、支出或投资中的一种，则在同一个列表中就可以直观地看到与其相关的收入机构、支出机构和投资机构以及相应的资金规模。因此，我们可以说该文件主要是政策导向或项目导向的，它很好地呈现了每项政策的财政成本。

（六）政府间财政关系（Australia's Federal Relations）

政府间财政关系（Australia's Federal Relations），提供了有关澳大利亚联邦政府和州政府以及地方政府之间财政关系的相关信息。2008 年 11 月 29 日，澳大利亚政府委员会（Council of Australian Governments，简称 COAG）达成的历史性文件《联邦财政关系的政府间协议》（Intergovernmental Agreement on Federal Financial Relations）为推动澳大利亚各级政府在政策发展、公共服务供给以及实施全国性经济社会改革上的合作奠定了坚实的基础。2009 年的《联邦财政关系法案》（Federal Financial Relations Act）更进一步明确了政府间财政支出的具体安排，主要包括联邦政府对州政府的国家特殊目的支出（National Specific Purpose Payments，即 National SPPs），国家合作支出（National Partnership Payments）和一般性收入补助（General Revenue Assistance），前两种支出被统称为特殊目的支出。以 2011~2012 财年的该文件为例，主要包括四部分内容。首先，文件对澳大利亚的政府间财政关系进行概述，介绍主要政府改革及其涉及的政府间合作，以及本财年联邦政府对州政府财政转移支付的总预算。第二部分和第三部分分别介绍联邦政府对州政府（含地方政府）的特殊目的支出和一般性收入补助。其中特殊目的支出细化到二级或三级子项目，一般性收入补助则主要是指商品服务税（Goods and Services Tax）。每个补助项目均列出了联邦对州的资助总额以及每个州接受的补助规模。第四部分则给出了联邦政府、州（含地方）政府以及全国政府的各项主要财务指标，使得公众对整个国家的财政规模有一个整体的认知。最后，文件还以附件的形式对澳大利亚政府间财政关系的组织、法律框架和运作体系、人口等相关参数信息、转移支付的功能性分类等进行了介绍。

（七）机构资源（Agency Resourcing）

机构资源（Agency Resourcing），提供了有关机构在财政年度内所需拨款的详细信息。文件主要包括三类报表：（1）专项拨款（special appropriation），罗列了所有法案中涉及的专项拨款将引起的支出规模；（2）专用账户（special account），罗列了每项专用账户中的现金流动及期初和期末余额；（3）机构资源，根据资金来源罗列了每个机构将获得的所有资金规模。每类报表都是按照部门和机构依次呈现，且不止包含了本预算年度的评估数字，还包括了上一财政年度的金额以作对比。其中，专项拨款是指某法案中为实现某项特定政策目标而授权支出的相关条款。每年澳大利亚的专项拨款规模都占到了政府总支出的3/4，是机构财政资金的主要来源。和专项拨款相对应的是年度拨款（annual appropriations）。年度拨款包含在一系列法案中，它为政府经常性支出、项目支出以及资产投资和削减债务提供年度资助。之所以称作年度拨款，是因为这些为即将来临的财政年度做出的拨款必须要经过议会的年度审核，批准之后方能生效。年度拨款占据了整个政府支出的约1/4。当年度拨款和专项拨款形式都不适宜的时候，可以设立专项账户。专项账户并非真正的银行账户，它是名义上为某些特殊目的留出的资金，如当财政活动牵涉到其他政府从而需要更高的透明度时。专项账户的资金既可能来自于年度拨款、专项拨款，也可能来自于某些非拨款资金。在上述三种资金来源外，还有一些其他来源的收入，也纳入了最终的机构资源报表中。最后，在机构资源报表中，除了按部门和机构罗列资金来源外，还按照结果（outcomes）对资金来源进行了罗列。所谓结果，即为实现政策目标而采取的政府行动的后果。因此，从机构资源报表中，公众可以清楚地了解部门和机构为实现其承诺的政策结果所需要的各项资金，即政策成本的规模。

（八）拨款议案（Appropriation Bills）

拨款议案（Appropriation Bills），是政府年初预算的议案形式，它在得到君主御准之后将成为正式的法律文件。这里的拨款议案特指年度拨款，主要包括三个子议案。第一个子议案包括对政府部门一般性年度服务的拨款，其中对议会相关部门的拨款单列为第二个子议案。第三个子议案则是对某些特定支出，包括："非运营性"成本（"non-operating" costs）、议会批准的新增政策结果所需的执行资金以及对州和地方政府的转移支付。所有议案的拨款资金均来自于统一收入基金（Consolidated Revenue Fund），并且按部门、机构，运营性支出和非运营性支出以及政策结果等分类进行罗列，使得公众能方便地按支出机构、资金的经济性质和政策领域了解政府资金的使用走向。

三、政府财务报告制度改革对我国的启示

我国现行政府预决算报告是基于收付实现制编制的。总体上看，现行政府预决算报告制度仍面临一些亟待解决的问题，如无法披露政府资产、负债等方面信息，无法全面反映政府财务运营情况，不利于实施政府绩效管理和绩效评价等。因此有必要借鉴澳大利亚政府会计改革经验，加快我国政府会计改革步伐，研究建立我国的政府财务报告制度。

研究推进政府会计改革应着眼长远，重点做好前期准备工作。澳大利亚改革的经验表明，推行政府会计和政府财务报告制度改革，应着眼长远，重点做好前期准备工作。从长远看，在政府会计中适当引入权责发生制是主要市场经济发达国家的普遍做法，也是我国政府会计改革的目标取向。为实现这一目标，当前重点是要抓紧好各项前期的研究工作和配套工作。

政府会计改革中应处理好收入实现制和权责发生制的关系。从目前各国实施权

责发生制情况来看，除澳大利亚、新西兰政府实行完全的权责发生制外，OECD 国家有一半以上实行了政府会计改革，大部分采用的是修正的权责发生制，即在政府预算、会计和政府财务报告中不同程度的应用权责发生制，而不是完全的引入权责发生制。澳大利亚在政府会计领域按照企业化模式完全采用权责发生制，尽管能够提供尽可能多的政府财政财务管理信息，但政府部门、预算单位普遍反映信息处理工作量大等问题。为此研究推进政府会计改革，在多大程度上实行权责发生制，必须综合考虑各国社会经济发展水平、政府实际管理需要以及改革效益与改革成本之间的对比，统筹兼顾。根据社会经济发展水平，目前绝大多数发展中国家都不具备实行完全的权责发生制的条件。从我国的实际情况看，我国也不适宜采用完全的权责发生制。为此研究推进我国政府会计改革，一方面要在现行收付实现制下研究完善我国预算会计制度，另一方面要分重点、有步骤地对部分事项实行修正的权责发生制。当前可考虑研究对政府应付显性债务以及政府资产等会计核算采用权责发生制，并逐步扩大范围，在应收款、应付款、固定资产折旧等会计核算中采用权责发生制。

根据具体国情，研究建立我国的政府财务报告制度。研究建立政府财务报告制度，重点是要明确政府财务报告制度的模式，明确政府财务报告的基本框架和主要内容，全面反映包括政府资金运营情况、资产负债等财务状况在内的相关信息。与多数国家一样，澳大利亚政府财务报告主要包括资产负债表、利润表、权益变动表、现金流量表以及报告附注与分析等，有助于全面反映政府整体财务状况，满足国会、社会公众等方面的信息需求。借鉴各国经验，我国的政府财务报告也应当包括以上基本报表，还可以根据财政管理需要附加其他报表并辅以必要的分析说明。

编报政府财务报告仍应重视预算收支执行报告工作。政府财务报告是政府会计信息的载体，也是政府会计改革的核心和重中之重。政府单位界定、政府会计准则制定以及政府会计核算等，都是围绕编报政府财务报告展开的。研究建立我国政府财务报告制度，仍应重视预算收支的执行等相关工作，应当编制相关政府预算收支执行情况表，便于政府全面了解与掌握当年预算执行情况，与人大批准预算进行对比，以更好地实施预算控制和反映年度预算执行情况。

第八章

澳大利亚政府审计

■ 本章导读

  第一届澳大利亚联邦议会于1901年5月在墨尔本成立，它当时面临的直接任务就是开始建立必要的国家政府机构。联邦议会通过的第四部法案便是《审计法1901》，且由此创建了审计长办公室，可见审计职能在整个澳大利亚民主政治体系中的重要性。《审计法》赋予澳大利亚公民的权利是，对于那些处理纳税人资金收支的人员，具有充分的控制权。而审计办公室的核心官员——总审计长，则作为人民的拥护者，坚定地支持反欺诈、反腐败和浪费，无论这些行为的实施者是官员还是国会议员，又或者是普通公民还是反政府利益集团。《审计长法1997》（代替《审计法1901》）于1997年10月颁布，并由此开启了澳大利亚国家审计署的新时代。审计长办公室的审计独立性和强制性被加强，同时总审计长成为直接向议会负责的官员。2001年，澳大利亚国家审计署庆祝了其作为联邦政府机构的100年诞辰。为了纪念这个里程碑，澳大利亚国家审计署委托出版了一本记述其历史的专著，名为《*From Accounting to Accountability: A Centenary History of the Australian National Audit Office*》。本章从两个方面：澳大利亚政府审计的法律基础与原则；澳大利亚政府审计管理，详细介绍了澳大利亚政府审计的立法基础、审计原则、审计方法、标准、审计监管等内容，使读者能够从整体上总览澳大利亚政府审计体系，从细节上了解澳大利亚政府审计的全过程。

第一节　澳大利亚政府审计的法律基础与原则

审计长的职责，是基于《审计长法1997》（Auditor-General Act 1997），为议会和公共部门提供审计服务。澳大利亚国家审计署（ANAO）支持审计长的工作，审计长则是议会的独立官员。澳大利亚国家审计署最初的客户就是澳大利亚国会。国家审计署的目的是向议会提供独立的评估，这些评估针对选出的公共管理的某些领域，或者是对公共部门财务报告、管理及问责制的可信度。而最初开展这些工作时，是通过进行绩效审计、财务审计和确信度评审。

澳大利亚国家审计署有权涉及联邦政府的文件和信息，它本身的工作受到审计准则的约束，审计准则中采纳了澳大利亚审计专家提供的标准。依照这些标准，国家审计署提供的绩效审计、财务审计以及确信度评审报告旨在提供一个合理水平的保证。国家审计署所提供的这种保证的实际水平是受以下这些因素影响的：审计的主题、内部控制的固有局限性、使用的测试方法以及对审计成本的考量。澳大利亚国家审计署经公共会计及审计联合委员会建议，考虑到议会的优先权，审计署在审计程序中采取一种咨询协商的工作方式。这个审计程序旨在提供一种对于公共管理多个领域的覆盖，同时此审计程序是建立在一个基于风险的方法之上的。而最终的审计程序是由审计长来决定的。

一、政府审计的法律基础

（一）审计长法1997（Auditor-General Act 1997）

本法的最近一次修订为2012年5月16日由澳大利亚立法起草及发布办公室（Office of Legislative Drafting and Publishing）进行的重新汇编。以《审计长法1997》为基础，设立了联邦审计署并规定了审计长的任期与地位，规定了审计长的职责和权力，以及其他相关的事宜。《审计长法1997》共分为8个部分，其主要内容如表8-1所示。

表8-1　　　　　　　　《审计长法1997》主要内容

第一部分	概述：本部分是关于此法案的生效日以及其被应用于澳大利亚境外的事务。
第二部分	释义：本部分包含对于本法案中常用术语的定义。
第三部分	审计长：本部分设立审计长办公室，规定审计长办公室的相关行政事务。例如审计长的任命、条件、请辞和免职。
第四部分	审计长的职能与权力：本部分陈述审计长的职能与权力。
第五部分	信息收集能力及保密性：本部分陈述审计长收集信息的多种能力。同时本部分呈现关于信息公开及保密的限制。
第六部分	澳大利亚国家审计署：本部分关于澳大利亚国家审计署的设立。

第八章 澳大利亚政府审计

续表

第七部分	审计国家审计署：本部分设立独立审计师办公室。独立的审计师的职能是审计国家审计署的财务报表，并对其进行绩效审计。《审计长法1997》的附表2列示出独立审计师办公室的行政事务，例如：独立审计师的任命，地位，请辞及解聘。
第八部分	其他：本部分主要处理其他事务，例如：联邦政府对于总审计长的各项保障措施。

资料来源：《审计长法1997》（Auditor-General Act 1997）。

此外，以宪法为基础，在审计过程中还涉及相关领域的不同法律，这与《审计长法1997》共同构成了整个澳大利亚政府审计的法律基础（见图8-1），并通过立法形式，保证了其政府审计的权威性。表8-2所列法案是与《审计长法1997》直接相关，或者对其做出相关释义的各项法案。

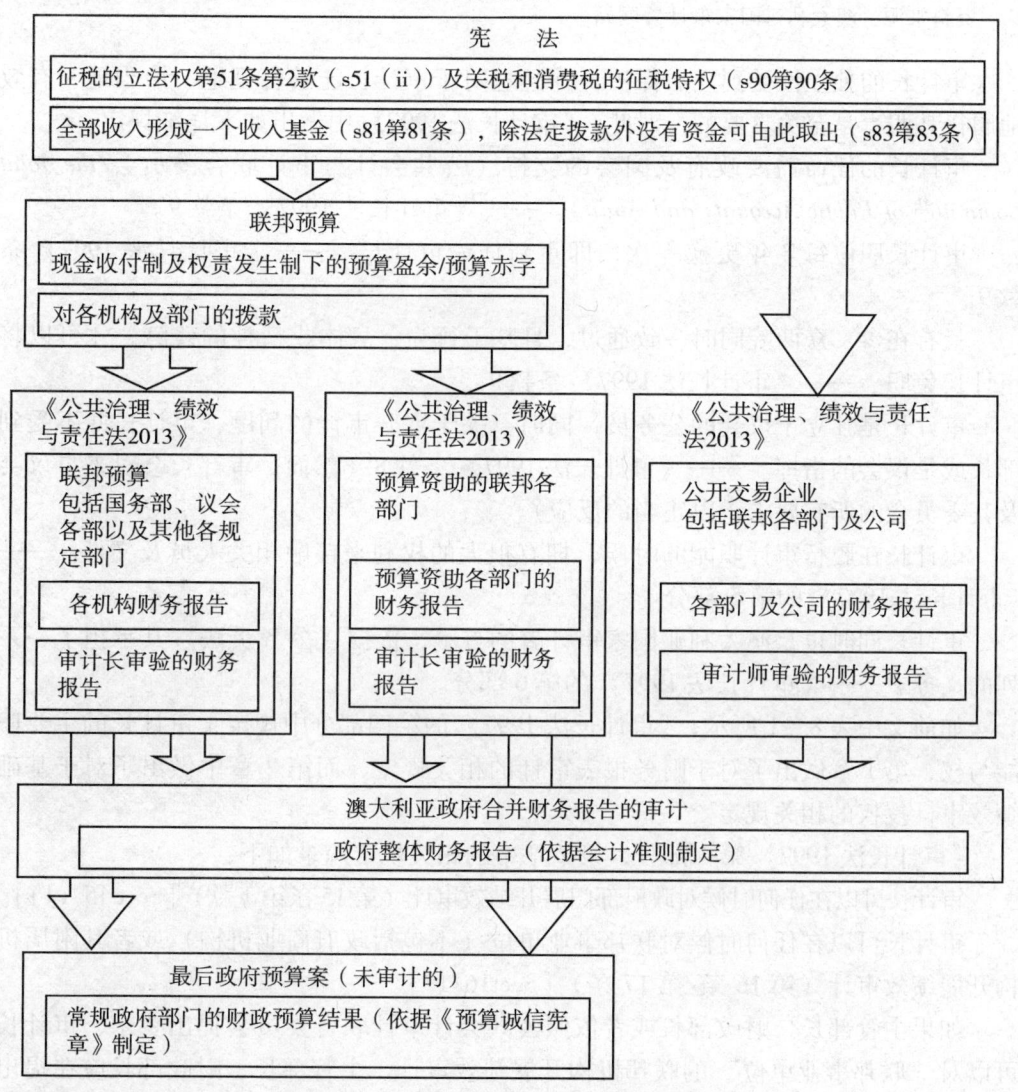

```
┌─────────────────────────────────────────────────────┐
│                    宪  法                            │
│ 征税的立法权第51条第2款（s51(ii)）及关税和消费税的   │
│ 征税特权（s90第90条）                                │
│ 全部收入形成一个收入基金（s81第81条），除法定拨款外  │
│ 没有资金可由此取出（s83第83条）                      │
└─────────────────────────────────────────────────────┘
                          ↓
┌─────────────────────────────────────────────────────┐
│ 联邦预算                                             │
│ 现金收付制及权责发生制下的预算盈余/预算赤字          │
│ 对各机构及部门的拨款                                 │
└─────────────────────────────────────────────────────┘
        ↓                 ↓                 ↓
┌──────────────┐  ┌──────────────┐  ┌──────────────┐
│《公共治理、   │  │《公共治理、   │  │《公共治理、   │
│绩效与责任法   │  │绩效与责任法   │  │绩效与责任    │
│2013》        │  │2013》        │  │法2013》      │
│联邦预算       │  │预算资助的联邦 │  │公开交易企业  │
│包括国务部、  │  │各部门         │  │包括联邦各    │
│议会各部以及   │  │               │  │部门及公司    │
│其他各规定部门 │  │               │  │               │
│各机构财务报告 │  │预算资助各部门 │  │各部门及公司  │
│               │  │的财务报告     │  │的财务报告    │
│审计长审验的   │  │审计长审验的   │  │审计师审验的  │
│财务报告       │  │财务报告       │  │财务报告      │
└──────────────┘  └──────────────┘  └──────────────┘
                          ↓
┌─────────────────────────────────────────────────────┐
│ 澳大利亚政府合并财务报告的审计                       │
│ 政府整体财务报告（依据会计准则制定）                 │
└─────────────────────────────────────────────────────┘
                          ↓
┌─────────────────────────────────────────────────────┐
│ 最后政府预算案（未审计的）                           │
│ 常规政府部门的财政预算结果（依据《预算诚信宪章》制定）│
└─────────────────────────────────────────────────────┘
```

图8-1 澳大利亚政府审计法律基础

资料来源：根据澳大利亚国家审计署网站信息整理。

表 8-2　　　　　　　　　　与审计相关的其他各项法案

《公共治理、绩效与责任法案2013》 Public Governance, Performance and Accountability Act 2013	本法案的目的是建立起联邦机构之间，政府及问责制的统一系统；建立起联邦机构之间的绩效框架；要求联邦政府及机构合理利用资源，符合高标准的治理、绩效及问责制要求。要求联邦企业符合高标准的管理、绩效及问责制等。
《公共利益披露法案2013》 Public Interest Disclosure Act 2013	本法案便于公开及调查联邦政府公共部门中的不当行为和管理不善，及其原因。
《公共服务法1999》 Public Service Act 1999	作为国家公务员或者联邦政府工作人员，除应按最高标准遵守职业道德操守外，还应遵守《公共服务法1999》第13节对公务人员行为准则的规定。

资料来源：澳大利亚国家审计署网站。

审计长的独立性受到立法保护，并且这对于审计长能够合规地、恰当地、有效地履行其职责是至关重要的。对此，《审计长法1997》中做出如下详细规定：

审计长的任命需要政府及国会的支持（公共会计与审计联合委员会/the Joint Committee of Public Accounts and Audit）。——《审计长法1997》条款9。

审计长职位每7年更换一次，即重新任命审计长。——《审计长法1997》条款9。

只有在参、众两院同时一致通过，且基于行为、身体或精神的残障，才可以将审计长免职。——《审计长法1997》条款9。

审计长是独立于议会的公务员，同时，关于展开审计的问题，审计长并不受到部长或是议会的指挥。——《审计长法1997》条款8（然而，审计长会对来自议会及其委员会的所有要求予以正当的反应）。

审计长在履行审计职能的时候，拥有很大的权利来接触相关人员及文件。——《审计长法1997》的第5部分。

审计长同时也是澳大利亚国家审计署的首脑，依据《公务员法》其承担了一系列的义务。——《审计长法1997》的第6部分。

如前文中表8-1所示，《审计长法1997》的第四部分中规定了审计长的主要职能与权，第1章做出了对于财务报表审计的相关规定，而第2章中做出了对于基础绩效审计授权的相关规定。

《审计长法1997》第4部分，第2章中的相关规定摘录如下：

审计长可以在任何时候对政府部门展开绩效审计（第15条第1款）[Sect 15 (1)]。

审计长可以在任何时候对联邦事业单位（不包括政府商业机构）或者其附属机构开展绩效审计（第16条/第17条）[Sect16/17]。

如果主管部长、财政部长或者依照公共会计审计联合委员会提出要求，审计长可以对"联邦事业单位"的联邦机构开展绩效审计。主管部长、财政部长应在提出要求之前进行协商（第16条/第17条）[Sect16/17]。

审计长可以在任何时候对整个或者部分联邦公共部门业务的任一方面进行复核

和检查。此种复核和检查不限于一个政府内设机构,一个实体或者个人的操作或行为（第 18 条第 1 款）[Sect18（1）]。

根据约定,审计长对任何单位和个人:(1) 审计其财务报表;(2) 开展效益审计;(3) 向有关单位和个人提供审计人员通常提供的相关服务。按约定,被审计单位应向审计长支付审计费用。审计长代表联邦收取费用。本条规定的审计长职能,必须是在联邦法律许可的范围之内（第 20 条）[Sect20]。

审计长可以根据公司法接受任命,作为下列单位的审计人员:(1) 联邦事业单位及其下属单位;(2) 联邦公司;(3) 联邦控股公司（第 21 条第 1 款）[Sect21（1）]。

审计长如果认为对联邦利益有益的话,可以根据其职责向有关的单位或个人提出建议或信息[（第 23 条第 1 款）Sect23（1）]。

审计长可以在任何时候、就任何事项,向议会两院提交报告;审计长同时必须向总理、财长及审计长认为必要的其他部长提供一份报告（第 25 条）[Sect25]。

很明显可以看到,审计长的职能包括了澳大利亚政府管理方面的大部分内容,但也存在一些领域并不受到审计的限制。比如：

议会的两院,以及他们的成员和各委员（第 30 条）[Sect30]。

依据《议会成员法案 1984》雇用的员工；

法院的一些司法操作,包括法院工作流程中不可或缺的相关操作,例如：法院注册官的一些行为,或者是法庭纪律的相关操作（但特定的通用管理职能,比如资产管理操作,隐私,以及依据《公共服务法 1999》雇用的员工,安全问题和其他类似操作可能会受到绩效审计的制约）；

与政府政策直接相关的过程,且由政府成员及其员工操作。但另一方面,一些机构执行的职能是采取某些政府政策的结果,或者由政府政策产生的结果是此机构职能,此类情况可能会受到审计制约。

同时,议会拥有部分特权。按联邦法律的规定,下列组织和人员享受优先权和豁免权:(1) 议会两院;(2) 议会议员;(3) 议会参众两院委员会或联合委员会。

（二）法律变迁

对于大量企业倒闭的状况,美国采取的做法是推出了《萨班斯－奥克斯利法案 2002》。① 这个法案是高度规范性的,监管机构寻求合规的方式可以形象的被称为:"挥舞着大棒"。这种方式就像说:"打击将继续进行,直到士气提高为止。"澳大利亚也同样受到来自于国际和国内的企业倒闭所产生的影响,但澳大利亚采取了不同的方式来应对该状况———一种综合解决办法。它同时利用专业监管机构和职业团体,对自身的行业自律产生一个极有价值的贡献和推动作用,这一切对于澳大利亚而言是一次变革。

美国采取的这种以法规为基础,高度规范性、高度细化的处理方式,较之澳大利亚的解决方法,二者之间的对比可概略的通过图 8－2 来体现。这并不是说澳大利

---

① 美国《萨班斯－奥克斯利法案 2002》旨在防止和保证上市公司财务丑闻不再发生。

亚对待法规的态度和方式就是纯粹基于相应的准则和原则。关于澳大利亚管理体制的各个方面都是很具有规范性的，这一特点能够在《公司法经济改革计划法案2003》（审计改革与公司信息披露）中得以体现。然而，与美国相比较，澳大利亚确实是更多的将这种准则导向的方式作为这个统一整体的"终点"。

规则导向 ⟵⟶ 原则导向

美国	澳大利亚
萨班斯-奥克斯利法案2002	立法(包括《公司法2001》&公司法经济改革计划/Corporate Law Economic Reform Program)
美国证监会规则	行业自律
规则导向的准则	原则导向的准则

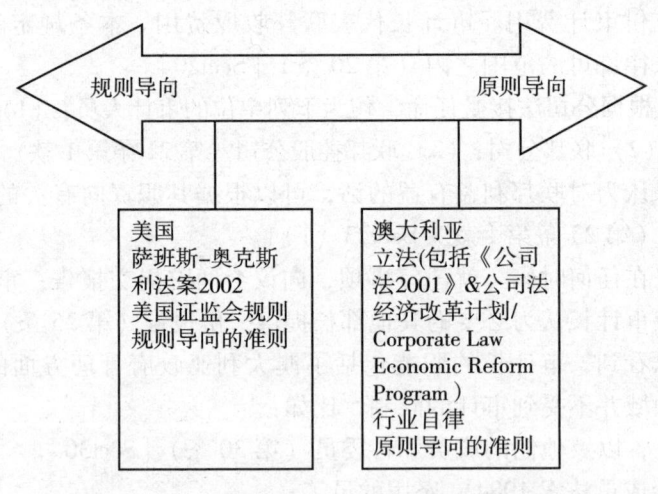

图8-2 美国与澳大利亚法律变迁对比图

1. 公司法经济改革计划。如前所述，澳大利亚自1997年起开始实施公司法经济改革计划（CLERP）。这项计划是一个全面的方案，旨在提高整个澳大利亚的商业和公司管理水平，同时这也是联合政府提高商业、经济发展及就业行动计划中的一部分。公司法经济改革计划由国库部部长于1997年3月宣布实施，计划致力于澳大利亚公司及商业法规重点领域的改革。①

在此计划的第九期当中，公司法经济改革计划（审计计划与公司信息披露）法案2003（通常被称为CLERP9）被递交至澳大利亚议会于2003年12月进行审议。这项法案是为了增强审计法规及常规公司信息披露的规章框架，同时引入了大量的重大政策变化，在专栏8-1中详细列出。

专栏8-1 公司法经济改革计划（CLERP9）中引入的重大政策变化

（1）审计标准的法律依据；（2）五年后上市公司审计师的轮换；（3）要求首席执行官和首席财务官在财务报告上签名，申明其符合公司法2001和会计准则，并且真实、公允地反映了公司的财务状况；（4）建立一个财务报告专家小组来解决澳大利亚证券与投资委员会（ASIC）和各公司之间关于财务报告中公司会计处理的纠纷；（5）在许可义务之外对常规职责进行补充：提供财务服务的"效率、诚实和公平"，以此来管理各方利益之间的冲突；（6）澳大利亚证券与投资委员会（ASIC）的额外权力是，

---

① The Treasury, *Corporate Law Economic Reforms Program Policy Reforms*, May 1998, found at http://www.treasury.gov.au/contentitem.asp？pageId=&ContentID=264.

就涉及违反持续信息披露制度的事件发布违规通知;(7) ASIC 可向法院申请将目前违反《公司法2001》自动取消董事资格五年的规定延长至最高15年期;(8) 对于信息披露制度豁免权的良好协调方式,将被应用于成熟的投资者和批发商涉及筹资、财务服务以及市场的业务领域;(9) 涉及实施一系列的措施,旨在促进董事的薪酬制度及公司管理领域的透明度及问责制度。

资料来源:Roadmap of the CAC Act 1997 to the Public Governance, Performance and Accountability Act 2013, As at 21 October 2014.

可以看到这样的需要,即对政府机构和商业机构进行监管的政策立场应当保持一致。虽然对此并没有正式的官方申明,但在《联邦机构与公司法1997》(CAC)的二读发言中即可推断出这个趋势,此法案是由财政部制定的。在二读发言中,指出《联邦机构与公司法1997》(CAC)将保持这样一种方式,即就实际而言,他应当与《公司法2001》中的可比条款保持协调一致。这体现了源自CLERP9的改变,同时未来某时段,《审计法长1997》、《联邦机构与公司法1997》以及《财务管理和问责法1997》①中一些可能的变化,也都是基于此。

2. 审计独立性。联邦审计长的独立性是澳大利亚民主制度的一个关键特征。有三个元素对加强审计办公室的独立性是至关重要的:有很大权力的《审计长法1997》;作为国家预算一部分的直接的财政拨款;决定着审计办公室的发展及专业标准设定的审计长的能力。而在实践中,审计办公室的专业标准一般是由澳大利亚审计与鉴证标准委员会(AuASB)来设定的。

审计准则公报(AUS 1)要求审计师不但在实质上要是独立的,而且体现出来的状态也要是独立的。对此的陈述如下:(1) 真正的独立性是在偏见中达到真正的自由,这些偏见可能来自于:个人的兴趣,对某种利益的事前承诺,对于不正当影响及压力的易感性;(2) 确信独立是财务报告用户的信念,即实际达到了真正的独立性。②

考虑到独立性的时候,审计准则公报(AUS 1)为审计师们提供了引导,而专业申明F1中则明确命名了"专业独立性",③ 由此确定了独立性原则,这也受到CLERP9的支持。自2003年1月起,开始要求相关工作遵守新的专业申明F1。澳大利亚国家审计署支持拉姆齐报告,④ 建议审计师应当面向董事会制作一个年度公告,申明审计师依据《公司法2001》以及专业会计机构法规保持了其独立性。根据《公

---

① 《财务管理与问责制法1997》与《联邦机构和公司法1997》于2014年7月1日合并入《公共治理、绩效与责任法2013》。
② Extracted from CPA Australia Members' Handbook, December, 2001. issue AUP32.
③ Institute of Chartered Accountants in Australia and CPA Australia, 2002. Professional Statement F. 1 – Professional Independence. pp. 2–3.
④ Ramsay, Ian 2001. Independence of Australian Company Auditors, Review of Current Australian Requirements and Proposals for Reform, Commonwealth of Australia, October.

司法2001》审计长相当于一个注册公司的审计师。美国审计绩效专家小组对于审计模型持有的观点是:"独立性是审计师报告可信度的基础。如果审计无论在表象还是实质上都不是独立的,那么审计报告将是不可信的,并且投资者和债主对此将毫无信心。审计报告要可信,则要求审计师对于财务报告是否符合常规会计准则及公平性的观点必须基于客观和公正的评论。"①

(三) 立法合规性

目前,应用于澳大利亚政府机构的财务制度框架是由《财务管理与问责制法1997》和《联邦政府与公司法1997》以及它们的附属条例建立起来的。② 财务制度框架最关键的特点是每个机构的首席执行官或董事会对该机构的财务管理负责,这包括保持机构财务管理符合适用的法律制度以及相关政策。

在检查一个机构的控制环境时,ANAO会评估机构的管理体系是否建立了充分的控制系统使得机构能够符合财务制度框架的关键方面。在最近几年里,ANAO对立法合规性给予了特别的关注并将其纳入财务报表审计范围内。这便确立了这项职权的重要性,即公共会计与审计联合委员会(JCPAA)早期便提出的关于机构的立法合规性,其相关的安排和关注,已由议会传达给执行政府。

《联邦财政关系法2009》(Federal Financial Relations Act 2009)为大部分联邦对各州及自治区领地的拨款提供的法律基础。该法令通过澳大利亚政府委员会(COAG)改革基金向联邦政府提供长期拨款以对各州及自治区领地给予持续性的财政资助。该法律的应用受到联邦财政关系(澳大利亚联邦与各州及自治区领地政府)政府间协议的支持。联邦政府向各州及自治区领地提供财政支持的通过以下一些方式:

1. 一般收入援助:包括商品及服务税(由各州用于任何目的),以及其他一般收入援助。2012~2013年该项支出总数为492亿美元。③

2. 国家专项拨款(National SPPs):这项支出支持各州及自治领在以下领域的服务传递:医疗保健;学校;技术和劳动力发展;残障人士服务;经济适用房。2012~2013年该项支出总额为212亿美元。④

3. 国家合作拨款:该支出支持指定输出或项目的交付,促进改革或是奖励那些实现全国重大改革的司法管辖区。国家合作协议概述了相互之间协定的政策目标:交付指定项目,实现服务的改进,或者是全国性的重要的改革。2012~2013年该项

---

① United States Panel on Audit Effectiveness 2000, *Report and Recommendations*, Public Oversight Board, Stamford Connecticut, p. 109.
② 《财务管理与问责制法1997》与《联邦机构和公司法1997》于2014年7月1日合并入《公共治理、绩效与责任法2013》。
③④ ANAO Audit Report No. 13 2013 - 14, Audits of the Financial Statements of Australian Government Entities for the Period Ended 30 June 2013.

支出总额为 110 亿美元。① 对各州及自治领的一般收入援助拨款以及国家专项拨款都是建立在立法或协议的基础之上，也是这些立法和协议为国家财政拨款建立了基础。② 虽然这些财政拨款都非常重要，但对于这些拨款的审计却相对直截了当。相比之下，国家合作拨款建立在单个协议之上，在协议中规定了该拨款的各项条款和条件。国库部的拨款，是由国库部部长决定的，同时是基于联邦政府的相关部长或代表的批准。这些同时受到一些个别机构与国库部之间认证协议的支持。同样，这些拨款也是澳大利亚财务报表审计范围的关键组成要素和各方面讨论的主要关注点。

对于 2012 年 7 月 1 日开始的国家卫生改革基金，则在《国家卫生改革法案 2011》之下另行安排。在该法案下，财政拨款直接进入每个州和自治领的国家卫生基金池，支持各州和自治领提供的公立医院和公共卫生服务。此外，自 2013 年 7 月 1 日起，对由国家残障保险机构负责管理的国家残障保险计划实施单独的资金安排。联邦政府也提供拨款给非政府类学校，以及地方政府，这是在单独的立法安排之下进行的。大多数对非政府类学校的拨款属于国家对于学校的专项拨款，由各州及自治领根据安排支付，这在很大程度上与国家合作拨款的安排支出方式是一致的。对地方政府的拨款同时源自直接拨款和各州及自治领的拨款，包括一小部分作为国家合作拨款。地方政府与非政府学校拨款是依据其与各州及自治领之间的协议来划拨的，同时还有联邦政府对于拨款的资格审核，这在很大程度上与国家合作拨款的各项安排也是一致的（见专栏 8-2）。

专栏 8-2　国家合作拨款简介

划拨给各州及自治领的国家合作拨款的目的：(1) 促进改革；(2) 支持指定的输出（结果）或项目的成交；(3) 奖励那些实现全国重大改革的司法管辖区。

资料来源：Resource Management Guide No. 500, Overview of the Commonwealth Property Management Framework, Austrlian Government, Department of Finance, September 2015.

二、政府审计的基本原则

审计基本原则是一种基本的假设（Basic assumption）、一致的前提（Consistent premises）；是一种逻辑原则（Logical principles）和规范（Requirements），审计基本

---

① ANAO Audit Report No. 13 2013-14, Audits of the Financial Statements of Australian Government Entities for the Period Ended 30 June 2013.

② 支付协议的一个关键特点是，对各州及自治领全部支付通过国库部的集中化处理。根据该协议，所有的一般收入资助，国家专项拨款以及国家合作拨款都由国库部集中处理，并且由国库部直接支付给各州。各州国库部负责在各自的司法管辖区内分配资金。资金支付的细节在国库部的年度财务报表中报告，并在随后年度的澳大利亚政府预算中报告。

原则一方面有助于审计准则的发展，另一方面对于审计师而言，审计原则有助于他们形成公正合理的观点和报告，特别是在没有规范的审计标准适用的情况下。审计准则应该与审计原则保持一致。同时它们均能向审计师提供最为初级、最为细节化的指导，来帮助审计师决定审计步骤的范围，以及适用的审计程序。

（一）一致性

国家最高审计机构（Supreme Audit Institution. SAI）应当考虑在所有被认定为重大性事项上与国际最高审计机关组织（International Organization of Supreme Audit Institutions. INTOSAI）的审计准则保持一致，图8-3系统概括了澳大利亚会计及审计制度框架与相关国际准则的联系与契合。审计准则应与基本原则相一致，是审计人员之基本作业指引，用以协助其决定审计工作所需实行之步骤及程序，并作为衡量审计质量的标准。唯在某些情况下，有些准则可能无法完全适用，例如最高审计机关属法院性质（Courts of Account），或当最高审计机关从事非审计工作时。最高审计机关应对以上情况，制定适用准则，以确保高质量的一贯维持。

一般而言，会影响财务报告或绩效报告使用者判断的事件，被视为具重大性。重大性常以金额衡量，而就某一或某些事件本身而言，重大性的衡量，可能是依其性质或特征，例如法令规章要求个别揭露某项数据，则无论其金额多寡，均视为重大性。除金额及性质外，重大性也可以视事件发生的内容而定，例如：（1）某事项与相关会计账户之关联性；（2）该个别事项占整体事项之比重；（3）其他关联情况；（4）与以前年度相关数据之比较。

各国最高审计机关亦常执行所谓非审计性质之工作，其目的在提升政府施政效能。非审计性质之工作包括：（1）仅搜集资料而未加以分析；（2）提供与法律性质有关之咨询；（3）提供国会审查预算案之参考信息；（4）协助国会议员之调查或提供咨询；（5）管理性工作；（6）协助处理计算机相关数据等。

此类非审计性质工作，将提供政府决策上之有用信息。因此，亦应一贯维持高质量。此外，为确保提供高质量审计服务，执行审计工作时，必须遵循相关的审计准则。特殊目的或任务形态的审计工作，也应规定并遵循特定审计准则。作为执行各种审计工作准绳，以确保高质量的审计工作及报告。

（二）专业性

最高审计机关在执行各种审计工作时，应运用其专业判断。这就对审计工作者的专业能力，以及职业道德操守提出了要求。关于审计人员的职业道德规范将在下节中进行详细介绍。审计人员在选择查核议题及范围，并决定查核测试及程序的性质、时间与内容时，审计证据扮演重要角色。国家最高审计机关为履行其应有职责，必须判断外界所订之各项审计准则，适用其职掌范围的程度。而最高审计机关的某些职掌项目，尤其是财务报告审计，其审计目标与一般民间部门相同，故政府审计人员应适当采用民间所制定之相关财务报告审计准则。一般公认会计准则的一致遵循，有助于忠实表达财务状况及营运结果。会计准则能够保持一致沿用，是财务报

第八章 澳大利亚政府审计

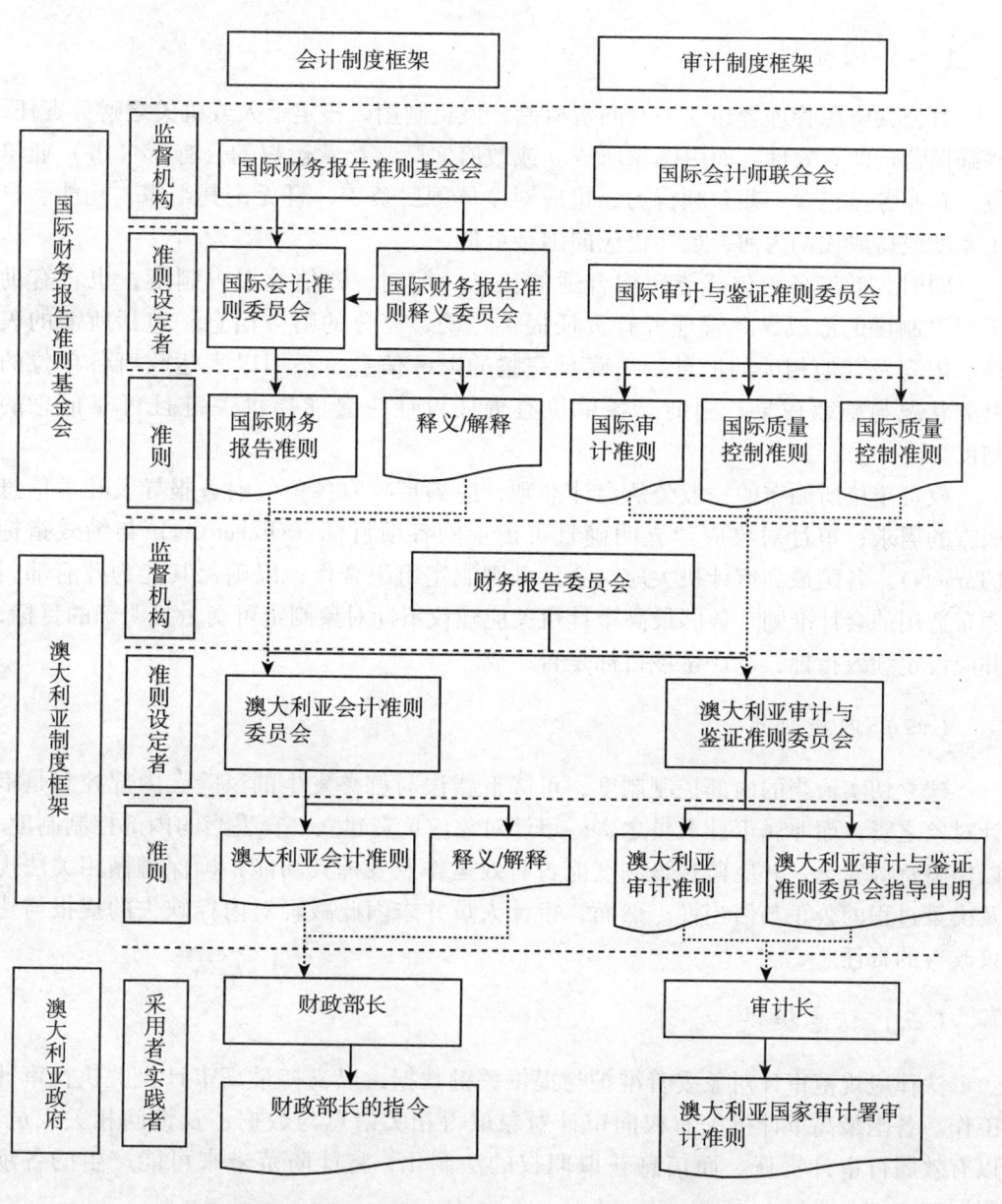

图 8-3 澳大利亚会计及审计制度框架

资料来源：根据澳大利亚财政部网站信息翻译整理。

表得以公允恰当表达的必要条件，即审计对象应在前后一致的基础上，遵循适当的会计准则。只有当审计人员不能因审计对象业已一致地遵循会计准则，即认定其各项财务报表已公允恰当的表达。所谓公允恰当的表达是指审计人员的专业意见表示，非仅限于会计准则的一致沿用。基于此，审计准则乃审计人员应遵循的最低要求，而超过此范围，则属审计人员的专业判断。

(三) 问责制

对公共资源管理者建立一套问责机制，该机制用以核定个人或机关之财务责任，并确保营运的有效性。而由国家所成立或政府实际掌控营运权的公有营（事）业单位，其业务虽包含一些营利行为，也应对全体国民负责，且无论其组织、功能、自主程度或持股比例为何，最终仍应向国会负责。

同时，政府各单位若能建构合适的信息、控制、评估及报告制度，也将有助于问责制度的形成，且管理者有责任提供正确、充分的财务信息，包括所需的表格、内容及其他相关的信息。正确且完整的财务信息，系用以表达政府各单位的财务状况与施政成果。因此，各单位有责任设计一套能提供关键且可靠信息的制度。

权责单位所颁布的一般公认会计准则，应满足政府各单位财务报导及相关信息揭露的需求；审计对象应建立明确且可衡量的各项目标（Objectives）与绩效指标（Targets）。各国最高审计机关应与会计准则制定组织合作，以确保其能为政府部门颁布适用的会计准则。各国最高审计机关应建议审计对象制定可衡量且明确的目标，并应设定绩效指标，以评量该目标是否达成。

(四) 内控制度

建立切实恰当的内部控制制度，可降低错误与舞弊发生的风险。内部控制是审计对象之责，而非属审计人员之责。审计对象应负责建立一套妥当的内部控制制度，以保障资源安全，并应监督该制度能否有效运作及发挥其功能，确保遵循相关法规及决策过程的公正与恰当性。然而，审计人员并未因此减轻对内控缺失的提报与建议改善的责任。

(五) 信息提供

法律应规范审计对象妥善维护与提供关键数据，以支持最高审计机关执行审计工作。各国最高审计机关有权向审计对象取得相关信息与数据，及询问相关人员，以有效履行审计责任。而信息获取职权的法制化，将能防范未来可能产生的各项问题。

(六) 审计技能

各国最高审计机关应积极改进各项审计技术，评估各机关绩效指标是否有效。因审计职能的变迁，审计人员应不断吸收新技术与方法，评估衡量审计对象绩效衡量指标是否合理可行。同时，审计人员还应争取各种不同训练的机会，以具备审计所需技能。此外，最高审计机关的法定职能将决定其所应遵循审计准则的范围。

三、审计师道德规范（Code of Ethics）[①]

（一）概述

对于任何行业而言，一套系统的从业人员道德规范是该行业规范发展的基础。职业道德规范是指涵盖核心价值及基本原则等的综合声明书，其目的在提供审计人员日常作业时应遵循的依据。由于公部门审计人员兼具独立性、公权力及责任等特质，使得各国之最高审计机关（SAI）及其所属审计人员或参与公部门审计工作者，均须面临高标准的职业道德要求。职业道德规范除应考虑公务人员之一般伦理标准外，更须考虑审计人员的专业伦理，包括近年来专业责任的要求。

审计人员之行为必须随时随地保持端正，因为任何专业行为上的缺陷或不当之行为，将会使审计人员及其服务之最高审计机关的公正性遭受质疑，并损及审计工作之质量及有效性，或对工作可靠性及专业性产生怀疑，甚至对最高审计机关失去信心。遵循伦理规范可提升公众对审计人员个人及其工作内容的信任与信赖。

因此，最高审计机关最重要之特质为：取得信任（trust）、具备专业能力（confidence）及可靠性（credibility）。审计人员可藉由遵循伦理规范的各项要求，以提升最高审计机关形象，主要包括：坚持操守（integrity）、超然独立（independence）、公正客观（objectivity）、保守机密（confidentiality）、专业能力（competence）等。这里，取得信任是指立法部门、行政部门、民众及审计对象均有权期许最高审计机关所执行的审计工作，应能获其尊重及信任，而不被遭受质疑及批评；具备专业能力是指，审计人员彼此之间应保持良好之专业团队关系，团队之支持与合作乃是专业特性之重要要素。审计人员能获得一般民众相当程度的信赖与尊敬，是历年来所有审计人员共同努力下的成果。因此，为了审计人员及一般民众的利益考虑，审计人员彼此之间均应保持公正及不偏之态度；可靠性是指，社会各阶层彼此之间，需要建立互信。因此，最高审计机关应以公正之第三者提出审核报告及意见，其内容应力求正确可靠。最高审计机关所有工作应经得起立法部门、行政部门严格的考验，以及民众依据职业道德规范的评断及审视。

综上，为使立法部门、行政部门、民众及审计对象均能完全相信最高审计机关系以公正无私的态度执行工作。因此，需要一套全国适用的职业道德规范或类似文件，用以规范相关审计服务的条款。

（二）操守

操守是伦理规范的核心价值。审计人员于执行审计工作及与审计对象相关人员互动上，应遵循高标准的行为规范（例如诚实与坦白），以持续获得民众的信赖，而其行为更应该做到不受他人质疑与批评。操守可用"什么是正确的（right）"及

[①] 在国内部分被译为或被称为道德规范，如会计师职业道德规范，但亦有以伦理规范称之。

"什么是恰当的（just）"来衡量。操守要求审计人员在形式上及实质上均能遵循相关审计准则及道德规范；保持独立性与客观性、并绝对遵循专业行为准则、决策时应以民众利益为依据、忠实地执行查核工作与运用最高审计机关的资源。

（三）独立性、客观性、公平性

1. 独立性。与审计对象及其他利益团体保持超然独立，是审计人员所不可或缺的责任。因此，审计人员的任何作为，应有助于独立性的提升，而非减损。审计人员除应超然独立于审计对象及其他利益团体之外，对于所查核之议题，亦应保持客观性。在实质上及形式上保持超然独立与公平性，对审计人员而言极为重要。

任何与查核工作有关事项，审计人员的独立性不应受个人或外部利益团体影响。审计人员的独立性可能受外在压力或影响而受质疑，例如审计人员曾任职于审计对象；对于审计对象的某些人、某些部门、某些计划等存有偏见；与审计对象有财务上的利益纠葛等，审计人员均应予以回避。

2. 客观性、公平性。审计人员执行审计工作应保持客观性及公平性，特别是查核报告的撰拟应正确客观，研究提出的意见或结论应根据所获取的证据，并遵循相关审计准则的规定。审计人员宜公正不偏的参采审计对象及其他团体所提供的资讯，同时考虑审计对象及其他团体的观点，唯有审计人员所提的意见应不受这些观点的影响。

3. 政治中立性。最高审计机关应保持实质及形式上的政治中立性，是以审计人员应不受政治的影响，以利公正履行各项审计职责。因为最高审计机关行使职权时与立法机构往来密切，而行政部门或其他政府单位又须参照最高审计机关的查核报告内容作为施政参考，政治中立性对审计人员而言更显得重要。

审计人员若已从事或欲从事政治活动时，应考虑是否会损及其专业能力及公正性。若审计人员获机关允许从事政治活动，其必须具体认识到该活动可能导致与专业上产生的冲突。

4. 利益冲突。若审计人员获准从事其他非审计工作的咨询或其他服务，应注意提供此类咨询及服务不会导致利益冲突，特别是在提供相关咨询或服务时，其范围不应涉及有关审计对象管理阶层权力授予与责任划分等问题，因为该类问题应由审计对象的管理阶层决定。

审计人员应捍卫其独立性，拒绝收受任何会影响或被认为将影响超然独立及职业操守的馈赠或招待，以避免可能的利益冲突。审计人员应避免与审计对象的管理阶层及员工或其他团体维持任何关系，以致影响、妥协及威胁审计职权在主、客观上的独立行使。

审计人员不应利用其职务遂行私人目的，并应力求避免涉入可能的贪渎，或其他足以使让人对其客观性及独立性产生质疑的事件。

审计人员不应利用查核所获得的信息，从事图利个人或其他第三者的行为，且不应泄露信息使其他个人或机关获取不当利益，或藉以伤害第三者。

（四）保守职业机密

审计人员不得以口头或书面的方式，向第三者透露审计过程中所获得审计对象的信息，除非是基于最高审计机关的法定职掌或其他相关法令的规定。

（五）专业能力

审计人员应持续维持专业形象及恪遵相关审计准则，以确保审计工作妥适、公正地执行。审计人员不应从事其无法胜任的审计工作。审计人员应了解审计对象营运管理的有关法令规章，并恪遵相关的审计准则、会计准则、财务管理准则或其政策、程序与实务等。

而在专业发展方面，审计人员于执行、督导查核工作及撰写报告时，应尽专业上应有的注意。审计人员于运用审计方法及执行业务时，应力求高质量；对于查核工作的执行及报告的缮发，应谨守基本法定职能的要求及恪遵一般公认审计准则。此外，审计人员应持续精进审计技术及提升专业素养，以有利于其履行审计职责。

第二节 澳大利亚政府审计管理

一、审计的模式

（一）财务报表审计

澳大利亚财务报表审计对联邦公共部门机构的财务表现和状况以及财务管理提供独立审验并提交议会、部长、被审计单位董事会、行政总裁和公众。根据被审计单位的情况，实施审计过程中遵循《财务管理和会计责任法1997》或者是《联邦机构及公司法1997》。[①]

1. 财务报表审计的定义。财务报表审计是对公共部门机构的财务会计状况及财务报告进行的独立审验。审验的整体结果将在一份最终的审计报告中呈现，其代表了审计师的意见，即财务报表是否完整，具有整体性，以及财务报表中的信息是否公正地反映了各单位管理的结果和其财务状况。各单位财务报表中的信息披露及管理申明将依据相关的会计标准、立法以及其他报告要求被审验。所有的审计都依据澳大利亚国家审计署审计标准展开，而审计署审计标准中同时包含了专业审计标准。除了承担财务报表审计之外，澳大利亚国家审计署每年向议会提交两份报告，处理财务报表审计过程的结果。其中一份是政府部门审计的过渡阶段（Interim Phase of the Audit of General Government Sector Entities），它提供了一份数据等多方面的更新

---

① 《财务管理与问责制法1997》与《联邦机构和公司法1997》于2014年7月1日合并入《公共治理、绩效与责任法2013》。

报告,涉及国家审计署对于大部门的内部控制结构审计结果的审验,包括政府管理、信息系统,以及控制过程,时限直至每年3月。这份报告中总结归纳的结论,是基于较大的澳大利亚政府报告单位的财务报表审计的过渡阶段。一个审计项目的过渡阶段是用来审验控制结构的可信度的,由此为财务报表审计提供完整、确切和合法的信息。第二份报告,即澳大利亚政府单位财务报表审计,补充完整了第一份报告,同时提供了一个对于最终审计结果的总结。这份最终审计结果报告源自所有澳大利亚政府报告单位的财务报表审计,包括澳大利亚政府合并财务报表。第二份报告中的审计结果要汇报给各单位的管理层,以及负责的部长。

2. 财务报表审计的方法和技术。

(1) 风险基础审计方法。对被审计单位进行财务报表审计,其核心在于对单位总体风险情况的公正、有效评估。目前,澳大利亚审计署对风险的划分方法如下:①经营风险:指被审计单位所面临的不可控的外部风险。比如国家政策的改变、宏观经济环境的变化等。②固有风险:指被审计单位内部控制制度的缺失,导致其财务报表项目及交易事项发生错误的风险。③控制风险:指被审计单位的内部控制制度没有能够预防,或检查出其财务报表项目及交易事项发生错误而存在的风险。因此,有好的控制系统,发生风险的水平就低,反之,风险就高。④检查风险:指被审计单位的财务报表项目和交易事项存在重大的错误,而却没能在实质性检查中被发现的风险。可接受的检查风险与固有风险和控制风险密切相关。⑤审计风险:指被审计单位的财务报表存在重大错误时,审计人员发布不恰当审计意见的风险。

(2) 内控测试。风险基础审计中的一个重要环节是内控测试,澳大利亚审计署财务报表审计中风险分析和控制测试的基本程序是:①审计计划阶段。要评估财务报表层和相关的重要账户余额及发生额在会计认定上可能存在的固有风险(Inherent Risk),并详细了解内部控制的结构。②初步评定各重要账户余额或发生额在会计认定上可能存在的控制风险。③以对固有风险和控制风险的评估为基础,确定符合性测试和实质性测试程序的时间、性质和范围。④如果控制风险初评为高,代表要进行进一步分析:若固有风险也高,且实施实质性测试之后仍不能使检查风险达到可接受水平,则需要出具持保留意见的审计报告;反之,则按计划实施实质性测试程序。⑤若控制风险初评后不是最高,则接着实施符合性测试,以支持对控制风险的评价结论。符合性测试结束后要进一步分析:若经测试发现存在差距,说明内部控制的可靠性较计划阶段评估低,需要检查是否还有其他控制存在以支持最初的评价;反之,内部控制的风险水平需要调整,并修订原先确定的审计程序的时间、性质和范围。

(3) 实质性测试。澳大利亚审计署在从内控测试到实质性测试及审计结论的过渡中。大量进行分析性复核,除了传统方法外,还采用数字分析等技术来提高分析性复核的效率和针对性。

澳大利亚审计署通常采用重大项目检查的方法进行实质性测试,通常是根据审计人员的判断来选择重要项目。而并不拘泥于严格的抽样审计法,同时抽样规模通常源自专业判断。

（4）抽样和推断。澳大利亚审计署一般认为抽样是重要的审计技术，而抽样的形式多种多样且并不局限于统计抽样。在计算机技术应用越来越广泛的情况下，传统的抽样检查对象、控制环境、安全保障方式等均发生了重大变化，加之其固有的缺陷，使得统计抽样方法在审计过程中的应用受到很大的制约。

涉及审计总体推断的科学性问题，根据澳大利亚审计署的观点，即使采用严格的统计抽样，也无法确保总体推断的完全科学，因为审计过程中涉及的可容忍误差、固有风险、控制风险的确定都包含了大量的主观因素，并不能保证绝对的科学性，因此其最终推断结果较判断抽样也并不能更科学。

3. 财务报表的审计师报告。国家审计署审计师对于财务报表的审计报告包括一份审计师意见申明，申明依照适用的财务报告制度框架，确定该财务报表是否对被审计单位的财务状况、财务运作的结果，以及它的现金流给出了真实、公正的意见。如果审计师不能确信该财务报表是真实和公正的，则审计师的意见将被修改，且表明其原因。财务报表的审计报告将包含审计师的意见，同时可能包含一个"强调事项"或"其他事项"的段落。另外，一份关于其他法律及规章要求的报告可能会与财务报表的审计报表附带在一起。

（1）审计师意见的形式。当审计师得出这样的结论：财务报表的编制在所有重大方面，均与适用的财务报告制度框架保持一致，在这种情况下，审计师的意见被描述为"保持不变"（unmodified）。然而，审计师的意见可能是"修改"（modified），有如下三种修改方式。

一个"修改意见"（modified opinion）将被给定，当已经获得了足够恰当的审计证据的审计师得出结论：在该财务报表中，个别或者集体的错报，是重大但非普遍的。

一个"放弃表达意见"将被给定，当不能获得足够恰当的审计证据以建立审计意见的审计师得出结论：未被发现的错报对财务报表可能产生的影响或许是重大且普遍的。

一个"否定意见"将被给定，当已获得足够恰当审计证据的审计师得出结论：在该财务报表中，个别或集体的错报，是重大且普遍的。

（2）注意事项（强调事项）。在审计师考虑到必须吸引审计报告使用者的注意力到财务报表中出现的问题上这种情况下，会将一个"注意事项"段落包含在审计师的报告中，据审计师的判断，这非常重要，尤其对于使用者理解财务报表是必要的。涉及注意事项的审计师意见是不可改变的。适用"注意事项"段落的环境包括以下三种：①当一个事件或一种情况存在重大的不确定性，而这可能对一个单位能够继续作为持续经营企业的能力产生很大的怀疑；②当财务报表和审计师报告已经发布了，但一项事实的发现引致财务报表的修改以及新的审计报告的编制；③当财务报表是依照特殊目的框架编制的，且这导致的结果是该财务报表可能不适合用于其他目的。

（3）其他事项。财务报表的审计师报告可能还会含有一个"其他事项"的参考。这使得审计师可以交流除了财务报表中展现和公开的事项以外的其他各类事项，而财务报表中的事项根据审计师的判断,主要与使用者对审计、审计师的职责或者审计师报告的理解相关。

(4) 其他法律及监管要求的报告。财务报表的审计师报告可能还会包含一份其他法律及监管要求的报告。该报告涵盖由审计长根据法律要求连同财务报表审计一起报告的事项,而这并不影响财务报表本身的真实与公正。

例如,根据《公共治理、绩效与责任法2013》第2章,第2~3部分,第4节43条规定,当审计长的审计意见是首席执行官已经违反了《公共治理、绩效与责任法2013》第2章,第2~3部分,第4节41条①规定,那么审计长必须在审计师报告中对违规细节进行陈述。

一份其他法律及监管要求的报告可能也会被用于吸引对于其他法律法规的注意力,比如涉及单位符合宪法第83章的问题。

(二) 澳大利亚绩效审计

澳大利亚国家审计署致力于通过以下两种途径来增加公共部门绩效的价值:(1) 提高公共管理水平——对选定的澳大利亚政府公共部门的行为进行独立的绩效评估,范围包括提高效率和管理效果;(2) 鉴证——独立鉴证:针对澳大利亚政府公共部门的财务报告、管理、控制及问责制。

澳大利亚国家审计署促成这个结果主要是通过实施绩效审计及财务报表审计。而《审计长法1997》则设置了审计长在审计工作中的职能、任务和权力并且建立ANAO与审计长的法定职位。审计长法还为ANAO的独立审计提供依据。

1. 绩效审计的定义。绩效审计是一个针对公共部门机构、项目、资源、信息系统、绩效评估、监督系统和立法,以及政策一致性,进行的独立的、客观的和系统的评价。绩效审计在提高公共部门机构的行政管理实践水平方面扮演了一个重要的角色。绩效审计对各个部门、机构的运营管理提供了专业化的意见,但绩效审计并不是附加在机构财务报表后的一种提供形式化意见的常规审计。它是一种聚焦于绩效而不是财务支出或会计处理上的审计。它有自己对于政府项目及组织机构在经济、效率和效果方面的独立分析。绩效审计的独特性源于与这项工作相关问题的多样性和复杂性。所有的政府行为都能够经过分析来确定它们是否能达到设定的目标。在绩效审计中,一切工作都是为了回答两个最基本的问题:一是工作是以正确的方式来完成的吗?二是所做的工作是正确的吗?绩效审计报告实际上帮助政府机构提高它们的绩效。绩效审计也告知政府和议会各政府机构的绩效,同时帮助议会追究行政部门的责任。国家审计署的审计报告同时也受制于审计联合委员会(JCPAA)及议会其他委员会的审验。

绩效审计涉及对一些具体的政府规划、政策、项目及活动实施的评估。他们同时检验行政支持体系的运行情况(好坏程度)。因此,绩效审计可以包括对以下一

---

① 《公共治理、绩效与责任法2013》第2章,第2~3部分,第4节41条规定首席执行官备存妥善的账目和记录。

些问题的考虑：经济性（最小成本）；效率性（最大化产出投入比）；效果（预期达到的结果程度如何）；立法及政策的一致性。绩效审计审验了政府项目及组织机构的经济、效率和效果，回答了以下几个问题：第一，公共资金的投入是否体现了最为经济的使用方式？第二，我们从可得的资源获取了最好的服务吗？第三，政策目标都达到了吗？产生的影响是政策实施的结果吗？

2. 绩效审计的类型和方法。澳大利亚绩效审计有四种类型。单一机构内的项目或活动审计；保护安全审计（检查安全部署）；机构交叉审计（审验在大量机构中的相同活动，或大量机构对于政府计划的管理活动）；后续审计（审验对前期审计给出的意见的执行情况）。每一项绩效审计都有经审计长审核批准的具体目标。

绩效审计也鉴定更好的实践行为，这些好的行为之后可能被收入《良好行为指南》（BPGs）中。《良好行为指南》鉴别出好的行为实践方式，并将这样的信息传播至公共部门中以帮助提高各个机构相互之间的公共行政管理质量。

审计长遵循某些要求也可能会承担审计工作，比如，来自议会、部长或者个别议员的要求。在一些情况下，这样的要求通过相应的协调方式来处理，而不是准备一份正式的报告。澳大利亚国家审计署的绩效审计服务组（PASG）依据ANAO的审计标准来实施绩效审计。所有的绩效审计报告都将提交议会。

结构性规划的方法决定了未来审计的主题（见专栏8-3）。审计工作计划（AWP）是ANAO的年度审计计划的结果，并且在每年7月发布。涉及准备绩效审计工作计划（AWP）的广义的步骤在图8-4中给出。这些步骤提供了一种结构性的方法来考虑具体的机构及澳大利亚公共服务（APS）中大的风险，此类风险用于辨识和排列包含在审计工作计划（AWP）中的潜在审计主题。审计工作计划是通过一种基于风险的方法，并且其目的在于能够涵盖广泛的公共行政管理领域。

专栏8-3　绩效审计的主题

- 在福利署（澳大利亚的一个政府机构）电子记录的完整性
- 政府部门的绿色采购
- 一系列重大的国防采购
- 税收管理
- 选定政府项目的管理
- 政府拨款的管理
- 监管问题
- 符合财务管理框架
- 实施网络就业服务合同
- 信息技术安全

资料来源：由本章作者根据澳大利亚国家审计署网站中关于绩效审计的相关内容整理，http://www.ncoa.gov.au/。

依据如下因素来选择审计主题：(1) 部门风险及提高绩效的潜力；(2) 良好公

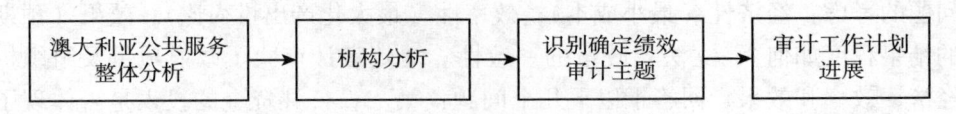

```
澳大利亚公共服务     机构分析     识别确定绩效     审计工作计划
整体分析                         审计主题         进展
```

图 8-4　绩效审计计划步骤

资料来源：Performance Auditing in the Australian National Audit Office, Commonwealth of Australian 2008.

共管理的主题风险；(3) 议会的意见；(4) 澳大利亚国家审计署的能力。潜在的个别审计主题是比照一些标准来认定的，比如潜在的利益，财务的重要性，名誉风险以及服务传递和以前的审计覆盖面的程度。由公共会计与审计联合会（JCPAA）决定的议会的优先权，以及各机构和其他利益相关者的意见，都会在决定最终的审计工作计划时予以考虑。在审计工作计划的制定进程中，利益相关方的参与程度如图8-5所示。

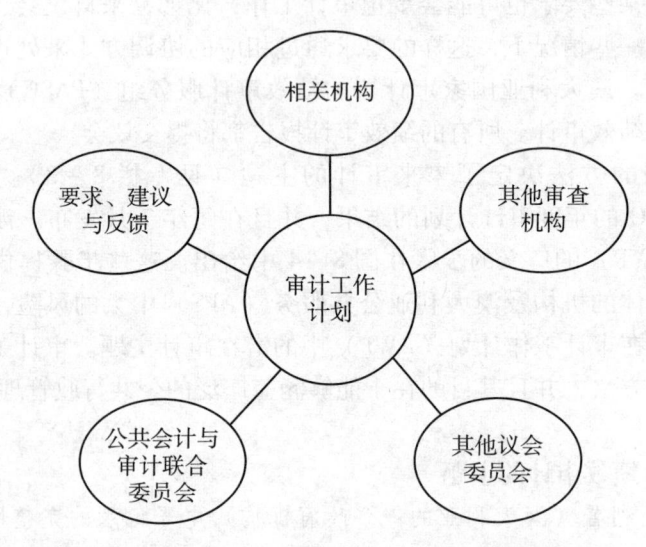

图 8-5　审计公共计划进程中征询的利益相关方

（中心：审计工作计划；周围：相关机构、其他审查机构、其他议会委员会、公共会计与审计联合委员会、要求、建议与反馈）

资料来源：Performance Auditing in the Australian National Audit Office, Commonwealth of Australian 2008.

绩效审计循环中主要的组成部分是独立审计计划，证据搜集以及分析和报告，如图8-6所示。

3. 绩效审计的各个阶段。

(1) 个别审计计划。这一阶段的焦点是单个审计计划的进程，在此计划中设定了审计范围和目标，并且安排了相应的方法，日程以及审计预算。

在制定一个单独的审计计划时，会进行一个初步的研究以确保该项审计能够被有效的计划。此初步研究能够有助于更好的设定审计目标，范围以及审计方法。

第八章 澳大利亚政府审计

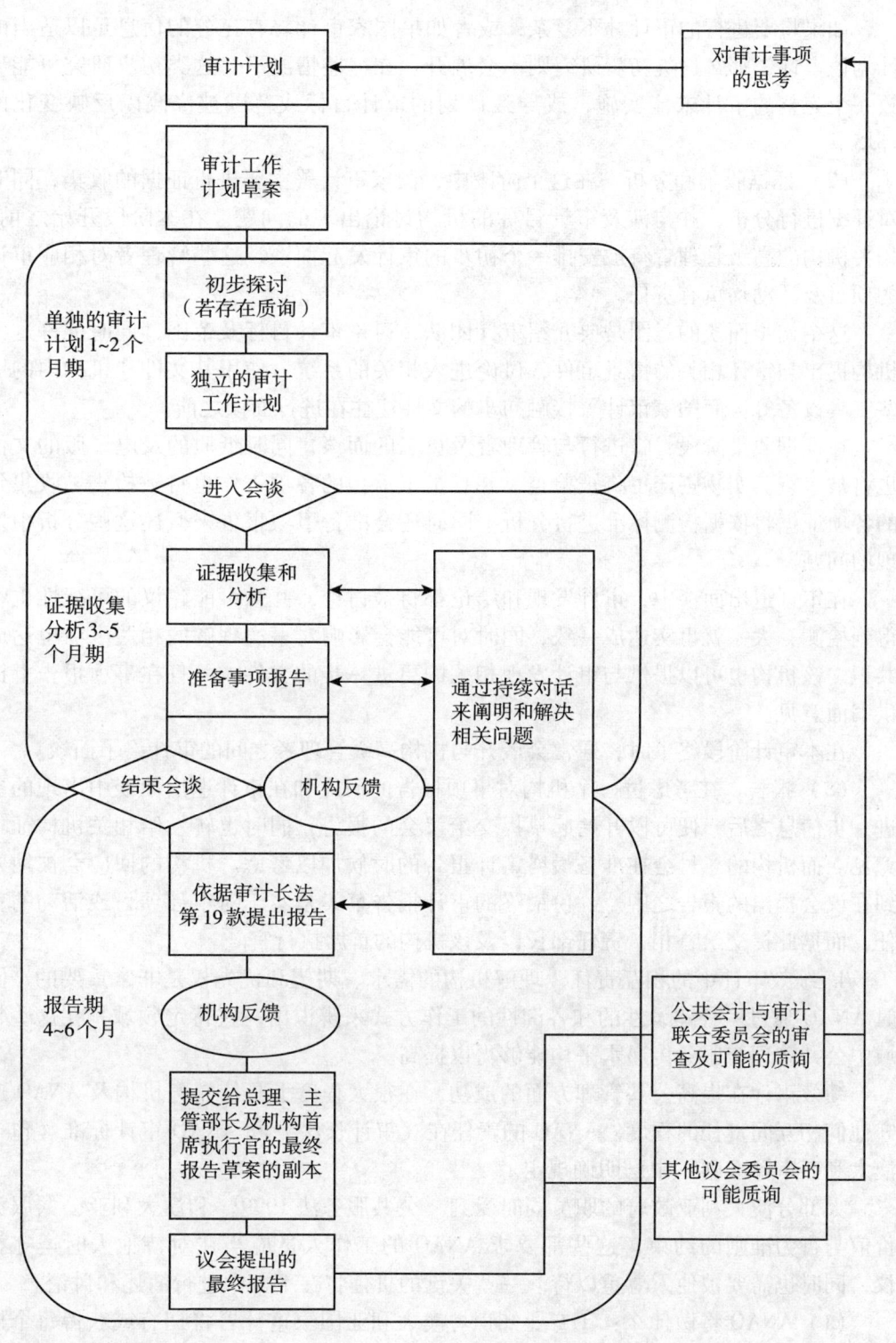

```
                 ┌──────────┐         ┌──────────┐
                 │ 审计计划  │◄────────│对审计事项│◄──┐
                 └────┬─────┘         │ 的思考   │   │
                      │               └──────────┘   │
                 ┌────▼─────┐                        │
                 │审计工作  │                        │
                 │计划草案  │                        │
                 └────┬─────┘                        │
┌──────────┐     ┌────▼─────┐                        │
│单独的审计│     │初步探讨  │                        │
│计划1~2个 │     │(若存在质 │                        │
│月期      │     │询)       │                        │
│          │     └────┬─────┘                        │
│          │     ┌────▼─────┐                        │
│          │     │独立的审计│                        │
│          │     │工作计划  │                        │
└──────────┘     └────┬─────┘                        │
                      ◇ 进入会谈                     │
┌──────────┐     ┌────▼─────┐     ┌──────────┐       │
│证据收集  │     │证据收集和│◄───►│          │       │
│分析3~5   │     │分析      │     │          │       │
│个月期    │     └────┬─────┘     │通过持续  │       │
│          │     ┌────▼─────┐     │对话来阐明│       │
│          │     │准备事项  │◄───►│和解决    │       │
│          │     │报告      │     │相关问题  │       │
└──────────┘     └────┬─────┘     │          │       │
                      ◇ 结束会谈 ○机构反馈   │       │
                      │                      │       │
                 ┌────▼─────┐                │       │
                 │依据审计长│◄──────────────►│       │
                 │法第19款  │                │       │
                 │提出报告  │                │       │
┌──────────┐     └────┬─────┘                        │
│报告期    │     ○机构反馈                           │
│4~6个月   │     ┌────▼─────┐     ┌──────────┐       │
│          │     │提交给总理│     │公共会计与│       │
│          │     │、主管部长│     │审计联合委│──────┤
│          │     │及机构首席│     │员会的审查│       │
│          │     │执行官的最│     │及可能的质│       │
│          │     │终报告草案│     │询        │       │
│          │     │的副本    │     └──────────┘       │
│          │     └────┬─────┘     ┌──────────┐       │
│          │     ┌────▼─────┐     │其他议会  │       │
│          │     │议会提出的│────►│委员会的  │──────┘
│          │     │最终报告  │     │可能质询  │
└──────────┘     └──────────┘     └──────────┘
```

图8-6 绩效审计循环

资料来源：Performance Auditing in the Australian National Audit Office, Commonwealth of Australian 2008.

如果将要进行的审计并不复杂，或者如果国家审计署有充分的信息足以适当地计划该审计，那么这类初步研究则不会展开。在一些情况下，这类初步研究可能导致一个完整的审计未能实施，或导致计划的审计目标或范围被修改以反映变化的环境。

（2）证据收集和分析。在这个阶段中，国家审计署主要进行证据的收集，同时对证据进行分析，并与涉及审计目标的机构讨论出现的问题。在本阶段开始之前，相关机构的高级管理者将被安排一个初步的审计发起面谈，这些管理者对相应审计的项目及活动均负有责任。

这个初步面谈的意图是要介绍审计团队，讨论审计目标及范围，同时准许这些机构提出与审计相关的情景事件，讨论进入相关的系统，使用其文件和机构内的一些工具设备等。而国家审计署接触初步的文件往往在进行面谈之前。

在证据收集阶段，将进行与管理者及员工的面谈，同时纸质的及电子版的文件也将被审查。实物资产也将被检查，并且员工承担的各项工作也将被检查。收集到的各项证据将依据检测标准进行分析，同时还会准备事项报告来概述这些分析中发现的问题。

在审计退出面谈中，审计发现和结论都将被讨论，并且可能建议的可行性也将得到检测，大家就事实达成一致，同时对可能会影响对事实理解的相关事项也达成共识。该机构也可以提供与审计发现相关的更进一步的文件，并且在事项报告上提供书面意见。

在本审计阶段终了时，通常会展开与机构高级管理者之间的审计终了面谈。

（3）报告。在考虑过一个机构对事项报告的回应和在审计退出面谈中出现的更进一步信息之后，便可以开始起草提交给议会的报告，同时也转发给相关机构征求意见。而机构的意见会在准备最终审计报告的时候加以考虑。机构的回应会被纳入到在议会提出的报告之中。一份最终的审计报告草案是鉴于对审计项目或活动的责任，而据此提交给首相，责任部长以及该机构的首席执行官。

4. 绩效审计中的相互责任。理解机构的需求、期望和优先权是非常重要的，同时 ANAO 通过一种建设性的和咨询性的工作方式来辨识出一些特定领域，在这些领域中公共管理与服务传递水平均能够得以提高。

绩效审计在提高公共管理方面的成功，在很大程度上是依靠各机构及 ANAO 遵守他们相互间责任的程度。ANAO 的责任在《审计长法》和 ANAO 审计标准（包含澳大利亚审计准则）中已明确规定。

大部分澳大利亚政府的职员同时受到《公共服务法1999》和澳大利亚公共服务价值与行为准则的约束，这些都要求 ANAO 的工作人员应当在对待他人时遵守礼仪，同时也需要被他人尊重以待。一些关键的责任将在下文中进行简述和讨论。

（1）ANAO 将做什么：①专业知识。澳大利亚国家审计署将拥有或获得每个机构充分的知识，以帮助我们鉴别和理解出现的问题，而这些问题会影响正在进行审计的项目或活动的绩效。②无意外。ANAO 是在审计结果无意外（no surprises）的基础上展开工作的，因此被审计的机构就有机会来讨论审计结果，并且提高那些必要的活动过程。ANAO 通过在审计过程中与被审计方保持持续的意见交换来实现这一目标。这种持续对话的方式也有助于保证审计报告的准确、证据充分、平衡和公正。③信息保密性。ANAO 将所有的审计工作及相关信息都归为保密类别，并且不会将它们向社会公众、媒体或其他组织公开，除了 ANAO 正常报告安排中的一部分。不涉及公共利益的敏感信息将不包括在公开报告中。① ④安全性。ANAO 的工作人员都将进行恰当的安全清查，并且所有提供给国家审计署的信息在任何时候都将被安全的存储，且只用于审计目的。

(2) ANAO 的客户需要做什么：

①充分自由的接触（信息取用）。每个机构都应按要求在任何合理的时间，向国家审计署提供充分自由的接触权（信息取用权）。这些信息包括：国家审计署希望检查并复印或取得文件摘要的任何契约、文件或其他财产。② ②合理的设备使用。每个机构还应当提供所有合理的设备来帮助审计活动的开展。这部分通常包括一间安全办公室，计算机终端，外接电话以及对复印、打印机的使用。③反馈。任何反馈如果表示国家审计署的审计工作或其关注点，并没有符合 ANAO 的责任，则应当提交至相关的 ANAO 联络办公室，使得问题得以解决。在国家审计署进行客户调查时，每个机构也都将获得一个机会就审计行为提供反馈给一个独立的顾问。

5. 绩效审计报告提交后事项。

（1）公众可获得。在正式提交审计报告之后，审计报告即对公众公开。ANAO 的高级职员可能会向议会委员会、部长、个别议员或是媒体就审计结果做简要的陈述。

（2）机构审计委员会审查。机构审计委员会通常会有一个常设议程项目，即对审计建议的执行情况进行审查。

（3）议会审查。公共会计与审计联合委员会（JCPAA）复审所有的绩效审计报告。其他的议会委员会可能也会选择对任何的 ANAO 审计报告来进行一次调查。议会委员会的报告也会提交给议会并且向公众公开。

（4）跟踪审计。澳大利亚国家审计署（ANAO）的审计工作计划（AWP）包括开展大量的跟踪审计，由此评价一个机构执行前期审计意见的进度。

（5）持续的信息流。ANAO 也会定期发布一些时事消息，以提供关于机构利益发展及相关问题的信息。ANAO 的工作人员也会以观察员的身份参加许多审计委员会。ANAO 同时会在线发布关于 ANAO 的信息（http：//www.anao.gov.au），还有已提交议会的当前审计报告全文，以及总审计长和其他审计工作人员所做的演讲。

---

① Auditor-General Act 1997, Section 37.
② Auditor-General Act 1997, Section 33.

二、审计的范围

(一) 澳大利亚政府财务报表审计范围

机构首席执行官,政府主管及公司董事,对以下事务负责:准备和提交财务报表、维护记录和内部控制以及支持报表准备的程序和流程。国家审计署实施财务报表独立审计是要形成一种观点,即财务报表是否没有出现重大错报。各项审计均是依照国家审计署审计准则展开的,其包含了澳大利亚审计准则(ASAs),由此对财务报表是否不存在重大错报提供一个合理的鉴证。具体的财务报表审计包括:(1)审计对象财务责任之签证,包括:财务记录之检查与评估,并对财务报告表示意见。(2)政府整体财务管理责任之签证。(3)财务报告及交易之审计(包含遵循相关法令规章之评估)。(4)内部控制及内部稽核功能之审计。(5)审计对象管理决策合法性及适当性之审计。(6)其他最高审计机关认为应予揭露且攸关事项之审计与报道。

审计过程包括对单位各项记录和其内部控制、信息系统、控制过程以及法定信息披露要求的检查。支持财务报表中的数据及其他信息的证据在抽查的基础上受到检验,同时还有会计政策和重大的会计估值被评估。与各单位编制及公允的列报财务报表相关的单位内部控制得到认真的考虑,从而能够设计出在相关环境下适宜的审计过程。在一些审计中,审计过程主要注重证实财务报表中出现的数据,而并不包括对于系统和内部控制的细节测试。预防和检测欺诈和错误这两大主要的职责,取决于一个单位的治理和管理。依照澳大利亚审计准则进行的审计旨在提供合理鉴证,即财务报表,作为一个整体,是不存在重大报错的,无论是由于欺诈还是错误。事实是开展审计有可能对于欺诈而言是一种威慑。然而,审计师不对防止欺诈和错误负责。有关国库部财务报表审计范围见专栏8-4。

专栏8-4 国库部财务报表审计范围

澳大利亚国家审计署对国库部的年度财务报表进行财务报表审计的范围包括:对整个国家和地区的所有支付的完整性及准确性的评估。对个别机构的审计范围包括对于各项工作安排的一个审查:监督绩效基准、工程项目重大事项的达标情况,以及其他情况。比如,那些在支付前需要达到的要求。

资料来源:由作者根据澳大利亚国家审计署网站中关于财务报表审计的相关内容整理,http://www.ncoa.gov.au/。

(二) 澳大利亚政府绩效审计范围

在澳大利亚政府层面上,总审计长有绩效审计授权开始于1978年。在当时的情况下,并不确定ANAO会承担进行绩效审计的责任。同时接受1976年澳大利亚政府调查委员会(RCAGA)考虑的其他候选者包括:公共服务委员会(PSB),国库部以及一个新的机构（政策分析和行政管理办公室）。ANAO 比其他机构得到更大肯定，然而，由于该责任认可的需要，即 ANAO 还要有独立于各部门来规定审查基础的职权；要有建立衡量绩效的预期标准的权力；要可以进行比较并且通常可审判且报告绩效。绩效性审计是有关经济性、效率性与效果性的核查，具体包括：（1）政府各项施政经济性的核查，与最佳之行政原则、实务及管理政策等相一致；（2）所有人力、财务与其他资源的使用是否具有效率的核查，包括各项信息系统的检测；绩效衡量指标的制定、执行与监控；以及以前年度缺失的改进情形等；（3）审计对象是否达成预期目标的核查，并比较实际成效与预期成效。

澳大利亚审计署（ANAO）目前每年进行大概 50 项绩效审计，不时的被议会或者部长要求去进行绩效审计。选择绩效审计主题考虑的主要因素包括：风险及重要性；部门范围；一些关键的主题，比如政府、边界安全管理、项目管理、服务传递以及拨款管理；公共会计与审计联合委员会（JCPAA）、其他议会委员会、部长及议会议员的要求或意见。

当前绩效审计主题包括：福利署的项目管理；绿色采购办公室；空战舰队的管理服务支持；海关的货物管理改建项目；对杀虫剂及兽医药品的监管；签证管理：打工度假者。

同时，审计报告通常会划出一些关键信息：好的过程传递出好的结果；各组织自我意识的重要性；健康政府的重要性；健康风险管理的重要性；定期报告/监控的重要性；预先投资比"恢复行为"更具成本效益（任何组织失去公众关注将会很艰难）；在合同外包中，保证对私人部门的激励能够恰当地与计划或项目目标保持一致；密切关注在其他司法管辖区的成本转移。

此外，审计报告也辨识出一系列其他影响，这些影响可以导致绩效产生一个积极的变化。这些影响包括：首席执行官在良好治理及良好实践中的利益；拥有正确的技能（数量及级别）；明确的预期及岗位职责（鼓励一种自我评价/自我规范系统的岗位文化以及鼓励内部审计来审查各个系统）；把注意力集中在关键评估上；设置一个有效的审计委员会，即设置一个审计委员会审查并将相关的 ANAO 审计结果及建议提交给项目管理者。

绩效审计还被议会用来告知其对关键项目的操作情况——议会委员会通常会对审计报告进行延伸调查，在调查中会同时考虑到审计项目政策与管理两个方面。澳大利亚国家审计署处于一个很幸运的有利位置上，来对整个澳大利亚政府公共部门持一个概观。因此，各个机构都希望国家审计署能够拿出他们多年的审计经验来分享。作为国家审计署也会考虑到对于它们而言，恰当的衡量他们的经验对公共部门的益处是非常重要的。

因此，澳大利亚国家审计署被授权开展绩效审计到目前已有 30 年之久了。绩效审计是公认的公共管理体系中非常重要的组成部分，同时也是 ANAO 工作中非常重要的部分。绩效审计告知议会及社会公众大型政府项目的效率及效果情况。它是一个现成的公共信息的来源，能够有助于对于公共管理的理解。非常重要的是，绩效审计为各机构提高自身的绩效提供了一个激励。

第九章

澳大利亚政府预算改革

■ 本章导读

在20世纪90年代初,澳大利亚连年出现财政赤字、政府运行成本持续上升,引起了人们对政府角色、活动范围以及政府活动的效率和有效性的广泛关注。为此,政府实行了包括精简政府机构规模、控制政府支出成本、强调政府运作效率等在内的一系列刺激经济的改革措施,其中最重要的包括权责发生制预算改革、以追求结果为导向的绩效预算改革及中期滚动预算改革。经过努力,政府运行成本明显下降,联邦政府的财政状况得到持续改善,预算管理确实达到了公开、透明、公正、合理等目标要求。通过总结发现,每一次预算改革都围绕着改善政府财政状况或提高预算管理的公开透明度这两个目标。因此,本章将首先系统回顾澳大利亚预算改革的历程及其对财政状况的改善,而后将重点介绍权责发生制预算改革、绩效预算改革和中期滚动预算改革的内容,最后对其他的一些预算改革做简要概述。

第一节 澳大利亚预算改革历程与财政治理绩效

经过不断改革与发展,澳大利亚联邦政府、州政府和地方政府之间的事权分工较为明确,财政体制与政府间财政关系也在较为合理和稳定的制度框架下运行。不过,澳大利亚联邦政府的财政政策和预算管理制度,仍然会不同程度地受到国内外政治和经济等因素的影响,在不同时期展现出各期的独特之处。为了应对不同时期内外部因素对澳大利亚经济发展的影响,每届政府都采取不同的战略,但是贯穿 20 世纪 70 年代至今的一项改革就是财政预算领域的改革,其目标均是为了控制政府财政支出,减少财政赤字,提高财政资金使用效益,降低政府债务规模,实现财政盈余。尤其是 20 世纪 90 年代,澳大利亚联邦政府所推行的权责发生制预算、绩效预算和中期滚动预算,受到广泛关注,为改善澳大利亚财政状况奠定了良好的制度基础。

一、预算改革前二十年(1976~1996 年)

20 世纪 50 年代至 70 年代初,由于世界经济发展态势良好,各国经济处于高速增长期,澳大利亚实施积极的政策引导国际贸易、吸引国外直接投资,刺激了国内外市场的发展,澳大利亚的经济发展出现一次高潮,各级政府财政状况良好。从图 9-1 可以看出,20 世纪 70 年代初至中期,澳大利亚的净债务规模一直很小甚至资产一度大于债务总规模。然而,进入 20 世纪 70 年代中期,世界主要经济体爆发了全球性通货膨胀,澳大利亚的经济发展和财政安全受到了严重影响。为应对危机,澳大利亚政府实施了紧缩性货币政策和以增加社会福利支出的扩张性财政政策。财政收入增速迅速减少,而财政支出规模却在不断扩大,导致 20 世纪 70 年代以后的政府预算赤字规模不断增加。与此同时,澳大利亚联邦政府债务规模也在不断增加。1978~1979 财政年度中,联邦政府净债务占 GDP 的比重从之前 1977~1978 财年的 2.8% 跃增到 4.2%(见图 9-1)。

20 世纪 70 年代的全球性经济危机,导致澳大利亚经济发展减缓,财政赤字及政府债务规模不断增大。于是,从 70 年代中期开始,澳大利亚政府着手推进大规模的经济与财政改革。1975~1983 年间,弗雷泽(Fraser)政府对财政预算制度进行了大幅度的改革,包括强力推行自上而下的总额控制、实施公共支出的追回和全面削减计划,并且通过减少预算支出,甚至保持预算零增长的方式来减少税收负担,以抗击通货膨胀。此外,费雷泽政府还推动了一次重要的机构改革,1976 年明确了澳大利亚联邦政府中的经济委员会(后来的国库部门)和预算委员会(后来的财政部门)的职责与分工。经过弗雷泽政府的不懈努力,澳大利亚联邦政府债务总额占 GDP 的比重从 1980 年的 8.027% 下降到 1982~1983 年度

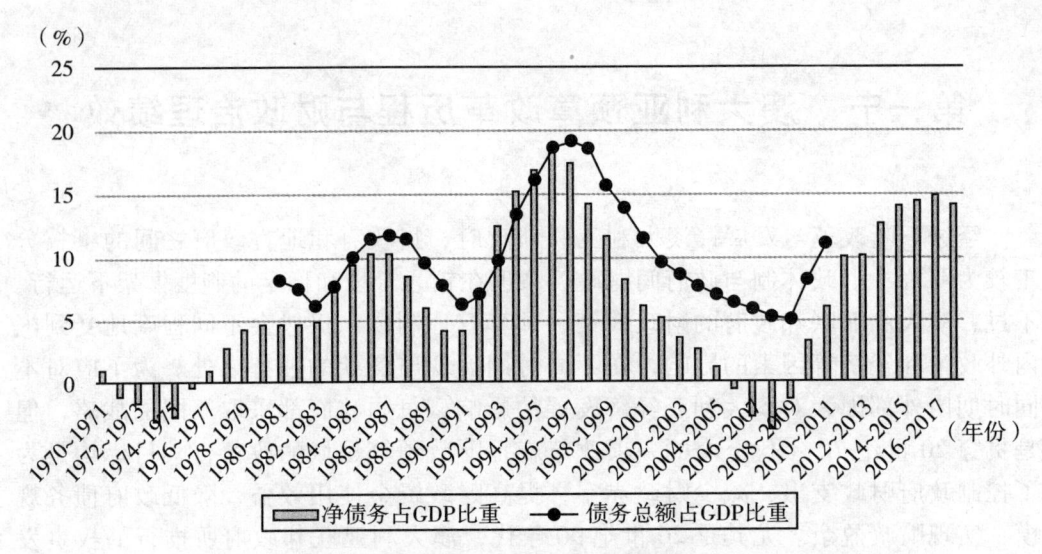

图 9-1 澳大利亚联邦政府净债务（1970~2018 年）和
债务总额（1980~2011 年）占 GDP 比重

注：净债务是指在权责发生制会计制度下，澳大利亚联邦政府所持有的部分负债或偿付责任（包括存款、有价证券、公债、借款）总额减去被选定的资产（以现金和储蓄形式存在的预付款、投资、贷款和存款等）总额之后的最终所得。其中 2013~2014 年至 2015~2016 年三个年度的数据是估算数，2016~2017 年和 2017~2018 年两个年度的数据为计划目标数。其中联邦政府净债务数据来源于澳大利亚 2014~2015 年政府预算报告；联邦政府债务总额数据来源于 OECD 数据库发布的 Total Central Government Debt % of GDP。

资料来源：《澳大利亚 2014~2015 年政府预算报告》，http://www.budget.gov.au/2014-15/content/bp1/html/index.htm；OECD 数据库，http://www.oecd-ilibrary.org/finance-and-investment/total-central-government-debt_20758294-table1。

的 6.028%。

20 世纪 80 年代至 90 年代中期，霍克政府（1983~1991 年）和基廷政府（1992~1996 年）都在努力地降低通货膨胀，减少政府债务和预算赤字。1984 年，霍克政府颁布了《澳大利亚公共服务改革法案》①和《预算改革》。这两份文件为全面推动绩效预算改革，减少公共部门支出，提高公共财政资金使用效益起到了重要的作用。基廷政府也一直推动预算改革，强调限制支出增长，要求支出与明确的绩效目标紧密匹配，强调管理者必须重视管理，在中期框架内分配资源，强调预算的控制性。然而，由于基廷政府在财政收入不断减少的同时采用刺激经济增长的财政政策，财政支出增长很快。到了 1996 年（基廷政府执政的最后一年），澳大利亚联邦政府债务总规模和净债务占 GDP 的比重分别为 19.13% 和 18.1%，均达到历史最高（见图 9-1）。而同年中央政府债务占 GDP 的比重意

---

① 目前已不再适用。

大利为113.6%、希腊108.1%、日本68.9%、加拿大56.3%、美国47.9%。①澳大利亚债务水平还是远低于其他国家。由此可见，澳大利亚从20世纪70年代以来推行的预算改革，强调支出控制和支出绩效等措施，为维护澳大利亚财政的稳定起到了积极的作用。

二、财政治理绩效的黄金时期（1996～2008年）

如前所述，由于澳大利亚不懈地推动预算改革，联邦政府的债务总规模和净债务占GDP的比重一直低于同期的其他发达国家。但1996年霍华德入主联邦政府时，债务规模已经达到了联邦政府历史最高峰。为解决债务总规模居高不下的问题，霍华德政府（1996～2007年）推动实施严格的财政整顿和重要的预算改革，重点是建立健全的、合理的、负责任的政府预算制度，以实现在三年为一个周期的经济发展过程中实现财政预算盈余的目标。1996年，联邦政府成立了独立的国家审计委员会（The National Commission of Audit 1996），完善了国家审计委员会及其监督审查职能，并要求联邦政府预算更加公开、透明、负责任且有绩效。1998年，霍德华政府颁布了《预算诚信章程》，要求构建公开、透明、负责任且有绩效的预算管理框架。此两项制度性改革为澳大利亚实现财政盈余的财政治理绩效奠定了坚实的基础。

为了实现国家审计委员会提出的国家财政更具责任性、更加公开透明的要求，霍华德政府确立了以结果为导向的绩效预算管理框架，以及预算管理的中期和长期支出框架。后者主要通过1998年颁布的《预算诚信章程》来落实的。《预算诚信章程》要求建立能够反映财政政策实施情况的5年中期预算框架和40年长期预算框架。通过中期和长期预算框架，来预测和反映财政政策的实施效果，分析财政政策对未来经济发展产生的影响，进而适时调整财政政策以便使其更好地发挥经济稳定器的作用。配合《预算诚信章程》的颁布与实施，霍华德政府在1996～1998两个预算年度，大量削减支出，总计约8亿美元。与此同时，1996～2000年，澳大利亚政府推行一系列有关资源管理领域的改革，包括成本计算方法、强制公开招标制度、预算报告制度等；1999～2000年推动建立了全面的权责发生制预算（报告）体系。

经过努力，联邦政府的财政状况得到好转，1998～1999财年重新出现财政盈余，2007～2008财年，财政总余额达到历史最高值（210.29亿美元），扣除资本净收益（25.93亿美元），该年财政盈余达到184.36亿美元。②财政盈余首先被用于支付政府债务，使得净债务规模迅速下降。1996～1997财年联邦政府净债务占GDP的比重为17.3%，2005～2006财年净债务完全化解且实现资产规模大于负债规模，

---

① OECD (2013). OECD Economic Outlook No. 94 database. http://www.oecd.org/eco/.
② Commonwealth of Australia (2012). Mid-Year Economic and Fiscal Outlook (2012 – 2013), http://www.budget.gov.au/2012 – 13/content/myefo/html/index.htm.

2007~2008 财年净债务占 GDP 的比重为 -3.8%，实现了净收益。

三、后危机时代的预算改革与债务管理状况（2008 年至今）

2007~2010 年陆克文政府执政期间，继续遵守和贯彻 1998 年《预算诚信章程》，并高度强调预算透明度。这一时期的预算改革主要包括：一是更加强调产出概念；二是要求政府提供项目层面的详细信息；三是要求相关预算报告或者评估更加清晰；四是要求特殊拨款项目的内容更加清晰；五是提高"代际报告"（Intergenerational report）①的透明度。陆克文政府之后，吉拉德（2010~2013 年）和阿博特（2013 年至今）两任政府都遵从 1998 年《预算诚信章程》，实施更加严格的财政规则，推动中期经济和预算框架的不断完善。

经过三十年不断的财政制度改革，除 2001~2002 财年出现少量财政赤字外，从 1998~1999 财年到 2007~2008 财年的十年间，澳大利亚一直保持财政盈余，（见图 9-2）。与此同时，联邦政府债务水平持续下降，2005~2006 财年至 2008~2009 财年，联邦政府总资产超过总债务，出现净收益（见图 9-1）。不可否认，2008 年爆发的全球性主权债务危机，使澳大利亚联邦政府的财政状况和财政稳定性也受到了影响。为了应对经济危机，澳大利亚实施扩张性财政政策，致使 2008~2009 财年至 2011~2012 财年又出现了财政赤字。但是，根据联邦政府的预测，2017~2018 财年能够重新实现财政平衡，净债务规模也会随之减少。此外，相较于同期的其他主要发达国家，澳大利亚联邦政府的债务水平也低得多。根据 OECD 2013 年的数据，澳大利亚联邦政府债务总额占 GDP 的比重为 34.4%，而日本是 227.2%，英国 107.0%，美国 104.1%，欧盟 15 国为 106.4%，OECD 总体平均是 110.3%。此外，OECD 的最新数据显示，2008~2015 年间，澳大利亚真实 GDP 平均增长率为 2.6%，远高于其他主要经济体。特别是 2009 年，美国、英国、日本、意大利和欧元区等主要国家和地区由于经济危机的影响，经济迅速下滑，而澳大利亚的真实 GDP 增长率还能保持在 1.5%。②

由此可见，通过三十年持续不断的财政预算改革，澳大利亚的财政稳定性得到了提高，尤其在 20 世纪 90 年代实施权责发生制预算、绩效预算和引入中期支出框架后，联邦政府财务状况得到了改善，预算管理也更加公开透明，改革成效显著。

---

① 此类报告是指包括当前预算、中期预算和长期预算在内的纵跨不同政府执政期间的预算报告，时间跨度可能长达 40~50 年。

② OECD（2013）. OECD Economic Outlook No. 94 database, http://www.oecd.org/eco/.

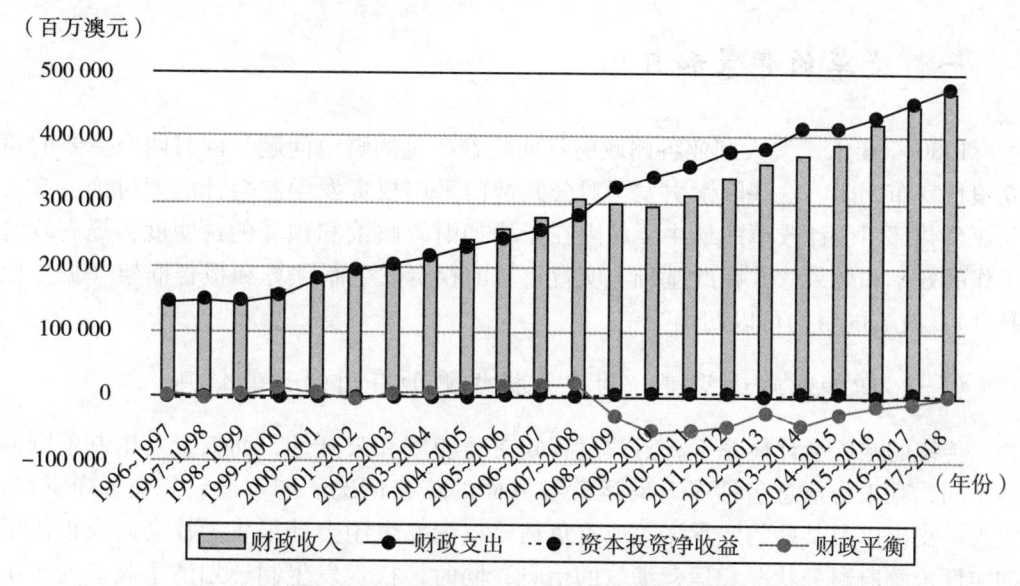

图 9-2　澳大利亚政府财政收支与财政平衡（1996～2018 年）

注：2013～2014 年至 2015～2016 年三个年度的数据是估算数，2016～2017 年和 2017～2018 年两个年度的数据为计划目标数。

资料来源：《澳大利亚 2014～2015 年政府预算报告》，http：//www.budget.gov.au/2014-15/content/bp1/html/bp1_bst10-05.htm。

第二节　澳大利亚权责发生制预算改革

20 世纪 70 年代至 80 年代，西方国家为了适应全球化、信息化及国际间竞争加剧的趋势，满足国内公共服务需求的增加，提高政府效能和工作效率，进一步增加财政信息透明度，使政府摆脱财政困难，掀起了"新公共管理运动"。"新公共管理"理论要求政府更透明的反映预算及其他财务信息，提倡引入权责发生制以满足各方面的要求。西方各主要国家根据本国的实际，分别制定了各自的政府改革及财政改革方案，如美国的"企业化政府"改革运动、英国的"管理主义"运动、奥地利的"行政管理计划"、丹麦的"公营部门现代化计划"、法国的"革新公共行政计划"、葡萄牙的"公共选择计划"，以及澳大利亚的"财政管理改进计划"等。澳大利亚的公共管理改革最初集中在改进公共部门的效率和效果以及它对政府和议会的受托责任上，改革的重点是改进资源配置和管理的方法，这就要求政府会计报告及预算报告能够提供更全面的收入和费用、资产和负债的信息，在促进更有效管理的同时，提供更全面的受托责任。在收付实现制无法提供这些信息的情况下，权责发生制就成为一种必然选择。

一、改革的背景和目的

1980年年末,澳大利亚各州政府都面临着严重的财政问题,同时两个主要的州立银行宣布倒闭。这些因素引发了对公共部门采用权责发生制会计的大讨论。澳大利亚公共部门会计改革的最主要动因在于增加财政政策和预算的透明度,提高政府运作的效率和效果,并在此基础上实行整套的权责发生制预算和报告框架(见专栏9-1)。改革的目的可以归纳为:

(一) 增加财政透明度,为决策提供更加有用的预算信息

传统的政府会计体系下,财政过程缺乏透明度和公开性,而权责发生制下则截然不同,其报告信息包括了政府运营各方面的综合情况,如资产、负债、净资产、收入、支出以及某些约定承诺等或有负债。权责发生制会计报告为社会公众提供了如实评价政府财务状况和运营绩效的信息,同时,权责发生制还划清了收益性支出和资本性支出,因而在报告中可以充分、真实地反映所有资产与负债项目,有利于政府资产与负债的管理。这表现在两个方面:一方面,它确认持有资产的成本,促进了资产的持续管理,避免了隐性负债藏而不露的问题;另一方面,它使机构管理者难以将他自身应承担的当期成本转嫁给继任者。此外,对雇员养老金、社会保险和贷款等长期承诺,若以政府负债的形式加以揭示,既有利于今后预算的制定,又在真正意义上增加了信息的透明度。

(二) 有利于全部成本与产出的计量,便于对政府部门的绩效进行评价

现行的收付实现制并不能完全反映政府活动及其所提供的服务成本的信息,因而,利用这种信息评价政府的工作效率和服务质量就会产生误差。而在成本信息方面,权责发生制却能在配比基础上确定产品或服务的"真实完全成本",将使用资源的总成本与取得的成果更紧密地联系起来,既具有期间可比性,又可于与私营部门进行竞争比较,便于绩效的评价。基于这种真实的成本基础,政府部门在管理上就可以产量(产品或者服务)或经营成果来衡量其工作绩效;同时,真实、准确的完全成本指标增强了决策的相关性,进而强化了受托责任,管理者必然会把视野从现金控制转向资源优化配置层面,有助于提高政府部门的工作绩效和服务成果。

(三) 促进政府部门商业化运作以及创造更具竞争性的环境

20世纪80年代起,以市场为基础的公共管理及企业化政府等有关政府管理的新理念开始兴起,这使得澳大利亚政府重新审视政府及公共部门的管理模式,发现以权责发生制为基础的核算制度,有助于公共部门确立竞争目标,能在公共部门之间以及公共部门与私营部门之间引入竞争机制,促进政府部门的私有化进程,有利于改进服务质量,提高运作效率;权责发生制还增强了预算信息和实际财务及业绩信息之间的可比性,有利于更重视业绩的管理和监控模式。

第九章　澳大利亚政府预算改革

专栏 9 - 1　实行权责发生制会计的三个主要因素

权责发生制是会计的一种记账基础,这种方法是把收入和支出作为是否获得和发生来分别计账,而不考虑现金是否收到或支付。从会计的历史发展过程来看,权责发生制是从收付实现制基础上发展出来的。在澳大利亚,实行权责发生制会计考虑三个主要因素:

1. 规范会计标准,细化会计政策。主要是从概念上设计,如收入、支出、资产、负债、权益等概念。

2. 实行统一的权责发生制会计制度。主要包括三个方面:一是进行系统分析、设计和实施方案;二是需要把管理会计系统与会计系统统一起来,也就是把权责发生制下的预算、现金预算和生产管理(生产成本费用)与权责发生制统一起来;三是把通讯基础设施与代理部门、州财政和银行系统连接起来。

3. 保障会计专业技术。补充主要的商业会计人员,对政府会计人员进行培训,对外采用会计服务机构等。

权责发生制会计数据对决策、评估及经营责任的管理都是非常关键的,因此,联邦政府于 1997 年决定把政府的运作建立在一个更加商业化的基础上,使管理人员和负责人具有财务责任,使他们的决策建立在实际的影响上。

资料来源:财政部预算司:《澳大利亚的权责发生制改革》,中华人民共和国财政部网站。

二、改革的实施进程

澳大利亚联邦政府从 1984 年开始着手对其政府预算和报告体系实施改革。20 世纪 90 年代初,澳大利亚公共会计和审计联合委员会(JCPAA)、澳大利亚国家审计委员会(NCOA)开始认识到,在政府会计领域采用纯粹的收付实现制基础对政府资源实施管理并不恰当。1992 年 5 月,澳大利亚联邦和州成立了联合工作小组,研究政府部门转向以权责发生制为基础的财务报告。

自 1994~1995 财政年度开始,澳大利亚联邦在政府会计中引入权责发生制作为计量基础,要求政府部门以权责发生制基础编制经审计过的财务报表。1997 年,澳大利亚颁布实施了《财务管理和受托责任法案 1997》,该法案明确要求权责发生制应作为政府预算、政府会计和财务报告的基础。1998 年公布了由澳大利亚审计总署(ANAO)审核的政府合并财务报告。《财务管理和受托责任法案 1997》将管理资源的权力更多地下放到部门,使部门负责管理产出,最大程度地服务于政府预期成果的实现,并建立绩效指标以审核效果和效率。1998 年的《预算诚信章程》也明确了澳大利亚联邦政府公共财政管理和报告方面的规定,引入了一系列财政政策管理的原则,提出了若干增加透明度的要求,以保证政府的财政运行结果有恰当的计量标准。在 1999 年,澳大利亚政府在预算改革方面同时采取了两项措施：一是计量基础由收付实现制改为权责发生制（解决如何计量的问题），二是在成果和产出框架下编制权责发生制基础的报告（解决计量什么的问题）。与收付实现制预算相比，权责发生制预算的优点在于：能够为决策提供更加全面、有用的信息，能更好地确定政策性决策的更长期影响；使政府可以更好地进行更有效利用资源的决策。通过引入权责发生制预算，向部门提供的资源，这些资源的预期用途与评价资源支配绩效信息之间的联系更加紧密（见专栏9-2）。从1999~2000财政年度起，年度预算也引入权责发生制。在此之前，所有的预算和决策都是以收付实现制为基础的。

专栏9-2　权责发生制会计与现金收付制会计的不同

1. 会计制度以权责发生制为基础，只要经济活动发生了，而不管钱是否收到或是否支付，都要进行会计记录。现金收付制则必须在钱收到或钱已经付出才记账。

2. 权责发生制要对所有资产进行计量和确认，计算折旧，并且要按照净资产额上缴资产使用费，编入资产负债表，使各个部门对资产的管理更加重视。现金收付制对资产不评估计价，管理上也较为宽松。

3. 会计报表编制以权责制为基础。收入按应收到的税收和应拨款入账；支出按应付的支出如公务员工资、保险、养老金等列入支出预算；资产要估价（按净现值、市场价值、重值价值计价）；负债（包括海外负债）全部以澳元记账；折旧按分类折旧率计算；应收应付款按发生时计算；存货按现值计算（采用先进先出法）；对应收款要估价并扣除呆坏账损失。

资料来源：财政部预算司：《澳大利亚的权责发生制改革》，中华人民共和国财政部网站。

三、改革的主要内容或措施

（一）预算编制程序

澳大利亚的联邦预算由国库部和财政管理部联合编制。国库部主要负责经济管理，包括财政政策建议、收入分析与预测、预算书面资料的填制；财政管理部主要负责权责发生制概算数据的质量保证、拨款和现金管理、总体报告框架（包括成果与产出的明细项目）的确定。整个预算编制程序如下：

1. 每年11月份，开始启动年度预算的编制工作。由总理、国库部长、财政管理部长共同审议下一财政年度战略性政策重点；在战略性政策重点确定之后，各部门向政府递交报告，详细说明需要补充资金的情况以及在其职责范围内可以实现的资金节约情况。

2. 次年2月份，做出完整的、最新的权责发生制基础的概算数。其中，各部门负责其职责范围内的权责发生制基础概算数据的建立和维护，具体包括部门直接将

第九章 澳大利亚政府预算改革

其概算输入计算机中的权责发生制信息管理系统（AIMS）。财政管理部负责概算数据的质量保证和将这些数据合并为政府总体报告中的数据。联邦预算包括下一年度权责发生制基础上的详细概算和今后三年的概算数据（称为前景预测）。

3. 3月份，由政府支出审核委员会审议所有关于下一年度支出的提案，对有关权责发生制基础概算进行预算前审核，确保所有的决策都已反映在权责发生制信息管理系统中。然后，国库部和财政管理部着手编制预算书面资料。预算书面资料包括四个文件：（1）预算战略与前景，该文件包括政府财政战略、总体财务状况和经济前景分析方面的信息；（2）预算范围，该文件包括所有政府部门下一年度支出提案的信息；（3）联邦财政关系，该文件包括澳大利亚联邦政府与其他各级政府之间关系的信息；（4）机构资源分配，该文件包括有待议会审批的拨款清单，拨款清单是政府开支的合法依据。另外，各部门也编制预算表，补充说明拨款清单中的信息。

4. 5月份，联邦预算的所有文件提交澳大利亚议会审核。

5. 在预算编制约6个月后，政府公布"年中经济和财政状况展望"，将概算数据与实际支出进行比较，更新有关预算数据。与此同时，会启动一个补充概算程序，以使各部门有机会重新评价各自的资金需求，如果必要，可以申请追加经费，并由议会对其进行审查。

6. 最后，在财政年度结束三个月之后，政府将上一财政年度实际财政状况执行信息的决算文件送交议会。

（二）预算的计量方法——以权责发生制为基础

权责发生制预算改革建立在澳大利亚实施的其他财政改革基础之上，以支持改进的财政管理体制，包括更多地将资源管理权力和受托责任下放到部门。由于权责发生制预算方法的计量基础是权责发生制，可以获得资源的全部成本，因此可以提供有关公立部门业务收费的更精确的成本信息。

根据权责发生制预算方法，不论是否发生现金交易，只要发生了经济价值的产生、转变、交换、转让或消失，就应记录这一价值变动。权责发生制预算主要侧重于财务管理的三个重要方面：即经营总成本、资产管理和现金流量管理。经营总成本通过在经济业务发生当期加以记录来确认。资产管理通过将资产的成本与使用情况更好地配比来实现。因为在权责发生制下要确认各部门所拥有的资产的成本，这就促使有关部门处置那些利用率不高的资产。为了促使人们更加关注资产的投资成本，澳大利亚政府对各部门按其净资产的12%征收资金占用费，这样可以保证政府向部门提供的资源能够有所回报，也能够确保澳大利亚的公立部门和私立部门在商品、服务提供方面可以有更激烈的竞争。现金流量管理是有效财务管理的一个重要组成部分，它可以保证现金的供给充足，需要支付商品、服务费用和员工工资时，不会出现现金短缺情况。

（三）预算的计量内容——成果与产出框架及绩效报告

成果与产出框架旨在回答以下三个基本的问题：一是政府希望实现的目标是什

么，即成果；二是政府如何实现这一目标，即产出和委托经营项目；三是政府如何了解产出和委托经营项目的情况，即绩效报告。在澳大利亚，所有政府部门都要求明确成果与产出，还需要确定相关的成果、产出和委托经营项目的绩效信息。政府主要是通过根据特定绩效标准或目标提供商品或服务来使公众受益，它关注的是最终的成果。各部门在其预算框架内有完全的自主权来决定如何支配这笔钱，以此来实现本部门的目标。绩效指标通常反映如下内容：不同项目对实现成果贡献程度的有效性；产出的价格、质量和数量；相关委托经营项目的预期特性。所有政府部门都要求在预算表和年度报告等受托责任报告中列示有关绩效信息。澳大利亚财政部已确定了有关成果和产出的规范指南，还制定了成果与产出框架之下绩效报告的编制指南。产出的质量指标通常涉及有形的、客观的指标（如及时性和准确性）和无形的、解释性的数据（如客户满意度）；产出的数量指标可以是处理投诉或申请的次数；委托经营项目需要有关实现拨款、转移支付或救济金支付之类目标的指标。关于绩效预算的详细内容参考本章第三节内容。

（四）权责发生制预算与收付实现制预算的主要区别

权责发生制预算与收付实现制预算的主要区别有以下几个方面：

1. 养老金。不论养老金负债是否已设立基金，权责发生制预算都确认应计的养老金费用。在某一年度的经营业绩表，养老金费用等于当年计提的应付给在职职工的养老金加上养老金负债的利息。在计算未设立基金的养老金负债余额的变动时，会考虑职工的人数以及有关工资上涨、通货膨胀和预期的投资回报率等因素。

2. 公共债务利息。收付实现制下，按照当年支付的利息来确认公共债务利息；权责发生制下考虑的是当期应计的利息，而不是实际支付的利息。

3. 税收收入。当税收收入作为政府的应计收入时，编制权责发生制预算需要采用恰当的方法来确认税收收入。政府可以在应税业务发生时确认应计税收收入。如果相关的税法规定表明纳税人需要缴纳一定金额的税金或者澳大利亚税务局和海关进行了应纳税额的评定，就应确认应计税收收入。

与目前的收付实现制预算相比较，权责发生制需要调整应收款项和坏账两个方面进行确认：应收款项的调整就是将已出具应纳税额评定书但尚未收到现金的那部分税款确认为收入，但是不包括实际收到的应收税款。进行坏账调整是考虑到事实上有些应收税款不可能收回，在每一财政年度的年末，将那些很可能无法收回的应收税款作为当期费用冲销掉，以实现期间的相互配比。

4. 资本。权责发生制预算中反映并记录资本的损耗，如折旧，在部门要求资金拨付时，作为部门的拨款授权数归部门支配；而收付实现制下则不确认资本的损耗支出，只确认资本性支出。但在财政余额的计算上，则要对权责发生制计量的资本损耗进行调整，不包括在财政余额内。

需要说明的是，澳大利亚在预算报告编制上，实际上遵循的是两种权责发生制规定的标准：一是澳大利亚独立的会计标准机构制定的会计准则第31号；一是由国际货币基金组织制定的报表编制原则，即政府财政统计标准（GFS）。在政府财政统计体系中，某些交易的分类与会计准则中权责发生制的有关处理存在差异。同时，两种标准的使用目的不同，澳大利亚会计准则是要求各公共部门像私营企业一样，在会计报表编制中使用权责发生制基础来管理相关的资源；政府财政统计的制定标准和目的是为了在宏观、总体的层面上为经济管理服务。两者的根本区别在于对资产的评估，澳大利亚的会计准则对资产评估时使用历史成本法，财政统计标准是使用现值法。

（五）财政余额

在权责发生制框架下，澳大利亚联邦政府的财政目标和财政政策的关注点是财政余额，它是以权责发生制为基础计算的，通过对会计准则计算出的经营成果作相应调整而得出，其公式如下：

$$经营成果 + (资产和负债)重估 - 资本性调整 = 财政余额$$

财政余额不同于现金余额。在权责发生制下，如果联邦政府发生了一笔不需要立即支付现金的费用，如应计的养老金负债，则表现为财政结余的减少，但现金余额可以保持不变；如果联邦政府用现金支付了应归属于前期的费用，如发放养老金，这一业务会导致现金余额的减少，但对财政余额没有影响。

（六）基于权责发生制政府会计报告体系

在会计报告方面，澳大利亚的权责发生制基础的政府会计报告体系，包含以下四种用于披露相关信息的报表：(1) 经营表，反映按权责发生制基础确认、计量的收入和成本费用，揭示政府财政执行情况；(2) 资产负债表，反映政府的财务状况，包括各种资产和负债的具体项目；(3) 现金流量表，反映政府现金流入、流出情况；(4) 资本表，列示流向资本市场的投资额。这四类报表构成政府会计报告体系，充分披露了政府机构提供的所有商品和劳务的成本，以及这些机构代表联邦政府管理的资源。

四、改革成效

澳大利亚实施权责发生制预算和会计以来，在改进政府管理方面取得了明显的效果。主要表现在以下几个方面：

（一）能够全面反映政府债务，使得政府的相关决策更为科学、谨慎

由于权责发生制预算和会计能够全面反映政府债务情况，包括政府已发行的国债、各种应付款项，也包括应计提的养老金等隐性债务。这就使得政府不得不更为谨慎地进行相关决策。例如，养老金问题，在收付实现制下只反映当年的责任，而权责发生制下反映的是将来养老金支出的增长，这就为政府制定社会保险政策提供了更加准确的信息。

（二）为政府防范风险提供了决策依据

权责发生制预算和会计能够真实、全面反映政府的财务状况，使政府能够及时了解各种风险情况，提高了防范风险的能力。例如，政府对森林有大量投资，但由于木材价格和汇率变动造成投资价值的波动，为了避免这种风险，政府卖出了股份，正是由于这些风险在资产负债表上的明显反映以及对价值变动采用的权责发生制的核算方法，才为政府防范风险提供了决策依据。

（三）推动了对政府资源的有效管理

采用权责发生制方法，使得政府机构拥有的各种资源如建筑物、基础设施等各种固定资产、存货等一目了然，人们可以充分了解这些资源的状况和使用效率。为了鼓励提高资产使用效率，澳大利亚采取征收资金占用费的措施，这意味着各政府机构将不再免费使用国家的资源，促使资源的使用者更加关注资产的使用效率，及时发现和处置不良资产。例如，澳大利亚国防部在2000年出售或租出了其三个主要城市的闲置不用的地产。

另外，权责发生制预算还便于进行公立和私立部门在提供商品、服务成本方面的比较。这一优点在澳大利亚也是非常重要的，因为一些政府服务正在进行外包给私立部门的试点。

第三节　澳大利亚绩效预算改革

实行预算绩效管理是澳大利亚行政管理的核心内容之一。预算绩效管理是以结果为导向，通过制定公共支出的绩效目标，把预算资金的分配、政府部门的战略目标和绩效紧密联系起来的预算管理方式。

一、改革背景

在20世纪70年代，澳大利亚政府预算管理的重点是支出控制，各部门预算由财政部编制，预算编制权和财政管理权高度集中于中央政府。在没有中央政府财政批准之前，各部门不能使用任何资金。进入80年代以来，澳大利亚政府出现连年财政赤字，政府运行成本持续上升，对经济增长带来了消极影响，引起人们对政府角色、政府活动的效率和有效性的关注与争议，"小政府"成为公众普遍赞同的选择。为加强政府公共支出管理，遏制政府开支迅猛增长的势头，提高政府公共管理的公开性、有效性，提高财政预算的效率、效果和透明度，澳大利亚政府开始实行注重投入产出，旨在强调工作效果的绩效管理制度。

第九章 澳大利亚政府预算改革

二、绩效预算的改革历程

澳大利亚政府公共部门管理改革首先从州一级政府开始，20世纪80年代，新南威尔士州、维多利亚州、昆士兰州和堪培拉特区开始酝酿绩效预算制度改革，90年代初进行项目绩效评价试点，90年代末开始推行绩效预算。

澳大利亚政府的改革经历了不同阶段：20世纪80年代末期至90年代初期，探索公共部门管理改革，努力压缩机构规模，出售国有资产等；1993~1994年开始实行项目绩效评价；1999~2000年开始对公共部门所有的支出编制绩效预算，实行绩效评价，财政部制定绩效评价制度并负责考评工作。其中，在整个过程中实施了一些重大的改革措施，大致可分为三个阶段：①

（一）1996年以前

1996年以前，采取的主要改革措施有：所有支出提案均交由支出审议委员会审议，财政部不再控制支出，而只是负责向支出审议委员会提出提案；国会授权参议院委员会审议预算提案，同时引入业务预算报表制度，要求各部门明确列出项目支出与目标；制定四年中期预算，明确政府未来支出重点，并将预算的重点放在成果和产出上；实施财政管理改善计划，制定项目预算管理办法，赋予部门管理者更多的自主权；进一步完善管理信息系统，保证联邦政府及时从部门获得支出和绩效方面的高质量信息。

（二）1996~1998年

1996~1998年期间，采取的主要改革措施有：政府会计逐步采用权责发生制，并报告年中财务报表；引入业务考评计划制度，规定每个机构的所有重大支出项目都要填写业务考评计划；在财政管理领域和预算领域进行了广泛的立法改革，改革主要涉及财政管理领域和预算领域，1997年，澳大利亚政府颁布了《财政管理与责任法案》、《联邦政府机构和公司法案》、《审计长法案》。

（三）1999年以后

1999年以后，采取的主要改革措施有：预算拨款以结果为导向，不再为单一的具体支出项目拨款，而是为某个结果拨款；下放更多的权力，包括各机构有较大的账户管理权，允许各机构在自行指定的银行管理自己的账户，保留"有效现金余额"，将预算编制权下放到各部门，取消财政部代编预算等；引入结果绩效报告制度，规定各机构预算中必须要有明确目标；各机构开始编制详细的绩效月度报告，并向财政部报送；制定一系列规章，保证绩效信息的质量和一致性。

---

① 中华人民共和国财政部预算司：《中国预算绩效管理探索与实践》，经济科学出版社2013年版。

三、绩效预算的基本内容

由于澳大利亚推行绩效预算改革的原因是经济下滑而导致的公众对政府支出成本的关注,所以绩效目标也着重于控制政府支出规模,提高政府公共管理的责任性、公开性及资源配置的有效性等方面。

(一) 健全的法律法规体系

为保证财政资金使用的合法性、安全性和有效性,澳大利亚建立起较为健全法律法规体系。1992年的《基于绩效的支付协议法案》将公共财政支付协议的出发点确定为项目可能达到的绩效,关注公共财政项目支出的成果。1997年的《联邦政府机构和公司法》主要对澳大利亚联邦机构和联邦政府企业的财务报告和财务责任进行了明确而细致的规定;重新修订的《审计长法》明确规定了审计署的绩效审计职责和内容。1998年的《预算诚信章程法》确定了合理财政的原则,规定了政府财政和经济展望报告的形式和内容,正式将权责发生制作为政府会计制度基本准则。1999年的《财政管理与责任法》,从财务管理方面对部门和政府公务人员的绩效职责进行了规定;《公共服务法》明确规定了公共服务人员责任和权力之间的关系,以提高公共服务的效率和实现服务效果的最大化。逐步建立起财政信息公开制度、绩效责任制和规范的政府财务会计核算体系,为全面开展绩效管理工作奠定了良好的法律基础。

(二) 预算程序

澳大利亚政府预算的过程是围绕着绩效管理的要求而设计的,其过程大致可以分为几个阶段:首先,政府确定行政目标;其次,部门依据行政目标确定工作重点并提出预算需求;再次,部门在预算限额内提出达到绩效目标的活动计划并执行预算;最后,评估绩效并提供预算报告。在整个预算编制过程中,由国库部和财政部制定主要的预算文件并为部门预算编制提供原则性的指导意见。以部门为基础的预算文件(即部门预算报告)由各部门自行制定,但必须满足财政部的要求,同时也要满足议会专业委员会对该部门监督的要求。

(三) 绩效预算评价要素

澳大利亚对部门绩效预算的评价要素为目标、成本、产出和成果。考核重点放在两个领域:一是公共服务部门的成本和产出,部门成本即部门的"运营成本",主要包括一般性管理费用、支付供应商的费用和其他小额费用等;部门产出主要指部门通过其自身的工作职能,为社会、公众提供的各种服务。二是政府项目的成本和结果。项目成本通常指为实现某项目标而支付的资金,结果是指与政府机构的政策目标以及工作重点相适应的产出和效果。

(四) 政府绩效评价战略

为推动政府绩效改革，1988年12月，澳大利亚联邦政府颁布了《公共服务评价战略》，其目标主要集中在三个方面：一是提供更全面的信息，帮助管理者提高绩效；二是帮助政府在预算执行过程中提高政策的有效性，并促进政府重点项目、产出的有效落实；三是进一步提高政府公共管理对议会和公众的责任意识。评价战略的主要内容包括以下几个方面：

1. 一揽子评价计划（Portfolio Evaluation Plans，PEPs）。通过一揽子评价计划，将主要项目、产出评价活动与澳大利亚联邦的预算执行有机地结合起来，使之成为整个预算执行的一部分。一揽子评价计划主要是对国家重大方针、政策的落实情况以及稀缺资源的分配、使用情况的评价。评价的结果作为内阁或主管部长进一步决策的参考依据。评价计划保证每3~5年对所有参加绩效评价的项目、产出或它们的主要部分进行系统的评价。各部门每年要将考评计划报送财政部。

2. 系统评价。通过在每一个评价周期内对所有产出和项目进行系统评价，不断促进评价计划的完善和发展。财政部要对各部门、各机构提交的项目评价报告，进行认真分析研究，进行系统评价，一方面，促进评价计划不断改进和完善；另一方面，通过系统评价计划有助于加强部门内部管理。同时，系统评价也是财政部对各部门进行项目预决算的基础。

3. 向内阁提交新政策建议的有关规定。目的在于保证对将来的评价活动进行详细说明，并由内阁决定是否接受部门提出的政策建议。如果建议被接受，内阁将决定未来项目评价的规模和时间。

4. 有关主要评价结果的对外发布。为使各部门和各机构执行将主要评价结果必须对外发布，内阁签署了特别的规章，要求所有的部门和机构必须公布评价的结果，并由财政部汇总，定期出版。评价结果的公开发表，不仅增强了评价计划（PEPs）的责任性，而且使好的绩效得到鼓励，尤其是使外界包括议会和财政部在内的相关部门得到认同，并与下一轮的预算挂钩。财政部每年在《评价报告》上将各部门的评价战略及评价结果定期出版发行两次。

5. 绩效评价技术的培训。各部门和各机构对提高其工作人员的绩效评价技能负有不可推卸的责任，但总体上看，财政部在促进绩效评价技巧的提高方面扮演了重要的角色。财政部通过对联邦所有公共服务部门有关员工的培训，以及建立绩效评价信息网络，普及了绩效评价的技术，通过专门刊物《堪培拉评价论坛》实现了绩效评价的信息共享。

(五) 公共服务部门绩效评价

1987年，澳大利亚对许多部门进行合并改革，将一些原来的部级机构变成以绩效衡量为主的执行机构。由部门与执行机构签订绩效合同，在保证实现合同规定的产出和结果的前提下，执行机构管理者拥有自主的人事和财务管理权。由于绩效合同的标准无法统一，因此，难以准确衡量执行机构的实际工作情况。1994年，澳大利亚成立了政府服务审评筹划指导委员会,专门负责政府服务绩效的评审工作。该委员会在借鉴英、美两国绩效评价经验的基础上,构建了一套政府服务绩效评价指标,主要是通过在相关机构中寻找业绩最佳的组织,以其标准确立业绩指标的方式。从1995年开始,每年都对政府公共服务部门进行一次评价比较,并将评价报告公开发布。

各部门在每月结束后10天内要向财政部提交月报,包括部门所有支出项目,项目当月的所有绩效指标及项目本月内实际达到绩效;如果实际结果和绩效目标相差超过10%,部门就必须解释产生差别的原因。另外,部门每年要向财政部提供三次绩效预算执行情况的预报。

1. 部门绩效评价制度的理念及框架体系。首先,根据公众对政府公共服务的需求,确定政府提供公共产品的总体目标。这项工作由支出审查委员会完成。该委员会由政府正副总理、国库部长、财政部长等5人组成,负责根据公众的需求研究确定政府在下一年度应提供的公共产品数量和种类,确定预算优先安排的事项清单,对预算编制和预算执行进行全程监控。其次,政府各部门根据总体目标,将各自应提供的公共产品目标进行分解和细化,形成具体的部门目标。最后,根据部门目标,编制部门支出预算。在公共支出管理的具体手段上,主要采用"产出预算"的新型管理模式。产出预算根据投入产出原理,按部门的产出来配置财政资源。它采用权责发生制会计原则对公共产出的全部成本进行核算和控制,不再进行支出的逐项、明细管理。

2. 部门绩效评价工作的实施步骤。

(1) 制定部门绩效目标。绩效目标由部门自行确定。在新一届政府组成后,各部部长根据任期内行政目标,与所属部门负责人设计制定实施计划,签订绩效合同,明确要达到的结果和绩效目标。各部门对结果和目标进行分解和细化,形成具体的部门年度绩效目标。绩效目标由质量、数量和价格三部分组成。部门目标不能过多,也不能过少,一般可设为3~5个。财政部只提供原则性的指导意见,如果财政部等有关部门对绩效目标有异议,可以建议支出审查委员会决定是否修改绩效目标。绩效目标的原则是可计量性、可审计性、透明性,实现资源的有效配置,物有所值。由于公共服务目的地特殊性以及效益取得受多重因素影响,导致不能简单衡量公共服务的成本、效益以及二者的关系,因此,直接评价公共服务效益比较困难。为了解决这个问题,澳大利亚设计了一套绩效评价指标,用来衡量政府部门绩效目标实现情况及效率的高低。

(2) 编制年度公共服务绩效评价报告。在一个财政年度结束后,政府各部门都要编写并提交本部门的年度公共服务绩效评价报告,以提供绩效评价的基本信息。内容主要包括:本年度计划绩效指标与实际执行情况的对比;与以往年度绩效指标实现情况的比较;对未实现的绩效目标的说明及补救措施;对年度绩效计划的评价;对不可行的绩效目标的调整建议;说明报告中提供的绩效信息的质量及其他需要说明的问题。

(3) 开展绩效评价,评估财政资金的使用效益。澳大利亚议会和财政部负责各部门公共服务绩效的评价工作。先由财政部对各部门提交的绩效评价报告进行审核，再报议会审议通过。评价的内容主要是：绩效目标的完成情况；绩效目标的完成与所使用的资源是否匹配；各项支出的合理性；绩效信息的可信度以及评价方法的科学性；等等。评价结果会反馈给各部门，并作为下一财政年度战略目标和预算安排的参考。

（4）绩效审计。绩效审计是由审计部门对政府各部门工作和活动的经济性、效率性和效果性进行的经常性的审计监督，分为效率审计和项目绩效审计两种类型。其中效率审计主要检查个人或机构履行职能或开展活动的程序，以及评价活动的经济性和效率性。项目绩效审计的范围比效率审计要窄，只评估联邦机构在管理方面的经济、效率和效果，主要考虑项目和个人的管理职能。澳大利亚国家审计署作为一个独立的部门负责政府的绩效审计工作。

3. 部门绩效评价指标。澳大利亚部门绩效评价指标的设计思路为：首先明确部门提供服务或项目的目标，围绕这个目标，从服务提供的整个过程——服务所需资源（投入/成本）、传送服务的途径（过程）、提供服务的数量（产出）和服务产生的影响（结果）来设计指标。指标要体现公平、效率和效果三个内容，并将这三个内容渗透在产出、结果、投入—产出、投入—结果这四种类型的指标中。

澳大利亚公共部门服务绩效评价自1995年开始每年进行一次，其指标体系在每一次的评估实践中得到不断修正和完善。现行的指标体系包括公共急症医院、公共住房供给、普通教育、警察、司法、犯罪改造、社会福利、应急管理（包括消防服务和救助服务）等八个公共服务领域。这里仅以消防部门的指标为例说明澳大利亚政府绩效评价指标的特点，如表9-1所示。绩效评价中如果发现部门在取得财政拨款后，没有完成绩效目标，政府将考虑减少部门下一年度的预算拨款。同时，绩效报告向社会公开，将影响到未完成绩效目标部门的公众形象和部门负责人的任职。

表9-1　　　　　　　　澳大利亚消防部门绩效评价指标

服务领域	测评维度	产出或产出投入指标		结果或结果投入指标
消防服务绩效	公平	火灾预防	社区消防演习安全程度	
	效果	消防准备	住宅楼中设有烟火警报的比例	火灾死亡率
			商务楼中配有洒水装置的比例	火灾受伤率
		响应时间	响应时间占灭火过程50%的次数	火灾平均经济损失
			响应时间占灭火过程90%的次数	火灾后财产损失
		火灾后现场恢复情况		
	效率	人均费用支出		

资料来源：范柏乃、余有贤：《澳大利亚的政府服务绩效评估及对我国的启示》，载于《公共行政》2005年第11期。

（六）项目绩效评价

项目绩效评价是指对一个项目或是项目的一部分进行全面、系统的考评，对资源的分配、项目的改进以及项目的责任做出评判、给出结论、提出建议。项目绩效评价的内容包括所有进入一揽子计划的项目及项目的主要组成部分，具体是：项目是否按照国家政策的导向，有效地利用资源，为政府工作目标的实施做出贡献；项目是否应内阁或部长的要求执行评价；项目是否具有很高的公共性或与其他项目有重要的关联度；绩效评价信息是否反映了项目存在的问题，等等。

（七）绩效评价信息管理

为更好地指导联邦政府部门和机构起草绩效报告，澳大利亚制定了绩效评价信息管理的原则，要求绩效评价信息简明清晰，对内对外标准一致，易于收集存储和管理，同时做到集中公开和不断改进，促进政府的政策执行。

四、绩效预算的主要特点

澳大利亚的绩效预算从20世纪80年代开始，在20世纪90年代因为经济危机而重新得到重视，期间经过不断调整和改进，最终形成了自己的运行模式，具体表现为以下四个方面。

（一）根据战略计划制定政府绩效目标

各部门根据战略计划制定绩效目标，在此基础上拟定评价计划，并每年报送财政部门。财政部门在3~5年内，对所有纳入《公共服务评价战略》里的项目、产出或其他事项进行系统的评价。

（二）绩效评价采用权责发生制核算

1999年以来，澳大利亚政府以权责发生制为基础进行政府核算。实行权责发生制的主要作用在于明确了政府的资产和负债，明晰了政府的运行成本。

（三）给部门更多权力，调动其积极性

在澳大利亚现有立法框架下，承认公共部门的多样性，同时，明确部门负责人以适当方式实施有效管理的责任。为了达到工作目标，部门负责人在部门内部可以灵活地为"产出"调配资源。

（四）议会在预算过程中的作用突出

议会在对政府及其预算的控制上有着举足轻重的作用，对议会负责是财政管理工作的重要组成部分。议会可以通过制定法律和监督执行等多种方式，保证部门按照预算程序的要求开展绩效评价工作。

（五）明确的绩效目标框架

澳大利亚预算根据政府未来三年（部分州和地方政府为四年或五年）战略规划编制。如《联邦预算战略展望（2010~2011）》不仅全面反映了2010~2011年度预算编制情况，而且对未来两年预算进行了预测。财政部门和各部门根据预算指导框架制定绩效目标，并详细分解到下属各单位。其主要特征包括：明确性——避免那些可能带来不确定性的模糊目标；可衡量性——有明显、可靠的量化数据作支撑；可实现性——目标设定符合客观实际；相关性——目标的选择与部门职责紧密相关；时效性——目标有明确的截止时间。

（六）完备的预算绩效指标

澳大利亚预算绩效指标体系一般由公平、效率和效果三个要素（部分州还强调了经济性）构成，主要表现为投入、产出、效率、结果四个方面。指标体系设计主要考虑数量（通常指政府提供服务的受惠人数、项目个数等数量指标）、成本（指预算支出金额）、质量（通常指公众满意度，政府提供服务的合格率、达标率等比率数值）和时效（通常指政府提供某项服务所需花费的平均时间）四个方面因素。不仅关注政府组织履行职责的最终效果，而且关注为取得最佳效果的创新能力、内部业务流程、行动计划等能力类和过程类指标。

澳大利亚联邦财政部在2010年发布的最新绩效信息指南中，对绩效指标数据质量作出明确规定：一是及时性，即数据在合理的时间内取得，避免因数据过时而造成统计信息不准确、无法体现当前绩效真实情况等问题。二是实用性，即使用具有可操作性的考评方式和数据采集系统。三是可比性，即可以在同一类目标群内、或相似项目间进行比较。四是准确性，即能够清楚、准确地计量相关数据。五是平衡性，即在实现预期目标有效、及时、适当等方面要体现平衡性。

（七）注重绩效评价结果应用

在澳大利亚，绩效评价结果是以绩效评价报告为载体，议会、总理内阁部、财政部以及各部门根据绩效评价报告来改进公共管理。绩效评价报告应用的主要目标：一是为战略决策服务。绩效评价报告通常为战略决策提供较为宏观和真实的参考。部门的绩效信息是财政部和部门审核预算支出的一项重要内容。绩效较好的部门可以留用不超过预算规模一定比例的资金，虽然部门预算并不完全和部门绩效的好坏呈正相关，但为了取得更好的绩效表现，政府或部门都会对项目安排和开支方向进行适时调整。二是改善部门项目管理。澳大利亚联邦财政部在2010年的绩效信息指南中强调，部门管理活动应充分运用绩效指标信息。通过评价绩效主要指标，针对管理漏洞提出有效措施，改进项目管理。同时还要求部门通过项目绩效评价，充分评估项目管理人员的相关知识、技能，有效配置资源，以实现项目目标。

五、绩效预算改革的成效

在绩效预算改革中，澳大利亚建立了较为详细、具体、科学、明确的财政支出绩效评价指标体系，针对不同公共服务部门的提供公共产品的特征，制定具体到每个公民应享受到的公共产品及服务水平，并定期进行绩效评价，使绩效成为其公共部门日常工作的基本准则。同时在一定程度上遏制了政府开支迅猛增长的势头，摆脱联邦和一些州政府的高额赤字和债务困扰，并且进一步提高财政预算的效率效果和透明度，在政府公共财政的实施过程中发挥了激励作用、科学决策作用、监督约束作用、自我完善作用和民众参与作用。①

第四节 澳大利亚中期滚动预算的引入

自20世纪80年代起，澳大利亚开始引入中期支出框架（Medium-term expenditure framework），成为世界上最早正式建立中期支出框架并在此框架下准备年度预算的国家。在中期支出框架的安排下，澳大利亚开始编制中期滚动预算（也称多年度预算）。其中期滚动预算是在年度预算基础上向前逐年滚动的三年财政计划。年度预算与三年滚动计划相结合，构成所谓"1+3"的中期支出框架。法律规定，政府向国会提交下年度预算报告时，必须同时提交预算年度后三年的财政计划。中期滚动预算（中期支出框架）的引入，为控制政府支出增长、提高政府支出效率等提供了有力的工具。

一、引入的背景

总体来说，澳大利亚从20世纪90年代起开始编制中期滚动预算，主要起因有四个方面：

一是控制财政赤字、保持财政可持续性的客观要求。20世纪中期以来，澳大利亚财政状况明显恶化，财政赤字增加、债务余额提高，公众和金融市场对政府财政的信任度明显下降。严峻的财政压力之下，保持财政可持续性成为摆在政府面前的突出问题，控制财政赤字和削减政府债务成为政府财政战略目标的重要内容。由于年度预算缺少前瞻性，不利于对以后年度的财政收支进行总量约束，因此澳大利亚开始编制中期滚动预算，对以后年度的财政收支状况进行预测和规划。

二是提高财政透明度的客观要求。由于政党博弈和社会各界的压力，澳大利亚政府在财政发展战略、政府预算和实际财务状况方面需要提高透明度。在此背景下，

---

① 许安拓：《绩效预算改革启示与借鉴》，载于《人民论坛》2011年第29期。

中期滚动预算的编制和公布为社会各界提供了从多年度视角审视财政战略政策和政府财务状况等有关信息的途径。

三是应对老龄化和全球金融危机的客观需要。20世纪90年代后澳大利亚人口日趋老龄化，养老保险的财政负担加重，社会各界对养老保险的可持续性及其对政府财政的影响非常关注，这要求实行中期滚动预算。此外，2008年全球金融危机的爆发使澳大利亚的财政赤字和政府债务再一次迅速扩大。为应对危机，政府需要保持财政对经济增长和就业的拉动力，也需要把赤字和债务控制在适度范围，实现周期性的财政平衡，编制中期滚动预算是实现其战略目标的重要手段。

四是法律的要求。澳大利亚1998年通过了《预算诚信章程法》（Charter of Budget Honesty），要求政府按照中期财政框架的要求编制年度预算报告，涵盖当年和之后三个财年在内的四个财年预算。

在此背景下，从20世纪80年代中期以来，澳大利亚一些地方政府为提高财政透明度和可持续性，对原有财政管理方式进行了一系列改革，开始探索实行"1+3"的新型预算管理模式。20世纪90年代中期，联邦政府也开始实施同样的财政管理改革。

二、中期滚动预算的形式

澳大利亚的中期滚动预算是与年度预算相结合的多年度滚动预算，两者并不相互独立。其是以报告年度为基年的滚动方式编制四年期的预算计划，其不仅有当年预算，还有对未来三年的预计。澳大利亚将预算提交议会审议的预算年度定为第一年，后续的三个预算年度为纯计划年度。由此可见，澳大利亚采用"1+3"年的规划期间，其中"1"为当前财政年度，"3"为中期规划部分的3个规划年度。中期滚动预算对四年期间的每一年为执行政府职能安排了哪些支出、支出是如何筹措的，做详细、全面的安排。其中前两年着重实际预测，数据的准确性较高，可以作为政府各部门的绩效考核的标准；后两年着重规划，准确性稍弱，旨在对宏观经济形势进行政策性指导。此外，在预算文件中，也会列示已经上一年议会批准正在执行的预算。如澳大利亚2015～2016财年预算文件之一《预算战略和展望》（Budget Strategy and Outlook），其中多个预算表都包括了2014～2015财年、2015～2016财年、2016～2017财年、2017～2018财年及2018～2019财年五个财年的数据。其中，2014～2015财年是正在执行的预算数，2015～2016财年是预算数，而2016～2019三个财年的是预测数。

澳大利亚中期滚动预算每年编制一次，每次向前滚动1年。在此过程中，根据经济发展各方面情况的变化，对有关经济指标和财政收支指标进行必要的调整。这样，不仅可以确保与政府宏观调控意向相一致的跨年度项目有足够的资金来源，从而避免计划与实际脱节的现象，而且可以克服年度预算编制过程中的短期行为和随意性，保证国家宏观决策和财政政策执行的一贯性、连续性，保持宏观经济的稳定。与年度预算相比，中期滚动预算将预算的视野从1年扩展到了4年，从而大大提高了政府预算和公共政策的前瞻性，并有助于促进公共政策的连续性。

此外，澳大利亚中期滚动预算从覆盖范围看，其主体内容是一般政府（行政机关）的预算收支，其他公共部门的预算信息作为补充材料。从收支内容来看，覆盖政府的全部收支，包括税收收入和收费收入、经常性支出和资本性支出、债务性收入和利息支出、上级政府补助收入等。

三、中期滚动预算的编制方法

澳大利亚的中期滚动预算编制方式较为科学，财政收入预算建立在一套科学的经济预测体系基础上，财政支出预算则采取四年滚动预算的办法。每个部门都有一个长期的战略发展规划，部门在编制部门预算时以这个战略发展规划为基础进行编制，每年的预算不仅包括当年的预算，还包括今后三年的预算框架。这样就基本实现了预算与部门发展规划和工作计划紧密的结合，而且延长了预算编制周期，为预算的细化创造了比较好的条件。具体来说，澳大利亚中期滚动预算的基本编制方法可以归纳为：

（一）以经济预测数据为基础

特别是税收收入预测与经济预测的关系最为紧密。预测数据主要有实际和名义GDP、就业率、失业率、消费价格指数等，而且每个财年至少要进行两次经济预测，如4月和11月进行经济预测，分别为6月公布预算和12月更新调整多年度预算中的预测规划做准备（发布《年中经济与财政展望》）。此外，在经济全球化背景下，其经济预测不仅包括本国经济情况，还涉及世界经济和主要贸易伙伴的经济情况。

中期滚动预算的成败在很大程度上取决于政府进行准确、可靠的中期经济预测能力。预算编制与执行的中心环节也都是围绕预测而展开的。预算估计（Forward Estimate）是一个针对下一年度预算后未来三年的所有收支的滚动基线预测。预算通过后，预算估计中第一年的预测情况将成为下一年预算的基础，同时以后财政年度的预测也会加入到预算估计中来。预算估计的出现通常被认为是澳大利亚最显著及成功的预算改革。有关预算估计的详细内容可参考前文第四章第一节的相关内容。

（二）以财政战略目标为导向

近年来，由于财政赤字严重，澳大利亚2008~2009财年制定了"通过逐年缩减支出而增加未来储蓄"的中期财政框架目标。为此，其中期滚动预算提出年度赤字削减计划，逐步实现财政平衡。如澳大利亚2014~2015财年预算案将政府2014~2015财年的赤字目标控制在298亿澳元，以后逐年有所下降，直到实现收支基本平衡，预计2015~2016财年将赤字降到171亿澳元，2016~2017财年进一步降到106亿澳元，2017~2018财年减到28亿澳元。

（三）按战略优先顺序规划支出

澳大利亚首先是要求各部门按照战略优先顺序提出多年度预算的支出申请，然后提交由总理、国库部长、财务部长、助理国库部长等少数内阁要员组成的支出审议委员会审议。该委员会将根据财政总量控制任务和战略优先顺序的要求,确定可列入多年度支出规划的项目和金额。

(四) 以基线预测为核心方法

澳大利亚中期滚动预算以当前年度的政府收支政策、行政和服务成本、物价水平、经济发展趋势为基础,结合未来年度人口变动等客观因素测算未来年度的收入和支出。具体来说,要求采用基线预测法,用以清楚地区分和仔细评估现行政策与新的政策提议的未来成本,在此基础上决定政策取舍、政策重点和优先性排序,以及确定适当的支出水平。"基线"被定义为:假如现行政策和活动继续下去,未来年度的支出或成本将是多少?中期滚动预算要求以执行现行政策和活动需要的后续支出,也就是在假定不变更现行政策、也不出台新的政策的前提下需要的支出,作为支出估计的基线,在此基础上考虑是否应该增加或削减支出。一般而言,预算申请者总是试图申报超出实际需要的支出,而支出审查者则要努力控制支出。中期滚动预算要求以基线作为裁决和解决冲突的基础。基线法要求对执行现行政策在预算年度所增加的支出进行仔细评估,还要求对新出台的政策所增加的成本及成本有效性进行严格的分析和评估,并与可得的预算资源总量进行比较,据以决定是否应该出台新的政策,或停止执行某些现行政策,以确保财政政策的可持续性,以及将稀缺资源优先用于更具价值的政策中。

(五) 以结果为导向并注重绩效评价

年度预算因为预算"执行"的时间与支出绩效的"实现"与评估所需要的时间不匹配,不能为绩效导向的管理方法提供有效的框架。而澳大利亚预算编制实行四年滚动制,十分强调年度财政收支计划与中长期财政经济计划的有机结合,既注重财政收入分析,更重视产出与最终目标成果的评估,由此也反映出绩效理念在实际操作中的运用。例如,澳大利亚要求各部门在提交年度预算报告同时,还要报一份类似于合同的报告,详细描述本部门需要提供的服务。财政部门将对照各部门预算和财政计划合同中的各项指标安排,就政府各部门完成任务的质量、数量、时间进度、成本等情况进行考察与评价,并以此作为考察政府部门绩效的主要依据。

四、中期滚动预算的特点

澳大利亚中期滚动预算的特点可以归纳如下:

一是体现了以合理预测为基础的前瞻性。澳大利亚很重视预测质量,采取了在财政部门内部设立专门机构,以及与银行、私人预测机构进行信息交流等措施确保预测信息更加精准合理。同时,还根据情况变化对中期滚动预算数据进行调整并公布,促使财政资源的分配和管理更具前瞻性。

二是体现了明确战略目标的导向性。澳大利亚在多年度财政预算编制中突出经济和财政中长期战略的要求，确保经济和财政战略得以贯彻落实。例如在全球金融危机后的经济财政战略目标是加快经济的恢复发展和改善财政收支平衡状况，因此其近年来的多年度财政预算着重财政总量控制，减少赤字与债务，并在支出方面强调支持战略优先领域的发展。

三是体现了覆盖内容的全面性。澳大利亚的多年度预算覆盖了政府（以一般政府为主）全部收支的内容；包括了多维度的多年度预测和规划，如通过编制多年度政府资产负债表和运营表，对政府财务状况和运营服务成本进行预测和规划等。此外，政府各部门的全面参与也保证了信息的全面性。

四是体现了与财政制度整体的协调性。中期滚动预算已成为澳大利亚财政管理的主要内容，与预算绩效管理、税收制度、预算资金分配制度、权责发生制政府会计和政府间财政关系等基本保持协调一致。

五是体现了预测年度数据的非直接约束性。在澳大利亚的中期滚动预算中，只有年度预算的内容须经议会批准并有直接约束性，预测年度的预测数据不需经议会批准，也不具有直接约束性，主要为政府决策和议会审议预算提供决策参考，但它对政府决策和各部门间的预算竞争仍起到重要的制约作用。

六是强化了公开透明和受托责任。澳大利亚的中期滚动预算是完全公开透明的，包括详细的预算收支信息、政府财务报告（包括资产负债表等财务报表及表外信息）、财政战略和政策、多年度预测的假设条件以及数据调整计划等，而且在每财年结束后要发布财政结果报告，对比预算和实际执行结果，反映政府履行受托责任的情况，接受社会监督。

七是强化了预算过程中的激励和约束机制。包括为减少政府部门年底突击花钱的弊病，允许部门预算结余结转至下年使用；对项目超支的部分允许从国库部专属的机构借贷资金，用以后的盈余偿还，对不能履行偿还责任的部门负责人撤职处理；设立预算审计制度，通过外部审计监控和约束政府部门的预算行为。

五、中期滚动预算的成效

澳大利亚实行中期滚动预算已有20多年，主要成效体现在以下四个方面：

一是改善了政府财政平衡状况，加强了财政可持续性。澳大利亚在20世纪90年代中期采用中期滚动预算以后，很快实现了预算收支平衡和盈余。在21世纪全球金融危机以后，较快地减少了财政赤字和债务，与欧盟和美国等国家相比，财政赤字和债务都处于较低水平。

二是促进了政府经济和财政战略的贯彻实施。澳大利亚的中期滚动预算始终坚持以财政战略为导向，按战略目标要求进行总量控制，按战略优先顺序安排支出，为政府财政战略的贯彻实施提供了保障和控制手段。

三是加强了财政资源分配的统筹性。实行中期滚动预算和相应的分配机制，要求各部门加强自身的多年度计划能力、部门间横向分配的规范化和年度间纵向分配的连续性，避免了决策的碎片化，提高了预算决策的整体有效性。

四是提高了经济和财政预期的确定性。通过中期滚动预算的编制和公开，公众对政府在未来年度的财政战略和政策、政府当前和未来的财务状况有了更多的了解。而由于中期滚动预算的公开透明和问责，政府对已有的政策和承诺进行调整时也会比较注意，有利于社会各界形成比较确定的预期和理性的经济决策。

但是，通过实践发现，中期滚动预算也存在一些问题。其中，批评最多的就是关于预算估计的准确性，估计可能偏差大，准确程度不高。澳大利亚在每年的预算报告中，也会对年度内预算估计的变更进行总结。如表9-2，列示了2013~2014年预算案对一般政府收入的估计、2013~2014年中经济与财政展望报告对一般政府收入的估计，以及2014~2015年预算案中对一般政府收入的估计。这三次预算估计都存在一定的偏差，有由于政策原因造成的，此外还有因为各种经济和非经济的参数和变量的变化所造成的。

表9-2 澳大利亚政府一般政府收入估计的变化（从2013~2014年预算和2013~2014年中经济与财政展望至今） 单位：百万澳元

	估计			预测	合计
	2013~2014年	2014~2015年	2015~2016年	2016~2017年	
2013~2014预算案的收入	375 993	401 171	428 931	453 642	1 659 738
2013~2014预算案到2013~2014年中经济与财政展望报告的变化					
政策的影响	2 741	-2 374	-1 163	-43	-839
参数和其他变量的影响	-13 804	-16 054	-18 684	-20 783	-69 325
总变化	-11 063	-18 428	-19 849	-20 826	-70 164
2013~2014年中经济与财政展望报告的收入	364 930	382 743	409 084	432 817	1 589 574
2013~2014年中经济与财政展望报告至2014~2015预算案的变化					
政策的影响	-2	673	1 916	2 786	5 373
参数与其他变量的影响	-1 432	3 362	-573	1 247	1 604
总变化	-1 434	3 035	1 343	4 033	6 977
2014~2015预算案的收入	363 496	385 778	420 427	436 849	1 596 551

资料来源：《澳大利亚2015~2016年政府预算报告》，http://www.budget.gov.au/2014-15/content/bp1/html/bp1_bst5-03.htm，2015年9月14日。

第五节　澳大利亚其他预算改革

一、部门预算改革

部门预算是政府各部门依据国家有关政策规定及其行使职能的需要，由基层预算单位编制，逐级上报、审核、汇总，经财政部门审核后，提交立法机关依法批准的、涵盖部门各项收支的综合财政计划。在编制形式上，实行一个部门一本预算；在编制内容上，实行综合预算，涵盖了一个部门所有的收入和支出；在编制方法上，采用"零基预算"的理念，取消基数。

部门预算被公认为是澳大利亚预算体系中控制支出的一个显著特点。尽管澳大利亚政府并没有刻意追求建立以部门为基础的预算体系，但由于已形成了以部门为单位配置资源、维持预算体系运转的传统和基础，政府最终还是选择了以部门为单位来编制预算。1976年以后，为了避免权力过于集中和加强相互制约，澳大利亚改变了过去单由一个联邦部——国库部管理财政的办法，而将财政管理职能交给两个联邦部：国库部以及财政和管理部负责。然而在澳大利亚公共部门改革的推动下，财政部门在预算中的作用逐步下降，各部部长要为会议提交各部门所属领域预算建议的支出细节。财政部门的作用只是提出相关建议，并将会议的决定形成预算草案和报告。在整个预算编制过程中，由国库部和财政部制定主要的预算文件并为部门预算编制提供原则性的指导意见，以部门为基础的预算文件（即部门预算报告）由各部门自行制定，但必须满足财政部的要求，同时也要满足议会专业委员会监督该部门的要求。

在1987年，政府将公共部门的活动进行了确认和分类，使其归属于内阁的14位部长。这样，部门的合理划分以及合理归并成了部门预算的重点，因为它大大减少了预算核心参与者的数量，而且内阁和委员会的成员也不必直接对部门的微观预算进行管理，赤字可以安排到每一个部门，并由部门的部长自行决定。这就为支出在一定的范围内按照优先次序进行排列提供了空间。同时，部门预算还具有政治意义，它减少了内阁内部的资源配置冲突。一旦委员会决定各部门的支出限额，每一位部长在其各自的范围内都有自由调配资源的权力，而不会在内阁内部抢夺资源。如果委员会同各支出执行部门就限额或是预算削减数额的意见产生分歧，一般会由二者通过谈判磋商达成一致。这种部门预算被认为是双赢的过程，既实现了监管者对内阁的预算监督，又能使部长掌握一定的资源调配权力。

《财政管理与责任法1997》将管理资源的权力更多地下放到部门，使部门负责管理产出，最大程度地服务于政府预期成果的实现，并建立绩效指标以审核效果和效率，因此部门预算改革可以看做是绩效预算改革的一部分。澳大利亚绩效预算改革较为重要的一个方面是管理权限的下放，部门负责人在预算编制和执行过程中具

第九章 澳大利亚政府预算改革

有更大的权力和灵活性，意味着部门掌握着一定的资源配置权力。澳大利亚的部门预算本质上是部长预算：一方面由内阁支出审查委员会在政府各职能领域间决定资源配置计划；同时也允许部长在其自身的预算限额之内，按照项目的优先次序来安排资源，保证了灵活性。尽管澳大利亚并没有专门的规定要求制订战略计划，但是，大多数部门还是制定了相应的规划或计划。现有的绩效框架就是要建立一个与众不同的中期目标，并将重点放在成果和与之相应的产出上，而不是放在活动及其过程上。在这个框架下，各部部长与其领导下的各部门紧密合作，按照工作要求，设计实现"成果"的战略计划。关于部门绩效预算的相关内容请参考本章第二节。

澳大利亚部门预算法律约束性较强，反映在实践中就是澳大利亚部门预算调整很少，并且调整必须向议会申请同意。应该来说，澳大利亚试图建立一个预算系统，给予各部门部长足够的调整弹性，通过调整资源配置来改变政府偏好和其他环境，并以此来维持或加强所得绩效。但同时这个体系要求部长们在严格的现金控制约束下进行管理，寻找财政新倡议的补偿性收入，并且使结果可计量化。总而言之，实施这一系列改革是为了提供各部门部长更大的自主性，以及在某种程度上增大财政部在资源配置问题上具体细节上所占地位，和对各部门的中期计划提供更大的稳定性。在另一方面，这些改革也是为了加大预算过程参与者对效率和效益的关注。①

客观来看，澳大利亚近期部门预算改革的成功来源于管理权力的转移、财政部一些细节性控制的废止和紧缩的政策控制相结合。事实上，在政策战略层面来看，澳大利亚加强了宏观控制。例如，高水平的目标有效控制了总体支出的增长，而各部门一些更为近期具体的支出项目目标则和总体支出目标保持一致，反映了政府支出优先的整体情况。因此，部门预算改革在一定程度上帮助政府实现了合理进行资源配置的职能，以及构建和发展公共财政体系，强化公共财政支出管理。

二、项目预算改革

1983年霍克领导的工党政府上台，决心采取比上届联合政府更为积极的态度，改革预算，同时赢得经济，赢得市场对政府财政和预算改革的支持。而改革首先得到最具权力被称为经济三驾马车的总理、国库部长以及财政部长的赞同。其改革的思想分别体现在Coombs报告、Reid报告以及工党1983年的竞选宣言（工党在1983年联邦竞选中，提出了工党和政府监管质量的报告）之中。工党和政府监管质量的报告和Reid报告中都赞同进一步下放资源的政策决策权，推崇在预算体系中引入项目预算。因此霍克政府在推行部门预算的同时，力图实施项目管理和项目预算。项目管理以及项目预算提供了为追求成本效率的目标进一步下放资源配置权力的项目框架，其核心在于执行的灵活性以及根据项目目标来报告项目的绩效的。

---

① Brian Galligan, JR Nethercote and Cliff Walsh, the cabinet and budget processes, made in Australian government, Printed in Australia for the Centre for Research on Federal Financial Relations, The Australian National University, 1990, Canberra.

霍克政府的首任财政部部长 Dawkins 将项目预算定义为包括项目所需的所有资源、政府制定的产出目标以及长期监控该项目等内容在内的预算。建立项目预算的难点在于让执行机构去辨别自己的项目结构，即哪些行为和管理功能包括在哪个项目中，以及如何组合各种不同的行为。财政部建议，一个部长负责一到两个项目，这些项目包括了其全部的活动，又有许多个分项目组成，每一种行为和管理功能整合到大项目中去，这就形成了项目结构。相应地，也就形成了每一个项目的官僚金字塔。所以，各部门必须了解各自的项目结构，而这种结构被定义为政府活动的系统展示，使得政府的绩效同资源的使用以及最终目标相互联系起来。① 然而尽管在 80 年代初，政府部门一直鼓吹实施项目预算，但是由于实施项目管理和项目预算也就意味着弱化了行政结构作为监控公共部门的基础，而更多地依赖以支出为基础的项目控制，从而会打破传统行政管理的程序，无法有效提供公共服务。所以，到了 90 年代初期，政府部门极少提及项目预算。

总的来说，项目预算在澳大利亚的那些以项目为其实现目标的部门（如国防部、水利电力部门等）发挥着比较好的作用，但由于目标确立的困难、制度体系的矛盾和欠缺，澳大利亚项目预算改革也存在着一定问题。随着公共项目资金的不断增加和公众对政府项目及其管理的关注，项目预算评价的重点也从评价项目消耗资源的程度转移到项目是否优化了资源的配置，是否达到了项目的目标，以及项目对社会、经济的影响及效果等方面上来。

---

① 财政部预算司：《澳大利亚预算管理制度的演变》，中华人民共和国财政部网站。

第十章

澳大利亚政府债务管理

■ 本章导读

20世纪20年代以来,经过不断的探索和创新,澳大利亚找到了一套比较成功的监督管理政府性债务的方法和模式,整个借款融资、资金使用和债务偿还及政府的信用评级管理均步入了一种良性互动和健康发展的轨道。本章将介绍澳大利亚联邦政府及州政府债务管理的情况,具体包括规范其举债行为和债务管理的相关法律、债务管理的机构、债务水平、债券发行或借款情况等,并在总结澳大利亚政府债务管理特色和经验的基础上,提出优化我国政府债务管理的建议。

第一节　澳大利亚联邦政府债务管理

一、相关法律规定

澳大利亚《财政管理与责任法1997》（2014年1月1日被《公共治理，绩效和责任法》取代）对联邦政府举借债务及债务管理作出了详细规定。相关规定包括：非经法律授权、联邦政府的任何借款行为均无效；联邦政府国库部长代表联邦政府发行政府债券并进行政府债务管理；联邦政府财政部长可以代表联邦进行短期借款；为进行联邦政府债务管理，国库部长可以决定将财政资金投资于法定投资项目，包括澳大利亚联邦与州政府发行的债券，联邦与州政府担保的债券，银行存款，外国政府发行或担保的债券，澳大利亚政府或外国政府参股的金融机构发行或担保的债券及法律法规确定的其他形式的投资项目，其中外国政府和金融机构发行或担保的债券的信用等级必须符合澳大利亚政府稳健财政管理的要求；联邦政府财政部长可以决定将财政资金投资于法定投资项目，包括澳大利亚联邦与州政府发行的债券，联邦与州政府担保的债券，银行存款及法律法规确定的其他形式的投资项目。

二、联邦政府债务管理机构

澳大利亚联邦政府国库部长对联邦政府举借债务及债务管理活动负责。为加强联邦政府债务管理，澳大利亚于1999年成立了澳大利亚债务管理办公室（Australia Office of Financial Management，AOFM）。澳大利亚债务管理办公室从1999年7月1日起开始运作，它隶属于联邦政府国库部部门组合，对国库部长负责，向国库部长提供关于联邦政府债务管理方面的建议，并通过国库部长对议会及公众负责。澳大利亚债务管理办公室的主要职责包括：保持宏观经济的稳定和发展；发行联邦政府债券（Commonealth Government Securities，CGS）以支持联邦政府债券市场和债券期货市场；负责联邦政府的现金余额管理；管理联邦政府的债务余额，在可接受风险条件下实现举债成本的最小化。目前，澳大利亚债务管理办公室下设六个小组，包括国库服务；债务风险；投资者关系；报告和信息技术；财务、结算和企业服务；企业风险和担保。[①]

三、联邦政府债务水平

与其他主要经合组织（OECD）国家相比，澳大利亚是一个传统的政府债务水平相对较低的国家。图10-1表示2002~2012年澳大利亚与几个主要OECD国家政府债务水平的对比情况。

[①] 资料来源：澳大利亚债务管理办公室（AOFM），http://aofm.gov.au/about/，2015年6月3日。

第十章　澳大利亚政府债务管理

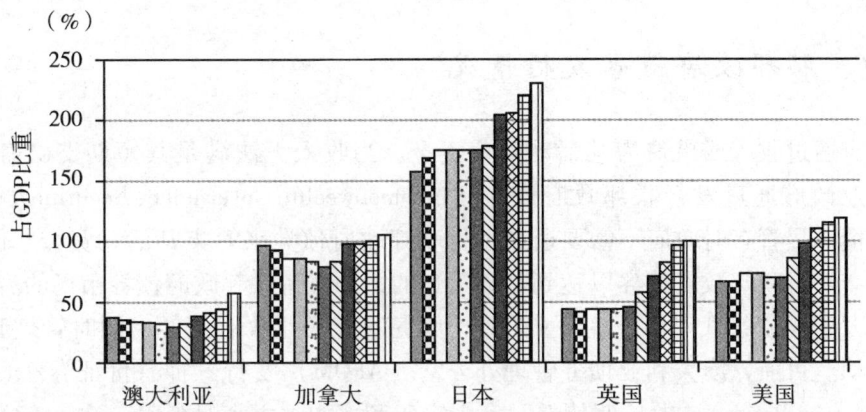

图 10-1　澳大利亚与其他国家政府债务水平比较（2002~2012 年）

资料来源：OECD 数据库。

由于最近十几年来经济增长十分强劲，澳大利亚联邦政府的净负债水平也逐年下降，曾是 OECD 国家中仅有的几个政府净债务水平为负的国家之一。1995~1996 财政年度澳大利亚联邦政府的净负债水平达到一个高值，约为 958 亿澳元，占 GDP 的比重约为 18.5%，此后，澳大利亚联邦政府的净负债水平不断下降，到 2006 年 4 月澳大利亚联邦政府完全消除了政府净负债，实现了政府净盈余。2006~2007 财政年度及以后两个财政年度澳大利亚政府一直保持净盈余水平。但自 2009~2010 财政年度净债务水平又出现负数，随后几年净负债水平绝对数不断提高，不断刷新新的历史高点记录。预计 2017~2018 年，澳大利亚政府净债务水平将高达 2642 亿澳元，约占 GDP 的 14%。图 10-2 表示从 1990~1991 年到 2017~2018 财政年度澳大利亚联邦政府净负债水平的变动情况。

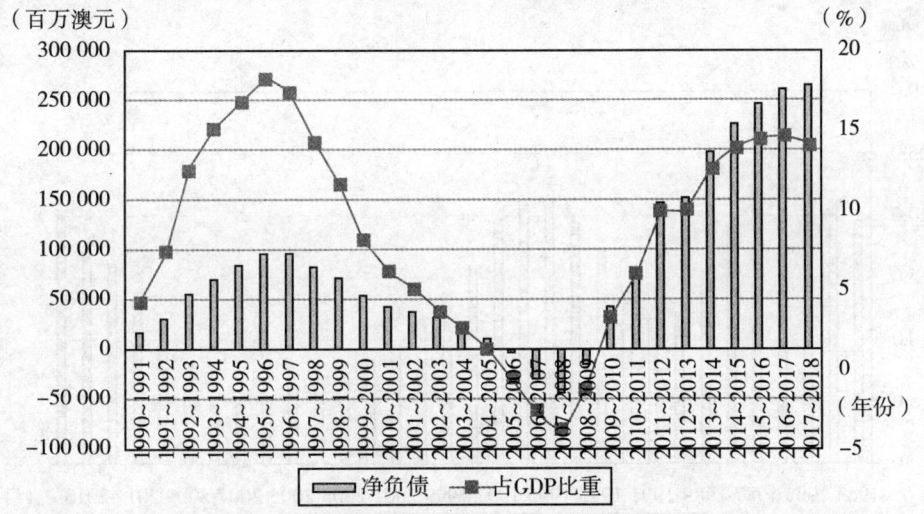

图 10-2　澳大利亚联邦政府净负债水平变动情况（1991~2018 年）

注：2012~2013 财政年度及以前财政年度数字为实际数；2013~2014 年和 2014~2015 年和 2015~2016 年三个财政年度数字为估计数；2016~2017 年和 2017~2018 年财政年度数字为预测数。

资料来源：《澳大利亚 2014~2015 年政府预算报告》，http://www.budget.gov.au/2014-15/content/bp1/html/bp1_bst10-05.htm，2015 年 5 月 6 日。

四、联邦政府债券发行情况

政府通过收入或借债为其活动筹集资金。当收入无法满足其短期支出需求时，澳大利亚政府通过发行联邦政府债券（Commonwealth Government Securities，CGS）进行借债。尽管有时政府不需要通过发行联邦政府债券来筹集其活动资金，但历届政府也会发行联邦政府债券以达到其政策目的，如维持联邦政府债券市场的流动性。

澳大利亚债务管理办公室（AFOM）负责发行联邦政府债券，同时管理政府的融资活动。目前，澳大利亚债务管理办公室（AFOM）发行三种有价证券：（1）国债（Treasury Bonds）：中长期债券，有固定年利率，每六个月付息一次；（2）指数化国债（Treasury Indexed Bonds，TIBs）：中长期债券，资本价值随消费物价指数（CPI）的变动而相应调整。指数化国债在调整后的资本价值基础上，按固定利率每季度付息一次；（3）政府票据：短期债券，通六个月内到期。政府票据的发行量在每个年度内变化，取决于年度内资金规模和流动状况。所有新的联邦政府债券以澳币计价发行。有少量在1988年前以外币计价发行的债券仍存续，这些债券中的绝大多数将在2017年3月到期。

良好的财政经济状况对澳大利亚联邦政府的债券发行数额有较大的影响，从1996年至2008年，澳大利亚联邦政府的债券发行数额逐年有所下降。2009年开始，由于受2008年亚洲金融危机的影响，澳大利亚政府财政状况恶化，联邦政府债券发行量呈现不断增加趋势，如图10-3所示。表10-1列出了2004年以来澳大利亚联邦政府债券发行的具体情况，特别是联邦政府代州政府和北领地政府发行债券的具体情况。

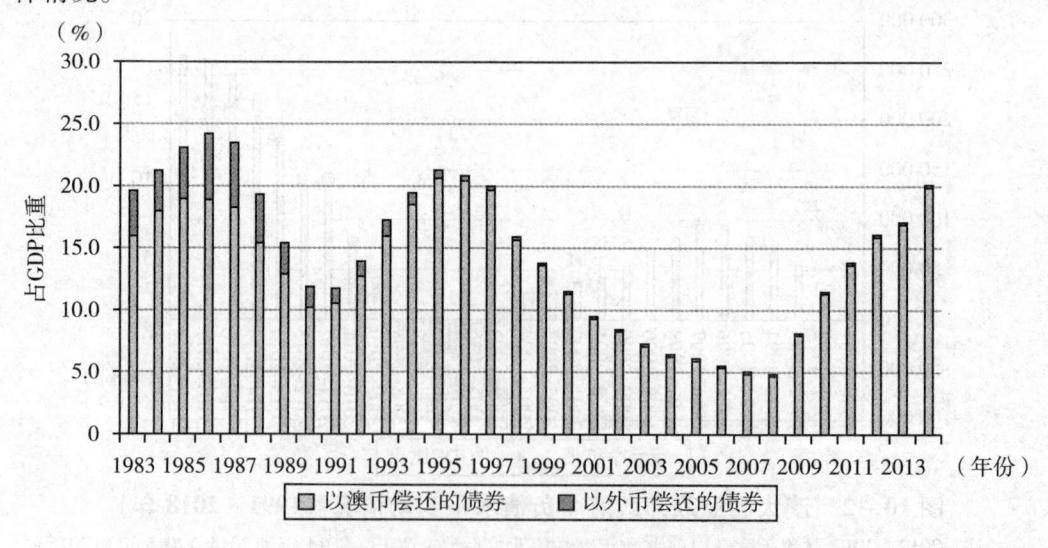

图10-3 澳大利亚联邦政府债券发行情况（1983~2014年）

资料来源：澳大利亚债务管理办公室网站，http://aofm.gov.au/files/2013/07/Table-H14.pdf，2015年5月6日。

表10-1 澳大利亚联邦政府债券发行具体情况（2004~2014年）

面值/百万澳元	2004年	2006年	2008年	2010年	2011年	2012年	2013年	2014年
联邦政府								
以澳元偿还部分								
国债	47 736.9	48 003.3	49 395.1	124 695.1	161 242.9	205 387.9	233 539.5	290 936.2
指数化国债	6 551.8	6 020.0	6 020.0	11 415.3	13 929.0	16 069.0	18 319.0	23 531.4
过期债券	7.7	7.7	6.7	5.8	5.8	5.7	5.6	5.7
政府票据	—	—	—	11 000.0	16 100.0	12 500.0	5 500.0	5 000.0
其他	113.0	20.0	4.0	—	—	—	—	—
小计	54 409.5	54 051.0	55 425.9	147 116.2	191 277.7	233 962.6	257 364.1	319 473.2
联邦政府持有国债	5 089.4	5 019.7	5 019.7	—	—	—	—	—
合计	59 498.9	59 070.7	60 445.5	147 116.2	191 277.7	233 962.6	257 364.1	319 473.2
以外币偿还部分	128.6	7.4	5.7	6.4	5.1	5.4	5.9	5.8
联邦政府合计	59 627.5	59 078.0	60 451.2	147 122.6	191 282.8	233 967.9	257 370.0	319 479.0
联邦政府净计	54 538.1	54 058.3	55 431.6	147 122.6	191 282.8	233 967.9	257 370.0	319 479.0
代州和北领地政府发行以澳元偿还部分								
国债	125.9	—	—	—	—	—	—	—

续表

面值/百万澳元	2004年	2006年	2008年	2010年	2011年	2012年	2013年	2014年
代州和北领地政府发行以澳元偿还部分								
免税债券	10.0	9.9	9.5	9.4	8.1	8.0	8.0	8.0
州政府国内自筹	75.0	—	—	—	—	—	—	—
过期债券	0.1	0.1	—	—	—	—	—	—
合计	211.0	10.1	9.5	9.4	8.1	8.0	8.0	8.0
以外币偿还部分	1.3	1.2	1.0	0.7	0.6	0.0	0.0	0.0
代州和北领地政府发行总计	212.3	11.3	10.6	10.1	8.7	8.0	8.0	8.0
联邦政府及代州和北领地政府发行总计	59 839.8	59 089.3	60 461.8	147 132.7	191 291.5	233 976.0	257 377.9	319 487.0
联邦政府及代州和北领地政府发行总计	54 750.4	54 069.6	55 442.1	147 132.7	191 291.5	233 976.0	257 377.9	319 487.0

注：表中数字为每一财政年度末（6月30日）的余额数。

资料来源：澳大利亚债务管理办公室网站，http://aofm.gov.au/statistics/historical-data/commonwealth-government-securities-on-issue/，2015年5月6日。

将发行的联邦政府债券按债券类型进行分类分析。当前有 21 种国库券待发行,到期时间最长的债券存续到 2037 年 4 月。表 10-2 列出了当前发行的国债,到期时间,以及年利率等信息。

表 10-2　　　　　　　国债发行情况(截至 2015 年 7 月 17 日)

利率	到期时间	首次发行日	面值(百万澳元)	修正后的到期期限	发行编号	下次付息时间
4.75	2015.10.21	2011.7.1	11 399	0.25	AU3TB0000119	2015.10.21
4.75	2016.6.15	2010.7.1	21 900	0.88	AU3TB0000077	2015.12.15
6.00	2017.2.15	2004.6.8	21 096	1.47	AU300TB01208	2015.8.15
4.25	2017.7.21	2011.9.2	18 900	1.92	AU3TB0000127	2015.7.21
5.50	2018.1.21	2010.11.24	20 500	2.35	AU3TB0000093	2015.7.21
3.25	2018.10.21	2013.12.6	14 200	3.06	AU3TB0000176	2015.10.21
5.25	2019.3.15	2006.1.17	22 347	3.3	AU300TB01224	2015.9.15
2.75	2019.10.21	2014.7.18	11 700	3.97	AU3TB0000184	2015.10.21
4.5	2020.4.15	2009.4.29	21 197	4.25	AU3TB0000036	2015.10.15
1.75	2020.11.21	2015.4.10	5 800	5.27	AU000XCLWAN8	2015.11.21
5.75	2021.5.15	2007.9.11	22 299	4.99	AU0000XCLWM5	2015.11.15
5.75	2022.7.15	2010.4.7	18 200	5.88	AU3TB0000051	2016.1.15
5.50	2023.4.21	2011.4.7	21 300	6.38	AU3TB0000101	2015.10.21
2.75	2024.4.21	2012.6.20	22 900	7.67	AU3TB0000143	2015.10.21
3.25	2025.4.21	2013.5.22	20 700	8.26	AU3TB0000168	2015.10.21
4.25	2026.4.21	2014.3.12	17 800	8.64	AU000XCLWAI8	2015.10.21
4.75	2027.4.21	2011.10.20	16 000	9.12	AU3TB0000135	2015.10.21
3.25	2029.4.21	2012.10.10	10 500	10.92	AU3TB0000150	2015.10.21
4.50	2033.4.21	2013.11.19	9 800	12.46	AU000XCLWAG2	2015.10.21
2.75	2035.4.21	2015.3.24	4 250	14.83	AU000XCLWAM0	2015.12.21
3.75	2037.4.21	2014.10.15	7 500	14.74	AU3TB0000192	2015.10.21

资料来源:澳大利亚债务管理办公室网站,http://aofm.gov.au/ags/treasury-bonds/#Choice_of_maturities,2015 年 7 月 18 日。

表 10-3 列出了发行的指数化国债,以及年利率和付息时间等信息。当前有 7 种指数化国债在发行,到期时间最长的债券存续到 2035 年 8 月。

表10-3　　　　指数化国债发行情况（截至2015年7月17日）

利率	到期日	首次发行日	面值	修正的到期期限	发行编号	下次付息时间
4%	2015.8.20	1994.5.17	1 151	0.08	AU0000XCLWD4	2015.8.20
1%	2018.11.21	2014.4.29	4 739	3.28	AU000XCLWAJ6	2015.8.21
4%	2020.8.20	1996.10.20	4 964	4.64	AU0000XCLWE2	2015.8.20
1.25%	2022.2.21	2012.2.21	4 690	6.32	AU000XCLWAB3	2015.8.21
3%	2025.9.20	2009.9.30	6 043	8.93	AU0000XCLWP8	2015.9.20
2.5%	2030.9.20	2010.9.16	3 293	12.9	AU0000XCLWV6	2015.9.20
2%	2035.8.21	2013.8.21	2 850	16.78	AU000XCLWAF4	2015.8.21

资料来源：澳大利亚债务管理办公室网站，http://aofm.gov.au/ags/treasury-indexed-bonds/#Treasury_Indexed_Bonds_on_issue，2015年7月18日。

截止到2015年7月17日，发行的政府票据的面值为75亿澳元。表10-4列出了当前发行的政府票据信息。政府票据不支付息票，但是需要折价发行，即债券到期时收到的面值高于发行时支付的价格。

表10-4　　　　政府票据的发行情况（截至2015年7月17日）

到期时间	面值（百万澳元）
2015年8月7日	3 500
2015年10月23日	4 000

资料来源：澳大利亚债务管理办公室网站，http://aofm.gov.au/ags/treasury-notes/#Treasury_Notes_on_issue，2015年7月18日。

第二节　澳大利亚州政府债务管理

一、相关法律规定

澳大利亚政府管理框架与政府间财政关系的特点，形成了澳大利亚共同协商的地方政府债务管理特色，由联邦政府和地方政府共同协商方式管理地方政府债务，而非由法律或中央政府直接控制。作为联邦制国家，澳大利亚《宪法》明确赋予了州政府较为广泛的权利和义务，其中包括地方政府举债权。澳大利亚联邦《宪法》第4章第105条规定：在联邦与州达成协议的基础上，州政府有权进行举债，并有义务对该项债务进行监管和偿还。《1930年地方政府法案》规定：在财政部部长的批准下，地方政府可以通过透支、贷款或其他方式举借债务。另外，《预算诚信章程》等法案对地方政府债务的举措及管理亦有较为具体的规定。

二、州政府债务管理的演变历程

澳大利亚地方政府债务的管理经历了以下几个主要历史阶段，见证了从集权主义管理模式到分权主义模式再到市场主义管理模式的演化和变迁。

（一）自由竞争阶段（1901~1927年）

在这一阶段，澳大利亚联邦刚刚建立，各州政府作为独立的借债主体，在市场上进行竞争性的债务融资。结果形成恶性竞争，造成借贷成本增加、借债数量减少、借款期限缩短、还款时间提前，从而对澳大利亚政治和经济均造成了负面的影响。1927年，为加强对国家债务特别是地方政府债务的监管，根据《宪法》修正案第51条的规定，澳大利亚建立了借款委员会，负责为各州统一借债。在联邦和州政府债务的数量、期限、条件和时间等方面，借款委员会具有唯一决定权。

（二）严格管制阶段（1927~1951年）

在此期间，澳大利亚借款委员会对各州政府在资本市场的借款融资实行严格管制，对各州政府的借款数量、利率、借款时间以及借款种类予以了特别关注。由于新南威尔士州于1931~1932年发生了债务违约，最终迫使联邦政府出面帮助其摆脱困境，导致借款委员会作出了可能通过强制没收相关州财政收入以应对其发生违约的决定。

（三）放松管制阶段（1951~1983年）

严格的管制措施对于整肃借款秩序、规范借款行为、提高政府资信起到了很大的促进作用。但在战后经济恢复和繁荣时期，市场上资本供应不足，州及以下地方政府迫切需要扩大基础设施领域的借款融资，严格的管制也对各州的发展产生了不利影响。为此，联邦政府不得不为各州政府提供特别借款支持，并因此成为各州政府的一个永久性借款融资来源。此外，各州政府还利用规章制度和管理上的漏洞自行进行借款融资，这也迫使联邦政府制定补充规定和附加条款，以适应各州政府日益增长的基础设施项目借款融资需要。由此逐渐形成了放松的管制阶段。

（四）总量控制阶段（1983~1992年）

随着借款数量的急剧增长，加之一些基础设施项目融资逐渐游离于借款委员会监管之外，以及由于制度缺陷导致的各州政府独自多头直接对外借款融资等新情况的出现，借款委员会于1983~1984年中止了允许部分地方政府独自展开借款融资活动的制度安排，并于1984~1985年引进了总量控制的管理方法。随着总量控制管理方法的实施，过去的"君子协定"管理方式退出了历史舞台，所有州政府的借款融资活动都纳入了一个统一的管理框架之中。

（五）市场运作阶段（1992年至今）

总量控制方法实施以后，澳大利亚公共部门借款融资数量占GDP的比重显著下降，从1983~1984年的8.3%减少到1988~1989年的0，这种状况极不适应各州以及整个澳大利亚经济发展的需要。出于自身利益的考虑，加之总量控制方法本身的局限性，昆士兰州1988年发生了抵制和反对总量控制的事件。之后，澳大利亚联邦政府于1989~1990年做出决定，不再代表各州政府向外借款融资，改由各州政府以自身名义对外借款融资和管理债务，联邦政府仅就过去代表州政府的举债承担责任。这样，以前联邦政府代州政府发行的债券逐步到期，各州政府也开始直接发行债券融资。此后，澳大利亚公共部门借款融资数量恢复增长，占GDP比重在1992~1993年上升到5.9%。1992年，澳大利亚借款委员会承认总量控制管理方法失效，市场运作与管理自然取代了总量管理方法。

三、州政府债务集中管理机构

20世纪80年代初，即联邦政府管制放松阶段的末期，各州开始制定各自的借款法案，统一州内的政府借款行为，并陆续成立依托于州国库部的企业，作为州政府的核心融资平台。1981年西澳大利亚州率先出台借款法案，1982年南澳大利亚州成立首个州政府融资机构，1983年新南威尔士州成立国库公司，此后其他州纷纷效仿。

目前澳大利亚共有7家州/领地国库公司，全国8个大型行政区划中，除首都领地之外都有自己的国库公司。① 地方政府债务融资理论上是国库公司和州政府两个渠道并行，但国库公司模式更为有效，因而承担了绝大部分的地方债务融资任务。据估算，到2012~2013财政年度末期，7家国库公司在市场上的借款总额约为2 500亿澳元，其中规模最大的是昆士兰州国库公司，借款总额约797亿澳元，该年度融资额约179亿澳元；其次是新南威尔士州国库公司，借款总额约674亿澳元，该年度融资额超过90亿澳元。

国库公司以市场化方式运营，通过发行公司债券的方式从资本市场上融资，向州内政府机构和公共服务机构提供贷款。在国库公司的独立性方面，各州情况不尽相同，但所有国库公司均由该州国库部控股。董事会成员来自政府机构或私营部门，但必须经过州国库部长的批准才能任职。国库公司发行的债券由州政府提供担保，同时由专业的信用评级机构如穆迪和标准普尔进行评级。在金融市场上，国库公司发行的债券以公司债券的形式进行交易，但由于有州政府担保，它实质上是一种准

---

① 具体名称并不统一，但运营模式都类似。7家州/领地国库公司分别是维多利亚州国库公司（Treasury Corporation of Victoria）、新南威尔士国库公司（New South Wales Treasury Corporation）、昆士兰州国库公司（Queensland Treasury Corporation）、南澳大利亚政府融资机构（South Australian Government Financing Authority）、塔斯马尼亚州财政公司（Tasmanian Public Finance Corporation）、西澳大利亚国库公司（Western Australian Treasury Corporation）、北领地国库公司（Northern Territory Treasury Corporation）。

政府债券。

国库公司成立的初衷是为政府机构筹集资金，具体而言，其客户包括州政府（主要是预算部门和财政部门）、市政公司、州所属国有企业、地方政府、其他法定公共机构、各类委员会和理事会等。客户范围由各州的相关法律规定，国库公司不能为追求盈利而擅自扩大客户范围。

除了履行从市场上融资、向政府机构提供贷款的核心职能，国库公司也吸收政府机构的多余资金，进行投资管理。它在某种意义上充当着特殊的商业银行，以地方政府及其他法定机构为客户，通过多种短期和长期金融工具，向客户提供融资和投资服务。此外，国库公司也提供一些财务咨询、金融市场风险管理、基建融资方案设计和评估等服务。国库公司的债券发行与一般意义上的公司债券发行相同。它们使用的债务性融资工具包括国内基准债券、浮动利率债券、资本指数债券、全球可转换债券、海外债券、移民债券、本票、欧洲中期债券、欧洲商业票据等，其中国内基准债券占主要地位。债券发行由承销团负责，承销团通常由国内和国际领先的投资机构（以银行为主）组成，小部分短期债券由国库公司直接发行，发行定价采取协商定价和竞争定价相结合的方式。

各州的国库公司法则规定，国库公司要定期报告财务报表和重大事项，在议会授权的情况下，政府有权要求国库公司报告其他相关信息。在各国库公司的网站上，公众可以找到详细的年度运营报告，债券发行通告，融资计划等信息。所有国库公司都由独立的知名国际评级机构进行信用评级，为各州地方债务融资成本提供客观衡量依据，为投资者提供策略参考，并起到监督和激励的作用，从市场角度减轻债务运营的风险。

国库公司模式是澳大利亚州政府规避法律管理的一种制度创新，解决了中央政府代发地方债券带来的信息不对称和道德风险问题，并通过资本市场和国库公司的双重限制避免了州政府自主发债模式容易产生的过度发债现象。对州政府来说，国库公司的市场化运作能最大限度地满足多样化的融资需求，并省去政府自主发债的成本。国库公司作为法人实体职责明确、运作专业、渠道畅通、适应金融市场环境，较好地解决了政府的市场化融资问题，也丰富了市场上的产品种类。

四、昆士兰州政府债务及债券发行情况

近些年，昆士兰州一直是澳大利亚债务水平相对较高的一个州。2014~2015财政年度，昆士兰州一般政府部门的净负债为60.56亿澳元，比2014~2015年预算的少48.86亿澳元。由图10-4可以看出，昆士兰州一般政府部门债务水平在十二年间发生了翻天覆地的变化，由2006~2007财政年度的-264.23亿澳元预计将上升到2018~2019财政年度的63.07亿澳元。昆士兰州政府认识到当前高债务水平可能带来的潜在高风险。于是，2015~2016年度州政府预算报告提出了在不增加税收，不缩减服务及不出卖政府所有公司的前提下，旨在降低州政府债务水平的"政府债务行动计划（Government's Debt Action Plan）"（见专栏10-1）。通过该项行动，预

计 2015~2016 财政年度的净负债将进一步减少 21.46 亿澳元，总计将达到 39.1 亿澳元的净负债削减计划。

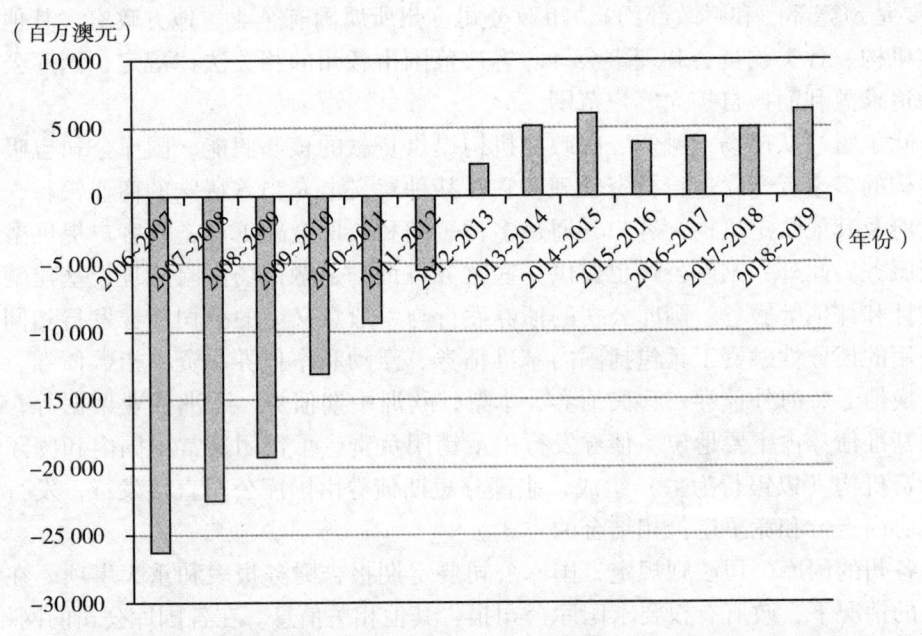

图 10-4　昆士兰州政府净负债水平变动情况（2006~2018 年）

注：2015~2016 财年的是预算数，之前年份的都是实际数，之后年份的都是预测数。
资料来源：《澳大利亚昆士兰州 2015~2016 年政府预算报告》，http://www.budget.qld.gov.au/budget-papers/documents/bp2 - appendix-d - 2015 - 16.pdf，2015 年 7 月 10 日。

专栏 10-1　债务行动计划（Debt Action Plan）

过去三年，昆士兰州一般政府债务增长了 140 亿澳元。昆士兰政府认识到当前的政府债务水平会影响州政府应对冲击的能力，无论该冲击是来自金融市场或是某种自然灾害。在州政府财务审查中，昆士兰政府得到了有关采取适当措施以尽快减少政府债务的独立建议，以此来实际改善州政府债务对收入的比重。具体而言，提出了三项措施，称为政府债务行动计划（Government's Debt Action Plan）：（1）改革政府能源网络业务的资本结构；（2）取消为紧急提请下的长期服务休假提供资金支持；（3）临时中止关于认定雇主贡献盈利的投资，而保持充足的资金状态。通过实施该三项措施，与未采取任何措施相比，预计 2015~2016 财政年度州政府一般政府债务将减少大约 75 亿澳元，2017~2018 财政年度将进一步减少 78 亿澳元。

资料来源：《澳大利亚昆士兰州 2015~2016 年政府预算报告》，http://www.budget.qld.gov.au/budget-papers/documents/bp2 - 1 - 2015 - 16.pdf，2015 年 7 月 12 日。

截止到2015年6月30日，昆士兰州政府的总借款（累计余额）实际为432.68亿澳元，比2014～2015年《年中经济与财政展望（MYFER）》预测的减少25.33亿澳元，比2014～2015年的预算少48.73亿澳元。《年中经济与财政展望》报告发布后，总借款的大幅度减少主要归功于现金赤字的减少以及一般政府部门内部利用现金的效率的提高。2015～2016年，预计将净偿还借款55.14亿澳元。到2018～2019年，总借款预计将比2014～2015年减少25.44亿澳元。针对政府债务，昆士兰州政府有明确的债务削减计划，并将降低相对债务负担（借款/收入）列为其财政原则之一。其计划将借款收入比由2014～2015年的87%降至2018～2019年的73%（见表10-5）。

表10-5　　　　　　昆士兰州一般政府部门总借款　　　　　　单位：百万澳元

	2014～2015年	2015～2016年	2016～2017年	2017～2018年	2018～2019年
总借款	43 268	38 151	38 818	39 532	40 724
收入	49 578	51 186	54 010	55 486	55 748
借款/收入（%）	87	75	72	71	73

注：2014～2015财年的是实际数，2015～2016年的是预算数，后三个年份的是预测数。
资料来源：《澳大利亚昆士兰州2015～2016年政府预算报告》，http://www.budget.qld.gov.au/budget-papers/documents/bp2-1-2015-16.pdf，2015年7月10日。

在昆士兰州发布2015～2016年预算报告的次日，昆士兰国库公司就发表声明称2015～2016财年将举借65亿澳元的有期债券。相较于2014～2015年借款项目预测数而言，减少了大概40亿澳元（见表10-6）。国库公司使用的债务性融资工具多样，为了方便投资者选择，昆士兰州国库公司公布并定期更新标准普尔和穆迪公司对昆士兰州政府债券的信用评级情况，如表10-7所示。有关穆迪公司和标准普尔信用评级标准请见专栏10-2和专栏10-3。

表10-6　　　　　　有期债务借款项目指标　　　　　　单位：百万澳元

	2015～2016年	2016～2017年	2017～2018年	2018～2019年
新债：				
州（包括一般政府部门和州所有公司）	(1 700)	900	1 000	1 500
地方政府和其他	700	300	300	300
总新债	(-1 000)	1 200	1 300	1 800
净有期债务融资	7 500	8 800	9 700	8 200
总有期债务需求	6 500	10 000	11 000	10 000

资料来源：澳大利亚昆士兰州国库公司网站。

表10-7　昆士兰州政府债券信用等级情况（2014年6月30日）

	长期	短期	前景
本币：			
穆迪	Aa1	P1	消极
标准普尔	AA+	A-1+	稳定
外币：			
穆迪	Aa1	P1	消极
标准普尔	AA+	A-1+	稳定
澳大利亚政府担保：			
穆迪	Aaa	N/A	稳定
标准普尔	AAA	N/A	稳定

资料来源：《澳大利亚昆士兰州国库部公司2013~2014年度报告》，https://www.qtc.qld.gov.au/qtc/wcm/connect/，2015年6月2日。

专栏10-2　穆迪信用评级

穆迪投资服务有限公司（Moody's Investors Services），是美国评级业务的先驱，也是当今世界评级机构中最负盛名的一个。它不仅对国内的各种债券和股票进行评级，还将评级业务推进到国际市场。评级级别由最高的Aaa级到最低的C级，一共有二十一个级别。评级级别分为两个部分，包括投资等级和投机等级。

穆迪长期债务评级是关于某种金融债务无法按承诺履行的可能性，同时反映违约几率及违约时蒙受的任何财务损失，如表1所示。

表1

投资级别	评定	说明
Aaa级	优等	信用质量最高，信用风险最低。利息支付有充足保证，本金安全。为还本付息提供保证的因素即使变化，也是可预见的。发行地位稳固。
Aa级（Aa1，Aa2，Aa3）	高级	信用质量很高，有较低的信用风险。本金利息安全。但利润保证不如Aaa级债券充足，为还本付息提供保证的因素波动比Aaa级债券大。

续表

投资级别	评定	说明
A级 (A1，A2，A3)	中上级	投资品质优良。本金利息安全，但有可能在未来某个时候还本付息的能力会下降。
Baa级 (Baa1，Baa2，Baa3)	中级	保证程度一般。利息支付和本金安全现在有保证，但在相当长远的一些时间内具有不可靠性。缺乏优良的投资品质。
Ba级 (Ba1，Ba2，Ba2)	具有投机性质的因素	不能保证将来的良好状况。还本付息的保证有限，一旦经济情况发生变化，还本付息能力将削弱。具有不稳定的特征。
B级 (B1，B2，B3)	缺少理想投资的品质	还本付息，或长期内履行合同中其他条款的保证极小。
Caa级 (Caa1，Caa2，Caa3)	劣质债券	有可能违约，或现在就存在危及本息安全的因素。
Ca级	高度投机性	经常违约，或有其他明显的缺点。
C级	最低等级评级	前途无望，不能用来做真正的投资。

注：前四个级别债券信誉高，履约风险小，是"投资级债券"，第五级开始的债券信誉低，是"投机级债券"。

穆迪短期评级是有关发行人短期融资债务偿付能力的意见，如表2所示。

表2

等级	评定
Prime-1 (P-1)	发行人（或相关机构）短期债务偿付能力最强。
Prime-2 (P-2)	发行人（或相关机构）短期债务偿付能力较强。
Prime-3 (P-3)	发行人（或相关机构）短期债务偿付能力尚可。
Not Prime (NP)	发行人（或相关机构）不在任何Prime评级类别之列。

专栏10-3 标准普尔信用评级

标准普尔（S&P）作为金融投资界的公认标准，提供被广泛认可的信用评级、独立分析研究、投资咨询等服务。标准普尔长期债券信用等级，共设10个等级分别为AAA、AA、A、BBB、BB、B、CCC、CC、C和D，其中长期信用等级的AA至CCC级可用"＋"和"－"号进行微调，如表3所示。

表3

级别	评　　定
AAA	最高评级。偿还债务能力极强。
AA	偿还债务能力很强，与最高评级差别很小。
A	偿还债务能力较强，但相对于较高评级的债务/发债人，其偿债能力较易受外在环境及经济状况变动的不利因素的影响。
BBB	目前有足够偿债能力，但若在恶劣的经济条件或外在环境下其偿债能力可能较脆弱。
BB	相对于其他投机级评级，违约的可能性最低。但持续的重大不稳定情况或恶劣的商业、金融、经济条件可能令发债人没有足够能力偿还债务。
B	违约可能性较"BB"级高，发债人目前仍有能力偿还债务，但恶劣的商业、金融或经济情况可能削弱发债人偿还债务的能力和意愿。
CCC	目前有可能违约，发债人须依赖良好的商业、金融或经济条件才有能力偿还债务。如果商业、金融、经济条件恶化，发债人可能会违约。
CC	目前违约的可能性较高。由于其财务状况，目前正在受监察。在受监察期内，监管机构有权审定某一债务较其他债务有优先偿付权。
SD/D	当债务到期而发债人未能按期偿还债务时，纵使宽限期未满，标准普尔亦会给予"D"评级，除非标准普尔相信债款可于宽限期内清还。此外，如正在申请破产或已作出类似行动以致债务的偿付受阻时，标准普尔亦会给予"D"评级。当发债人有选择地对某些或某类债务违约时，标准普尔会给予"SD"评级（选择性违约）。
NP	发债人未获得评级。

标准普尔的短期债券信用等级，共设6个等级分别为A-1、A-2、A-3、B、C和D，如表4所示。

表4

级别	评　　定
A-1	偿还债务能力较强，为标准普尔给予的最高评级。此评级可另加"+"号，以表示发债人偿还债务的能力极强。
A-2	偿还债务的能力令人满意。不过相对于最高的评级，其偿债能力较易受外在环境或经济状况变动的不利影响。
A-3	目前有足够能力偿还债务。但若经济条件恶化或外在因素改变，其偿债能力可能较脆弱。
B	偿还债务能力脆弱且投机成分相当高。发债人目前仍有能力偿还债务，但持续的重大不稳定因素可能会令发债人没有足够能力偿还债务。

续表

级别	评　　定
C	目前有可能违约，发债人须依赖良好的商业、金融或经济条件才有能力偿还债务。由于其财务状况，目前正在受监察。在受监察期内，监管机构有权审定某一债务较其他债务有优先权。
SD/D	当债务到期而发债人未能按期偿还债务时，即使宽限期未满，标准普尔亦会给予"D"评级，除非标准普尔相信债务可于宽限期内偿还。此外，如正在申请破产或已做出类似行动以致债务的付款受阻，标准普尔亦会给予"D"评级。当发债人有选择地对某些或某类债务违约时，标准普尔会给予"SD"评级（选择性违约）。

第三节　澳大利亚政府债务管理的经验借鉴

一、政府债务管理的主要特色

澳大利亚经长期探索、创新后，建立的现有债务管理体制，主要有以下几个特色：

第一，对政府债务实施严格的预算管理，确保政府负债保持在审慎的水平。联邦政府和州政府需向债务管理办公室陈述下一财政年度的净融资需求。债务管理办公室对联邦政府和各州政府的提议进行审查，同时分析各级政府的财政状况、合理的基础设施建设需求及其对国家宏观经济的影响。如果对某政府的财政战略有疑问，债务管理办公室将要求该政府进一步证明其融资要求的合理性，并有权要求涉及的政府修改其财政战略。

第二，成立了隶属于各州的国库公司，为政府各个部门债务统一从金融市场借款融资。国库公司的根据政府各个部门的需求集中从金融市场融资，并借贷给各个公共部门或机构。这样做的好处是，能够大幅减少贷款人的数量，提高了政府债券的流动性，从而降低借款成本，提高了政府性债务的管理效率。同时，国库公司具有大量的专业人士，能够为举借债务形成金融资产进行有效管理，降低债务风险。如昆士兰州国库公司于1988年依据《国库公司法案》成立，是目前澳大利亚各州最大的同类专业机构之一，总资产规模目前已达10 079亿澳元。该公司被标准普尔和穆迪评定为3A信用等级。

第三，澳大利亚对地方政府借款融资的监管，在很大程度上依赖于金融资本市场规则对整个借款融资活动的引导和规范。标准普尔等国际知名信用评级机构的参与，为各级政府提供客观、公正和公平的信用评级服务，从而有助于确定各级政府借款融资的利率水平。一般情况下，债务余额少者其信用等级高，可以较低成本筹集资金；相反，信用等级低者，可能承担较高的筹资成本，且筹资数额受限。这种制度设计，能够比较好的激励和引导各级政府重视并追求一种理想的信用等级，进而降低举债成本。如维多利亚州就将保持 3A 信用等级作为政府的财政战略之一，自 20 世纪 90 年代以来，一直保持 3A 信用等级。目前，澳大利亚联邦及各州信用等级状况总体良好，除维多利亚州外，澳大利亚联邦、新南威尔士州和南澳大利亚州也是 3A 信用等级，其他州虽然信用等级略低，但基本上为 2A 级水平。

第四，澳大利亚建立了较为完整的地方政府债务报告制度，债务透明度较高。报告方式遵循澳大利亚会计标准体系和政府财务标准体系共同框架确定的原则：前者要求预算报告必须全面反映政府债务、贷款、租赁、抵押、透支款项及其他负债；后者要求政府反映其某一时点所拥有的资产、负债及净资产情况，以及政府部门的资产、负债和净资产在数量、组成和价值上的变动情况。此外，澳大利亚州政府要求地方政府除了报告直接债务外，还需要披露或有负债。以维多利亚州为例，该州要求州国库局在其向议会和公众提交的年度和半年度预算审议草案中包括有关风险的报告。此报告必须详细解释影响州财政状况的主要因素。

第五，澳大利亚加强地方政府债务危机管理，建立了债务化解制度。通常地方政府要对自身的债务负责，但当地方政府最终无法偿还自身债务，面临偿债危机时，澳大利亚通常采取以下三种主要的处置方式：一是建立一套地方政府因债务严重违约而申请破产和清算的程序，法院有权宣告地方政府破产，这是对地方政府的债权人合法权益的最后一道司法保护。二是上级政府承担救助的法律责任，但这些责任实施的条件和程序都必须通过法律进行明确界定。三是通过私有化方法，将许多公有设施出售给私营部门，将公有资产变现收入用于偿还政府债务，并对借债的管理逐步改变为对偿债的管理。如墨尔本市通过金融资产私有化成为第一个无债务的首府城市。该市通过出售其主要金融资产——城市电力公司，取得 2.6 亿澳元的收入，这部分收入没有直接用于偿还债务，而是被分配到各个主要的资本项目中去，给市政府带来了巨额的商业利润。其结果是，市政府消除了负债，成为澳大利亚第一个无债务的首府城市；降低了税负；确保了城市主要的工程投资得以维持。

二、优化我国政府性债务管理的启示

纵观澳大利亚的政府债务管理实践，尤其是地方政府债务管理体制演化历程，有以下方面可作借鉴：

第一，适度赋予地方政府举债权，规范地方政府融资机制。从澳大利亚政府性债务监管体制的演化历程看，无论是集权制国家还是联邦制国家，政府间关系的分权是当今时代的主流，纷纷开始对地方政府的放权行为。这种放权行为并未减少中央对地方的监督控制，相反，中央的监控能力还有所加强。举债权是规范的分税制财政体制下各级政府应有的财权，这几乎是所有实行分税制财政体制国家长期实践得出的经验。因此，按照市场经济体制与分税制财政体制的客观要求，我国《新预算法》确立了中央政府严格审批和监管制度的前提下，适度赋予地方政府举债权，以逐步建立规范、可控的地方举债融资机制是正确的选择。

第二，明确监管责任，加强政府债务监管的统一性和集中度。澳大利亚债务管理办公室（AFOM）成立以来，为有效控制政府债务风险、稳定宏观经济、保障经济安全发挥了重要作用。目前，我国主权外债已经实现了归口财政部门管理，但中央及地方各级政府尚没有统一的综合性债务管理部门，更没有类似澳大利亚债务管理机构（AFOM）这样权威的政府债务监管职能机构，不利于对政府债务的有效监管。因此，借鉴澳大利亚的成功经验，应考虑建立专门的政府性债务监管机构，具体负责中央和地方政府债务的监督和管理，并为妥善处理政府债务问题提供一个持久、灵活和快速的对话平台和机制，促进实现政府债务举借、使用和偿还的规范化，防范和化解债务风险。同时，参照澳大利亚各州国库公司的运作实践和经验，切实规范我国地方各级政府融资平台公司的管理和运营，加强政府债务的集中管理，降低债务成本和风险。

第三，实行预算管理，促进债务决策从"软约束"走向"硬约束"。从国外普遍的政府性债务管理实践来看，政府债务是政府收入的重要来源之一，应当纳入预算或计划统一管理。政府债务预算管理的实质是明确政府债务对其资产负债状况与风险大小的影响，据此统筹考虑政府的公共或财政资源配置，而不是简单将债务信息载入预算。澳大利亚的经验表明，将政府债务纳入预算统一管理，对政府债务决策起到了很好的约束作用。为了有效防范和控制地方政府债务风险，建立规范的举债融资机制，需要抓紧研究将政府债务纳入预算管理，并做到债务预算与一般收支预算的有机结合，硬化预算约束，明确偿债人的责任。

第四，引入市场监管手段，引导地方政府规范举债。澳大利亚政府性债务监管的一个显著特点是，除通过行政渠道进行谈判协商、告诫劝止外，还借助市场规则引导和规范地方政府借款融资活动，对地方政府进行信用评级，并实施严格的信用等级管理。借鉴澳大利亚经验，对政府性债务的监督管理，除了给予必要的行政干预外，还应积极运用市场手段对地方政府举债行为进行监控，依靠信用评级机构、金融中介及社会组织的力量，对地方政府信用进行评级，以降低债务风险和成本，并约束地方政府的举债行为。

第五，改革政府会计、统计制度，提高债务透明度。向公众披露信息，提高财政透明度，不仅满足公民"知的权利"，更是对政府进行监督的基本要求。公开包括债务在内的政府财政状况，已成为世界范围内财政风险管理的一种趋势。地方政府债务的高度透明，有利于提高政府债务控制能力，防止地方政府债务恶性膨胀。因此，可以考虑借鉴澳大利亚地方政府债务报告制度，改革完善政府会计制度，引入权责发生制原则，除了报告直接债务外，还要披露或有负债，以全面准确反映政府资产负债状况和成本费用情况，为防范财政风险和公众监督提供有用的信息支持。同时，还应积极探索与债务预算制度相适应的地方政府债务统计与报告制度，使地方政府负债的形成、偿还和变更等事项严格遵守预算编制程序与原则，并予以反映和报告。

第六，建立适合我国国情的地方债务风险预警机制和危机管理机制。管理地方政府债务的有效手段是合理确定地方政府债务规模、建立科学的风险防范和预警机制。当前我国虽然尚未发生显性地方政府性债务危机，但局部地区已经存在发生债务危机的隐患。为避免这种隐患转变为现实的风险，应当尽快采取强有力的控制措施建立预警机制，防患于未然。一是为使这一机制切实可行要确定地方政府债务管理相关指标，并要量化到每一级政府同时要进行供给和需求双重控制。二是通过法律和行政手段加强对我国地方政府债务危机管理。三是在加强对地方政府借债管理的同时，要转变管理模式，加强对地方政府债务的偿债管理，地方政府的举债规模与偿债能力要相匹配，要建立地方政府债务的保障机制，在全国开展清理整顿工作的同时，落实偿债计划，实行责任追究制度，降低地方政府债务风险。四是地方政府债务风险管理要与信贷风险管理结合起来，防止地方政府债务危机引发金融、经济和社会危机。

第十一章

澳大利亚政府预算信息管理

■ 本章导读

政府预算信息管理是政府预算管理中非常重要的一部分内容，而预算信息公开则是政府预算信息管理的核心内容。预算信息公开的目的在于保障公民的知情权。纵观澳大利亚每一次政府预算改革，或多或少都离不开使预算信息更加公开和透明这样一个目标。本章首先梳理了澳大利亚政府信息管理办法，就政府信息管理的立法、政府信息公开的程序、形式、例外事项及监督进行了介绍。然后，针对澳大利亚的预算信息公开进行了总结和分析，包括澳大利亚预算信息公开的发展历程、法律依据、责任机构、公开目标、公开内容、公开方式、州政府及部门预算公开、公开的效应及对中国的借鉴等相关内容。

第一节 澳大利亚政府信息管理

信息公开又可称为政府信息公开或政务公开,信息公开的目的在于保障公民的知情权(The Right to Know)。知情权,广义上是指寻求、接受和传递信息情报的自由,是从官方或非官方获知有关情况的权利,又称为了解权或知悉权;就狭义而言,则仅指知悉官方有关情况的权利。最广义的信息公开包括立法机关、行政机关以及司法机关在内的所有国家机关的信息公开,许多国家也正是在这一范围上制定信息公开法的。另外,信息公开还可以区分为不依请求的公开与依请求的公开。前者指政府机关基于法律规定无须公民的请求即应公开有关政府信息情报。"依请求的"信息公开指公民有权就公开事项提出请求,包括依利害关系人请求所作的公开,和不论有否利害关系而应任何公民的请求予以信息公开。

澳大利亚政府信息公开的主管机构主要有两家:澳大利亚政府信息管理办公室和澳大利亚国家档案馆。政府信息管理办公室设在澳大利亚财政与行政管理部内,负责政府信息公开、特别是各政府机关的网络建设、管理和协调工作;国家档案馆负责政府信息公开的文件存档、目录编制等事宜。

一、政府信息公开方面的立法

法律是规范政府信息公开手段最常见和最主要的形式。从澳大利亚政府信息公开的法律体系看,《宪法》是政府信息公开法律体系的基础,《信息自由法》是政府信息公开的专门法律,其他法律法规是配套性的法律法规,即在其他法律中也可见一些有关政府信息公开方面的条款或规定。总体来说,涉及政府信息公开方面的法律较多,由于有的法律在其他章节有详细介绍,本章只做简要概述。

(一)档案法(Archives Act 1983)

1983年,澳大利亚颁布的《档案法》规定,公众通常有权利使用联邦政府的文件档案。澳各政府机关必须遵守澳大利亚国家档案馆的规则,对本机关的档案进行保留或处置。有关档案法的相关内容可查阅本书第二章第二节。

(二)信息自由法(Freedom of Information Act 1982)

澳大利亚于1982年制定了《赋予国民了解联邦政府及其机构的公文文件的权利的法律》,俗称为《信息自由法》。该法是澳大利亚的最高立法机关制定的全国的信息公开的专门法律,对澳大利亚政府信息公开的原则、范围、形式、法律责任以及公众获取信息的权利、方式、救济渠道等作出了统一的规定。之后该法在1983年、1986年、1991年、1994年作过多次修订。澳大利亚实行的是英国式的政治体制,由于国会所代表的是全体国民,在制度的制定及运用上体现出民主政治的结构,在这种政治体制下的信息公开制度自有不同于美国和法国之处。主要内容如下:
(1) 秘密特约信息的处理。澳大利亚的《信息自由法》,除了设置由最终裁定书规定的五条适用范围以外,还设置了以下有关适用范围例外的规定,如关于警察、检察、行刑目的为中心内容的执法等信息;有关秘密法令的信息;关于机构事务处理的信息;关于个人隐私;普通法中的特权通信及按此标准看待的信息交流等;交易方面的秘密和降低商业价值这样的信息、跟营业有关的信息;关系到国家经济保护的信息;公布文件后会造成泄密的信息(包括秘密特约信息);对议会、法庭带有污辱性的信息;关于国立公司及安全计划的信息。其特征就是适用例外的范围过于广泛。(2) 信息存在与否的拒绝回答。澳大利亚《信息自由法》引人注目的还有关于行政文件存在与否的信息。根据《信息自由法》的规定,对符合下列三个条件之一的行政信息的存在与否,可以拒绝回答。其中包括关系到国家安全、防卫、国际关系的文件,涉及影响联邦与州之间关系的文件;关于以警察、检察、行刑目的为中心内容的执法信息。从澳大利亚《信息自由法》中广泛设立适用例外的规定来看,可以将其看做是一种不够完善的信息公开制度,尤其是该法中对信息存在与否的拒绝回答作了限定。(3) 救济手段。从澳大利亚《信息自由法》成立的背景来说,与20世纪70年代行政手续中的各项改革密不可分。在现代国家,为保障矛盾双方的正当权益,必须依赖于某种手段,在行政方面也不能例外。建立独立的审查机构并对相关事例进行仲裁,就是为了确保行政方面的公正。《信息公开法》的制定,可以看做是行政改革的一种延续,特别是救济手续方面,对于行政手续的完备是很重要的。

在澳大利亚《信息公开法》规定的援助手续中,对于在请求公开时对非公开或部分公开的决定不服从者,被拒绝、中止公开请求的第三者,对被拒绝更正个人信息请求的人,规定了以下几种补救措施,如有关行政机构内部审查,向政府特派员申诉,向行政不服法院申诉,向联邦法院提起诉讼等,这可以说是一种详细而有实际效用的规定。

(三) 隐私法 (Privacy Act 1988)

1988年,澳大利亚颁布《隐私法》,要求联邦政府机关在处理个人信息时,应遵守该法令中的信息隐私原则。

(四) 电子处理事务法 (Electronic Transaction Act 1999)

1999年,澳大利亚颁布《电子处理事务法》,允许商界和社团在与政府打交道时可以使用电子通讯。

(五) 证据法 (Evidence Act 1995)

1995年,澳大利亚颁布《证据法》,要求所有机关在处理事务时都要考虑《证据法》,法庭可能会要求审查那些作为机构决策和行动证据的档案。

(六) 版权法 (Copyright Act 1968)

1968 年，澳大利亚颁布的《版权法》禁止未经授权而使用原创人的理念或信息，如文字、图像、表格、音乐、动漫、艺术作品、计算机程序等。该法令适用于信息发布者和信息使用者。

(七) "不承诺" 规定 ("Disclaimers")

2000 年，澳大利亚颁布《政府网络战略》(The 2000 Government Online Strategy)要求政府信息网使用"不承诺"的表述。不承诺是法律术语，意为政府机关对于使用标有"不承诺"的信息所造成的灾祸不负任何责任。澳大利亚没有标准的"不承诺"表述模本，建议各机关征询法律顾问的意见。但澳大利亚政府信息管理办公室强调，即使使用"不承诺"，政府机关在公布信息时，应保证信息的准确性，并保留信息公布的档案证据。

(八) 公共服务法 (Public Service Act 1999)

1999 年，澳大利亚颁布《公共服务法》，规定澳各政府机关自行决定网站的信息公布，但由于澳公共服务机构是非政治机构，所以必须遵守《公共服务法》第 10 部分的规定，即公务机构必须对政府提供高质量、专业的支持，但同时不带任何政治倾向和政党影响。

(九) 残疾歧视法 (Disability Discrimination Act 1992)

1992 年，澳大利亚颁布的《残疾歧视法》要求政府机关在公布信息时，应考虑残疾人的利益，必要时，应以多种不同的版式和媒体公布信息。

(十) 总审计长法 (Auditor-General Act 1997)

1997 年，澳大利亚颁布的《总审计长法》规定，对政府机关信息公开进行年度审计。

(十一)《公共治理，绩效和责任法》(Public Governance, Performance and Accountability Act 2013)

2013 年，澳大利亚颁布了《公共治理、绩效和责任法》，取代 1997 年的《财政管理与责任法》和《联邦政府机构和公司法》，于 2014 年 7 月 1 日正式实施。该法对联邦、联邦机构及联邦企业的治理、绩效和问责进行了详细规定。在问责部分，对联邦机构的计划和预算、绩效、财务报告和审计、审计委员会、年度报告、及整个政府的财务报告进行了规定。关于该法的具体内容参考本书第二章第二节。

二、编制政府信息目录和指南情况

1999 年 5 月,澳大利亚国家档案馆公布了"政府机关文件编制元数据标准"(Recordkeeping Metadata Standard for Commonwealth Agencies),建议澳大利亚联邦各政府机关的文件和信息管理人员、电子信息技术人员及其有关软件都应采用这一标准,以便各政府机关的鉴别、描述、管理文件与信息的方法能够做到系统化和保持一致,确保政府机关更加有效的管理文件和信息,以及公众更加便利地获取政府信息。

澳大利亚国家档案馆在制定该标准前,与国内相关领域进行了广泛磋商,并吸收了欧美国家的经验和做法,以求该标准具有尽可能大的兼容性。该标准确定了编制文件目录应具备的 20 个基本要素,它们是:机构、权利管理、名称、主题、内容描述、语言、相关联系(如来源)、文件覆盖范围、功能、生成日期、分类、聚集标准、版式、记录检验人、管理历史、使用历史、保存历史、位置、处置和指令。在这 20 个要素中,有 8 个是必须具备的要素,它们是:机构、权利管理、名称、生成日期、聚集标准、记录检验人、管理历史和指令。另外,有些要素中又包含了数个次要素,总共有 65 个次要素,它们也分必须要素和次要素两类。

在 8 个必须要素中,机构要素必须包括机构类别(文件生成者,还是公布者等)和机构名称;权利管理要素必须注明文件或信息的安全类别;名称要素必须包括文件功用、名称和标题字;管理历史要素必须包括从文件登记以来的所有管理事项的日期、类别和描述;处置要素必须包括处置授权和文件保留期限;指令要素必须包括指令的类别、名称和适用范围。对于重大、复杂或《档案法》规定的可公开历史文件,编制文件目录时需具备大多数要素;对于近期、简单、短暂或非重要文件可只具备 8 个必须要素。

编制政府文件目录的 20 个要素又可分归 6 大类:(1)注册类,包括记录检验人、生成日期、位置等要素;(2)条件类,包括权利管理、处置等要素;(3)机构类,包括分类、聚集标准、版式、保存历史等要素;(4)前后关系类,包括机构、相关联系、功能、指令等要素;(5)内容类,包括名称、主题、内容描述、语言、文件覆盖范围等要素;(6)使用历史类,包括管理历史、使用历史等要素。"政府机关文件编制元数据标准"分别详细描述了 20 个要素和 65 个次要素的定义、目的、基本原理、责任、适用性、使用条件以及对该要素的评论。有些要素和次要素还提供了范例。

三、政府信息网站内容要求

澳大利亚政府网站的基本要求是,确保公众便利获取所有政府机关的最低限度信息,政府机关应公布有关公共责任的一系列信息。

政府网站必须包括以下信息:(1)机构信息,包括机构职能、主管的法律、组织结构、主要官员及其责任；（2）机构及其所提供服务的各项联系资料；（3）机构计划和履行职责的信息，包括年度报告、战略计划、服务宪章、财政预算书；（4）文件清单和合同信息；（5）机构和部长新闻发布、讲话、公告、警告和建议；（6）新的、非商业机构发行物，包括向议会提交的报告。

澳大利亚政府信息管理办公室指出，公开的政府信息应具有有用、准确和及时三要素；网站目录要求能够快速容易找到信息，并设有导航目录；网站应使用链接，多次使用信息，避免重复。

四、政府信息公开的程序

澳大利亚《信息自由法》的成功很大程度上依赖于行政机关帮助和与申请者相互协商的能力和意愿。该法第15条、第22条和第24条规定，行政机关有义务帮助申请人作出有效申请、决定带有删除部分的文件是否为可接受的以及缩小申请范围。澳大利亚政府信息公开的程序主要包括三个：提交申请、处理申请和拒绝处理申请。

提交申请。虽然信息公开的申请须为书面形式并符合《信息自由法》略述的一些基本标准（如申请应表明在澳大利亚的地址，以及可以按地址寄送通知及附上30澳元的申请费等），但该法并未规定固定申请表格。原因是规定的表格有可能对于获得信息的申请构成不必要的障碍。行政机关可选择适合各自特定信息基础的标准申请形式和记录管理制度，但这不应成为合法申请的一个前提要求。该法第8条和第9条旨在为公众提供有关政府部门掌握的信息的指导，因申请人往往并不了解特定机关掌握什么文件，也不熟悉其运作职能，这样在鉴别与自己的申请相关的具体文件时即存在困难。第8条要求行政机关在其年度报告中公布某些信息，包括机关拥有的文件范畴的说明。第9条要求行政机关的诸如工作手册这样的文件须载有有关规则或指南，须受检审的制约并向公众出售，同时须在澳大利亚档案地区办公室存放一份每年更新的有关该材料的清单。

处理申请。《信息自由法》颁布之初规定处理信息公开的申请的时间限制为30天。20世纪90年代以来，据建议，随着信息技术和卷宗管理的新发展，处理申请的时限应进一步有所减少，因机关鉴别和检索信息已变得更为容易。但由于有些机关尚未装备以电脑存储所有文件的设备，因此即刻减少30天的时限似乎为时过早，仍需要3年的时间，即到20世纪90年代末期才可将时限减至14天。根据该法第15条第六款，如果要求机关在做出是否准许申请人获得文件的决定之前须与第三方协商，30天时限可再延展30天。

拒绝处理申请。《信息自由法》第24条允许行政机关以所牵涉的工作会实质性地和不合理地从其他活动中转移其资金为由而拒绝处理信息公开的请求。甚至没有开始处理信息即拒绝请求的做法是强硬的，因为在特定机关竭尽全力帮助申请人缩小其申请范围后，它只可作为最后一条予以利用。此外，机关不得仅仅以其信息管理制度组织混乱以及需要很长时间才可识别和检索出文件为由而利用第24条。拒绝申请应当说明拒绝的理由。该法第26条要求，如果获得信息的请求被拒绝，行政机关须向申请人提供全部或部分理由说明。此项要求的设计目的在于：向申请人提供行政决定的真正理由，而不是基于其他未公开的原因所作出的决定的说明；使申请人得以作出是否要求复审的明智判断；以及通过使决策者承担提供行政决定的真正理由的义务而让决策者遵守纪律。

五、政府信息公开形式

澳大利亚《信息自由法》关于有关政府职责、业务和管理文件的公开方式的规定的一个显著特点是，公开方式规定得比较灵活，法律未明确规定具体的公开方式，而是由主管信息公开的部长自由裁量的公开方式。该法第8条第二款规定，当各项政府文件形成时，主管部长应从顾及公众根据信息公开法所享有的权利的实际需要妥为处理予以公布。《信息自由法》第9条规定了对公众有拘束力的规范性法律文件以及一般的行政执法程序等政府文件，应当由各机关的行政特首将其制成副本并置于"信息查阅室"，以供公众随时加以利用、查阅、获取。

对于公开文件的具体查问或提供方式，《信息自由法》在第20条进行了明确。一般文件的查阅可提供副本；如果需查阅的文件是声音或影像，则应安排申请人视听该音效影像；如果需查阅的文件是以速记等方式记录，则应提供该项资料供申请人查阅。如果申请人要求以特定的方式进行查阅，则政府机关的首长原则上应当以该特定方式提供文件。除非该特定查阅方式会有以下三种情形：一是对政府机关的运作产生不良后果；二是对申请查阅文件的保存会产生损害或有实质上的不当影响；三是该方式有可能造成该文件的著作权的损害。

六、政府信息公开的例外事项处理

澳大利亚《信息自由法》除赋予每个公民和社团获取政府信息的权利外，也对澳大利亚信息公开的例外事项作了详细列举，并严密定义及限制，凡不属例外事项的信息一律公开。同时，还规定了许多公共利益条款，有效地防止了例外事项被扩大化解释。澳大利亚现有的免除公开条款按其主要功能可分为两大范畴：与政府责任和运作有关的例外事项，以及旨在保护第三方信息的条款。

（一）与政府责任和运作有关的例外事项

1. 与国家安全等有关信息。当行政机关能够举证证明信息"能合理预见到公开将导致对国家安全、国防、国际关系或联邦州际关系的损害"时可拒绝公开。如果申请人不服行政机关拒绝公开的决定，法官有权以"密室审查"的方式，对该信息进行审查，以决定是否应当公开。一般来说，与国家安全等有关的信息事项在各国信息公开法中均是豁免事项。

2. 内阁和行政委员会文件。澳大利亚《信息自由法》第34条和第35条规定了对内阁和行政委员会文件的豁免。这涉及政府的最高行政机构，承认了澳大利亚政府体制中部长集体责任制的惯例。其存在的基本原理是确保内阁和行政委员会的讨论和研究、商议不受日常的详细审查，从而保证内阁在作决定的过程中可以充分自由地进行讨论和考虑，而免受偏见的影响。

3. 考虑过程和内部工作文件。澳大利亚《信息自由法》第36条规定：如果申请公开的事项性质上属于在行政机关考虑过程中获得或记录下来的主张、建议、讨论，或是为行政机关考虑而准备的意见、建议、咨询，并且公开该文件将有违公共利益，则该文件属于免除公开的范围。讨论过程中的信息免除公开的前提是"公开该文件将损害公共利益"，如果行政机关不能证明此点，就不得适用此例外事项。此外，该条还规定，此项例外不保护"事实或统计资料"，以及行政机关考虑过程中取得的科学或技术专家的报告。

4. 与法律的执行和保护公共安全有关的信息。由于公开特定的犯罪侦查方法或犯罪信息来源可能对侦查带来不利影响，《信息自由法》第37条保护政府机关对违法行为进行的调查、侦查和裁判活动，以使其免受无理的公开要求的损害。它既适用于公开不当可能会影响特定案件的调查，也适用于公开可能会对阻止侦查、调查违法行为或保护公开安全的"一般性"法律方法程序的维持或执行造成损害。

5. 关于经济政府财产和财政利益的信息。《信息自由法》第39条和第44条规定：如果公开文件会给政府管理经济的能力带来负面影响，在社会上引起商业的不必要的失调，或会对联邦或某一行政机关的财政或财政利益产生实质性的负面影响，则该文件属于免除公开范畴，除非公开将有益于公共利益。此外，与国家企业和安全委员会立法相关的某些文件，与选民名单的文件等也可免除公开。

（二）旨在保护第三方信息的条款

1. 影响个人隐私的文件。保护个人隐私同样是澳大利亚政府一项重要的原则。《信息自由法》第41条规定：如果公开文件将导致除申请人以外的第三人（包括已去世的人）个人信息的不合理公开，则该文件属于免除公开文件。其中，个人信息使该条还可以用来保护个人与工作相关的信息。同时，即使某一信息属于个人信息，申请人仍然可以举证证明公开信息的公共利益大于保密所保护的利益，从而主张公开。

2. 保密信息。保密信息指通过秘密渠道提供给政府的信息。政府在与企业、个人打交道的过程中会获得大量商业的或公众的信息，这些信息中的大部分是政府承诺保密的基础上才提供的，如果政府向申请人提供该信息，将违反保密的义务，因此这类信息应受到免除公开的保护。但保密信息可能是所有例外事项中最难被适用的，因为行政机关如果坚持主张适用此规定，行政机关则必须举证证明该信息本身具有"秘密的"性质，并且行政机关具有保密的义务。

3. 法律职业特权。《信息自由法》第42条规定涉及普通法中法律职业特权的文件免予公开。根据普通法的原则，为提供法律意见或为某一已经存在或将要提起的诉讼而制作的材料是受法律保护的。制定这一例外事项的出发点是：澳大利亚政府认为，法律是极其复杂的，因此，为了公共利益，应该提高和支持在司法中实行法律代理制，所以必须保护代理人和当事人之间所交换信息的秘密性。该例外事项中并没有公共利益条款。这表明立法上承认保护律师和当事人之间交流材料的秘密性具有最高的公共利益。法律职业特权豁免并不仅被限定在诉讼过程中，而且可以适用到行政机关和政府支付薪酬的法律顾问之间的相互交流。

4. 涉及商业活动的信息。《信息自由法》第43条保护政府拥有的除申请人以外的他人的商业秘密和其他敏感的商业信息。在该法制定之前，企业界极为担心某些企业会通过向行政机关申请公开其竞争对手的敏感商业信息从而获取不正当的商业利益。因此，该法第43条对此做出了比较详细的规定，以避免上述问题的出现。第43条第一款规定：商业秘密，其他具有商业价值的信息，以及涉及他人经营、专业、贸易或金融事务的信息都是免予公开的文件。事实上，并不是所有的商业信息都是商业机密，在澳大利亚，行政机关和法院主要从以下6个方面对商业机密进行界定：（1）有关信息在行业内被知悉的程度；（2）有关信息被雇员或其他相关人士知悉的程度；（3）采取保密措施的程度；（4）有关信息对其和竞争者的价值；（5）开发该信息所耗费的人力财力；（6）他人正当获取该信息的难易程度。这些也就成了澳大利亚行政机关和法院在判断商业秘密时的标准。

此外，《信息自由法》中的例外事项大都设定了公共利益条款，这些公共利益条款又可分为两类：一类规定，只要被申请的文件符合某项例外事项的标准，该文件原则上就可免除公开；但如果申请人能举证证明公开该文件更有利于公共利益，该文件则不能免除公开；另一类公共利益标准要求更高，被作为一项独立和额外的要求，行政机关如果要拒绝公开，不仅要证明被申请的信息属于某例外事项，还必须同时证明公开将有违公共利益。澳大利亚信息公开制度实践中很重要的一点是，如果对是否属于公开的例外事项以及对公共利益的衡量产生争议时，法院拥有最终、完整的审查解释和判断权。

七、政府信息公开的监督

信息公开是政府必须履行的法定义务，政府在信息公开中承担着重要的责任。要使政府保障公民获取政府信息的权利，不仅依靠法律法规的推动，更需要各方面力量的共同监督，防止政府在信息公开过程中的缺位，并在政府逃避责任时采取必要的措施。从澳大利亚政府信息公开的监督情况来看，主要包括内部监督和外部监督两种方式。

（一）政府信息公开的内部监督

政府信息公开的内部监督，是指行政机关内部对信息公开的状况进行自我监督，主要包括行政首长监督、同级与下级监督以及专门内部监督三种形式。

1. 行政首长监督。行政首长监督是一种自上而下的监督方式，监督机构内部呈行政序列，在成员主动探知、调查个案后，由首长单方做出处理决定，如信息专员、行政监察专员等。它体现了权力对权力的制约。行政首长在向下级下达指令和进行指导的同时,对下级机构信息公开的状况进行检验和考察,以自身的身份和权力实现政府信息公开的监督。由于行政首长特有的权力、地位和职能,这种监督形式效率高、效果也是显而易见的。

澳大利亚在1982年年初通过了联邦的《信息自由法》,把监督工作交由两个机构合作完成。这两个机构的行政首长各司其职,共同行使监督权。第一,检察总长负责年度统计和报告、协助公众了解信息自由,同时,澳大利亚还要求各部门向国会递交自身执行《信息自由法》的年度报告、并将统计数据报检察总长备案。第二,联邦监察专员有权调查联邦机关涉及《信息自由法》的任何行为,包括对信息公开申请的决定以及各种拖延受理行为、拒绝受理行为、不作为等,并出具意见。但专员不可直接变更机关的决定,只能建议其修改,机关拒不执行的,专员可以代理申诉人或指引其向行政上诉裁判所上诉。第三,对个案实体决定的复审,则主要交由行政裁判所完成。行政裁判所是澳大利亚行政和司法复审系统中最具特色、并富有效能的一环。在联邦层面,行政上诉裁判所是一个独立的机构,根据各个单行特别法赋予的管辖权复审行政决定,而该管辖权一般由行政决定的准据法赋予。根据《信息自由法》,行政上诉裁判所有权在关于信息公开的决定已经过内部审查或已经监察专员调查并出具意见的情况下,根据当事人的申请对决定进行复审,包括合法性审查和合目的性审查,有对争议事项进行全面重新裁断的权力,最后做出维持、变更或撤销原决定的裁决。该裁决具有终审效力,仅在法律适用的问题上需要向高级法院上诉。国会的立法意图也在于"设立一套对信息自由法的实施进行持续监督和详细审查的机制",但该法的推行显然缺乏集中的指导、宣传和监督。预算的紧缩使检察总长和监察专员的作用被严重削弱。对此,包括检察专员在内的众多机构纷纷主张改革现有的监督机制,设立专门的信息专员以集中监督信息公开。但到目前为止,法律上尚无实质性的改革。

2. 同级监督与下级监督。如果说行政首长监督体现了上级对下级的监督,使用高层次的权力来制约低层次的权力,那么同级监督与下级监督则实现了权力的相互制约和制衡,既包括以权力制约权力,也包括以权利制约权力。下级对上级的监督,也是为了提请上级注意其行为,是以权利制约权力。这种监督方式覆盖面更广,监督范围更大,而且能够和行政首长监督从不同的角度与层面对政府信息公开进行监督,互为补充,不断增强政府信息公开的监督力度。

3. 专门内部监督。专门内部监督即政府根据监督工作的需要,在内部单独设立或指定一些部门或机构,专门负责对政府信息公开进行监督和救济。目前世界许多国家都设立了专门的监督机构。归纳起来,主要包括以下三个方面:专门的信息委员会、独立的信息专员、信息裁判所。与前两种监督方式相比,专门内部监督更注重对申请人提供救济。

(二) 政府信息公开的外部监督

政府信息公开的外部监督,是指政府以外的组织对政府信息公开义务主体进行监督。外部监督跳出了政府的权力框架,更加客观公正。外部监督部门广泛,所代

第十一章 澳大利亚政府预算信息管理

表的利益也具有相当的普遍性和广泛性，因此能够对政府信息公开实行全方位、多角度的监督，最大限度地保障政府信息公开。政府信息公开的外部监督主要包括议会监督、政党监督、司法监督、媒体监督、公众监督、非政府组织监督和年度报告监督等。

1. 议会监督。在某种程度上讲，官僚体制中的部门和机构是保密的既得利益者，它们并不情愿接受来自公众、议会以及其他力量对它们行为的监督。议会的监督主要体现在：听取和审查行政机关、负责监督行政法执行的有关机构的年度报告和特别报告，指派议会监察专员，修改和完善法律等。

2. 政党监督。政党对于政府信息公开的监督可以从执政党和在野党两个角度来看。就执政党对政府的监督而言，在实行议会内阁制的国家，执政党对政府的影响较大也比较直接。但政党一般不是以党的名义直接向政府发号施令而是通过议会党团对政府施加影响。在野党对政府的监督则是对政府信息公开中违法、错误和不智之举进行直截了当的批评和攻击，并随时准备取而代之。在野党对政府的监督既发生在议会内，也发生在议会外，可以说是无处不在、无时不在。

3. 司法监督。司法监督主要体现在事后监督上，主要是通过行政诉讼的方式来进行的。

4. 媒体监督。媒体监督的优势使其成为推动政府信息公开的重要社会力量。媒体监督政府的主要方式有两种：一种方式是通过报道政府等权力机关的行政活动内容，直接促使政府信息公开；另外一种方式主要是通过对权力腐败事件进行揭露，使其真相大白，从而间接促进政府信息公开。

5. 公众监督。公众监督体现的是"主权在民"的原则。世界各国宪法都规定，民众拥有监督国家行政机关工作及工作人员的权力。它与立法监督、司法监督和政党监督相互作用和影响，共同构成了对国家行政组织的外部监督机制。

6. 非政府组织监督。非政府组织利用公众力量督促政府信息公开法律的实施，并在实施中不断完善法律。总结澳大利亚的经验，非政府组织对政府信息公开实施的外部有效监督主要通过以下三种途径加以实现：第一，非政府组织以信息公开申请人的身份，督促政府积极、充分公开信息；第二，非政府组织以原告的身份，通过提起政府信息公开诉讼，不断完善政府信息公开法律规范和实施规则；第三，对政府信息公开实施状况作出专业化系统化的评议，监督政府改进信息公开。

7. 年度报告监督。政府信息公开的年度报告制度是政府信息公开外部监督模式中的一项重要制度，其基本内涵式：通过信息公开实施主体（或由专门机构）每年向议会提交一份报告，并向公众公布实施信息公开的具体情况，从而实现公众监督的一种制度。它不同于其他监督，是一种采用公布年度工作报告方式对履行政府信息公开职责的情况予以整体和全面的监督措施。这既是一种结果监督，也是一种过程监督。

澳大利亚的部长必须在每年 6 月 30 日后就信息公开法的执行情况向国会呈递书面报告。报告内容包括行政机关收到的请求信息公开的总数、拒绝公开的案件及理由、向行政法庭申请裁决复审的数目和判决结果、行政机关为执行信息公开法采取的政策和措施等。

第二节 澳大利亚政府预算信息公开

政府预算信息公开是政府信息公开的一部分。澳大利亚十分重视预算的透明性,从预算编制开始一直到决算报告,都在议会及社会公众的监督下进行。预算草案在议会通过后就在互联网上公布,公众可以随时查询。由于预算透明度高,社会各界可以随时监督,政府各部门都能自觉、正确、有效地使用财政资金。因为如果发生违法事件,部门领导就必须承担政治责任。澳大利亚政府认为,公开透明是保证其预算合法、有效地分配与执行的重要保障。

一、预算公开的发展历程

(一) 20 世纪 80 年代初至 20 世纪末,权责发生制和绩效预算改革

在 20 世纪 70 年代前,澳大利亚政府重视支出控制,着重于资金投入管理。各部门预算由财政部编制,预算编制和财政管理集中于中央政府,在没有得到中央财政批准之前,各部门不能使用任何资金。进入 80 年代以来,澳大利亚政府出现连年财政赤字,政府运行成本持续上升引起人们对政府角色、政府活动的效率和有效性的关注与争议,"小政府"成为公众普遍赞同的选择。为加强政府公共支出管理,遏制政府开支迅猛增长的势头,提高政府公共管理的公开性、有效性,提高财政预算的效率、效果和透明度,澳大利亚政府开始注重投入产出,实行注重产出效果的预算编制方法和旨在强调工作效果的绩效管理制度。

澳大利亚联邦政府从 1984 年开始着手对其政府预算和报告体系实施改革。90年代初,澳大利亚公共会计和审计联合委员会(JCPAA)、澳大利亚国家审计委员会(NCOA)开始认识到,在政府会计领域采用纯粹的收付实现制基础对政府资源实施管理并不恰当。1992 年 5 月,澳大利亚联邦和州成立了联合工作小组,研究政府部门转向以权责发生制为基础的财务报告。

自 1994~1995 财政年度开始,澳大利亚联邦在政府会计中引入权责发生制作为计量基础,要求政府部门以权责发生制基础编制经审计过的财务报表。1997 年,澳大利亚颁布实施了《1997 财务管理与责任法案》,该法案明确要求权责发生制应作为政府预算、政府会计和财务报告的基础。1996~1997 财政年度,澳大利亚部分州政府引入新西兰的以权责发生制为会计基础、注重产出效果的预算编制方法,并取得初步成效。1998 年公布了由澳大利亚审计总署(ANAO)审核的政府合并财务报告。《1997 财务管理与责任法案》将管理资源的权力更多地下放到部门,使部门负责管理产出,最大程度地服务于政府预期成果的实现,并建立绩效指标以审核效果

第十一章 澳大利亚政府预算信息管理

和效率。1998年的《预算诚信章程法》明确了澳大利亚联邦政府公共财政管理和报告方面的规定，引入了一系列财政政策管理的原则，提出了若干增加透明度的要求，以保证政府的财政运行结果有恰当的计量标准。在1999年，澳大利亚政府在预算改革方面同时采取了两项措施：一是计量基础由收付实现制改为权责发生制（解决如何计量的问题），二是在成果和产出框架下编制权责发生制基础的报告（解决计量什么的问题）。从1999~2000财政年度起，年度预算也引入权责发生制，并对公共部门所有的支出编制绩效预算，实行绩效考评。总体来说，这段时期预算改革的基本内容如下：①

第一，引入商业化运作方式，以预算为媒介，在政府与各部门之间建立一种合同式的买卖关系。简单地讲，就是政府用财政预算资金向各部门购买不同类型的社会公共服务（产品）。

第二，引入市场竞争机制，重新界定政府职能范围，以实现"小政府、高效率"的政策目标。主要遵循三项原则：一是凡市场上已有私人公司办理的事务，政府不要去做；二是凡交由私人公司承办成本更低、效果更好的事务，政府不要再做；三是承办政府公共事务的私人公司应具备信息自由和隐私保护能力。据此，澳大利亚政府各部门对各自的业务范围做了全面清理。除核心业务外，政府部门原承办的一些非核心业务则采取了向私人公司"购货"的办法。

第三，引入投入产出的观念，制定科学的评估标准，增强预算的公开性、透明性和合理性。各部门根据其提供社会公共服务（产品）的数量和质量确定预算支出。各部门在编制预算时，不仅要详细列明各项支出数额，而且还须说明各项支出最终取得的成果。

第四，引入权责发生制会计核算方法，实现对政府资源的全面管理，真实准确地反映各部门的收支盈亏情况。权责发生制是以权责是否发生为标准，确定各个会计期收益和费用的一种方法，与收付实现制相比，它能更全面、准确地反映核算单位某一时期的损益情况，提高了财政过程的透明度和公开性。

经过改革，澳大利亚预算管理确实达到了公开、透明、公正、合理等目标要求。在政府部门服务质量不断提高的同时，政府运行成本却明显下降，各级财政状况相应得到改善。

（二）21世纪以来，预算公开的"阳光行动"

2006年4月16日，澳大利亚财政部发布了一篇题为"阳光行动"的研究报告，报告中提出了提高澳大利亚财政可计量性及透明度的政策措施：②

1. 加强对结果和产出的报告。"阳光行动"指出财政报告中应加强对结果和产

---

① 中华人民共和国财政部：《澳大利亚的预算改革》，http://www.mof.gov.cn/pub/yusuansi/zhengwuxinxi/guojijiejian/200810/t20081016_82393.html，2014年11月6日。

② Jón R. Blöndal, Daniel Bergvall, Ian Hawkesworth & Rex Deighton-Smith. 2008. Budgeting in Australia [J]. OECD Journal on Budgeting, vol. 8, no. 2, pp1 - 64.

出的汇报，应该将重点从报告投入（项目、费用和接受者）转移到报告结果和产出上来，但在实践中却尚未实施。"阳光行动"提出应提供更一致和有形的结果报表，改进项目评估，提供更详尽的关于拨款使用情况的报告。

2. 提高预算文件的可读性和实用性。"阳光行动"对现有预算文件的可读性及实用性表示不满意。"阳光行动"提出要改进项目层级的披露细节，提供更多有助于评价政府支出效果的信息，并使用单一的报告标准。

3. 提高预测的透明度。"阳光行动"指出目前尚缺少持续的披露制度，预测估计误差可能会被参数的变化所掩盖，因此应该在整个财政年度内更多地报告相关的财务信息。

4. 扩大预算报告的范围。"阳光行动"提出透明度提高最显著的表现就是对拨款的信息进行披露，特别是一些专项拨款（包括净拨款和专项账户），此外，也要对税收支出和应急储备进行披露。

5. 加强代际报告。"阳光行动"建议应该提高代际报告的发布频率，而且应使代际报告中包含更多的信息内容。

二、预算信息公开的法律依据

澳大利亚具有较为完善的政府信息公开与财政预算信息公开的法律体系。1982年澳大利亚政府制定了《信息自由法》（Freedom of Information Act），该法律规定政府有义务向公共发布政策等信息，每个公民和社团均有获取政府信息的权利。所有联邦政府机关必须执行该部法令，为公众提供获取信息的渠道，同时各州和领地也颁布了适用于州和地方政府机关的信息自由法规，使民众及时了解到财政信息。1983年，澳大利亚第一届新工党政府开始了"新公共管理运动"（New Public Management）改革，① 财政预算信息公开成为此次改革运动重要组成部分。颁布的《档案法》（Archives Act 1983）规定公众通常有权利使用联邦政府的文件档案，澳大利亚政府机关必须遵守澳大利亚国家档案馆的规则，对本机关的档案进行保留或者处置。政府更加强调财政预算信息的公开、透明以及加强财政问责，节约行政成本，提高行政效率。国库部、财政部以及支出审查委员会是参与财政预算信息公开的主要行政机关。国库部主要负责宏观经济政策的制定和税收征管，编制政府收入预算，并将其所编制的收入预算连同支出审查委员通过的支出预算一并报内阁审查。财政部在初步审定各部门支出预算的基础上，汇编政府支出预算，有关事务由专设的预算司承担。支出审查委员会由总理、财政部长、国库部长、国库部部长助理、基础工业和能源部长、卫生与老年关怀部长组成，负责审核部门预算及财政部门所编制

---

① 新公共管理运动指20世纪70年代末80年代初，西方发达国家为迎接全球化、信息化和知识时代的来临以及摆脱财政困境、提高国际竞争力和行政绩效而实行的行政改革。这场行政改革运动被看做重塑政府再造公共部门的新公共管理运动（参见潘顺恩：《澳大利亚新公共管理运动的概况及启示》，载于《宏观经济研究》2005年第3期）。

的政府支出预算，是政府的预算审批机关。①

由于《信息自由法》没有专门规定财政预算公开的内容，1998年澳大利亚政府颁布了《预算诚信章程法》，对整个预算的编制和公开内容都做了详细的规定，该法律规定财政部应定期制定和公布财政预算报告以及预算执行报告，并规定了财政预算报告的内容、编制程序、编制原则、公布时间等，成为了一部专门规定财政预算信息公开的法律，大大深化了政府预算信息公开的力度。促成90年代《预算诚信章程法》问世的原因，除了国内执政党工党争取选举大选的坚持之外，国际环境也产生了一定的推动作用，新西兰于1994年颁布的《财政责任法》旨在转变财政管理方式、增强财政预算透明度，对《预算诚信章程法》产生了很大影响。另外，1996年澳大利亚加入了国际货币基金组织（IMF）的数据公布特殊标准（Special Data Dissemination Standards，SDDS），这个系统是IMF向成员国提供的一套在数据采集和公开方面的指导标准，以使各国在向公众提供全面、及时、准确、可靠和容易获得的数据方面有共同的依据。《预算诚信章程法》的颁布也是履行了国际义务。1997年的经济危机，亚洲经济遭受重创，也使得澳大利亚政府更加重视规范经济行为，颁布了《总审计长法》（Auditor—General Act 1997）规定，对政府机关信息公开进行年度审计，加快了其财政预算公开的进程。

澳大利亚1999年颁布了《公共服务法》（Public Service Act 1999），规定了澳大利亚各政府机关自行决定网站的信息公布，但是由于澳公共服务机构的非政治性，所以必须遵守《公共服务法》第十部分规定，即公务机构必须对政府提供高质量、专业的支持，同时不带任何政治倾向和政党影响。除此之外，《财政管理与责任法》也是与财政预算信息公开相关的重要法律。以上述法律为基础，澳大利亚建立了包括财政预算报告制度、权责发生制、预算信息审计制度等较为完善的财政预算制度。澳大利亚十分重视政府预算信息公开，规定每年10月正式开始到次年5月议会批准，历经8个月，并从预算编制开始直到最终的预算报告，都在议会及民众的参与监督下进行，预算草案在议会通过后通过互联网发布，公众可以随时查阅。

三、政府预算信息公开的责任机构

澳大利亚政府一直重视政府预算信息编制及信息公开。根据《预算诚信章程法》澳大利亚政府每年10月开始就要准备预算的编制，直至次年5月，经过议会批准，政府在财政部的官方网站上公布政府预算报告，供民众查阅监督。澳大利亚政府力求做到OECD提出的透明，及时，真实，可靠，将其年度报告，中期报告以及选举前经济和财政的展望报告都发布于财政部官方网站上。在选举前经济和财政展望报告中，不仅要公布财政政策和预算收支预测，同时，财政部和国库局局长要发表联合声明，声明对他们之前做的预算信息做过详细的核实和审查。另外，《预算

---

① 中华人民共和国财政部：《澳大利亚的预算改革》，http：//www.mof.gov.cn/pub/yusuansi/zhengwuxinxi/guojijiejian/200810/t20081016_82393.html，2014年11月6日。

诚信章程法》第 13 条专门为预算报告建立了辅助机制，规定联邦政府各部门有义务帮助财政部发布年度报告，财政部也有权要求联邦政府各部门提供完成报告所需要的信息。相关部门应当及时向财政部提供信息。

在澳大利亚，财政预算信息公开的核心是行政机关同时，也是主要的监督对象，负责制定和执行财政政策，掌握最详细的财政信息。由行政机关履行公开职责，也是财政信息公开制度设计的应有之义。当确定执行权的归属之后，规则的制定权和监督权就应由其他主体行使，一则可以避免行政机关在规则制定过程中，过多考虑自身利益，以致逃避应有责任；二则可为监督权的行使提供恰当的依据。

四、预算公开的目标定位

（一）解释公共受托责任

预算改革过程中，澳大利亚重视引入市场竞争机制，重新界定政府职能范围，以实现"小政府、高效率"的政策目标，使得在政府部门服务质量不断提高的同时，政府运行成本却明显下降，各级财政状况相应得到改善，这体现了澳大利亚的预算制度在有效地执行或者诠释着公共受托责任。

另一方面，从法律上看，澳大利亚的《预算诚信章程法》分别就立法目的、基本原则以及诸项报告的内容作出了规定。其中第三章规定了该法的基本原则——合理财政原则，第 4 条规定：政府的财政政策应当以保持经济持续繁荣以及促进人民福祉为导向，制定可持续发展的中期战略框架。由此可见，作为专门规定财政预算信息公开的法律，其首要目的是要解释公共受托责任，服务于促进人民福祉这一终极目标。

（二）服务财政管理需要

作为澳大利亚一部专门规定财政预算信息公开的法律，对澳大利亚预算公开起重要推动作用的《预算诚信章程法》，对整个预算的编制和公开内容都做了详细的规定，该法律规定财政部应定期制定和公布财政预算报告以及预算执行报告，并规定了财政预算报告的内容、编制程序、编制原则、公布时间等，大大深化了政府预算信息公开的力度。由此可见，《预算诚信章程法》正式将权责发生制作为预算的会计制度基础，权责发生制的目的在于提高财政预算信息的完整性以及财政预算信息的透明度，其特点在于可以将那些大量游离于政府会计体系之外的负债明显地体现在会计账目之中，披露隐性财政风险，便于对财政形势作出更为完整恰当的估计，制定正确的财政政策，最大限度地避免财政风险。

（三）利于加强社会监督

1996 年澳大利亚加入了国际货币基金组织（IMF）的数据公布特殊标准（Special Data Dissemination Standards，SDDS），这个系统是 IMF 向成员国提供的一套在数据采集和公开方面的指导标准，以使各国在向公众提供全面、及时、准确、可靠和容易获得的数据方面有共同的依据。因此，澳大利亚的预算信息公开，有很大程度上可归结为当局政府努力提升财政信息透明度，利于加强社会公众对政府资金行为的监督控制。

五、预算公开的信息内容

与英国和美国的预算发布相比，澳大利亚政府的预算公开更为科学合理，预算过程的所有报告和最终的年终预算报告都可以在财政部的官网上找到。与美国和英国不同的是，澳大利亚政府既公开预算表的所有内容，在预算执行的过程中，还主动公开了之后每个月以及每年的政府财务报表、资产负债表、现金流量表以及利润表，与政府预算表形成了前后呼应。[①] 政府预算是一个对财务工作预测的过程，而公布的财务报表是对财务执行的检测过程，具有检测和校对政府决策的有效程度以及对于预算的利用程度的作用。预算审批以及执行的整个流程，从一定程度上也加强和规范了政府预算执行的效率，督促政府加强财政管理。澳大利亚早在1996年就加入了国际货币基金组织（IMF）的数据公布特殊标准（SDDS），并于2001年满足了SDDS的所有要求。目前，澳大利亚在政府财政统计数据的公布范围、频率和及时性方面都超过了SDDS的要求。

同时按照《预算诚信章程法》第9条规定，政府预算信息公开内容包括：（1）详细说明政府的长期财政目标；（2）解释预算是依据什么发展战略制定的；（3）详细说明政府认为重要的并且介于制定和评估阶段的财政措施；（4）详细说明预算本年以及未来三年的政府财政目标和关键的财政措施的预期成果；（5）详细说明上面1、2、4点中所要求的财政目标和战略重点是如何与合理稳健的财政政策原则联系的；（6）详细说明政府为了减少经济波动而临时执行的财政政策，并且阐述过程；（7）大体上解释报告将会为以后的政府财政报告提供基础。

另外，澳大利亚的财政预算报告按照报告的性质分为三类：分别是年度报告（Fiscal strategy statement）、中期报告（Intergenerational report）和选举前的经济和财政展望报告（Pre-election economic and fiscal outlook report）。而年度政府报告又分为年初财政预算经济和财政展望报告（Budget economic and fiscal outlook report）、年中经济和财政展望报告（Mid-year economic and fiscal outlook report）以及最终财政结果报告（Final budget outcome report）。由于报告的主体，报告的时间，报告的内容都不相同，这些报告具有不同的性质和功能。

1. 年初财政预算经济和财政展望报告。

公开时间：每个预算年度开始时

公开主体：财政部

[①] 苏明、李成威、赵大全、王志刚：《关于预算公开的若干问题研究》，载于《经济研究参考》2012年第50期。

公开目标：为评估政府的财政行为和制定财政政策提供信息和依据

公开内容：《预算诚信章程法》第 12 条

（1）对联邦预算部门和联邦政府部门的本预算年度和未来三年的财政预估；（2）说明做出财政预估的经济和其他方面的假设；（3）讨论财政预估对经济和其他方面因素改变的敏感性；（4）本财政年度以及未来三个财政年度税式支出的规划和展望；（5）可量化的可能对未来财政展望造成决定性影响的风险的说明，包括偶然性债务，没有包括在财政预估中的政府对公众的承诺，政府间尚未完成的谈判。

2. 年中经济和财政展望报告。

公开时间：每年 1 月底之前或者上一预算年度结束后六个月内

公开主体：财政部

公开目标：为评估政府的财政行为和制定财政政策提供最新的信息

公开内容：《预算诚信章程法》第 16 条

（1）对最后一次预算报告中税式支出等关键信息予以更新；（2）包括所有的可能对财政和经济形势预估产生影响的政府决定和其他情形。

3. 最终财政结果报告。

公开时间：财政年度结束后的三个月之内

公开主体：财政部

公开目标：了解每个财政年度公共预算的执行情况

公开内容：《预算诚信章程法》第 19 条

本财政年度联邦预算部门和联邦政府部门的财政预算执行结果。

4. 中期经济和财政展望报告。

公开时间：在发布上一次中期报告后 5 年内

公开主体：财政部

公开目标：评估现行政府财政政策在未来 40 年内持续影响

公开内容：《预算诚信章程法》第 21 条

全面准确评估财政政策对于经济形势的影响。

5. 选举前的经济和财政展望报告。

公开时间：大选前 10 天内

公开主体：国库部和财政部

公开目标：为经济和财政展望提供最新的信息

公开内容：《预算诚信章程法》第 24 条、第 25 条

选举前报告由两大部分组成，第一部分是关于经济和财政的信息，内容和预算报告相同。第二部分是国库部部长和财政部部长对政府有义务为报告提供必要数据的声明、国库部秘书和财政部秘书签署的对于报告中所用的数据是真实的，并且在形成报告的过程中考虑了《预算诚信章程法》所规定的所有因素，没有遗漏关键的要素等的声明。

此外，澳大利亚年初财政预算经济和财政展望报告主要由四个预算文件构成：

预算战略和展望（Budget Strategy and Outlook）；预算措施（Budget Measures）；政府间财政关系（Australia's Federal Relations）和机构资源（Agency Resourcing）。和这四个预算文件一并公开的还有预算陈词（Budget Speech）、预算一览（Budget at a Glance）、预算概要（Budget Overview）和拨款议案（Appropriation Bills）。关于每一部分的详细介绍参考第七章第四节。

澳大利亚《预算诚信章程法》第12条，除了从正面和侧面规定预算报告应当包含的内容外，也规定财政部门制定政策时决策中的信息是不能公开的。因为公开这些问题一则通常涉及商业秘密，公开会对某些企业或者某个行业产生不利影响；二是公开决策过程中的信息有可能导致国家秘密的泄露，损害国家利益和公共利益。

六、预算公开的方式与途径

澳大利亚政府有自身较为完善的政府预算公开信息流程，预算信息多数在正式的官方网站可以查询到。澳大利亚并没有单独的预算官网，预算信息放在政府财政部网站（Australia Department of Finance and Deregulation）上（见图11-1）。在财政部网页上可以清晰找到属于本年度预算信息的网站链接指示，点击链接后在网站上可以查询到本年预算草案以及历年预算。另外，澳大利亚政府公布的预算报告可以分块下载，在预算目录中，可以查询到综述、经济形势展望、预算报告1、预算报告2、预算报告3和预算报告4。第一份报告公开的是政府的财政策略和对未来的展望（Budget Strategy and Outlook），第二份报告反映的是各财政项目本年度以及未来三年的发展情况（Budget Measures），第三份报告公开了政府对社会团体的财政投入（Australia's Federal Relations），第四份报告公开了各财政项目的收入支出情况（Agency Resourcing）。各行政部门预算表以及其他预算表（年中经济和财政的展望报告等），在每个分块各有其相应的内容链接，不仅可以预览主要内容，还可以提供报告下载，简洁专业化较强的同时也实现了便利性。

澳大利亚政府不仅使预算信息清晰，便捷化，同时也具有了较高的学术性。在政府官网上不仅可以找到理念预算报告，同时还专门开辟了报告预算流程链接，来具体形象的向群众解释预算报告的编制流程，并对流程中每个部分提供了链接进行解释与报告信息下载（见图11-2）。此外，澳大利亚在政府预算的每个页面底端都标记着政府的联系方式，如果对公开的内容有任何不满意的地方，可以随时联系政府官员进行询问，明确了政府部门的职责。

澳大利亚政府预算公开具有全面性的特点。各类预算报告体系中的所有预算文件向公众提供了一个全方位了解政府财政活动信息的窗口。以年初预算报告体系为例，从内容上看，披露了有关政府收支活动的全部信息，包括收支信息、资产负债信息、绩效信息、风险信息、税收支出信息等；从维度上看，按照部门或机构、资金来源对收入进行了分类，而支出则按照部门、功能、经济性质等多种维度进行了分类，使得公众不但能了解政府在哪个项目上花了多少钱，还能详细了解钱是哪个部门花的，怎样花的；从层级上看，不但包括了联邦政府的财政活动信息，还详细

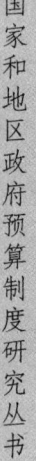

图 11-1　澳大利亚预算信息公布网站

注：图 11-1 是澳大利亚联邦政府 2013～2014 年度预算信息网页截图。图最左边一列显示的是 2013～2014 年度预算中包括的主要预算报告文件，从上到下依次为：预算陈词、预算一览、预算概述、预算报告 1、预算报告 2、预算报告 3、预算报告 4、拨款议案、年度经济报告、年中经济和财政展望报告、最终财政结果报告、部门预算报告、部门补充预算估计报告、部长声明和往年预算。图中间六段简短文字高度概括预算的作用、目的以及意义。图最右边一列从上到下依次列示的是：2013 年 8 月公布的年度经济报告、预算概述、学校改善国家计划、澳大利亚残疾护理、税收改革路线图。点击各部分，有相应的内容链接，不仅可以预览主要内容，还可以下载相应报告。

资料来源：澳大利亚政府网站，http://www.budget.gov.au/2013-14/index.htm，2014 年 3 月 17 日。

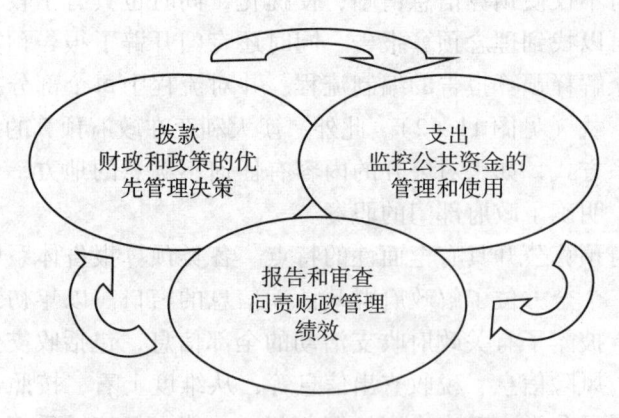

图 11-2　澳大利亚预算编制流程

披露了联邦对州和地方政府的转移支付；从时间上看，则不但有可供比较的丰富历史数据，也有对未来中长期的预算评估；从会计方法上看，既报告了以收付实现制计量的财政数据，也报告了以权责发生制计量的财政数据，并且对二者之间的差别作了具体说明。

此外，澳大利亚各类预算报告在方便公众获得与阅读上具有良好的亲和性。首先，历年的各种预算相关文件在其政府官方预算网站上都能够方便的获得。其次，在内容的设计上为公众提供了很多阅读的方便，例如：图文并茂，既有准确的统计数据、财务报表等，又有详细的文字说明；大多数预算信息都有前后5年左右的数据供公众进行纵比；对专业术语均进行了定义和解释；对和预算相关的人员、机构、改革历程等有详细的辅助说明；对预算报告涉及的相关法律法规出处等有准确的备注；此外，在预算内容的详简程度上也有明显的区分，对于不需要了解具体信息的公众，预算陈词和预算一览已经足以让其了解政府在新财年的大政方针，而对于那些需要了解更多细节的公众而言，则可以从其他预算文件中获得更多具体的信息。

七、州政府预算及部门预算公开

澳大利亚的《预算诚信章程法》实施后，联邦政府按时发布法律所规定的各种报告。各州也在这部法律的指引下，吸收了其相关内容，制定了本州的财政法律。例如，昆士兰州的《社会和财政责任章程》（Charter of Social and Fiscal Responsibility 2004）吸收了关于财政目标设定的内容；新南威尔士州的《财政责任法》（Fiscal Responsibility Act 2005）规定了财政原则，吸收了合理财政原则中的可持续要素；西澳大利亚州的《政府财政责任法》（Government Financial Responsibility Act 2000）也吸收了政府财政计划等内容。

各州政府的财政法律对其财政预算信息公开的形式、时间、内容等作了要求。例如，西澳大利亚州的《政府财政责任法》中规定州财政部门一年必须至少一次公布政府财政战略报告，若政府财政战略发生较大的变动，财政部门必须重新公布新的财政战略报告并解释为何出现变动。[1] 且新的政府财政战略报告应该在财政战略调整后的第一时间内公布，无论如何不能晚于下一次政府财政预测报告的发布。此外，州财政部门还需要发布政府财政预测报告、年中政府财政预测报告、州财政年度报告、选举前财政预测报告、季度财政报告、预算报告等。该法律还规定所有这些应该提供的报告信息，都应使公众容易获取。

各州政府的预算报告及信息均公布在各州财政部门的官方网站上。不仅可查询当年的预算报告，还可查询下载往年的预算信息。例如，西澳大利亚州财政部门的官网上公布了1999~2000年度至今的年度预算信息。[2] 每一年度公布的预算文件包

---

[1] 资料来源：Government Financial Responsibility Act 2000, http://www.austlii.edu.au/au/legis/wa/consol_act/gfra2000382/, 2014年4月12日。

[2] 资料来源：澳大利亚西澳大利亚州政府财政部门官网, http://www.ourstatebudget.wa.gov.au/, 2014年3月17日。

括：预算概要（Budget Overview）、财政首长的预算讲话（Budget Speech）、正式的预算报告（Budget Paper）、经济与财政展望（Economic and Fiscal Outlook）、读者指南（Reader's Guide）、简要预算数据（Budget at a Glance）、决算报告（Fact Sheets）。为了方便普通民众阅读和理解预算信息，财政部门不仅专门公布了简洁版的预算概要，而且在详细版的预算报告中对本年度的预算数据进行了突出显示。此外，州财政部门官网上还公布了州各部门的通讯地址、联系电话、传真及电子邮箱，社会公众可以通过这些形式向政府部门问询相关预算信息或索要相关预算文件。

澳大利亚各部门的部门预算也均可在各部门的官方网站上获得。例如，澳大利亚研究委员会的部门预算可在其官网上"关于澳大利亚研究委员会"板块中查询下载。① 澳大利亚研究委员会公布了其 2005~2006 年度至今的年度部门预算文件，及 1999~2000 年度至今的年度报告。查阅州政府及部门预算文件发现，其预算的编制均遵循权责发生制，对预算的公布最细致的有三级（相当于中国政府收支分类科目的"项"），有些预算只公布两级（相当于中国政府收支分类科目的"款"）。支出预算中有"管理支出"和"部门支出"等项目，但就"管理支出"的具体内容，分为"年度一般服务"和"特别拨款"，并没有设立专门的"三公经费"预算。此外，州政府及部门预算报告中均强调绩效预算，设有专门的篇章介绍预算实施计划达到的绩效。

八、预算公开的效应评估

（一）澳大利亚政府预算公开效应评估

澳大利亚《预算诚信章程法》所确立的原则和建立的一系列制度，提供了公众知悉政府财政政策以及获取预算信息有力的制度支持。该法的实施，以报告制度的形式将财政预算信息公开的形式、时间和内容固定化、格式化，无疑促进了财政预算信息公开规范化和制度化的发展，推动了澳大利亚财政预算信息公开工作的全面提升。因此，《预算诚信章程法》颁布生效之后便成为澳大利亚财政预算信息公开的重要法律。

简而言之，预算公开可以获得多方面的收益，大致可归纳为以下三个方面。

1. 政治收益。预算公开让民众更好地了解政府活动的前因后果，赢得民众对政府行为的理解和支持。政府为民服务的信心和能力在有广度和深度的预算公开中充分体现，也体现出一种开明的政治态度。既有利于约束政府履责，同时也能够提高政府资金的使用效益，在政治上会赢得民心和民众的拥护，可以增强政府的公信力并提高执政党的权威性。

2. 经济收益。预算公开可以提升政府公共资源配置效率。加大预算公开力度能够很好地约束政府自身行为，并从总体上改善公共资源配置效率；此外就财政部门

---

① 资料来源：澳大利亚研究委员会官网，http://www.arc.gov.au/about_arc/arc_budget.htm，2014 年 5 月 3 日。

第十一章 澳大利亚政府预算信息管理

而言，预算收支公开可以有效地抑制过度的开支行为，有利于财政的长期可持续发展。此外，预算公开也能够稳定企业经营预期。只有在一个比较稳定的可预期的环境中，企业才能考虑得更为长远，预算公开让企业充分了解税收等政府各项政策，规范政府的政策管理行为，大大提高了企业的生产经营效率。

3. 社会效益。作为保证公民对预算的知情权、参与权、监督权的有效手段，预算公开让公众可以近距离接触政府行为。将政府活动置于民众监督之下，有助于社会管理创新。对一些专业团体而言，例如科研机构，公开的预算信息不仅扩展了其研究视野，也提高了其研究能力，大量的信息使其能够对政府行为以及活动效果进行更科学合理的分析评估，提供更加完备的政策建议，促使政府提高自身的决策和管理能力。

九、对中国政府预算公开的借鉴

1. 中国政府预算信息公开相关法律依据。中国市场经济起步较晚，政府对于预算公开的立法相对薄弱，没有完整的预算体系。我国预算有约束力相对较强的《预算法》，但是因为其中的法律比较笼统、空泛，难以实施。然而一些法律条例虽然实际到了细节的执行方案，但是由于约束力较弱，并没有使其具有执行力度。2008年5月实施的《政府信息公开条例》明确规定了财政预算、决算报告；行政事业性收费的项目、依据、标准；政府集中采购项目的目录、标准以及实施情况要公开，但是由于我国《预算法》关于政府公开透明的专门条款并没有立项，法律执行力度受到一定制约，并不能完整有效的使政府财政预算信息公开、透明。

相对比澳大利亚等发达国家，具有完整性较强的法律相关依据，对于预算的编制原则、公开时间、公开内容均有明确和细致的实施条款和规定。此外，为了使公众能够自由地获取财政信息，澳大利亚不仅在法律上规定政府披露信息的义务，而且也规定了公众获取信息的权利，如其《信息自由法》中的相关规定。针对我国现阶段的情况，尽管政府对于财政预算公开已经实施重力，我国应该更高层次的针对编制、流程、原则和预算时间公开方面进行相应的法律编制，使《预算法》在一定程度上具有较强的执行力度，避免再出现内容模糊不清的语言文字。

2. 中国政府预算信息公开内容。近年来我国中央政府和地方政府在预算公开的范围和内容上有很大进步，按照《财政部关于进一步推进财政预算信息公开的指导意见》，中央各部门和地方各级政府应按照《中华人民共和国政府信息公开条例》的要求，加大财政预算信息公开力度。2009年中央政府预算的重点指出按政府支出功能分类"款"级科目列示，地方财政也要争取在2009年将报送人大审批的政府预算主要收支按"款"级科目细化，条件不成熟的地方，可先对政府预算的重点支出按"款"级科目细化。在目前向人大报送审批一般预算收支、政府性基金预算收支的基础上，逐步拓展到报送国有资本经营预算、社会保险基金收支等。人大审议通过的政府预算收支和预算报告要及时向社会公布。

而针对于部门预算，地方财政也要扩大向人大报送部门预算的范围和数量。省级和地市级财政 2009 年报送人大审查的部门预算要基本涵盖政府组成部门及直属机构，并逐步扩大到一级预算单位。县级财政也要积极推进向人大报送部门预算的工作。各部门作为部门预算编制和执行的责任主体，要按照《中华人民共和国政府信息公开条例》和《国务院办公厅关于施行中华人民共和国政府信息公开条例若干问题的意见》（国办发［2008］36 号）的要求，认真研究本部门预算公开的方式、范围、内容和形式，加强涉密信息的管理，积极稳妥做好公民、法人或者其他组织依申请公开部门预算信息的答复工作。

但是由于理念认知偏差、意识形态刚性、政府部门和利益集团的冲突等原因，预算公开还存在一些不尽如人意的地方，离国民的期望与要求仍有差距，与发达国家相比仍有差距。近几年从各级政府及其部门公布预算的内容、范围、细节来看，并没有细化到具体项目和具体指出用途，也没有对公众关心的问题做出正面的公开和回答。另外，预算公开的项目并不全面。2011 年国务院正式决定从本年 6 月开始公布中央本级"三公"经费支出，但是目前来看，政府各级"三公"经费依然没有明确公开。

对于这种现状，我国政府应该学习澳大利亚等发达国家优秀经验，在不同阶段公布不同的预算报告，同时在年中进行跟踪并报告。另外，针对"三公"支出，应该加大相关基础性工作，进一步明确预算支出的分项统计，加强行政成本的控制。

3. 中国政府预算公开方式与途径。在中国，并没有一个相对完善全面的系统可以供群众查询预算报告，基本上公众了解预算报告和信息从电视报纸等媒体，另一方面则是从网络得知。针对群众了解不便这一现象，我国应当学习澳大利亚在财政部网站上设独立的预算报告专栏，在主页上公布预算目录，让群众能够明确了解预算信息。同时，针对一些词汇，也应设立附表进行解释，用简洁易懂的方式让群众对预算信息有明确的认识。同时，政府应利用互联网进行链接设置。比如，参与度非常高的"微博"，博客以及相应的网络新闻源头，利用这些网站传播速度快，传播范围广，参与度高特点，公布简易的政府预算综述，再附加政府官网链接，更好的传播通知，使民众可以更方便快捷的了解到政府信息。政府也可以通过这些网站，了解到百姓针对预算信息提出的疑问和相关知识，进而提高我国民主意识。

参 考 文 献

[1] 白华:《澳大利亚：各界欢迎联邦政府的新预算》，载于《比较教育研究》2009 年第 7 期。

[2] 白景明:《推行绩效预算必须解决的四个重要问题》，载于《财政与发展》2006 年第 1 期。

[3] 白运鹏:《政府绩效预算改革研究》，中央民族大学，2013 年。

[4] 财政部赴澳大利亚考察培训团:《澳大利亚政府财务报告制度改革及对我国的启示》，载于《预算管理与会计》2009 年第 5 期。

[5] 财政部会计司:《政府会计研究报告》，财政部会计司，2005 年。

[6] 财政部会计司:《政府会计研究报告》，财政部会计司，2006 年。

[7] 财政部预算司:《澳大利亚的权责发生制改革》，http://www.mof.gov.cn/pub/yusuansi/zhengwuxinxi/guojijiejian/200809/t20080922_76982.html，2008 年 9 月 22 日。

[8] 财政部预算司:《澳大利亚、新西兰的权责发生制预算与政府会计》，http://www.mof.gov.cn/pub/yusuansi/zhengwuxinxi/guojijiejian/200810/t20081016_82398.html，2008 年 10 月 16 日。

[9] 财政管理与财政监督培训团:《澳大利亚财政管理与财政监督的基本情况及其启示》，载于《财政监督》2008 年第 6 期。

[10] 曹宇:《中国与澳大利亚〈档案法〉比较研究》，载于《兰台世界》2011 年第 8 期。

[11] 陈工:《英、美、澳、新等国家实施绩效预算的改革及其对我国的启示》，载于《财政研究》2006 年第 6 期。

[12] 陈志斌:《政府会计概念框架结构研究》，载于《会计研究》2011 年第 1 期。

[13] 陈志斌:《政府会计概念框架整体分析模型》，载于《会计研究》2009 年第 2 期。

[14] 陈志斌:《澳大利亚政府绩效预算管理及借鉴》，载于《中国财政》2012 年第 9 期。

[15] 戴正宗:《澳大利亚需做出"艰难的预算决定"》，载于《中国财经报》2011 年 4 月 26 日。

[16] 邓淑莲:《政府实行新绩效预算的国际经验分析》，载于《山东经济》2008 年第 1 期。

[17] 董妍：《新西兰财政信息公开制度的国际影响及其启示》，载于《黑龙江政法管理干部学院学报》2012 年第 6 期。

[18] 董妍、耿磊：《澳大利亚财政预算信息公开制度述评——以 1998 年〈预算诚信章程法〉为中心》，载于《南京大学学报》2010 年第 6 期。

[19] 范柏乃、余有贤：《澳大利亚的政府服务绩效评估及对我国的启示》，载于《公共行政》2005 年第 11 期。

[20] 范晓婷：《借鉴澳大利亚经验，完善北京市财政支出绩效评价体系》，载于《经济研究参考》2012 年第 35 期。

[21] 冯秀华：《澳大利亚政府公共支出预算改革》，载于《中国财政》1999 年第 10 期。

[22] 高立：《澳大利亚政府的会计核算基础改革》，载于《中国审计》2007 年第 10 期。

[23] 葛家澍：《财务会计概念框架研究的比较与述评》，载于《会计研究》2004 年第 6 期。

[24] 葛家澍、杜兴强：《财务会计理论：演进、继承与可能的研究问题》，载于《会计研究》2009 年第 12 期。

[25] 郝永林：《澳大利亚绩效预算考察报告》，载于《天津经济》2005 年第 2 期。

[26] 胡蓓蓓：《澳洲归来话审计》，载于《审计与理财》2013 年第 5 期。

[27] 胡志勇：《论中国政府会计改革》，经济科学出版社 2010 年版。

[28] 黄梅波、魏嵩寿、谢琪：《澳大利亚经济》，经济科学出版社 2011 年版。

[29] 焦江才：《澳大利亚审计一瞥》，载于《审计与理财》2006 年第 8 期。

[30] 金太军：《当代各国政治体制——澳大利亚》，兰州大学出版社 1998 年版。

[31] 孔志峰：《绩效预算论》，经济科学出版社 2007 年版。

[32] 库向芳：《制度变迁下政府会计基础选择思考》，载于《河南财政税务高等专科学校学报》2012 年第 1 期。

[33] 会计准则考察团：《澳大利亚、新西兰会计准则考察报告》，载于《会计研究》2009 年第 7 期。

[34] 李建发：《政府财务报告研究》，厦门大学出版社 2006 年版。

[35] 李景卫：《澳大利亚大选年预算出台》，载于《人民日报》2010 年 5 月 13 日。

[36] 李林兴：《部门预算改革的国外经验及其借鉴》，载于《财政监督》2008 年第 21 期。

[37] 李萍等：《澳大利亚实行政府部门绩效考评的基本做法》，载于《财政研究》2004 年第 5 期。

[38] 李元、杨薇钰：《应计导向政府会计模式的概念框架比较研究——以美国、澳大利亚联邦政府会计为例》，载于《财经理论与实践》2005 年第 4 期。

[39] 林大茂、王宏武：《澳大利亚公共财政支出预算管理的启示》，载于《中

国财政》2008 年第 2 期。

［40］林旭：《浅谈澳大利亚绩效审计及其借鉴意义》，载于《新会计》2011 年第 3 期。

［41］刘昆：《绩效预算：国外经验与借鉴》，中国财政经济出版社 2007 年版。

［42］刘娜娜：《澳大利亚预算编制体系研究》，载于《北方经济》2013 年第 6 期。

［43］刘婷婷：《澳大利亚联邦政府公务员制度改革研究（1983—2005）》，华东师范大学公共管理学院，2007 年。

［44］刘小梅：《绩效预算管理框架和财政风险控制战略——澳大利亚新南威尔士州的公共财政管理经验及借鉴思考》，载于《财会研究》2005 年第 11 期。

［45］刘谊：《权责发生制预算会计改革——OECD 国家的经验及启示》，载于《会计研究》2004 年第 7 期。

［46］刘玉栋：《OECD 国家的绩效预算改革实践》，载于《财务与会计》2005 年第 5 期。

［47］绿叶：《澳大利亚的审计》，载于《现代审计与经济》2011 年第 1 期。

［48］吕昕阳：《典型发达国家绩效预算改革研究》，中国社会科学出版社 2011 年版。

［49］马蔡琛、季仲赟：《社会性别预算的典型模式及其启示——基于澳大利亚、南非和韩国的考察》，载于《现代财经》2009 年第 10 期。

［50］马骏：《公共预算：比较研究》，中央编译出版社 2011 年版。

［51］毛晖、沈慧婷：《预算编制模式的国际比较与借鉴》，载于《行政事业资产与财务》2010 年第 1 期。

［52］孟岩：《新绩效预算的兴起及我国实行新绩效预算的政策建议》，湖南师范大学，2010 年。

［53］孟岩：《新西兰的新绩效预算改革及对我国的启示》，载于《湖南财经高等专科学校学报》2010 年第 125 期。

［54］牛美丽、马骏：《新西兰的预算改革》，载于《武汉大学学报（哲学社会科学版）》2006 年第 6 期。

［55］濮天宇：《省级政府预算公开与透明政府建设》，浙江工商大学，2013 年。

［56］曲晓辉：《我国会计国际化进程刍议》，载于《会计研究》2001 年第 9 期。

［57］全国预算会计研究会预算会计课题组：《关于建立政府会计准则概念框架若干问题的研究报告》，载于《预算管理与会计》2006 年第 2 期。

［58］石国亮：《国外政府信息公开探索与借鉴》，中国言实出版社 2011 年版。

［59］苏明等：《关于预算公开的若干问题研究》，载于《经济研究参考》2012 年第 50 期。

［60］布莱恩·多利、尼尔·马歇主编，孙广厦译：《澳大利亚地方政府：改革与创新（Australian local Government Reform and Renewal）》，吉林大学出版社 2009 年版。

[61] 汤坤：《政府预算绩效管理改革研究》，安徽财经大学，2014年。

[62] 汪祥耀：《主权国家会计准则与国际财务报告趋同的经验及启示》，载于《会计研究》2005年第1期。

[63] 王丹宇：《绩效预算的国际比较与借鉴》，载于《开发研究》2009年第5期。

[64] 王德祥、黄萍：《美国新绩效预算改革及其对我国公共财政建设的启示》，载于《科技进步与对策》2004年第12期。

[65] 王东辉：《借鉴国外经验完善我国预算管理制度》，载于《现代商业》2010年第6期。

[66] 王进杰、贾英姿：《政府绩效预算改革研究》，载于《财政研究》2006年第8期。

[67] 王洛忠、李姗、李帆：《中国政府预算公开的现状、问题与对策》，载于《财政监督》2011年第12期。

[68] 王庆东、常丽：《新公共管理与政府财务信息披露思考》，载于《会计研究》2004年第4期。

[69] 王韶华：《地方政府财政预算公开问题研究》，中国海洋大学，2011年。

[70] 王戍：《澳大利亚政府会计改革情况及其分析》，载于《审计署国外审计动态》2011年第1期。

[71] 王庭大等：《澳大利亚审计监督与财务管理工作考察报告（下）》，载于《中国内部审计》2009年第7期。

[72] 王哲：《绩效预算改革问题研究》，东北财经大学，2006年。

[73] 吴凤：《澳大利亚预算报告之启示》，载于《中国财经报》2006年9月8日。

[74] 吴永立：《绩效预算管理的国际比较及对我国的启示与借鉴》，载于《会计之友》2012年第32期。

[75] 肖锦生：《权责发生制政府会计改革的国际比较与经验借鉴》，载于《广西财经学院学报》2013年第5期。

[76] 许安拓：《绩效预算改革启示与借鉴》，载于《人民论坛》2011年第29期。

[77] 闫菲：《各国审计长法的比较研究》，载于《现代审计与经济》2009年增刊。

[78] 闫菲：《审计长法的比较研究——基于审计长的特殊性研究》，载于《经济论坛》2009年第17期。

[79] 阎红梅、王成云：《澳大利亚2006/2007年度财政预算的特点》，载于《商场现代化》2006年10月下旬刊。

[80] 杨力生等：《澳大利亚政府审计的经验借鉴》，载于《中国会计报》2014年1月10日。

[81] 杨松：《西方绩效预算理论实践及对我国财政管理的启示》，载于《地方财政研究》2004年第1期。

参考文献

[82] 杨玉霞：《国外政府预算理论对中国政府预算改革的启示》，载于《重庆社会科学》2007年第4期。

[83] 于国旺：《中澳政府财务报告概念框架的比较及启示》，载于《财会通讯》2007年第11期。

[84] 余应敏：《渐进引入应计制：我国政府会计基础的理性选择》，载于《财政研究》2008年第11期。

[85] 袁星侯：《中西政府预算比较研究》，厦门大学，2002年。

[86] 张国兴：《关于构建我国政府会计体系问题的研究》，载于《会计研究》2008年第3期。

[87] 张俊伟：《澳大利亚的绩效预算改革及经验》，载于《中国经济时报》2013年第10期。

[88] 张琦、张娟：《政府会计改革：问题、对策与建议》，载于《会计研究》2009年第10期。

[89] 张琦、张象至、程晓佳：《政府会计基础选择、利益相关动机与制度环境的影响》，载于《会计研究》2009年第6期。

[90] 张庆亮：《政府绩效预算改革研究》，首都经济贸易大学，2008年。

[91] 赵合云：《绩效预算改革引入权责发生制政府会计的有效性分析》，载于《中央财经大学学报》2009年第5期。

[92] 赵路、聂常虹：《澳大利亚政府绩效考评的实践及启示》，载于《中国财政》2009年第9期。

[93] 赵早早：《澳大利亚政府预算改革与财政可持续》，载于《公共行政评论》2014年第1期。

[94] 中华人民共和国财政部预算司：《中国预算绩效管理探索与实践》，经济科学出版社2013年版。

[95] 周海华：《澳大利亚档案法规体系概述》，载于《兰台世界》2013年第2期。

[96] 周美多、金笑驰：《澳大利亚年初预算报告研究及其对中国的启示》，载于《电子科技大学学报（社科版）》2013年第3期。

[97] 朱彦、衡卫峰：《澳大利亚财政管理与监督的基本情况及启示》，载于《财政监察》2003年第2期。

[98] 卓越、卢梅花：《澳大利亚绩效审计发展新趋势》，载于《中国行政管理》2012年第2期。

[99] ABARE (Australian Bureau of Agricultural and Resource Economics) (2008), Australian Commodities, March Quarter, Australian Government, Canberra.

[100] ANAO (Australian National Audit Office) (2003), Annual Performance Reporting, Audit Report No. 11, November, Canberra.

[101] ANAO (2007), Application of the Outcomes and Outputs Framework, Audit Report, No. 23 for 2006/07, February, Canberra.

[102] ANAO and Department of Finance and Administration (2004), Better Practice in Annual Performance Reporting, Canberra.

[103] ANAO (2001a), Performance Information in Portfolio Budget Statements, Performance Audit Report No. 18, 2001 – 02, ANAO, Canberra.

[104] ANAO (2001b), Developing Policy Advice, Performance Audit Report No. 21, 2001 – 02, ANAO, Canberra.

[105] ANAO (2003), Annual Performance Reporting, Performance Audit Report No. 11, 2003 – 04, ANAO, Canberra.

[106] ANAO (2007), Application of the Outcomes and Outputs Framework, Performance Audit Report No. 23, 2006 – 07, ANAO, Canberra.

[107] ANAO (2010), Conduct by Infrastructure Australia of the First National Infrastructure Audit and Development of the Infrastructure Priority List, Performance Audit Report No. 2, 2010 – 11, ANAO, Canberra.

[108] ANAO/DoF (Department of Finance) (1996), Performance Information Principles, ANAO, Canberra.

[109] ANAO/DoF (Department of Finance and Administration) (2004), Better Practice Guide: Better Practice in Annual Performance Reporting, ANAO, Canberra.

[110] ANAO (2014), Guidelines for the Conduct of Performance Audits, 2014 – 07, ANAO, Canberra.

[111] ANAO (2014), Australian National Audit Office Auditing Standards, 2014 – 07, ANAO, Canberra.

[112] ANAO (2013), Audit Focus, 2013.09, ANAO, Canberra.

[113] ANAO (Australian National Audit Office) (2014), Audit Work Program, July, 2014, Canberra.

[114] ANAO (2014), Opinions, Winter, 2014.

[115] ANAO (2014), Strategic Statement, 2014, Canberra.

[116] ANAO (2014), Public Sector Governance, Strengthening Performance Through Good Governance, 2014 – 06, ANAO, Canberra.

[117] ANAO (2013), The Auditor-General, Annual Report (2012 – 2013), 11 September 2013, ANAO, Canberra.

[118] Anderson, Barry and Joseph J. Minarik (2006), Design Choices for Fiscal Policy. Rules, OECD Journal on Budgeting, Vol. 5, No. 4, pp. 159 – 208.

[119] Andrew Murray: Review of Operation Sunlight: Overhauling Budgetary Transparency, June 2008.

[120] Andrew Murray, Essential linkages—situating political governance, transparency and accountability in the broader reform agenda1, Critical Reflections on Australian Public Policy, pp: 163 – 178.

[121] Andrews, Gwen, Stein Helgeby and John Wanna (1998), "The Changing

Role of the Central Budget Agency", mimeo, Canberra.

［122］ Anu Pekkonen and Carmen Malena, Budget Transparency, CIVICUS.

［123］ Austrlia Office of Finance Management (AOFM), Annual Report 2013 – 2014, Canberra.

［124］ Auditor-General Report No. 28 1992 – 93, Report on Ministerial Portfolios, Autumn Sittings 1993 – Human Resource Management.

［125］ Auditor-General Report No. 45 1991 – 92, Department of Veterans Affairs Outsourcing-The Management of Redundancy Arrangements.

［126］ Auditor-General Report No. 37 1991 – 92, Management of Central Office Training in Selected Departments.

［127］ Australian Accounting Research Foundation (AAFR). Qualitative Characteristics of Financial Information [S]. Statement of Accounting Concepts No. 3, Australian Accounting Research Foundation, Melbourne, 1990.

［128］ Australian Government, Mid-year economic and fiscal outlook: 2009 – 10, op. cit.

［129］ Australian Government, Updated economic and fiscal outlook, Commonwealth of Australia, Canberra, 2009.

［130］ Australian Government, Operation Sunlight: enhancing Budget transparency, op. cit., p. 17.

［131］ Australian Government (various years), "Finance Minister's Orders", Canberra.

［132］ Australian Government (various years), State of the Service Report, Canberra.

［133］ Australia Government (1900), The Constitution, 31 Oct 2005, http: // www. comlaw. gov. au/Details/C2005Q00193.

［134］ Australia Government (1982), Freedom of Information Act 1982, 8 Oct 2014, http: //www. comlaw. gov. au/Details/C2014C00673.

［135］ Australia Government (1983), Archives Act 1983, 3 Jan 2012, http: // www. comlaw. gov. au/Details/C2012C00025.

［136］ Australian Government (1984), Budget Reform (White Paper), April, Canberra.

［137］ Australian Government (1994), Trends in Public Sector Financial Management-A Briefing for Senior Managers and Decision Makers, July, Canberra.

［138］ Australian Government (1996), Guide to Commercialisation in the Commonwealth Public Sector, July, Canberra.

［139］ Australia Government (1997), Auditor-General Act 1997, 17 July 2014, http: //www. comlaw. gov. au/Details/C2014C00402.

［140］ Australian Government (1998), Charter of Budget Honesty Act 1998, 22

July 2014, http: //www. comlaw. gov. au/Details/C2014C00438.

［141］Australia Government (1999), Public Service Act 1999, 4 August 2014, http: //www. comlaw. gov. au/Details/C2014C00511.

［142］Australian Government (1999), Fiscal Policy under Accrual Budgeting, Information Paper, April, Canberra.

［143］Australian Government (2003), Review of the Corporate Governance of Statutory Authorities and Office Holders ("The Uhrig Review"), June, Canberra.

［144］Australian Government (2005a), Governance Arrangements for Australian Government Bodies, Department of Finance, August.

［145］Australian Government (2005b), List of Australian Government Bodies and Governance Relationships, August, Canberra.

［146］Australian Government (2005c), A Report on Red Tape in Internal Australian Government Administration, Canberra.

［147］Australian Government (2007a), Charter of Budget Honesty – Costing Election Commitments. Guidelines Issued Jointly by the Secretaries to the Departments of the Treasury and of Finance and Administration, Canberra.

［148］Australian Government (2007b), Implementing Machinery of Government Changes. A Good Practice Guide, November, Canberra.

［149］Australian Government, Operation Sunlight Enhancing Budget Transparency, December 2008.

［150］Australian Government (2007c), Reducing Red Tape in the Australian Public Service, Management Advisory Committee, Canberra.

［151］Australian Government (2007d), Reducing Red Tape: Dispelling Some Myths in Australian Government Administration, Management Advisory Committee, Camberra.

［152］Australian Government, Charter of Budget Honesty Act 1998 (Series), Australian Government comlaw, http: //www. comlaw. gov. au/Series/C2004A05333.

［153］Australian Government (2013), Public Governance, Performance and Accountability Act 2013, 1 July 2014, http: //www. comlaw. gov. au/Details/C2014C00317.

［154］Australian Labor Party (2007), Operation Sunlight, Canberra.

［155］Australian Research Council, Agency Resources and Planned Performance, ARC Budget Statements, pp: 235 – 270.

［156］Banks, G. (2005), "Structural Reform Australian-Style: Lessons for Others?", speech by the Chair of the Productivity Commission, May, Canberra.

［157］Banks, Gary (2009a), Challenges of Evidence-Based Policy-Making, Productivity Commission and Australian Public Service Commission, Canberra.

［158］Banks, Gary (2009b), "Evidence – based policy – making: What is it? How do we get it?", Australian National University Public Lecture Series, presented by ANZSOG (Australia and New Zealand School of Government), 4 February 2010, Productivity Commission, Canberra, quoted by Alan Mitchell, 2009.

[159] Barrett, Pat, Auditor – General of Australia (2003), "Australian Public Sector Financial Management Reforms", presentation at a World Bank seminar, 25 June.

[160] Barry Porter, Fiscal Transparency, Fiscal Rules and Globalization: A Way Forward For Devoloping and Transition Econimics.

[161] Blöndal, Jón R. (2001), "Budgeting in Sweden", OECD Journal on Budgeting, 1 (1), pp. 27 –57.

[162] Brian Galligan, J. R. Nethercote and Cliff Walsh., the cabinet and budget processes, made in Australian government, Printed in Australia for the Centre for Research on Federal Financial Relations, The Australian National University, 1990, Canberra.

[163] Business Council of Australia (2008), BCA Budget Submission 2008/09: Budgeting for Prosperity, February, Canberra.

[164] Chris Aulich, John Halligan and Sandra Nutley, Australian Handbook of Public Sector Management, NSW, Australia: Allen & Unwin, 2001.

[165] Christine McDonald, Modern Budget Reform and the Impact on Parliaments-the Australian Experience, Senate Finance and Public Administration Committee, 27 February 2009.

[166] Ciaran O. Faircheallaigh, John Wanna and Patrick Weller, Public Sector Management in Australia: new challenges, new directions (Second Edition), Australia: Macmillan Eduction Australia Pty Ltd, 1999.

[167] Commonwealth of Australia (2010), 2010 –11 Australian Government Budget – Budget Paper No. 3, Commonwealth of Australia, Canberra.

[168] Commonwealth of Australia (1996), National Commission of Audit 1996: Report to the Commonwealth Government, June, www. finance. gov. au/pubs/ncoa/coaintro. htm, Canberra.

[169] Conroy, Stephen, Communications Minister (2010), "NBN cost-benefit analysis a waste of time and money: Stephen Conroy", The Australian, 5 November, p. 5.

[170] CPA Australia, Financial Management in the Public Sector: How accrual accounting enhances governance and accountability, Public Sector Finance and Management Conference, 17 August 2006.

[171] CPA Australia, Promoting improved transparency, accountability and economic policy for governments: The Australian experience, October 2012.

[172] DoF (Department of Finance and Deregulation) (2010), "Incoming Government Brief", DoF, Canberra.

[173] Ergas, Henry (2010), "Faulkner and Tanner fell short of their lofty aims", The Australian, 13 July.

[174] Ergas, Henry and Alex Robson (2010), "Evaluating Major Infrastructure Projects: How Robust are our Processes?" in Productivity Commission, Strengthening Evi-

dence-Based Policy in the Australian Federation, Volume 1: Proceedings, pp. 127 – 167, Productivity Commission, Canberra.

[175] Ewing, R., D. Gruen and J. Hawkins (2005), "Forecasting the Macroeconomy", Economic Roundup, Autumn, The Treasury, Canberra.

[176] FRC. Bulletin of the Financial Reporting Council. [Z]. www.frc.gov.au, 2002.

[177] Federal Accounting Standards Advisory Board (FASAB). Statement of Federal Financial Accounting Concept and Standards [S]. GAO Document, 1996.

[178] Federal Accounting Standards Advisory Board (FASAB). Accounting for Property, Plant, and Equipment [S]. Statement of Recommended Accounting Standards No. 6, Federal Accounting Standards Advisory Board, 1995.

[179] Federal Accounting Standards Advisory Board (FASAB). Accounting for Revenue and Other Financing Source [S]. Statement of Recommended Accounting Standards No. 7, Federal Accounting Standards Advisory Board, 1996.

[180] Federal Accounting Standards Advisory Board (FASAB). Supplementary Stewardship Reporting [S]. Statement of Recommended Accounting Standards No. 8, Federal Accounting Standards Advisory Board, 1996.

[181] Francisco Bastida and Bernardino Benito, Central Government Budget Practices and Transparency: An International Comparison, Public Administration, Vol. 85, No. 3, 2007, pp: 667 – 716.

[182] Harris, Tony (2009), "Eradicate this dodgy data", Australian Financial Review, 14 April.

[183] Hawke, B. (1994), The Hawke Memoirs, Heinemann, Port Melbourne, Victoria, Australia.

[184] Hawke, L., Performance Budgeting in Australia. OECD Journal on Budgeting, Vol. 5, No. 3, 2007, pp: 5 – 8.

[185] Hawke, Lewis, Performance Budgeting in Australia, OECD Journal on Budgeting, Vol. 7, No. 3, 2007, pp: 133 – 147.

[186] Hawke L. and Wanna J., Australia after Budgetary Reform: A Lapsed Pioneer or Decorative Architect, Wanna J., Jensen L. and De Vries, J. Eds,, The Reality of Budgetary Reform in OECD Nations: Trajectories and Consequences. Edward Elgar Publishing Limited, 2010.

[187] Hawke, Lewis and John Wanna (2010), "Australia after Budgetary Reform: A Lapsed Pioneer or Decorative Architect?" in John Wanna, Lotte Jensen and Jouke de Vries (eds.), The Reality of Budgetary Reform in OECD Nations: Trajectories and Consequences, pp. 65 – 90, Edward Elgar Publishing, Cheltenham, United Kingdom.

[188] Hawkins, J. (2005), "Economic Forecasting: History and Procedures", Economic Roundup, Autumn, The Treasury, Canberra.

[189] Iain McLean, Fiscal Federalism in Australia, Version 25, November 2002.

[190] Ian Lienert and Moo-Kyung Jung, The legal framework for budget systems: an international comparison, OECD Journal on Budgeting Special Issue, Vol. 4, No. 3, 2007.

[191] Ian McPhee, Auditor – General of Australia (2006), "The role of the Auditor-General and my relationship with the Parliament", Briefing to House of Representatives Staff, 13 June 2006.

[192] J. Guthrie, L. Parker and L. M. English, Forum: Change in the Public Sector A Review of New Public Financial Management Change in Australia, Australian Accounting Review, Vol. 13, No. 2, 2003.

[193] James E. Alt, David Dreyer Lassen, David Skilling, Fiscal Transparency and Fiscal Policy Outcomes in OECD countries, August 20, 2001.

[194] JCPAA (Joint Committee of Public Accounts and Audit) (2002), Review of the Accrual Budget Documentation, Report No. 388, June, Canberra.

[195] John C. Bertot, Paul T. Jaeger and Justin M. Grimes, Using ICTs to create a culture of transparency: E – government and social media as openness and anti – corruption tools for societies, Government Information Quarterly, 27 April 2010, pp: 264 – 271.

[196] John Jansen. New Zealand's Fiscal Policy Framework: Experience and Evolution, Treasury Working Paper. 01/25.

[197] John Wanna, Between a Rock and a Hard Place: the Nonsense of Australia's Charter of Budget Honesty Act 1998, Australasian Political Studies Association Conference University of New castle, September 2006.

[198] Jón R. Blondal, Budget Reform in OECD Member Countries: Common Trends, OECD Journal on Budgeting, Vol. 2, No. 4, 2003.

[199] Jon R. Blondal, Daniel Bergvall, Ian Hawkesworth and Rex Deighton-Smith: Budgeting in Australia, OECD Journal on Budgeting, Vol. 8, No. 2, 2008.

[200] Keating. M and M. Holmes, Australian budget and financial management reforms. Governance: An International Journal of Policy and Administration. Vol. 3, N0. 2, 1990, pp: 168 – 185.

[201] Kelly, J. (2006), "Appropriating for Results: Drawing Lessons from the Australian Experience", prepared for the Treasury Board Secretariat of Canada, May, Ottawa.

[202] Kelly, J. (2007), "An End to Parliamentary Oversight? The Impact of Results-Based Appropriations in Three Australian Governments", prepared for the 19th annual conference of the Association of Budgeting and Financial Management, October, Washington DC.

[203] Kelly, J. and J. Wanna (2004), "Crashing through with Accrual-Output Price Budgeting in Australia: Technical Adjustment or a New Way of Doing Business?", The American Review of Public Administration, 34 (1), March.

[204] Laurie K. and J. McDonald (2008), "A Perspective on Trends in Australian Government Spending", Economic Roundup, Summer, The Treasury, Canberra.

[205] Mackay, Keith (2011), The Australian Government's Performance Framework, ECD Working Paper No. 25, Independent Evaluation Group, The World Bank, Washington DC.

[206] Marc Robinson, Financial Control in Australian Government Budgeting, Public Budgeting and Finance, Spring 2002.

[207] Mark Champoux, Accrual Accounting in New Zealand and Australia: Issues and Solutions, Harvard Law School Federal Budget Policy Seminar.

[208] NatStats 2010 Conference, COAG Reform Council, Council of Australian Governments, Sydney.

[209] New South Wales Government (1902), Constitution Act 1902 No 32, 28 October 2014, http://www.legislation.nsw.gov.au/maintop/view/inforce/act+32+1902+cd+0+N.

[210] New South Wales Government (1983), Public Finance and Audit Act 1983 No 152, 4 July 2014, http://www.legislation.nsw.gov.au/maintop/view/inforce/act+152+1983+cd+0+N.

[211] New South Wales Government (1985), Annual Reports (Statutory Bodies) Act 1984 No 87, 12 December 2012, http://www.legislation.nsw.gov.au/maintop/view/inforce/act+87+1984+cd+0+N.

[212] New South Wales Government (1985), Annual Reports (Departments) Act 1985 No 156, 12 December 2012, http://www.legislation.nsw.gov.au/maintop/view/inforce/act+156+1985+cd+0+N.

[213] New South Wales Government (1993), Local Government Act 1993 No 30, 4 July 2014, http://www.legislation.nsw.gov.au/maintop/view/inforce/act+152+1993+cd+0+N.

[214] New South Wales Government (2005), Local Government (General) Regulation 2005, 4 July 2014, http://www.legislation.nsw.gov.au/maintop/view/inforce/subordleg+487+2005+cd+0+N.

[215] New South Wales Government (2010), Annual Reports (Departments) Regulation 2010, 8 August 2014, http://www.legislation.nsw.gov.au/maintop/view/inforce/subordleg+468+2010+cd+0+N.

[216] New South Wales Government (2010), Annual Reports (Statutory Bodies) Regulation 2010, 8 August 2014, http://www.legislation.nsw.gov.au/maintop/view/inforce/subordleg+469+2010+cd+0+N.

[217] New South Wales Government (2010), Parliamentary Budget Officer Act 2010 No 83, 31 Oct 2014, http://www.legislation.nsw.gov.au/maintop/view/inforce/act+83+2010+cd+0+N.

[218] New South Wales Government (2014), Appropriation Act 2014 No 34, 24 June 2014, http://www.legislation.nsw.gov.au/maintop/view/inforce/act+34+2014+cd+0+N.

[219] New South Wales Government (2014), Appropriation (Budget Variations) Act 2014 No 35, 24 June 2014, http://www.legislation.nsw.gov.au/maintop/view/inforce/act+35+2014+cd+0+N.

[220] New South Wales Government (2014), Appropriation (Parliament) Act 2014 No 36, 24 June 2014, http://www.legislation.nsw.gov.au/maintop/view/inforce/act+36+2014+cd+0+N.

[221] McPhee, I. (2006), Sector-Neutral Accounting Standards. CPA Australia Public Sector Financial Reporting ThinkTank, January, Canberra.

[222] OECD (2013), OECD Economic Outlook No. 94 database, http://www.oecd.org/eco/.

[223] Office of Parliamentary Counsel, Public Governance, Performance and Accountability Act 2013, No. 123, 2013 as amended, 1 July 2014.

[224] Official budget documentation of the government of Australia (various years)
- Appropriation Bills
- Budget Paper No. 1 – Budget Strategy and Outlook
- Budget Paper No. 2 – Budget Measures
- Budget Paper No. 3 – Federal Financial Relations
- Budget Paper No. 4 – Agency Resourcing
- Budget Speech
- Consolidated Financial Statements
- Final Budget Outcome Report
- Fiscal Strategy Statement
- Intergenerational Report
- Mid – Year Economic and Fiscal Outlook
- Portfolio Additional Estimates Statements
- Portfolio Budget Statements
- Pre – Election Economic and Fiscal Outlook
- Tax Expenditures Statement

Various months
- Monthly Financial Statements

[225] Owen E. Hughes, Public Management and Administration: An Introduction (Third Edition), New York: PALGRAVE MACMILLAN, 2003.

[226] Parliament of Australia (various years), Hansard, Canberra.

[227] Parliament of Australia (2002), Review of the Accrual Budget Documentation, JCPAA Report No. 388, Joint Committee of Public Accounts and Audit, Canberra.

［228］ Parliament of Australia (2005), Government Advertising and Accountability, report by the Senate Finance and Public Administration Committee, Canberra.

［229］ Parliament of Australia (2007a), "The Commonwealth Budget: Process and Presentation", January, Canberra.

［230］ Parliament of Australia (2007b), Transparency and Accountability of Commonwealth Public Funding and Expenditure, report by the Senate Finance and Public Administration Committee, March, Canberra.

［231］ Parliament of Australia (2008a), "Consideration of Estimates by the Senate Committees", Senate Brief No. 5, February, Canberra.

［232］ Parliament of Australia (2008b), "The Budget and Financial Legislation", House of Representatives Infosheet No. 10, March, Canberra.

［233］ Parliament of Australia (2008c), "The Main Committee", House of Representatives Infosheet No. 16, March, Canberra.

［234］ Parliament of Australia, Senate Standing Committee on Finance and Public Administration (2007).

［235］ Transparency and Accountability of Commonwealth Public Funding and Expenditure, Parliament of Australia, Canberra.

［236］ Parliament of the Commonwealth of Australia (1990), Not Dollars Alone: Review of the Financial Management Improvement Program, September, www. aph. gov. au, Canberra.

［237］ Performance Audit Report No. 24, 2000 – 01, ANAO, Canberra.

［238］ Public Sector Accounting Standards Board of the Australian Accounting Research Foundation: Financial Reporting by Local Governments (AAS 27), Issued by the Australian Accounting Society of Society of Certified Practicing Accountants and The Institute of Chartered A Research Foundation on behalf of the Australian Society of Certified Practicing Accountants and The Institute of Chartered Accountants in Australia, 1996.

［239］ Public Sector Accounting Standards Board of the Australian Accounting Research Foundation: Financial Reporting by Government Departments (AAS 29), Issued by the Australian Accounting Society of Society of Certified Practicing Accountants and The Institute of Chartered A Research Foundation on behalf of the Australian Society of Certified Practicing Accountants and The Institute of Chartered Accountants in Australia, 1998.

［240］ Public Sector Accounting Standards Board of the Australian Accounting Research Foundation: Financial Reporting by Governments (AAS 31), Issued by the Australian Accounting Society of Society of Certified Practicing Accountants and The Institute of Chartered A Research Foundation on behalf of the Australian Society of Certified Practicing Accountants and The Institute of Chartered Accountants in Australia, 1998.

［241］ Public Sector Accounting Standards Board of the Australian Accounting Research Foundation: Amendments to the transitional Provisions in AAS27 (AAS 27), Issued by the Australian Accounting Research Foundation on behalf of the Australian Society of Certified Practicing Accountants and The Institute of Chartered Accountants in Australia, 1999.

[242] Public Sector Accounting Standards Board of the Australian Accounting Research Foundation: Amendments to the transitional Provisions in AAS29 (AAS 29), Issued by the Australian Accounting Research Foundation on behalf of the Australian Society of Certified Practicing Accountants and The Institute of Chartered Accountants in Australia, 1999.

[243] Public Sector Accounting Standards Board of the Australian Accounting Research Foundation: Amendments to the transitional Provisions in AAS31 (AAS 31), Issued by the Australian Accounting Research Foundation on behalf of the Australian Society of Certified Practicing Accountants and The Institute of Chartered Accountants in Australia, 1999.

[244] Public Sector Accounting Standards Board of the Australian Accounting Research Foundation: Financial Reporting by Local Governments (AAS 27), Issued by the Australian Accounting Society of Society of Certified Practicing Accountants and The Institute of Chartered A Research Foundation on behalf of the Australian Society of Certified Practicing Accountants and The Institute of Chartered Accountants in Australia, 1996.

[245] Public Sector Accounting Standards Board of the Australian Accounting Research Foundation: Financial Reporting by Government Departments (AAS 29), Issued by the Australian Accounting Society of Society of Certified Practicing Accountants and The Institute of Chartered A Research Foundation on behalf of the Australian Society of Certified Practicing Accountants and The Institute of Chartered Accountants in Australia, 1998.

[246] Public Sector Accounting Standards Board of the Australian Accounting Research Foundation: Financial Reporting by Governments (AAS 31), Issued by the Australian Accounting Society of Society of Certified Practicing Accountants and The Institute of Chartered A Research Foundation on behalf of the Australian Society of Certified Practicing Accountants and The Institute of Chartered Accountants in Australia, 1998.

[247] Queensland Treasury Corporation (2014), Annual Report 2013 – 2014, Brisbane.

[248] Ric Simes, Fiscal Policy Rules in Australia, Prepared for the Chifley Research Center, September 2003.

[249] Richard Hemming, Policies To Promote Fiscal Discipline, Fiscal Affairs Department International Monetary Fund, March 24, 2003.

[250] Richard Hemming, Michael Kell, Promoting Fiscal Responsibility: Transparency, Rules and Independent Fiscal Authorities, Fiscal Rules, 2001.

[251] Richard Mulgan, Transparency and Public Sector Performance, Occasional Paper No. 1, July 2012.

［252］SCFPA (2000), The Format of the Portfolio Budget Statements, Third Report, Canberra.

［253］SCFPA (2007), Transparency and Accountability of Commonwealth Public Funding and Expenditure, March, Canberra.

［254］SCFPA (Senate Standing Committee on Finance and Public Administration) (1999), The Format of the Portfolio Budget Statements, Second Report, Canberra.

［255］Schick, A., Post – Crisis Fiscal Rules: Stabilizing Public Finance while Responding to Economic Aftershocks. OECD Journal on Budgeting, 2010.

［256］See Australian Capital Territory Treasury, Harmonisation of Generally Accepted Accounting Principles (GAAP) and Government Finance Statistics, (GFS), ACT Government, Canberra, March 2004.

［257］Simpkins, Kevin (2006), A Review of the Policy of Sector-Neutral Accounting Standard – Setting in Australia ("The Simpkins Review"), Australia Financial Reporting Council, June, Canberra.

［258］State of Queensland, Information Privacy Act 2009, Act No. 14 of 2009.

［259］State of Queensland, Right to Information Act 2009, 29 August 2013.

［260］The Treasury: A Guide to the Public Finance Act, Whole – of – Government Financial Statements, http://www.treasury.govt.nz/publications/guidance/publicfinance/pfaguide/17.htm.

［261］Wanna, J. (2006), "Between a Rock and a Hard Place: The Nonsense of Australia's Charter of Budget Honesty Act 1998", Australasian Political Studies Association Conference, University of Newcastle, 25 – 27 September, Newcastle, United Kingdom.

［262］Wayne Jarred, Charter of Social and Fiscal Responsibility, Research Bulletin NO 3/00, July 2000.

［263］Webb, Richard (2010), The Commonwealth Budget: Process and Presentation, Parliament of Australia Research Paper, Department of Parliamentary Services, Canberra.

［264］Western Australian Consolidated Acts: Government Financial Responsibility Act 2000, http://www.austlii.edu.au/au/legis/wa/consol_act/gfra2000382/.

［265］Western Australia State, 2013 – 14 Budget at a Glance Securing Our Economic Future, http://www.ourstatebudget.wa.gov.au/.

［266］Wilkins, Roger (2008), Strategic Review of Australian Government Climate Change Programs, Department of Finance and Deregulation, Canberra.

［267］Wines, G. and H. Scarborough (2006), "Comparing Australian Commonwealth, State and Territory Budget Balance Numbers", Australian Journal of Public Administration, 65 (3), September. Department of Finance and Administration (1998), Specifying Outcomes and Outputs – Implementing the Commonwealth's Accrual-based Outcomes and Outputs Framework, Canberra.